Shangchengshi Hunningtu Gongqiao Jianzao Shili ji Pingxi

上承式混凝土拱桥建造实例及评析

编著　严允中　杨虎根　许　伟　曾　爱
主审　向中富　顾安邦

人民交通出版社股份有限公司
China Communications Press Co.,Ltd.

内 容 提 要

本书以上承式混凝土拱桥为主线，按照五大类施工方法分别介绍了国内外若干实桥的施工工艺及结构设计情况，并对各类施工方法的特点、优势与不足进行了探讨。根据国内已建成的143座上承式混凝土拱桥的有关资料进行统计分析，提出了常用的等截面箱形拱桥拱圈构造与设计的参考数据。对上承式混凝土拱桥结构设计与分析计算若干重要问题以及发展趋势进行了分析讨论。

本书可供从事桥梁工程可研、设计、施工、监理、养护等工作的技术人员使用。

图书在版编目(CIP)数据

上承式混凝土拱桥建造实例及评析/严允中等编著.
—北京：人民交通出版社股份有限公司，2015.2
ISBN 978-7-114-12000-8

Ⅰ.①上… Ⅱ.①严… Ⅲ.①混凝土结构-上承式桥-拱桥-桥梁施工 Ⅳ.①U448

中国版本图书馆CIP数据核字(2015)第013677号

书　　名：上承式混凝土拱桥建造实例及评析
著 作 者：严允中　杨虎根　许　伟　曾　爱
责任编辑：尤晓暐
出版发行：人民交通出版社股份有限公司
地　　址：(100011)北京市朝阳区安定门外外馆斜街3号
网　　址：http://www.ccpress.com.cn
销售电话：(010)59757973
总 经 销：人民交通出版社股份有限公司发行部
经　　销：各地新华书店
印　　刷：北京市密东印刷有限公司
开　　本：787×1092　1/16
印　　张：16.75
字　　数：394千
版　　次：2015年2月　第1版
印　　次：2015年2月　第1次印刷
书　　号：ISBN 978-7-114-12000-8
定　　价：48.00元

前　言

拱桥既是一种具有实用功能的构造物，又是一种优美的建筑物。在很多情况下，拱桥的结构设计与美学考虑是密切相关的。国内外一些著名的拱桥，不仅在技术上有所创新、有所发展，在桥梁与地形协调体现优美景观的整体布局上以及体现特有的文化内涵上都有上乘的表现。拱桥在我国具有悠久的历史，蕴藏着十分深厚的文化和地方特色元素。我国古代桥梁中，拱桥占了最重要的位置，遍布全国各地。按材料划分，有石、砖、竹木及砖石混合等数种，其中石拱桥使用最广，留存最久，直至现代桥梁仍在采用。拱桥在立面上形成各种曲度的曲线，比如优美平顺曲线、连拱情况下的波形曲线以及大拱上叠小拱的双层甚至三层曲线。古时称拱桥为曲桥、飞梁、虹，包含了绘画艺术的含义。在祖国的广阔土地上，至今仍留下了不少杰出的古代拱桥作品。较为著名的有：

北京故宫内、外金水桥，建成于明朝永乐年间（公元 1417～1421 年），天安门前的金水桥称为外金水桥，故宫内的称为内金水桥。内外金水桥都不是单座桥，而是由若干桥组成的拱桥建筑群。玲珑秀丽的外金水桥和天安门红墙、城楼、石狮、华表一起组成的艺术建筑群体，已经成为首都北京甚至成为中华人民共和国的象征。

北京颐和园十七孔桥，建成于清朝乾隆年间。中间一孔最为高大，由此向两侧逐渐缩小。从两端向中孔数去，均为“九”。古文化认为“九”是最大的阳数，封建皇帝也被称为“九五”。从建筑艺术上看，十七孔桥是最美的古代桥梁之一。

北京卢沟桥，建成于金章宗完颜璟明昌三年（公元 1192 年），是一座多跨连拱石拱桥。卢沟桥在中国当代历史上具有重大意义。1937 年 7 月 7 日，侵华日军在这里炮轰桥东头的宛平城，当地守军奋起抵抗，这就是震惊中外的“七七事变”，也称为“卢沟桥事变”。它揭开了我国全民族反抗日本帝国主义的正义战争——抗日战争的序幕，是我国八年艰苦抗战的起点，具有重大历史意义。

河北省赵州桥，建成于隋文帝开皇年间（公元 591～599 年）。其跨度为 37.02m，这个纪录在我国保持了 1300 多年之久，建成后服役至今超过了 1400 年，被称为超长寿命的桥梁。在大拱圈之上布置空腹式腹拱，既减轻了拱上自重，又增大了泄洪面积，还减小了水流对桥梁基础的冲刷。这种结构布局，在当时是一种重大的技术创新。美国建筑专家伊丽莎白·莫斯克在其《桥梁建筑艺术》一书中赞誉赵州桥时写道：“结构如此合乎逻辑，造型如此美丽，使大部分西方古桥在对照之下，显得笨重和不明确”。赵州桥是中国古代桥梁的一颗耀眼的明珠，建造该桥的领头人李春，是中国古代桥梁伟大的建筑师。

新中国成立后，混凝土拱桥的建造取得了一系列重大进展，在上承式钢筋混凝土拱桥方面，有下列一些具有代表性的桥梁：

20 世纪 50 年代末至 70 年代，国家基本建设资金缺乏，钢材货源少、价格高，为了发展公路交通，创造了“双曲拱桥”这种造价低、钢材用量少的桥型，采用“化整为零，以零凑整”的施工工艺，降低了施工难度，加快了施工进度。1968 年首次提出了钢丝绳斜拉扣挂悬拼双曲拱拱肋的施工方法,首创了双曲拱桥无支架施工工艺,为混凝土拱无支架施工奠定了技术基础。

1969 年建成的广东佛山澜石大桥,为我国首座钢拱架上现浇的箱形拱桥,孔跨 4×60m。

1970 年建成的四川义敦巴楚河桥,为我国首座采用天线吊装的箱形拱桥。

1977 年首次在四川遂宁县采用平转法建成跨径为 70m 的箱形拱桥;1987 年建成的四川巫山龙门大桥,主跨 122m,为我国首座无平衡重平转施工箱形拱桥;1989 年建成的重庆涪陵乌江大桥,主跨 200m,采用无平衡重平转施工。转体施工上承式混凝土拱桥的跨径首次突破 200m。

1992 年首次提出钢绞线斜拉扣挂悬拼法,使拱桥悬臂施工法获得重大进展,跨越能力大幅提高。

1990 年建成的四川广元三滩刚架拱桥,跨径 60m,国内首次采用正角度(从下往上转体)竖转施工工艺。2008 年建成的贵州务川珍珠大桥,主跨 120m,国内首次采用负角度(从上往下转体)竖转施工工艺。

主跨 420m 的重庆万州长江大桥,为钢管混凝土劲性骨架上承式 RC 箱形拱,于 1997 年建成,至 2014 年保持约 17 年世界最大跨径上承式混凝土拱桥的纪录。在设计、施工若干重要领域,取得了突破性重大进展。

2014 年正在建设的贵州北盘江铁路大桥,主跨达 445m,采用钢管混凝土劲性骨架法施工,为上承式钢筋混凝土无铰拱,将成为这种桥型新的跨径世界纪录。

2007 年建成的四川攀枝花白沙沟大桥,主跨 150m,是国内首座采用挂篮悬浇法施工的上承式 RC 箱形拱桥。它填补了我国大跨径混凝土拱桥塔架斜拉扣挂悬臂现浇法施工的空白,也积累了若干重要技术经验。

2007 年建成的福建宁德天池大桥,主跨 205m,为国内目前最大跨径悬臂施工法——塔架斜拉扣挂拼装法(国内简称天线吊装法)施工的上承式 RC 箱形拱桥。

到目前为止,我国在石拱桥、钢箱拱桥、钢桁拱桥、混凝土拱桥和钢管混凝土拱桥等拱式体系桥梁的最大跨径均居于世界首位,已进入世界拱桥大国和强国的行列。但在现代混凝土拱桥重要的施工方法之一的悬臂桁架法与组合施工法方面以及有些特殊桥型结构方面(如刚梁柔拱),与世界先进技术比较,仍存在差距,我们有待进一步努力。

由于技术与材料的进步,国内已很少采用石拱桥。钢拱桥仅在某些特殊情况下采用。RC 箱形拱桥与钢管混凝土拱桥是近期发展较快的两种拱式桥梁。两者最大跨径目前分别达到 445m(贵州北盘江铁路大桥)和 530m(四川合江长江大桥)。这两种桥型及其主要施工方法各有优势与不足之处,都应在发展中趋利避害,一起推动我国拱桥的发展。

在混凝土拱桥中,上承式拱桥占有很大的比例,尤其是山岭地区,更显突出,成为混凝土拱桥的主要结构形式,在公路、城市道路建设中广泛采用。本书主要涉及上承式混凝土拱桥,但不对这种桥型结构在设计、施工方面进行系统的论述,而是根据我国上承式 RC 拱桥的设计、施工经验,并结合国外同类桥型的主要成就,对一些主要问题进行讨论,并介绍国内外若干大桥的施工、设计实例,供业内同行参考。

我国上承式混凝土拱桥拱圈的施工方法,除悬臂桁架现浇法暂无实例外,其余均有实例。其中悬臂桁架拼装法,目前仅限于桁式组合拱桥,其最大跨径为 1995 年建成的江界河大桥,主跨 330m;采用组合施工法的混凝土拱桥也很少。本书附录 A 所列我国上承式混凝土拱桥共计 194 座,各种施工方法对应的座数分别为:落地支架现浇法 47 座;钢拱架现浇(拼装)法 31

座；转体施工法 23 座；钢管混凝土劲性骨架法 11 座；挂篮悬臂浇筑法 3 座；天线缆索吊装法 79 座。其中所占比例最高的是天线缆索吊装法，达到 38.9%。说明在跨径 200m 以下，天线缆索吊装至今仍是最主要的施工方法。但跨径超过 200m 后，我国在悬臂桁架施工法没有较大突破性进展的情况下，钢管混凝土劲性骨架法得到了快速发展。

本书附录 B 为国外部分上承式混凝土拱桥的简况，共计 160 座桥梁。其中跨径≥120m，且施工方法明确的共计 65 座，其中落地支架法 12 座；钢拱架法 9 座；转体施工法 1 座；劲性骨架法 4 座；挂篮悬浇法 14 座，天线缆索吊装法 2 座；悬臂桁架现浇法 2 座；悬臂桁架拼装法 3 座；组合施工法 18 座。所占比例最高的是组合施工法，其次是挂篮悬臂浇筑法。这与国内的情况有所不同。值得我们注意的是，组合施工法在大跨径混凝土拱桥发展过程中，日益显示出其优越性，应该引起我们的重视，并应在设计与施工中积极实践。

国外，主要是欧美和日本等工业发达国家，在混凝土拱桥的建造方面，取得若干重大成就。如 1980 年建成的南斯拉夫·克尔克桥（主跨 390m 与 244m），为上承式 RC 箱形拱桥，采用悬臂桁架拼装法施工；2011 年建成的美国胡佛水坝大桥（主跨 323m），为上承式箱形双肋混凝土拱桥，采用塔架斜拉悬臂浇筑法施工；1964 年建成的澳大利亚·悉尼格拉特斯维尔桥（主跨 364.8m），为上承式素混凝土箱肋无铰拱桥，采用可横移的钢管拱架拼装法施工；2002 年建成的葡萄牙·亨里克桥（主跨 280m），为上承式刚性梁柔性拱桥，采用悬臂桁架现浇法施工；1989 年建成的日本·别府明矾桥（主跨 235m），为上承式不对称 RC 无铰拱，采用悬臂桁架与劲性骨架组合法浇筑主拱圈。国外上承式混凝土拱桥的技术成就与实例，在本书有关章节中介绍，供我国桥梁建设者参考。

设计与施工实践表明，混凝土拱桥尤其是大跨径混凝土拱桥，跨径、结构设计与施工方法是三个重要而又相互制约影响的关键性因素，是桥梁总体方案应认真研究的主要内容。本书对设计计算的有关论述，尽可能结合施工方法展开讨论，在介绍施工方案时，也尽量表述结构设计的情况。同时，在某些问题上还提出了编著者的一些想法和初步分析成果，仅为笔者的浅见，供读者参考，不当之处敬请斧正。书中如有差错或新的补充意见，恳请直接发至作者的电子邮箱 379772868@qq.com，以便随后进行修正或补充完善。在本书编写过程中，我们参阅了大量论文、专著和技术资料，详见“参考文献”。在此向有关作者深表谢意。向中富教授、顾安邦教授对全书进行了认真的审查，提出了很多宝贵的意见，在此一并表示感谢。

本书的出版，得到了贵阳建筑勘察设计有限公司（该公司为贵州建勘企业集团全资子公司，是集建筑和市政公用工程设计、岩土工程勘察、设计、治理、地质灾害评估以及房屋建筑和市政公用工程施工于一体，具有较强综合实力的勘察设计企业，详情可参阅网站 http://www.jzkcsj.com/）的大力支持，在此表示特别感谢！最后，向给予帮助与支持的众多朋友及同事一并表示由衷的谢意！

2014 年 8 月于贵阳

目　录

第1章　上承式混凝土拱桥发展概况

我国最早的混凝土拱桥，是新中国成立前建成的粤汉铁路上的碓凯冲桥、省界桥和燕塘桥，主孔跨径均为40m，RC（Reinforced Concrete，钢筋混凝土）结构。

20世纪60年代至80年代，在大量修建双曲拱桥的同时，箱形拱桥首先在公路桥梁上出现，并迅速发展。尤其是山岭重丘区，上承式箱形拱桥显示了强大的生命力。国内第一座箱形拱桥为四川义敦巴楚河桥，跨径30m，天线吊装，1970年建成。较早建成的还有以下几座：

四川米易小街桥（2×60m，1972年），四川攀枝花新庄桥（146m，1972年），四川乐山岷江桥（6×70m，1973年），四川宜宾岷江一桥（2×100m，1973年），云南红旗桥（116m，1974年），重庆彭水乌江桥（2×100m，1974年），四川雅砻江新龙桥（65m，1974年），贵州余庆大乌江桥（105m，1976年），四川宜宾马鸣溪桥（150m，1979年）等。

其中，四川攀枝花新庄桥（后来称为3006号桥），采用专用钢拱架上现浇拱圈，是我国最早采用钢拱架现浇施工的大跨径箱形拱桥（1972年）。其他几座桥均采用天线缆索吊装施工。尤其是宜宾马鸣溪大桥，主跨150m，拱箱分为5段吊装，为缆索吊装箱拱积累了宝贵的设计、施工经验。

另外，1969年建成的广东佛山澜石大桥则是首座采用贝雷桁片作为拱架建成的上承式RC箱形拱桥，孔跨为4×60m。

从20世纪80年代初开始，由于箱形拱桥结构受力的突出优点，逐渐取代了同是上承式混凝土拱桥的双曲拱桥，成为上承式混凝土拱桥的主流桥型。据文献[48]介绍，截至2010年7月，以跨径不小于100m的拱桥为分析对象，共收集到钢拱桥52座，钢管混凝土拱桥180座，混凝土拱桥203座的资料。其中，混凝土拱桥占46.7%，在山岭重丘区，混凝土拱桥所占比例更高，且大部分为上承式拱桥。

20世纪90年代以后，钢管混凝土拱桥发展很快，其跨径不断被突破，四川合江长江大桥——中承式钢管混凝土拱桥已达到530m，超过上承式钢筋混凝土箱形拱桥最大跨径的重庆万州长江大桥（主跨420m）。混凝土拱桥的发展势头有所减缓。但是在高山深谷地区，大跨径上承式箱形拱桥，仍是可供选择的主要桥型之一。

上承式箱形拱桥的发展与拱圈施工工艺的技术创新密不可分。1975年，我国桥梁工作者开始进行“拱桥转体施工工艺”的研究，并于1977年首次在四川省遂宁县采用平转法建成跨径为70m的RC箱肋拱，为拱桥施工技术的发展做出了重要贡献。1989年建成的重庆涪陵乌江大桥，主跨200m，采用无平衡重平转施工；1987年建成的四川巫山龙门大桥，主跨122m，为国内首座无平衡重平转施工上承式箱形拱桥。目前，转体施工最大跨径上承式箱形拱桥，为福建行对岔大桥，主跨205m。

1990年建成的四川广元市三滩刚架拱桥，跨径60m，国内首次采用正角度（从下往上转体）竖转施工工艺。

2008年建成的贵州务川珍珠大桥，为主跨120m上承式箱肋拱桥，国内首次采用负角度

(从上往下转体)竖转施工工艺。

2010 年建成的云南大岩洞桥,为主跨 160m 上承式箱形拱桥,采用钢管混凝土劲性骨架平转施工,转体重量 5200t,骨架合龙后浇筑拱箱混凝土。

1996 年以前,箱形拱桥的拱箱预制节段所采用的天线缆索吊装施工工艺,由于采用钢丝绳、滑轮组、卷扬机形成的扣索系统,存在位移量不易控制、测力不准、操作困难,尤其是安装节段之间的连接为铰接或半铰接,段数较多时容易发生较大变位。所以,拱箱纵向分段数受到限制,目前按此施工工艺(简称为旧工法)吊装的箱形拱,分段数都在 7 段以内。分段数过多,空中悬拼安装过程存在较大风险,故旧工法的适用跨径受到较大限制。为了克服旧工法的缺点,20 世纪 90 年代初,广西的桥梁建设者进行了研究,提出了天线缆索吊装预制拱箱节段的新工艺,克服了旧工法的主要缺点(关于新工法工艺要点,请参阅本书第 8 章)。在施工技术上的重大突破,是我国拱桥施工工艺又一重要的技术创新,使混凝土拱桥向更大跨径发展有了可靠的施工手段。新工法于 1996 年首先在广西邕宁邕江大桥(主跨 312m 钢管混凝土劲性骨架中承式 RC 箱形拱)成功应用。同时,1996 年建成的广西来宾磨东红水河大桥(主跨 180m,上承式 RC 箱形肋拱)也采用新工法施工。实践证明,新工法施工方便、安全可靠、技术成熟。

1890 年,奥地利工程师 J.Melan 发明了用型钢做拱式骨架现浇混凝土拱圈的创新工艺(称为米兰法)。1897 年,Fritz von Emperger 改进了米兰法,采用格构式钢构件取代型钢,提高了承载力,节约了钢材。米兰法的应用,使混凝土拱桥的跨径增大到 100m 以上。1929 年建成的德国 Echclsbach 桥,跨径达到 130m。1942 年,西班牙采用米兰法建成的埃斯拉铁路桥,跨径达到 210m。这种施工方法于 20 世纪 80 年代引入我国,首先在辽宁蚂蚁沙大桥上应用(跨径 60m),以后又在吉林丹东沙河口大桥上使用(跨径 156m)。交通部设立科研课题,以四川宜宾小南门金沙江大桥为试验桥进行研究,并于 1990 年建成主跨 240m 的中承式拱。由于采用钢格构骨架,其整体刚度较弱,施工中出现险情。为了提高劲性骨架的整体刚度和浇筑混凝土时的承载力,提出了钢管混凝土劲性骨架的新思路。1993 年建成的四川内江市新龙坳大桥,为主跨 120m 中承式 RC 拱桥,系国内首座采用钢管混凝土劲性骨架法施工的混凝土拱桥。世界最大跨径的钢管混凝土劲性骨架上承式 RC 箱形拱桥——重庆万州长江大桥于 1997 年建成。同类的大跨径 RC 箱形拱桥还有 1996 年建成的广西邕宁邕江大桥(312m 中承式拱)、2011 年建成的四川广元昭化嘉陵江大桥(上承式,主跨 350m),2012 年建成的陕西汉江大桥(上承式,主跨 330m),2012 年建成的重庆奉节梅溪河大桥(上承式,主跨 310m),2012 年建成的湖南猛洞河大桥(上承式,主跨 250m)。高速铁路上两座超过 400m 跨径的钢管混凝土劲性骨架法施工的混凝土拱桥正在施工。

有的桥梁专家估计钢管混凝土劲性骨架法与钢绞线斜拉扣挂悬臂施工工艺相结合的桥梁结构设计与施工工艺,可使 RC 箱形拱桥的跨径突破 500m。

文献[72]指出:用劲性骨架法建造大跨度 RC 箱形拱的关键是施工时的安全度和稳定性问题。已竣工的几座拱桥,在施工中有的出现过惊险情况,有的还留有硬伤。重庆万州长江大桥设计时将上述问题列为重点研究课题,取得了重要成果。这方面的问题,近年业界继续进行了深入研究,并在实桥中加以应用。本书将在后面有关章节进行讨论。

用悬臂法施工 RC 拱桥,可以分为两种基本的施工方法。

(1)斜拉扣挂法

在两岸设置索塔,布置扣索与锚索,逐段施工拱肋或拱圈。可以是逐段现浇混凝土,也可以是逐段拼装预制构件。

例如,2000 年建成的德国维尔德格拉桥(主跨 252m),采用斜拉扣挂悬臂浇筑法施工。国内第 1 座采用斜拉扣挂悬臂浇注法施工的上承式 RC 箱形拱桥为四川攀枝花白沙沟 1 号大桥,主跨 150m,于 2007 年建成。国内习惯称为“挂篮悬臂浇筑法”。采用这种施工工艺建成的还有贵州思南至剑河高速公路木蓬大桥,为主跨 165m 上承式 RC 箱形拱桥,2012 年建成。四川攀枝花新密地大桥,主跨 182m,为目前国内最大跨径挂篮悬浇上承式 RC 箱形拱桥。

斜拉扣挂悬臂浇筑法,适用于山区陡峭峡谷和湍急河流上建桥,主要优点是施工安全、结构的整体性好、施工拱圈线形易于控制,对环境生态影响较小。

克罗地亚先后于 1997 年和 2005 年建成马斯利尼察桥(主跨 200m)和斯克拉丁河桥(主跨 204m),均为上承式箱形拱桥,单箱双室截面,拱圈外部尺寸,前者高 4m、宽 9m,后者高 3m、宽 10m,均采用移动挂篮悬臂浇筑法施工拱圈,节段长度 5.25m。前者桥面总宽度 20m,可参阅文献[74]。

斜拉扣挂法也可用于悬臂拼装预制拱段。例如 1994 年建成的美国纳奇兹公园小道桥,主跨 177.4m。国内较早采用的天线缆索吊装悬拼预制拱箱节段的施工工艺,应属于斜拉扣挂悬臂法。

(2)悬臂桁架法

此工法的特点是:拱圈、拱上立柱、桥面板以及临时斜杆等同时推进,形成悬臂桁架,最后在拱顶合龙。悬臂桁架中的永久构件,可以是就地现浇,也可以用预制构件拼装。国外采用最多的是悬臂桁架现浇法。

由于施工拱圈的过程,全部荷载由悬臂桁架承力,通常不需要架设索塔,但需设置岸上的锚碇拉索,承受施工过程中悬臂桁架的桥面板拉力。

2004 年建成的西班牙蒂洛斯(Tilos)桥,采用悬臂桁架法现浇拱圈、拱上立柱并安装钢桥面板。桥面宽 12m。主桥跨径 255m。RC 拱圈为单箱双室截面,高度 3m,宽 6m,顶底板厚度 20cm,腹板厚度 25cm。拱脚段分别增厚至 30cm 及 40cm。拱圈及拱上立柱均为高强混凝土,桥面为钢混凝土组合结构。

主要施工程序如下:

①埋入桥台基础中的锚杆,通过拉索以平衡拱圈及拱上结构悬臂施工中的桥面板水平拉力。

②拱座完成后,安装挂篮并开始悬臂桁架施工。拱上相邻两立柱之间的拱段划分为 4 个节段,每节段长 6m,用挂篮悬浇。

③前一节段混凝土达到指定强度后,依靠挂篮自身的机械装置使其移动至下一节段的位置,张拉前一节段的临时斜拉索。立模,安装钢筋后浇筑本节段混凝土。

如此循环直至拱顶的最后一段,待前方几个节段完成后,便可拆除临时斜拉索。此桥的施工工艺可参阅参考文献[74]。

著名的南斯拉夫(现克罗地亚)克尔克(KRK)大桥,主跨 390m,采用悬臂桁架法拼装预制构件,施工拱圈及拱上建筑,于 1980 年建成。拱圈采用单箱三室截面,高度 6.5m,宽度 13m,边室外腹板厚度 35cm,顶底板厚度 30 至 40cm。中室顶底板及腹板厚度均为 15cm。顶底板及腹板均为预制构件,在悬臂施工中浇筑湿接缝连接。施工中由拱圈、拱上立柱、桥面板与临时斜拉索在悬臂施工中形成悬臂桁架。

1995 年建成的贵州江界河大桥,为主跨 330m 上承式桁式组合拱桥。采用悬臂桁架法施工。拱圈(箱形截面)、拱上立柱(也称为竖杆)及斜拉杆均为预制构件,用人字拔杆吊运拼装,形成桁式组合拱。与上述国外两座桥不同的是,拱上斜拉杆为永久性构件,因为成桥后的结构体系为桁式组合拱,而不是一般的无铰拱。

跨径为 300m 及以上的钢筋混凝土上承式箱形拱桥如表 1-1 所列。

跨径 300m 及以上的上承式钢筋混凝土拱桥 表 1-1

序号	桥　名	主跨(m)	施工方法	建成年份
1	沪—昆高铁北盘江大桥	445	钢管混凝土劲性骨架法	在建
2	重庆万州长江大桥	420	钢管混凝土劲性骨架法	1998 年
3	昆—南高铁南盘江大桥	416	钢管混凝土劲性骨架法	在建
4	克罗地亚·克尔克大桥	390	悬臂桁架预制构件拼装法	1980 年
5	四川广元嘉陵江大桥	350	钢管混凝土劲性骨架法	2012 年
6	贵州江界河大桥	330	悬臂桁架拔杆吊装预制构件法	1995 年
7	陕西××县汉江大桥	330	钢管混凝土劲性骨架法	2012 年
8	美国·胡佛水坝大桥	323	斜拉扣挂挂篮悬臂浇筑法	2011 年
9	重庆梅溪河大桥	310	钢管混凝土劲性骨架法	在建
10	澳大地·Gladesville 大桥	304.8	钢拱架上现浇及拼装法	1964 年

注:①跨径≥300m 上承式 RC 拱桥,国外资料不全,可能有遗漏。

②除序号 1、3 两座桥为铁路大桥外,其余均为公路大桥。

③除江界河大桥为桁式组合拱桥外,其余均为一般箱形拱桥。

组合施工法的出现,是上承式混凝土拱桥施工技术的重要发展,它可以使大跨径拱桥根据桥位情况和孔跨布局有针对性地选择不同的施工方式组合,达到更经济合理与降低施工难度的目的,还促进了混凝土拱桥向更大的跨径发展。日本使用组合施工法最早,且技术成就突出。例如 1989 年建成的九州别府明矾桥,主跨 235m,主拱圈采用悬臂桁架现浇与劲性钢桁架现浇组合法(钢桁架埋入拱圈内)施工;日本宇佐川桥,为上承式不对称 RC 箱形无铰拱,1982 年建成,主跨 204m,拱圈采用悬臂斜拉挂篮现浇与劲性骨架现浇组合法施工;日本采用组合法施工的上承式混凝土拱桥较多,请参阅本书 5.6 节及附录 B。

以上是混凝土拱桥拱圈的主要施工工艺的发展情况。下面,我们再从更广泛的技术层面梳理一下拱桥的发展简况。

1708 年至 1794 年间,法国首先提出拱桥的压力线概念。这一重大的理论进展,使恒载压力线与拱轴线的相互关系及其对拱圈内力的影响逐步进入了拱桥的设计者的视野,奠定了现代拱桥设计理论的基础。

1890 年奥地利工程师米兰(J.Melan)发明了用劲性骨架作拱架、浇筑 RC 拱圈的工艺。这一工艺解决了一般拱架现浇混凝土圈难以解决的难题,使拱桥跨径首次超过 100m。1892 年,米兰获得奥匈帝国的专利,1900 年获得巴黎世界博览会金质奖章。用此法在欧洲和美国成功修建了多座大跨径混凝土拱桥。劲性骨架法已成当代混凝土拱桥重要的施工方法之一。

1911 年建成的意大利罗马复兴桥(主跨 100m,劲性骨架法),经过通车试验结果的分析研究,首次认识到了拱上结构与拱圈共同受力的重要现象。随着上承式混凝土拱桥设计施工的发展,诞生了桥面加劲混凝土拱桥这一重要的结构形式。在当代的混凝土拱桥设计,也称为刚性梁柔性拱或倒朗格尔拱。根据拱与拱上结构的刚度对比关系,明确区分了刚性梁柔性拱、刚性拱柔性拱上结构和刚性梁柔性拱上结构的受力图式。首座真正意义上的刚性梁性拱桥为 1930 年建成的瑞士·萨尔基那山谷桥($L=90$m,镰刀形三铰拱)。

1941 年建成的瑞士蓝格维斯桥(主跨 100m 铁路桥),第一次采用肋拱的结构形式,使拱的横截面型从单一的板拱发展为两种最基本形式。拱的设计有了更多的选择,在某些情况下,肋拱具有更多的优势。如 2011 年建成的美国胡佛水坝大桥(主跨 323m,上承式 RC 无铰拱),通过认真比较后,选择了箱形截面双肋拱,为目前世界最大跨径上承式 RC 肋拱桥。

法国工程师尤金弗奈西奈(Eugene Freyssinet)设计的法国普卢加斯特大桥(3×171.7m 上承式 RC 箱形无铰拱),于 1930 年建成。施工中用 28 台液压千斤顶在拱顶处施顶调整拱圈内力与高度,获得成功。该桥首次将预加力概念与技术措施用到混凝土拱桥上,为大跨径混凝土拱桥设计主动调整拱体内力奠定了理论与实践基础。

1942 年建成的捷克伏尔塔瓦河水库桥(主跨 150m 双铰 RC 拱),在大拱上叠加较大跨径的小拱,突破了拱上建筑传统的一般布局形式,为大跨径上承式混凝土拱桥美学设计树立了范例。

1956 年意大利设计师设计的南非暴雨河桥(主跨 100m,RC 上承式拱),首次采用负角度(从上往下)竖向转体施工拱圈,且拱上立柱倾斜布置。

1963 年建成的葡萄牙阿拉比达桥(主跨 270m 上承式混凝土肋拱),采用可横移的钢拱架施工。将肋拱与可横移钢拱架配合,大大提高钢拱架的使用效益,使钢拱架施工法的使用范围扩大了。

拱桥内力分析的弹性理论没有考虑水平力与拱的挠度相互作用产生的影响,当跨径较小且刚度较大时,按弹性理论计算拱的内力、挠度,基本上能满足工程设计的要求。1888 年约瑟夫·米兰(J.Melan)正式提出荷载改变时对拱桥与悬索桥计算的挠度理论,为大跨拱桥以及刚度较小的拱桥的内力分析奠定了理论基础。

第 2 章　上承式混凝土拱桥施工方法分类

拱圈的结构设计与其施工方法密切相关，施工过程及运营阶段结构的应力应变受施工工艺的影响，而施工技术发展与创新，又推动着拱桥跨径的不断增大，所以，拱桥设计的合理性、可靠性、安全性、经济指标和施工工期在相当程度上受拱圈施工方法的影响。桥梁的跨径与桥型方案基本确定后，首先应该考虑与施工有关的主要问题，选用合理可行的施工方法，有时还可能因施工需要而局部调整跨径或桥型结构。

当代国内外修建上承式混凝土拱桥的施工方法，主要有以下 5 大类，如表 2-1 所列。

上承式混凝土拱桥施工方法分类　　表 2-1

<table>
<tr><th colspan="2">大　类</th><th colspan="2">亚　类</th><th colspan="2">次 亚 类</th></tr>
<tr><td rowspan="2">一</td><td rowspan="2">拱架原位现浇（或拼装）法</td><td>1</td><td>落地式拱架法</td><td></td><td></td></tr>
<tr><td>2</td><td>悬拼钢拱架法</td><td></td><td></td></tr>
<tr><td rowspan="3">二</td><td rowspan="3">转体施工法</td><td>1</td><td>平面转体法</td><td></td><td></td></tr>
<tr><td>2</td><td>竖向转体法</td><td></td><td></td></tr>
<tr><td>3</td><td>平、竖转组合法</td><td></td><td></td></tr>
<tr><td rowspan="2">三</td><td rowspan="2">劲性骨架法</td><td>1</td><td>一般型钢骨架法</td><td></td><td></td></tr>
<tr><td>2</td><td>钢管混凝土骨架法</td><td></td><td></td></tr>
<tr><td rowspan="4">四</td><td rowspan="4">悬臂施工法</td><td rowspan="2">1</td><td rowspan="2">塔架斜拉扣挂法</td><td>（1）</td><td>斜拉扣挂现浇（挂篮悬浇）法</td></tr>
<tr><td>（2）</td><td>斜拉扣挂拼装（缆索吊装）法</td></tr>
<tr><td rowspan="2">2</td><td rowspan="2">悬臂桁架法</td><td>（1）</td><td>悬臂桁架现浇法</td></tr>
<tr><td>（2）</td><td>悬臂桁架拼装法</td></tr>
<tr><td>五</td><td>组合施工法</td><td></td><td></td><td></td><td></td></tr>
</table>

2.1　落地支架现浇法

20 世纪 80 年代以前，多采用木支架，包括满堂木支架与三铰木拱或组合式木拱架。为了保护生态，节约木材资源，现已很少采用木支架，多采用钢支架，主要有两种基本形式，即满布式钢管支架（多用 ϕ48×3.5mm 小钢管）与临时墩上架设钢梁及钢拱盔。临时墩多采用大钢管（直径≥500mm）或万能杆件组成，也有的采用浆砌块、片石。临时墩基础一般为扩大基础或桩基础。墩上纵梁多采用军用梁（如贝雷桁片或三角桁片）或型钢组拼。

采用落地支架现浇法施工的国内最大跨径上承式 RC 箱形拱桥，为河南许沟大桥，主跨 220m，于 2001 年建成。

1943 年建成的瑞典桑多桥，为上承式 RC 无铰拱桥，主跨 264m，在木桁拱架上现浇，是目前世界上用木拱架施工的最大跨径混凝土拱桥。

2.2　钢拱架现浇（拼装）法

当拱圈离地面较高或跨越河流、山谷时，以两岸拱座前方为拱架的拱脚；安装与拱圈跨径接近的钢拱架（拱架跨径小于拱圈跨径）；在拱架上现浇或拼装混凝土拱圈。

大跨径拱桥的钢拱架，一般采用天线吊装。钢拱架纵向分段，用天线吊运，扣索斜拉扣挂，逐段悬拼合龙后形成拱架。当拱圈跨径在 150m 以下时，钢拱架的吊重，可以控制在 15t 以下，还可利用天线吊装拱上腹孔的装配式车道板。

钢拱架多采用型钢或贝雷桁片或三角桁片构成。为了能多次周转使用，国内一些施工企业，按定型设计图制作常备式钢拱架，能在一定的跨径和矢跨比的范围内通用。有的钢拱架为了适应地形、减小跨度，拱架顶面至拱圈下缘的距离较高，拱架之上还需用满布式小钢管支架形成拱盔。有的钢拱架顶面与拱圈下缘弧线之间（沿径向）为较小的等高空间，拱架之上可直接安装垫块及拱圈底模板，不需另外设置小钢管拱盔，拱架用料较省，且安装工作量较少。

采用钢拱架现浇法施工的国内最大跨径上承式 RC 箱形拱桥，为四川攀枝花 3007 大桥，主跨 170m，1983 年建成；1989 年建成的湖南五强溪水电站沅水大桥，主跨 133m，在钢拱架上拼装预制构件，形成箱形拱。1963 年建成的葡萄牙阿拉比达桥，主跨 270m，采用可以横移的钢拱架现浇箱肋。

2.3　转体施工法

转体施工法分为平面转体法、竖向转体法与平、竖转相结合的转体法三种形式。

平面转体法，将拱圈分为两个半跨，分别在两岸利用地形做简单支架预制拱箱，利用结构本身及临时结构组成扣锚体系，张拉扣索使拱箱脱架。拱箱、平衡重、转盘上盖及扣索组成转动体系（其重心通过转轴中心），借助预先设置的摩擦系数很小的环形滑道，用卷扬机或千斤顶牵引，将两岸的半跨拱箱平面转体至设计的桥轴线位置，然后进行拱顶合龙。

有平衡重的转体法是最常用的方法。在某些特殊情况下，也可以采用无平衡重平面转体法，无平衡重转体工艺由以下三个体系组成：

（1）锚固体系。由锚碇、尾索、平撑、锚梁及立柱组成。锚碇设于引道或边坡岩层中，锚梁支承于立柱上，两个方向的平撑及尾索形成三角形稳定机构，使上转轴为一确定的固定点。拱箱转至任一角度，则锚固体系平衡拱箱扣索力，从而可以省去有平衡重转动体系庞大的平衡圬工。

（2）转动体系。由上转轴、下转盘、拱箱及扣索组成。上转轴由埋于锚梁中的轴套、转轴和环套组成。扣索一端与环套相连，另一端与拱箱顶端连接。转轴套与环套间均可转动。下转盘为一马蹄形钢环，马蹄形两端各有一走板，两个走板在固定的滑道上滑动。两走板上方各做一铰座，拱箱拱脚两侧各做一铰，支承于铰座上，马蹄转盘卡于下转轴外侧，下转盘与滑道、下转轴与环道之间均有摩阻系数很小的滑道板，可以转动。

（3）位控体系。上转轴与下转轴间设有一偏心值 e，扣索张拉到设计吨位（T）后，拱箱离架，扣索力（T）产生一个向外的分力（F），即形成一个向外自转的力矩（$M=T\cdot e$）。因此，必须在拱箱顶端用一缆风索将拱顶拉住。用一台卷扬机放缆风索，拱箱即可自动向外转体就位。

缆风索完全控制了拱箱转体速度与位置。

竖向转体施工，又分为从下往上提升转动的正角度竖转和从上往下降低转动的负角度竖转两种。

转体施工的上承式 RC 箱拱，绝大部分采用平转法，少数采用竖转法和平、竖转相结合的转体法。

桥梁转体施工工艺的详细内容可参阅文献[85]。

采用平面转体施工法施工的国内最大跨径上承式 RC 箱形拱桥，为福建行对岔大桥，主跨 205m，于 2008 年建成。

采用竖向转体法施工的最大跨径上承式 RC 拱桥，为德国阿根贝托贝尔桥，主跨 145m，于 1986 年建成，为负角度竖转。

2.4 劲性骨架法

沿拱圈轴线用型钢或钢管建成钢桁拱，以钢桁拱作为承力结构，在其上悬挂模板，分环、分段、分层对称、均衡地浇筑拱圈混凝土，最后合龙成拱。跨径较小时，可以采用型钢做劲性骨架。当跨径较大时，则采用钢管混凝土做劲性骨架。因此，在空钢管配合型钢形成劲性骨架钢桁拱之后，应先在钢管内灌注混凝土，使之成为钢管混凝土劲性骨架拱，然后再浇注拱圈混凝土。

20 世纪 90 年代以后，大跨径上承式 RC 拱桥，劲性骨架都采用钢管混凝土配合型钢做成钢管混凝土桁式拱。其中上、下弦杆为钢管，成拱之后，压入高强度混凝土，成为钢管混凝土结构。

钢桁拱骨架一般采用天线吊装沿纵向逐段拼接，扣索斜拉扣挂，在拱顶合龙。钢管内压注混凝土后，浇筑拱圈混凝土是这一工法最关键的施工阶段，随着混凝土的逐步施工加载，劲性骨架拱的内力与变形不断变化，当先期完成的混凝土拱环达到一定强度，实际上能参与劲性骨架拱联合承力，而这种钢—混凝土组合结构的内力也在不断变化。所以，这阶段施工过程的结构应力、应变及稳定特征值是很复杂的，涉及的因素较多，是结构设计、施工技术与施工监控的重点。也是劲性骨架法施工过程中风险最大的阶段。

在建的沪昆高铁贵州北盘江大桥，主跨 445m，将成为新的世界最大跨径混凝土拱桥。

2.5 悬臂施工法

根据悬臂施工过程的承力体系，可以分为斜拉扣挂法和悬臂桁架法两大类。

两种施工方法均可以用于拱圈原位现浇和拱圈预制构件拼装。上述悬臂施工法又可细分为以下 4 种：

(1)斜拉扣挂现浇法(国内习惯称为挂篮悬浇法)；

(2)斜拉扣挂拼装法(国内习惯称为天线吊装法)；

(3)悬臂桁架现浇法；

(4)悬臂桁架拼装法。

2.5.1 斜拉扣挂现浇法(挂篮悬浇法)

在桥梁墩、台处安装扣索索塔，用斜拉索一端扣住拱圈节段，另一端经过索塔进入锚碇区锚固。在索塔与扣索系统形成后,安装挂蓝,并浇筑拱箱节段混凝土,直到拱顶合龙。根据实际情况扣索与锚索也可以分别设置。扣、锚索采用低松弛钢绞线,千斤顶张拉。

挂篮悬浇法施工工艺,由以下 3 种体系构成:

(1)悬浇体系。主体结构为挂篮,包括桁架承重系统、行走系统、支反力系统、止推系统、工作平台及防护系统等 6 个部分。

(2)扣锚体系。由扣索、扣点、锚索、平衡索、锚点组成。包括扣索系统、锚固系统两大部分。通过扣塔与锚箱将两大部分结合成整体。

(3)锚碇体系。可根据实际情况,在满足安全的条件下,选择已有的墩台或天然地基作地锚。地锚形式有重力锚、隧道锚、群桩锚等。

采用挂篮悬浇法施工的国内最大跨径拱桥为四川攀枝花新密地大桥,主跨 182m,于 2013 年建成。美国胡佛水坝大桥,主跨 323m,为目前采用挂篮悬浇法施工的世界最大跨径上承式混凝土拱桥,于 2011 年建成。

2.5.2　**斜拉扣挂拼装法**(天线吊装法)

由于拱圈采用预制节段或构件在空中悬臂拼装,首先应解决预制构件由岸上预制场运至设计位置的问题,我国绝大多数情况下采用天线缆索吊运。因此,须在两岸合适位置设立天线索塔,也称为主塔。主塔上安装的主缆跨度须大于拱圈跨径,并方便吊运和安装全部拱箱节段。主塔高度应能确保拱顶节段的安装。拱箱节段就位后,须用扣索承力及定位,故需设置扣索索塔。较矮的扣索可以利用两岸墩台作扣点,高出墩台的扣索,应另外布置索塔(简称为扣塔)。扣塔与主塔可以分别布置,也可以主、扣塔合一。主塔因受力较大,承受前后两侧水平力不平衡差值,塔顶允许一定量的水平位移,故主塔脚应设计为铰接。扣索用以调整拱箱节段的准确位置并最后定位,故扣塔的水平位移须严格控制,扣塔脚应设计为固接。

我国从 20 世纪 70 年代初即成功应用天线吊装法修建上承式 RC 箱形拱桥,至今仍然是混凝土拱桥的主要施工方法之一,并积累了丰富的设计施工经验。尤其是 1996 年以后,施工中用“新工法”取代了“旧工法”,完成了一次重要的技术革新,使“天线吊装法”施工的上承式 RC 拱桥的跨径首次突破 200m。

采用天线吊装法施工的国内最大跨径上承式 RC 箱形拱桥为福建宁德天池大桥,主跨 205m,于 2007 年建成。

2.5.3　悬臂桁架现浇法

悬臂桁架现浇法的基本思路是:利用拱圈与拱上结构的永久性构件,以及临时设置的柔性斜拉杆形成桁架体系,将桥跨结构在全拱跨径范围内分为若干节段,从拱脚至拱顶逐节段施工,直至拱顶合龙。拱圈在施工过程中作为悬臂桁架的下弦,其轴向压力由拱座承担;桥面板在施工进程中作为悬臂桁架的上弦,通过墩台设置的拉索,将拉力传递至锚碇。

悬臂桁架现浇法,主要工序是:拱座完成后,安装挂篮,现浇第 1 节段的拱圈混凝土及本节段内的拱上立柱及桥面板,安装本节段的斜拉索,将桥面板中的水平拉索与墩台后面的锚索连接。现浇混凝土达到设计指定的强度后,第 1 节段的悬臂桁架形成。通过张拉斜拉索,可使拱圈高程达到监控的要求。挂篮移动至第 2 节段位置后,便可张拉第 1 节段的临时斜拉索,然后按同样方法施工第 2 节段悬臂桁架,直至拱顶合龙。

国内未见悬臂桁架现浇法的工程实例。国外采用此工法施工的最大跨径上承式 RC 箱形拱桥为葡萄牙亨里克桥，主跨 280m，刚梁柔拱，其次为西班牙蒂洛斯大桥，主跨 255m，分别于 2002 年和 2004 年建成。

2.5.4 悬臂桁架拼装法

悬臂桁架拼装法的基本思路及主要工序与悬臂桁架现浇法相似。两者的主要区别是：悬臂桁架拼装法，在形成悬臂桁架过程中，拱圈、拱上立柱及桥面板采用预制构件拼装，柔性斜拉杆仍为临时构件。

国内未见悬臂桁架拼装法建成的上承式 RC 箱形板拱或箱形肋拱实例。而国内桁式组合拱桥的施工工艺应属于悬臂桁架拼装法，但其拱上桁架的斜拉杆为永久性 PC 构件，主要施工设备为钢制人字拔杆。桁式组合拱桥最大跨径为贵州江界河大桥，主跨 330m，于 1995 年建成。

国外采用悬臂桁架拼装法建成的最大跨径上承式 RC 箱形拱桥为克罗地亚·克尔克大桥，主跨 390m，于 1980 年建成。

2.6 组合施工法

在同一座上承式混凝土拱的施工中，采用上述 5 种施工方法中的 2 种或 2 种以上者，称为组合施工法。例如：

拱脚段采用落地支架现浇，其余区段采用挂篮悬臂浇筑的四川攀枝花白沙沟大桥，主跨 150m。

拱脚段采用落地支架现浇，其余区段采用天线缆索吊装的贵州洪家渡水库六圭河大桥，主跨 195m。

拱圈钢管混凝土劲性骨架在岸上完成，然后转体劲性骨架至桥轴线位置合龙，再浇筑拱圈混凝土的云南大岩洞大桥，主跨 160m。

拱跨 $L/4$ 附近设临时落地支墩，用悬臂桁架法施工拱圈混凝土的葡萄牙·亨里克（Infant Henrique）大桥，主跨 280m。

拱脚段 15~20m 在落地支架上现浇，由此至拱跨 1/4 附近采用缆索吊机安装预制拱箱节段，剩余区段采用悬拼劲性骨架合龙后现浇拱圈混凝土的日本上承式 RC 箱形拱桥试设计，跨径达到 600m。

拱脚至 1/4 段采用缆索悬拼预制拱箱节段，由此至拱顶段采用劲性骨架法施工的日本上承式 RC 箱形坦拱桥的设计。其矢跨比 $L/12.5$，主跨 500m。

在距拱脚约 58m 处的拱上立柱位置布设落地临时支墩，将该处拱上立柱作为扣塔，在其顺桥向两侧布置扣索及锚索，即后锚索固定在拱圈上。拱脚段在支架上现浇，然后用悬臂扣挂法施工其余拱圈至拱顶合龙的法国夏托布里昂（chateaubriand）大桥，主跨 261m。

组合施工法在日本采用较早，也较多。例如主跨 235m 的别府明矾桥，采用悬臂桁架与劲性骨架组合法；日本宇佐川桥，主跨 204m，采用悬臂斜拉扣挂与劲性骨架组合法；日本下田原桥，主跨 125m，采用劲性骨架与竖转组合法等。

国内上承式混凝土拱桥采用组合法施工实例较少，与国外较先进的组合法施工工艺存在一定差距。

第3章　上承式混凝土拱桥拱圈构造

3.1　板拱与肋拱

成桥时混凝土拱桥的拱圈截面形状一般有两种：一是拱圈全宽为箱形或实体整体截面，其外轮廓围成矩形板，称为“板拱”；二是拱圈全宽由分离的两个或多个箱形或实体截面构成，即拱圈由两条或多条肋构成，称为“肋拱”。肋与肋之间用横隔板或横隔梁相互连接。“拱圈”一词泛指“板拱”或“肋拱”。

3.2　拱圈截面构成的两种基本形式

甲型：拱圈的形成采用整体浇筑的施工方式，在空间的 X、Y、Z 三个方向仅有分环、分段或分区的施工缝。拱圈形成过程中无永久性预制构件进入截面内。特殊情况下，仅有极少永久性预制构件。

采用支架、拱架现浇法、劲性骨架法、塔架斜拉悬臂浇筑法和悬臂桁架浇筑法施工的拱圈，均属甲型截面。

乙型：拱圈形成过程中有一部分事先预制构件进入截面内，另一部分则为现浇。不仅有现浇部分的施工缝，还有预制构件与现浇混凝土之间新旧混凝土结合界面。

采用转体施工法、塔架斜拉拼装法（即天线缆吊装法）与悬臂桁架拼装法施工的拱圈，均属乙型截面。

当采用组合施工法时，可能会出现同一道拱圈包含甲、乙两种截面形式。例如大跨径混凝土拱桥，拱脚一边长度采用支架整体现浇，其余区段则采用天线缆索吊法进行拱圈施工。拱脚段为甲型截面，其余区段为乙型截面。

甲、乙型截面各有利弊。甲型的整体性好一些，但施工工序较多，工期较长。乙型虽整体性不及甲型，但施工相对简单一些，工期也较短。甲、乙型截面在国内、外都得到广泛的应用，积累了若干宝贵的经验。

3.3　拱圈高度

拱圈高度是拱圈设计的重要参数，与跨径、截面高度分布规律、拱与拱上建筑的结构体系以及混凝土强度等有关。

（1）等截面拱圈高度（无铰拱）

拱圈的高度在全拱范围内不变，这是国内、外采用最多的情况，国内上承式混凝土拱桥几乎都是等截面。例如，主跨420m的四川万县长江大桥，拱圈为7m等高度；国外最大跨径上承式混凝土拱桥南斯拉夫克尔克1号桥主跨390m,拱圈为6.5m等高度;美国胡佛水坝大桥,上承式混凝土拱桥,主跨323m,拱肋为4.25m等高度。

影响等截面拱圈高度最主要的三个因素是:跨径、拱与拱上建筑结构体系、混凝土强度。

对于上承式混凝土拱桥,国内、外已建成的实桥一般有两种结构体系:一是"刚性拱柔性上部结构";二是"柔性拱刚性梁"。后者也称为"桥面加劲上承式拱"或"倒朗格尔拱"。这两种体系之间的过渡体系——"刚性拱刚性梁"则较少采用。国内几乎全采用刚性拱柔性上部结构的形式。加之国内拱上腹孔多采用简支体系,故一般不考虑拱与拱上建筑的联合作用,现行公路桥规也有相应的规定。在这种情况下,拱圈高度可参考本书式(4-2) ~式(4-4)初步拟定。文献[194]指出:等截面拱圈高度多在跨径的1/50~1/70范围内。

"柔性拱刚性梁"国内未见实例,国外实例较多(例如日本),可参阅本书7.6节。文献[104]对日本混凝土拱桥进行调查分析,倒朗格尔拱的拱肋高度约为跨径的1/100,截面一般为等高度实体矩形。同时,桥面加劲梁为连续结构,高度较大,本书7.6节表7-6列有实桥简况。

(2)变截面拱圈高度(无铰拱)

上承式变截面混凝土拱的拱圈高度,文献[194]建议:拱顶为跨径的1/60~1/90,拱脚为拱顶截面高度的1.5~1.7倍之间。上述建议仅限于不考虑拱与拱上建筑联合作用的情况。

文献[104]对日本混凝土拱桥统计分析后得到:上承式无铰拱(不计拱与拱上结构联合作用),拱肋厚度在拱顶处为跨径的1/45~1/90,在拱脚处为跨径的1/35~1/50。柔性拱刚性梁的拱肋厚度,拱顶处为跨径的1/110~1/250,拱脚处为跨径的1/75~1/150。

(3)镰刀形拱

为了获得一种特殊的景观效果,国外有的上承式混凝土拱桥,采用拱顶截面高度大于拱脚截面高度,形成镰刀形。根据南斯拉夫已建成的此类混凝土拱桥(无铰拱),其拱顶截面高度为跨径的1/60~1/70。拱脚截面高度与拱顶截面高度之比为0.55~0.77。

有的镰刀形拱做成三铰拱,如著名的瑞士萨尔基那山谷桥,主跨90m,为上承式RC三铰拱。

(4)混凝土强度

混凝土强度对拱圈高度影响较大。国内一般的大跨径混凝土拱桥,拱圈目前多采用C40混凝土,特大跨径则为C50混凝土。主跨420m的万县长江大桥采用C60混凝土,主跨323m的美国胡佛水坝大桥,拱肋采用C70混凝土;主跨270m的南非布罗克朗斯桥拱圈采用C55混凝土,主跨390m的南斯拉夫克尔克桥,修建较早,拱圈混凝土设计为C50混凝土,实际为C57混凝土。根据目前的技术水平,国内特大跨径混凝土拱桥采用C60混凝土是可行的,拱圈高度有可能适当减少。

3.4 拱圈宽度

国内、外建成的上承式混凝土拱桥,绝大部分拱圈为等宽度,且拱圈宽度均小于桥面宽度。国外少数特大跨径上承式混凝土拱桥,为了进一步提高主拱的横向稳定性,采用变宽度拱圈。例如主跨280m的葡萄牙亨里克桥,为刚梁柔拱,拱圈宽度从拱顶处10m渐变到拱脚处20m(桥宽度为20m),参阅本书图7-79。又如主跨为261m的法国夏托里布昂桥,RC无铰拱,起拱线附近 30m 长度内,拱圈宽度从 12m 渐变至 7.5m 与中部等宽,仅在拱脚处局部加宽拱圈,参阅本书图 7-89。1974 年建成的日本外津桥为上承式 RC 双铰拱,主跨 170m,单箱双室截面,桥宽 10.1m。拱圈宽度在拱顶为 8m,在拱脚为 16m。部分圈宽度超过了桥面宽度,拱圈变宽度增大施工难度,当结构设计确需增大宽度以提高横向稳定性时,可以采用拱脚局部区段加宽的措施。从经济性和景观性考虑,拱圈宽度一般情况不宜小于桥面宽度。

3.5　箱形截面拱圈的构造

除跨径较小的肋拱采用实体截面外,板拱与跨径较大的肋拱多采用箱形截面。甲型截面和采用转体法施工的乙型截面,不论板拱或肋拱,其箱形拱圈一般分室不多,常用单箱单室、双室或三室,当桥面很宽而又未分幅时,可能超过三室。腹板之间的中距一般为 3~5m,最大可达 6m(南斯拉夫克尔克桥);当跨径较小、拱圈不高时,可为 2.5m 左右。

乙型截面当采用天线缆索吊装施工时,如分段数较少,为了减小吊装重量,拱圈截面由多个单箱构成。例如本书附录 C 介绍的"缆索吊装箱形拱桥",跨径 60~100m,桥面宽度 8m 至 11.5m,拱圈由 5 箱或 6 箱组成。单箱预制宽度为 1.46m。又如主跨 150m 的贵州玉屏至三穗高速公路舞阳河大桥,单幅桥宽 12.25m,拱圈宽度 10.5m,采用传统工法分 7 段吊装,拱圈由 6 个单箱组成,单箱预制宽度为 1.70m。该桥于 2007 年建成,拱圈截面见本书图 5-72。

上承式混凝土拱桥天线缆索吊装采用新工法(新、老工法要点请参阅本书 5.5 节)后,由于拱箱纵向分段数增加很多,拱圈箱形截面的分室数相应减少。对于 2~3 车道的桥面宽度,拱圈一般为单箱三室。实桥的拱圈截面构造尺寸见本书 5.5 节中的实例四、实例五、实例六及实例八。当拱圈为板拱时,三室箱较有利,可先合龙中箱,因中箱宽于边箱,对横向稳定有利,然后再完成边箱。可参阅本书图 5-73。也有桥拱圈为单箱三室,先完成左、右两条边箱,以其为支承现浇中箱的顶、底板(参阅本书图 5-70)并加厚中腹板(参阅图 5-67)。当拱圈为肋拱时,一般为两条单箱单室拱肋,也有少数为单箱双室拱肋。两肋之间用横隔板联系(参阅图 5-63)。

编著者根据国内部分上承式 RC 箱形拱桥(不考虑拱与拱上结构联合作用)的统计分析资料,初步归纳出跨径 200m 以下,拱圈高度,顶、底板厚度,腹板厚度的尺寸,可供参考。但不适用于用传统工法施工的天线缆索吊装箱形拱。

拱圈箱室内每隔一定距离应设置横隔板,以提高拱箱的抗扭承载力,增大横向刚度,加强箱壁的局部稳定性。横隔板的纵向间距一般为 3~5m,最多不超过 6m。宜在拱上立柱对应的位置设横隔板,厚度 20~30cm,中部开孔。对于预制吊装的拱箱,应在纵向分段处、吊扣点处和拱上立柱对应位置处设置箱内横隔板,纵向间距为 2.5m 左右,厚度 10~15cm。横隔板板面一般沿拱轴线径向布置。有的特大跨径混凝土拱桥,当拱上腹孔跨径较大时,为了使立柱传力至拱圈更直接、更可靠、更有利于立柱竖向主钢筋与拱圈牢固连接,拱箱内横隔板在立柱之下沿竖向布置。缺点是沿纵向每道横隔板的净高度不等。当拱的矢跨比较大时,拱箱腹板的局部稳定性较差,主要是拱脚附近。

与国外上承式 RC 箱形拱桥拱圈较先进的设计比较,上述国内有关顶底板、腹板的厚度经验值,可能略偏于保守。主跨 390m 的南斯拉夫克尔克桥,主跨拱圈的中室箱顶、底板厚仅 15cm,副跨(244m)仅 12cm,而且也不作第二次浇筑加厚。中腹板厚度仅 15cm,副跨仅 12cm。该桥的高质量施工工艺同样值得我们学习。

3.6 关于拱箱预制构件的轻型化

我国采用天线缆索吊装法与转体施工法修建的大跨径上承式 RC 箱形拱桥，为了减小吊装或转体重量，在预制构件轻型化方面取得了很大的成就和宝贵经验。以下是几个实例：

1989 年建成的重庆涪陵乌江大桥，主桥净跨 200m，采用双箱对称同步无平衡转体施工。转体阶段的拱圈闭合箱腹板为带板钢筋网架，其两侧为厚度 4cm 的混凝土薄板。预制箱的顶、底板最小厚度 10cm，预制闭合箱的高度为 3m。转体质量仅 2480t。可参阅本书 5.3 节。

1996 年建成的云南松园金沙江大桥，主桥为净跨 170m 的上承式混凝土拱桥，采用天线缆索吊装施工。预制吊装的拱箱为上开口 U 形截面，预制拱箱高度 2.4m，分为 7 段吊装，最大吊重 60t。可参阅本书 5.5 节。

2004 年建成的湖北恩施平地坝大桥，主桥为净跨 132m 的上承式混凝土拱桥。采用平面转体施工。转体拱圈为上开口 U 形截面，高度 200cm，预制的底板与腹板厚度均为 8cm，转体合龙后，底板、腹板均加厚至 20cm，并现浇厚度为 20cm 顶板。可参阅本书 5.3 节。

2007 年建成的贵州玉屏至三穗高速公路舞阳河大桥，主桥为净跨 150m 的上承式混凝土拱桥，分段用缆索吊装。预制拱箱为闭合箱，高度 230cm，除边箱的外腹板厚度为 15cm 外，其余腹板厚度均为 7cm，底板厚度 20cm，顶板厚度 10cm。拱箱吊装合龙后，现浇肋间混凝土与顶板加厚层 10cm 混凝土。最大吊重 70t。可参阅本书 5.5 节。

1979 年建成的四川宜宾马鸣溪金沙江大桥，主桥为净跨 150m 的上承式混凝土拱桥，分为 5 段用缆索吊装。预制拱箱为闭合箱，腹板为预制双层薄板，厚度 5cm；底板厚度 18cm；顶板厚度 10cm。吊装合龙成拱后，现浇肋间混凝土及顶板加厚 15cm 混凝土。最大吊重 70t。可参阅本书 5.5 节。

1974 建成的云南红旗大桥，主桥为净跨 116m 上承式混凝土拱桥，采用天线缆索吊装施工。预制拱箱为上开口 U 形截面，高度 160cm，预制腹板厚度均为 10cm。吊装合龙成拱后，现浇肋间混凝土、加盖 7cm 厚的预制顶板，并现浇顶板加厚混凝土，使拱圈总高度达到 190cm。可参阅本书 5.5 节。

以上述实例可以看出，对于天线缆索吊装与转体施工的上承式 RC 箱形拱桥，为了减小施工过程拱箱自重，在采用可靠措施的情况下，预制构件最小 RC 壁厚在 4~10cm 是可行的，在一定条件下采用上开口 U 形截面吊装也是可行的。

《公路圬工桥涵设计规范》(JTG D61—2005)第 5.2.7 条规定，箱形拱的主拱圈“底板厚度、预制腹板厚度及预制顶板厚度均不应小于 100mm”。一般情况下，应按此规定执行，以提高薄板局部稳定的安全度，避免施工中可能出现的风险。如确需减小预制构件的箱壁厚度，应采取可靠的加强措施。

对于天线缆索吊装箱形拱，当预制拱箱采用上开口 U 形截面，且顶板用预制板与现浇混凝土组成时，预制腹板顶面与顶板结合部，靠竖向箍筋与新老混凝土黏结连接，是一个薄弱处，在切向剪力流的作用下，可能发生剪应力裂缝，削弱了闭合拱箱的整体性。例如，贵州省原茅台大桥，主桥为净跨 115m 上承式 RC 箱形板拱，矢跨比 1/8，拱圈高度 175cm，采用天线缆索吊装，预制拱箱为上开口 U 形截面，顶板为预制盖板加现浇层。拱上为腹拱、横墙重型拱上建筑。1990 年，在施工桥面时，全桥突然垮塌，死亡 4 人，伤 9 人。除其他原因外，设计上忽略了箱形截面腹板与顶板之间的切向剪力流,也是重要原因之一。有关原茅台大桥事故之详情,可参阅参考文献[91]。

拱圈切向剪力流的分析计算见本书第 8 章。

3.7　箱形截面肋拱

在跨径相同的情况下,箱形截面肋拱的自重小于箱形截面板拱,工程数量较省。但构造比板拱复杂。拱肋是主要承重结构。拱肋数、间距、截面形式等,主要根据拱圈总宽度、施工方法及经济指标等方面综合考虑。一般在满足横向稳定要求的情况下,宜采用少肋形式,以简化构造。桥宽在 20m 以内时可采用双肋式,桥宽超过 20m 时,为避免因肋的中距过大而使肋间横系梁、拱上主柱盖梁的横桥向跨度和尺寸增大过多,可采用三肋式或多肋式。对于三肋式拱,由于中肋长期处于高负荷状态,受力复杂,一般较少采用。当跨较大、桥面较宽时,有的桥仍采用双肋式,但单片拱肋为单箱双室截面或三室截面。

箱肋拱桥的拱圈总宽度,一般不宜小于跨径的 1/20,以保证拱圈的横向稳定性。箱形拱肋的高度,一般情况下可取主跨跨径的 1/50~1/60,也可按箱形板拱拱圈高度的上限取值,再通过受力分析计算确定设计采用值。拱肋的宽度可取拱肋高度的 0.5~2 倍。整体式箱肋的顶、底板及腹板厚度一般不小于 25~30cm。还应在拱上立柱处及立柱间的对应位置设置箱内横隔板,厚度 20~30cm。双肋式箱形拱拱圈截面如图 3-1 所示。

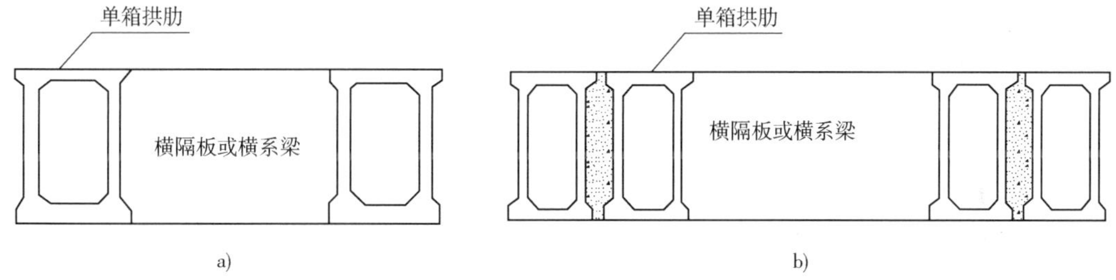

图 3-1　常用的双肋拱桥横断面示意图

a) 单箱双肋拱；b) 双箱双肋拱

拱肋之间布置横系梁或横隔板。系梁宽度应不小于系梁高度的 1/15。横隔板与横系梁多采用与箱肋同高。肋间横隔板或横系梁沿拱轴方向布置在跨中、跨径 $L/4$、拱脚以及拱上立柱与拱肋连接处。主拱跨径较大时,还应适当加密。为了减小重力,有的桥采用桁架式横系梁。箱内外的横隔板中部挖空。肋间横系梁应与箱内横隔板在同一横向位置,并连接成整体。

国内已建成的部分大跨径箱形肋拱桥,拱圈的主要数据列于表 3-1。

国内已建成的部分上承式 RC 箱形肋拱桥　　表 3-1

桥　名	跨径(m)	桥宽(m)	肋数	单肋截面	单肋高度与宽度(cm)		拱肋中距(cm)
					高度	宽度	
四川广元昭化大桥	350	27.5	2	单箱双室	580	800	1450
广西来宾磨东大桥	180	单幅 12	2	单箱单室	350	260	
安徽金寨金桃大桥	160	9.5	2	单箱双室	330	300	
四川武胜嘉陵江大桥	130	13.0	2	单箱双室	200	280	

续上表

桥　　名	跨径(m)	桥宽(m)	肋数	单肋截面	单肋高度与宽度(cm)		拱肋中距(cm)
					高度	宽度	
贵州务川珍珠大桥	120		2	单箱单室	210	386.7	613.3
重庆合川涪江大桥	120	26.0	2	单箱双室	220	280	690
四川苍溪嘉陵江大桥	105	13.0	2	单箱双室	175	290	640
四川内江沱江大桥	100	24.0	2	单箱四室	170	560	
重庆忠县钟溪大桥	100	9.0	2	单箱单室	160	160	500
重庆御临河大桥	95	16.0	2	单箱双室	180	780	960

上承式 RC 箱形肋拱桥的拱上建筑布置,有两种基本形式:

(1)拱上立柱之上布置顺桥向的纵向连续梁,沿横桥向布置车道桥,车道板支承在纵梁上。

(2)拱上立柱之上设置横桥向的盖梁,沿纵向布置车道板,车道桥支承在盖梁上,与上承式 RC 箱形板拱桥的拱上建筑基本相同。

早期修建的肋拱,多采用第(1)种拱上结构形式。例如,1989 年建成的四川忠县钟溪大桥,1994 年建成的四川武胜嘉陵江大桥,1989 年建成的四川忠县白桥溪大桥(3×65cm 肋拱)等。使用中逐渐发现,有的桥纵梁与拱上立柱出现裂缝。1995 年以后建成的四川内江市沱江大桥、重庆御临河大桥、四川蓬安清溪河大桥等则采用第(2)种拱上建筑形式。此后,上承式肋拱桥多采用第(2)种形式。例如,2011 年建成的四川广元昭化嘉陵江大桥,2008 年建成的贵州务川珍珠大桥,2012 年建成的安徽金寨金桃大桥等。

与箱形板拱比较,上承式箱形肋拱的主要优点是:混凝土数量省,恒载有所减小,外观显得轻盈美观;缺点是钢筋用量偏多。用于箱形板拱的各种施工方法都能用于箱形肋拱,且由于自重较小,在某些施工环节更为有利。

广西来宾磨东大桥拱上建筑的布置,两种基本形式都用到。主拱跨中 58m 长度,采用 RC 预制车道板横桥向布置,直接支承在拱肋侧墙上。主拱两端沿纵向各设 5×13m 先张法 PC 空心板腹孔,支承在拱上立柱盖梁上。5×13m 空心板为简支桥面连续梁。

第 4 章　上承式混凝土箱形拱桥拱圈常用尺寸及配筋

4.1　既有上承式混凝土箱形拱桥等截面拱圈高度统计分析

拱圈高度是影响拱圈强度、刚度和稳定性的最重要的参数。结构设计时，一般情况下先根据经验公式初步拟定拱圈高度，再通过受力分析计算确定最终的采用值。

公路钢筋混凝土上承式箱形拱桥，目前多采用下列经验公式：

$$h = \frac{l_0}{100} + \Delta \tag{4-1}$$

式中：h——拱圈高度（m）；

l_0——拱圈净跨径（m）；

Δ——常数，$\Delta = 0.6 \sim 0.8$m，跨径大或箱室少选用上限。

从附录 A“国内部分上承式箱形拱桥简况”可以看出，式（4-1）比较适用跨径 100m 以下的拱桥。当跨径超过 100m 较多时，式（4-1）的计算值偏小。

我们将国内已建成的 143 座公路钢筋混凝土上承式箱形拱桥的拱圈高度 h 与净跨径 l_0 进行线性相关分析。实桥 l_0 在 40～420m 之间。线性相关方程为：

$$h = a + b \cdot l_0 \tag{4-2}$$

式中：a——线性相关方程为直线的截距；

b——线性相关方程为直线的斜率。

143 座桥统计分析后得到 h 与 l_0 的相关系数 $r = 0.960$，说明相关程度较好。进一步分析可得 $a = 0.284$m，$b = 0.0152$，则式（4-2）变为：

$$h = 0.284 + 0.0152 l_0 \tag{4-3}$$

由于各桥实际拱圈高度取值的差异性，使经验点存在一定的离散，属于正常情况。为了使初步拟定 h 时，有一定的选择范围，在式（4-3）所确定的相关线上、下两侧，根据点群的分布情况，目估定出 h 的上、下限直线。请参阅图 4-1。上、下线的线性相关方程如下。

h 经验值的上限为：

$$h - 0.50 + 0.0152 l_0 \tag{4-4}$$

h 经验值的下限为：

$$h = 0.10 + 0.0152 l_0 \tag{4-5}$$

考虑到 l_0>200m 的箱形拱桥已建成的实桥较少,经验点很少,式(4-2)~式(4-4),建议在 l_0≤200m 的情况下,供初步拟定拱圈高度时参考。

l_0=100m、150m、200m 时,式(4-1)与式(4-2)~式(4-4)计算的拱圈高度 h 值如表 4-1 所列,可供比较。

拱圈高度 h 值(尺寸单位:m)　　表 4-1

净跨(m)	式(4-1)		式(4-3)	式(4-2)	式(4-4)
	上限	下限	上限	中值	下限
100	1.8	1.6	2.02	1.80	1.62
150	2.3	2.1	2.78	2.56	2.38
200	2.8	2.6	3.54	3.32	3.14

一般上承式 RC 箱形拱桥的拱圈高度主要影响因素是跨径。但是,还与施工方法、设计荷载、拱圈截面构成、拱上建筑构造尺寸等有关。拟定拱圈高度时应综合考虑各种主要因素。从图 4-1 来看,以跨径为单一的参数,相关系数虽为 0.96,但非跨径因素的影响是明显的,其中也包含一些人为的倾向。本节提出的经验值供参考。

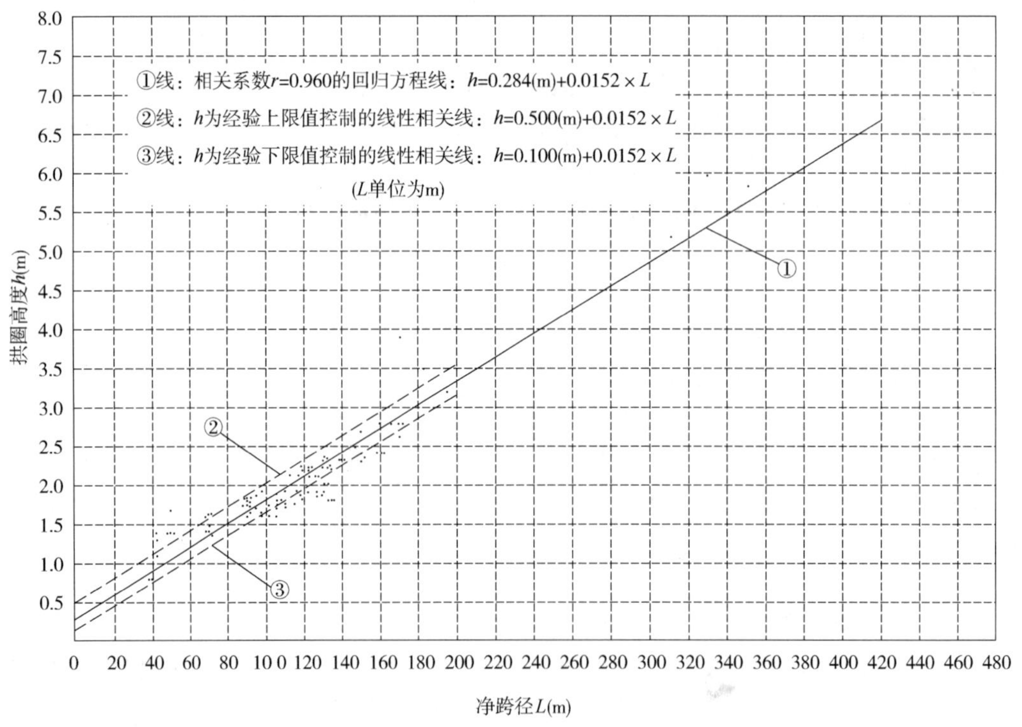

图 4-1　国内 143 座钢筋混凝土上承式等截面箱形拱桥拱圈高度 h 与净跨径 L 的线性相关线

根据以上上承式箱形拱桥拱圈高度统计分析成果,并结合若干实桥的设计经验,针对出现机会最多的跨径范围,即净跨 40~200m,提出整体浇筑的上承式 RC 箱形板拱桥等截面拱圈尺寸及配筋,供初步设计时参考。

4.2　拱圈常用尺寸

上承式 RC 箱形板拱桥拱圈常用尺寸见表 4-2。

上承式 RC 箱形板拱桥拱圈常用尺寸　　表 4-2

净跨(m)	拱圈高度 h(cm)			顶、底板厚度 a(cm)	腹板厚度 b(cm)		腹孔车道板(cm)	
	高值	中值	低值		三室箱	二室箱	跨径	板厚
40	120	100	80	20	20	25	400	27
50	130	120	100	20	20	25	500	30
60	140	130	120	20	20	25	500	30
70	150	140	130	20	20	25	600	32
80	160	150	140	20	20	25	600	32
90	180	170	160	20	25	33	800	42
100	190	180	170	25	25	33	800	42
110	200	190	180	25	25	33	1000	50
120	210	200	190	25	25	33	1000	50
130	230	210	200	25	25	33	1000	50
140	240	230	220	25	25	33	1300	70
150	250	240	230	25	30	40	1300	70
160	260	250	240	25	30	40	1300	70
170	280	270	260	25	35	47	1600	80
180	310	290	280	30	35	47	1600	80
190	320	310	290	30	35	47	2000	95
200	330	320	300	30	40	53	2000	95

注：①适用于整体浇筑箱形板拱。箱形肋拱的拱肋高度可参考表中拱圈高值。

②拱圈截面可参阅图 4-2。

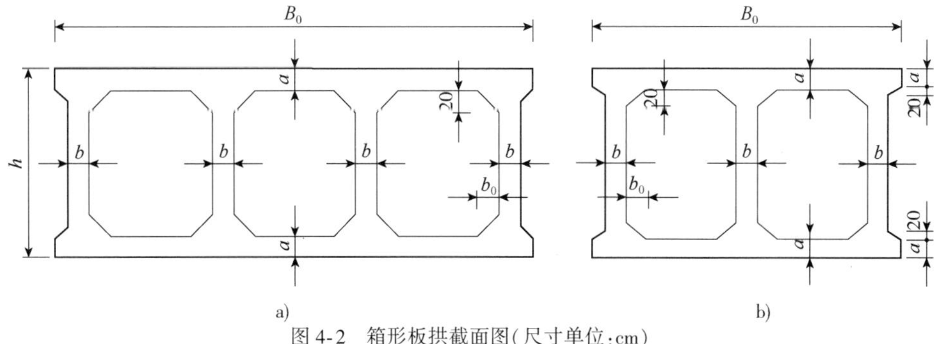

图 4-2　箱形板拱截面图(尺寸单位:cm)

a)单箱三室截面;b)单箱二室截面

③拱圈高度 h 的高、中、低值,是在式(4-2)~式(4-4)的基础上做了适当调整,可用于方案设计和初步设计。必要时,应通过结构计算确定拱圈高度。

④通过计算,如拱脚截面弯矩较大,拱脚附近的拱圈顶、底板可以适当加厚。

⑤施工过程中如拱圈腹板厚度系二次形成,中腹板与边腹板厚度可以不相等,但应注意控制腹板总厚度及最小腹板厚度。

⑥腹孔车道板跨径供拱上结构布置参考,可根据具体情况适当调整。车道板均为装配式简支板,跨径 4m、5m、6m 为矩形实体板,跨径 8~20m 为空心板。跨径≤8m 为 RC 结构,跨径≥10m 为 PC 结构。

⑦桥面宽度为9~13m时,建议采用单箱三室截面;桥面宽度为5.5~9m时,建议采用单箱二室截面。

⑧拱上立柱排架墩的盖梁横桥向长度,假定等于桥面宽度B,并考虑两端适当悬挑,则拱圈全宽为:

$$B_0=B-2(B_1-5)(\mathrm{cm})$$

式中:B——桥面宽度(cm);

B_0——盖梁横向悬臂净长度(cm);

B_1——般取100~150cm。

⑨拱圈内应布置横隔板,且应设置在拱上立柱或横墙的对应位置处。当拱上腹孔跨径大于6m时,应在两立柱或横墙之间的相应位置加密一道横隔板。横隔板厚度可取30cm,加密横隔板厚度可取20cm,横隔板上应开孔,净高≥50cm,净宽≥100cm,矩形孔四角应加腋。横隔板平面方向一般与拱轴线正交。

4.3 上承式混凝土箱形板拱桥拱圈主要配筋

整体式箱形板拱的拱圈配筋,应通过受力计算确定。现根据已建成的同类桥型的拱圈配筋及有关资料,初步拟定各种跨径的钢筋配置,如表4-3所列。供初步设计参考。

上承式 RC 箱形板拱桥拱圈配筋 表4-3

净跨(m)	拱圈顶底板钢筋					腹板钢筋	
	纵向外缘		纵向内缘	横向外缘	横向内缘	箍筋	纵向筋
40	Φ14		Φ12	Φ12	Φ12	2ϕ10	ϕ10
50	Φ14		Φ12	Φ12	Φ12	2ϕ10	ϕ10
60	Φ16		Φ12	Φ12	Φ12	2Φ12	ϕ10
70	Φ16		Φ12	Φ14	Φ12	2Φ12	ϕ10
80	Φ16		Φ12	Φ14	Φ12	2Φ12	Φ12
90	Φ18	Φ16	Φ14	Φ14	Φ12	2Φ12	Φ12
100	Φ18	Φ16	Φ14	Φ16	Φ14	2Φ12	Φ12
110	Φ20	Φ18	Φ14	Φ16	Φ14	2Φ12	Φ12
120	Φ20	Φ18	Φ14	Φ16	Φ14	2Φ12	Φ12
130	Φ22	Φ20	Φ16	Φ16	Φ14	2Φ12	Φ12
140	Φ22	Φ20	Φ16	Φ18	Φ16	2Φ12	Φ12
150	Φ25	Φ22	Φ18	Φ18	Φ16	2Φ14	Φ14
160	Φ25	Φ22	Φ18	Φ18	Φ16	2Φ14	Φ14
170	Φ25	Φ22	Φ20	Φ18	Φ16	2Φ16	Φ14
180	Φ28	Φ25	Φ20	Φ20	Φ18	2Φ16	Φ16
190	Φ28	Φ25	Φ22	Φ20	Φ18	2Φ20	Φ16
200	Φ29	Φ25	Φ22	Φ20	Φ18	2Φ20	Φ18

注:①顶、底板纵向钢筋的间距,一般可取$\alpha=15\mathrm{cm}$,根据受力分析,可以适当减小或增大,但应在10~20cm范围。当外缘纵筋间距较小时,内缘纵筋的间距可取外缘纵筋间距的2倍,但不宜大于25cm。

②顶底板横向钢筋间距,一般可取$\alpha=20\mathrm{cm}$,可以根据拱圈宽度适当减小,但不应小于10cm。

③表中腹板箍筋为一道腹板的数量,一般按2肢布置。当预制吊装箱肋之间有肋间现浇混凝土时,应另外布置2肢箍筋。箍筋的纵向间距,与顶、底板横向钢筋间距相同。

④腹板上两侧的纵向钢筋的间距,一般在15~20cm之间。

⑤表中Φ表示HRB400钢筋直径;ϕ表示HPB300钢筋直径。

⑥顶、底板"纵向外缘"一栏,有两种钢筋直径处,左边用于拱脚区段。

⑦拱圈应采用C40、C45或C50混凝土。

第 5 章　上承式混凝土拱桥施工实例

从 20 世纪 70 年代至今，我国修建了大量上承式 RC 箱形拱桥，在设计与施工方面都累积了丰富的经验，但也有一些教训。从附录 A“国内部分上承式混凝土拱桥简况”可以大致了解这类桥型实际状况的概貌。现按照第 2 章介绍的几种施工方法，分别选择若干座较为典型的大跨径混凝土拱桥介绍拱圈设计、施工的主要情况，以进一步了解几种施工方法与拱圈设计有关的技术特点，其中包括少数国外同类桥梁。

5.1　落地支架现浇法施工实例

实例一：河南许沟大桥

洛阳至三门峡高速公路许沟特大桥，桥面总宽 25m，分为上、下行，左、右两幅，单幅桥面宽 12m，桥面纵坡 2%，主桥为净跨 220m 上承式 RC 箱形板拱，矢跨比 1/5.5，C50 混凝土，拱轴系数 $m = 1.543$。拱上腹孔为跨径 13m 预应力混凝土简支空心板，桥面连续。拱上立柱为双柱式排架。拱圈拱顶截面如图 5-1 所示。拱脚 0.5m 范围，顶底板及外腹板厚度均为 75cm，内腹板厚度 50cm，此处至拱上第 1 排立柱段，顶、底板及外侧腹板厚均为 50cm，内腹板厚 25cm。

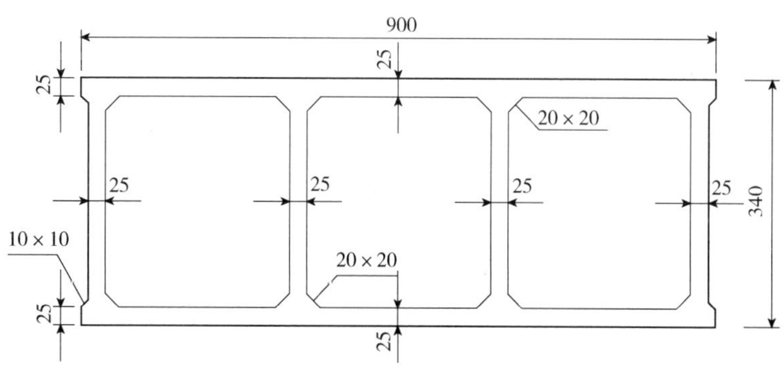

图 5-1　拱圈拱顶截面(尺寸单位：cm)

桥下沟槽内，常年无水，表层为亚砂土，下层为卵石层，两岸地质较好，表层有 0~3m 冲积亚砂土和卵石层，下层为泥质粉砂岩与粉砂质页岩互层。桥位处最大风速为 20m/s。

桥位上方有 3 处 1100kV 高压电网，高出设计桥面 8~10m。该电网为河南省一级主干电网，改移另架的可能性极小。因此，拱圈无法采用天线缆索吊装方法施工。

半跨拱箱混凝土达 2240m^3，两岸地形条件不理想，如采用转体施工，不仅转体重量很大，仍需大量支架，且转动角度 150°以上，故放弃转体施工方案。最后决定采用落地支座现浇法，要点如下：

以六五式军用墩、六四式军用梁、万能杆件组拼成 220m 主拱拱箱支架，其上部用碗扣式小钢管形成满布式拱盔。

支架的临时墩下部及基础采用片石混凝土结构。其上安装六五式铁路军用墩。支墩顶部纵梁为双层六四式铁路军用梁，纵向系梁用万能杆件组拼，纵梁的上面以槽钢作横向分配梁。纵梁之上与拱圈之间的扇形区域布置碗扣式模板支架，其上设钢模板形成拱箱的底模。拱架立面如图 5-2 所示。

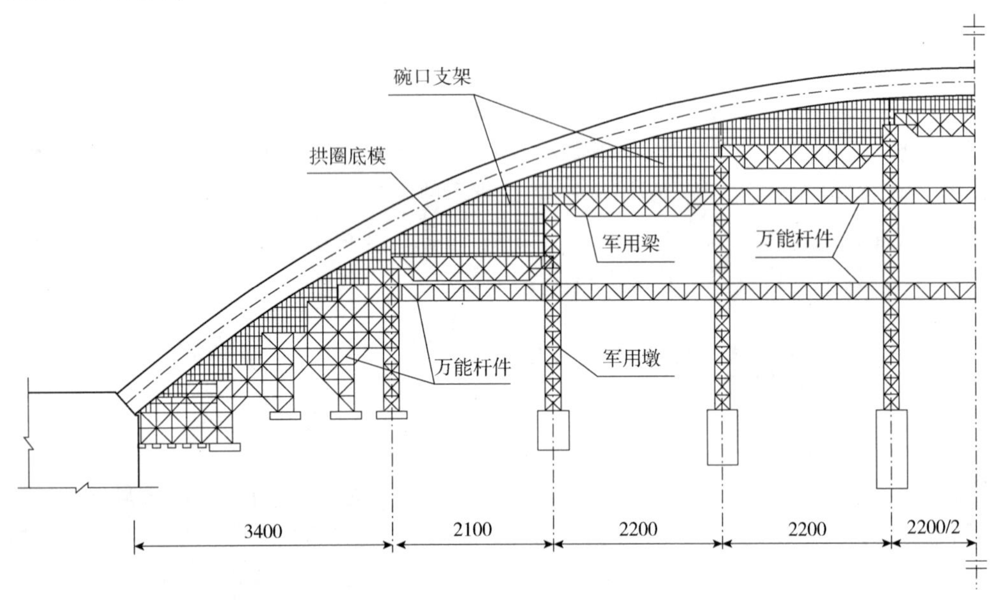

图 5-2 支架总体布置(尺寸单位：cm)

支架纵梁为承重结构，为双层军用梁，横向布置 8 片。拱盔部分的碗扣拱架，立杆纵向间距为 60cm，其余按间距 90cm 布置，步距 120cm。立杆底部设垫座，顶端设可调托撑，其顶面为横向方木，各横向方木之间由纵向方木连为整体，方木之上铺设组合模板，支架临时墩的构造如图 5-3 所示。

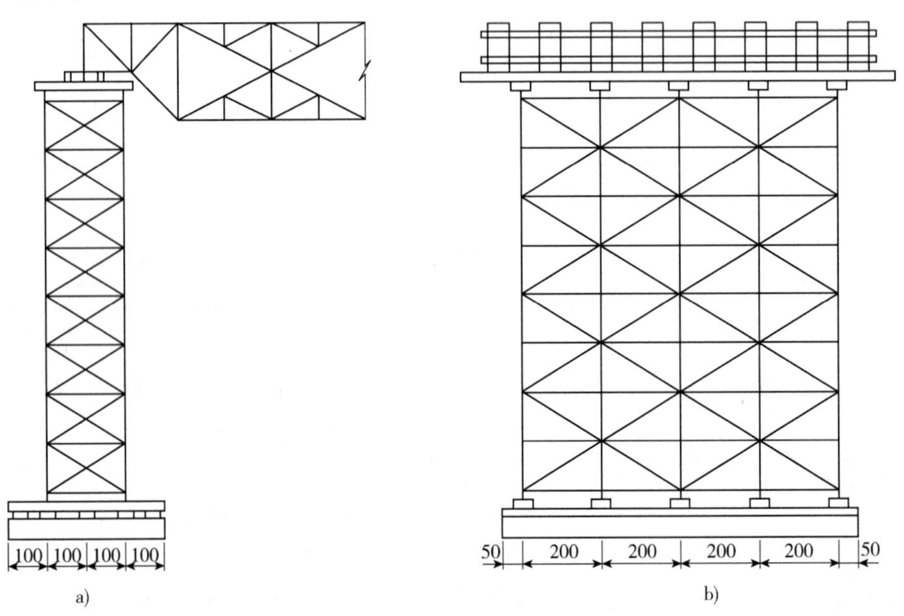

图 5-3 支架临时墩纵横 1/2 面示意图(尺寸单位：cm)

在两拱脚 34m 范围内用万能杆件组拼形成抵抗较大水平力的结构体系支架。万能杆件与拱座预埋件焊接,与临时墩用螺栓连接。

支架结构计算要点如下:

(1)取纵向立面为计算简图,按平面杆系进行受力计算。拱盔部分满布式钢管支架作为荷载,为非承力构件。

(2)支架纵梁(六四式军用梁)内部杆件为刚结点,采用梁单元,三角形之间的外部节点为铰接点。

(3)纵梁与临地墩上部军用墩之间采用固定角钢连接,每片纵梁两端各设 4 个 ϕ22 螺栓,为铰接点。

(4)临时墩六五式军用墩连接件刚度较大,取为梁单元。临时墩之间纵向系梁视为梁单元。

(5)每个临时墩军用梁与基础的连接取为刚接点。

(6)由于支架横向联结较强,可以共同工作,故将 8 片军用纵梁视为一体,5 根军用梁立柱视为一体、4 片梁视为一体、5 片万能杆件视为一体纳入平面杆系简图。

(7)支架纵梁弦杆最大内力为容许承载力的 72%,临时墩军用墩立柱最大内力为容许承载力的 66%,纵向系梁内力最大值为容许承载力的 40%,其他杆件最大内力均小于容许植。临时墩稳定性富余量较大。

根据支架的试压、预压结果和计算机模拟分析,确定拱圈的混凝土浇筑施工程序。整个拱圈根据支架结构体系划分为 13 个浇筑段,每段分为上、下两层,分 2 次形成闭合拱箱(下环高度 1.5m,上环高度 1.9m),采取拱顶两侧对称,跳块的方法施工。浇筑段之间预留 1m 宽后浇缝,采用微膨胀混凝土灌缝,最后在拱脚合龙拱圈。如图 5-4 所示。

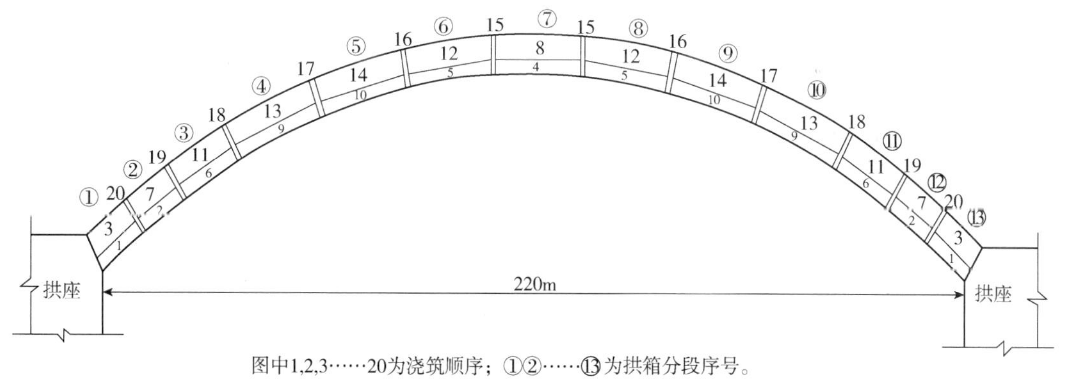

图 5-4　拱圈混凝土施工程序

施工过程支架监测结果表明,支架梁、柱钢构件应力均在容许值范围内。

拱圈混凝土浇筑工期计 128 天,全桥于 2001 年建成通车。该桥为目前国内采用落地支架现浇的最大跨径上承式 RC 箱形拱桥。支架最高处约 38m,有关施工较详细技术资料可参阅参考文献[69]及[96]。

实例二:贵州凯里云泉大桥

云泉大桥位于凯里至麻江高速公路上。主桥为净跨 160m 上承式 RC 箱形板拱。矢跨比 1/45,桥面净宽为 2×10m,分为左、右幅,单幅拱圈宽 9.5m,桥长 459.14m,拱圈为单箱三室截面,如图 5-5 所示。

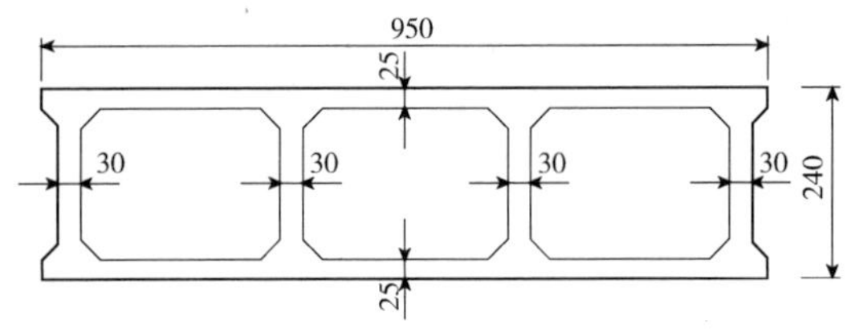

图 5-5　拱圈截面(尺寸单位:cm)

拱圈采用支架现浇。支架最高处达 60m。基本情况如下:

拱脚至 $L/4$ 附近,采用满布式钢管支架,左 $L/4$~右 $L/2$ 之间,设置临时墩。临时墩基础为片石混凝土结构,其上采用万能杆件组成墩身,高度达到拱顶以下 26m。临时墩上为贝雷纵梁,一跨跨度约 15m。纵梁之上搭设满布式钢管支架。

拱圈分三环浇筑混凝土,底板及下承托为第 1 环;腹板至上承托底面及横隔板为第 2 环;顶板及上承托为第 3 环。

拱圈纵向分为 6 段,先浇筑拱脚段(2 段)、再浇拱顶段(2 段),最后浇 $L/4$ 段(2 段)。第 1 环浇筑完成后 10 天,浇筑第 2 环;第 2 环完成 12 天后浇筑第 3 环。拱圈混凝土浇筑历时 29 天。拱顶施工预拱值取 80mm,拆除拱架后拱顶最大下沉量为 75mm。

设计要求前环混凝土强度达到 70%设计强度后,方可浇筑下一环混凝土。

浇筑拱脚至拱上 1 号(12 号)立柱至拱上 2 号(11 号)立柱之间拱圈混凝土时,要加盖板防混凝土下滑。

浇筑 2 号(11 号)至 3 号(10 号)立柱之间拱圈混凝土时,应在拱顶进行压拱。压拱从上往下浇筑,浇至 5 号(9 号)至 4 号(8 号)立柱之间,立即返回 2 号(11 号)与 3 号(10 号)立柱之间继续从下往上浇筑,直至第 2 段合龙。

全拱沿纵向预留 4 道合龙缝。待各段混凝土均达到 70%设计强度后,浇筑合龙缝混凝土。采用高于拱圈一个强度等级的干硬性混凝土填筑。

该桥于 2000 年 7 月开始搭设拱架,2001 年 7 月建成通车。有关资料可参阅参考文献[63]。

该桥为目前国内落地支架最高的上承式 RC 箱形拱桥。

5.2　钢拱架现浇法施工实例

实例一:四川攀枝花 3007 大桥

3007 大桥,即攀枝花市宝鼎大桥,跨越金沙江,为双层结构的特殊公路大桥,上层通行汽车及人群,下层为输煤系结构。主桥为净跨 170m 上承式 RC 箱形拱。矢跨比 1/5,拱轴系数 $m=1.756$,拱箱截面为单箱三室,高度 2.8m,宽度 10.6m,顶、底及腹板厚度均为 25cm。拱圈截面如图 5-6 所示,在拱上立柱位置,拱箱内设横隔板。

该桥主要技术标准为:

桥面净宽:净 9+2×1.5m 人行道;设计荷载:汽-20,人群 300kg/m^2,输煤系均布荷载 300kg/m^2;验算荷载:挂-100;地震设计烈度为 7 度。

拱上建筑:腹孔为 16×10.96m 装配式 T 梁,四柱式多层排架墩。

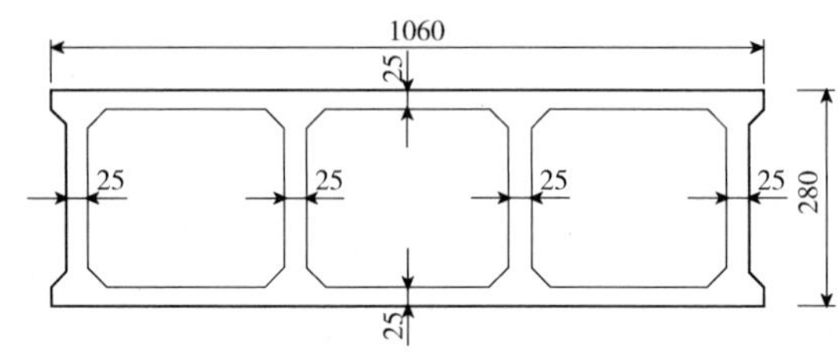

图 5-6　拱圈截面(尺寸单位:cm)

拱圈计算未考虑与拱上建筑的联合作用,采用手算及平面杆系电算相互核对。

拱圈采用钢拱架现浇法施工。拱架由角钢、槽钢焊接组拼成基本节、拱顶节及拱脚节三种类型构件单元。顺桥方向,每片桁架由 32 个“W”形基本节、两个拱顶节和两个拱脚节组成。各基本节之间用直径为 110~130mm 的钢销联结。拱架的计算跨径为 167.68m(两拱脚铰之间的水平距离)。横桥向,拱架由 10 片桁架组成,各片桁架之间通过上、下平联及横向联结系连为整体。各基本节的杆件以焊接方式相互连接。

钢拱架轴线与拱圈的拱轴线为相互平行的弧线,两者沿径向等距离。拱架顶面至拱圈底面之间的空隙的确定,以能安装垫块及拱圈底模系统为原则。

钢拱架的安装,采用天线缆索吊装法。天线缆跨的布置,施工单位比较了两个方案:方案一的主缆跨径为 175m,方案二的主缆跨径 350.8m。两者各有利弊,经比较后,按方案二实施。其主要优点是:一套设备解决了多个施工工序,使引桥上部结构安装、拱架架设、拱圈混凝土运输、高墩浇筑和拱上结构安装等工作均由一套吊装设备承担,一举多得。故方案二优于方案一。两个方案的立面布置如图 5-7 所示。

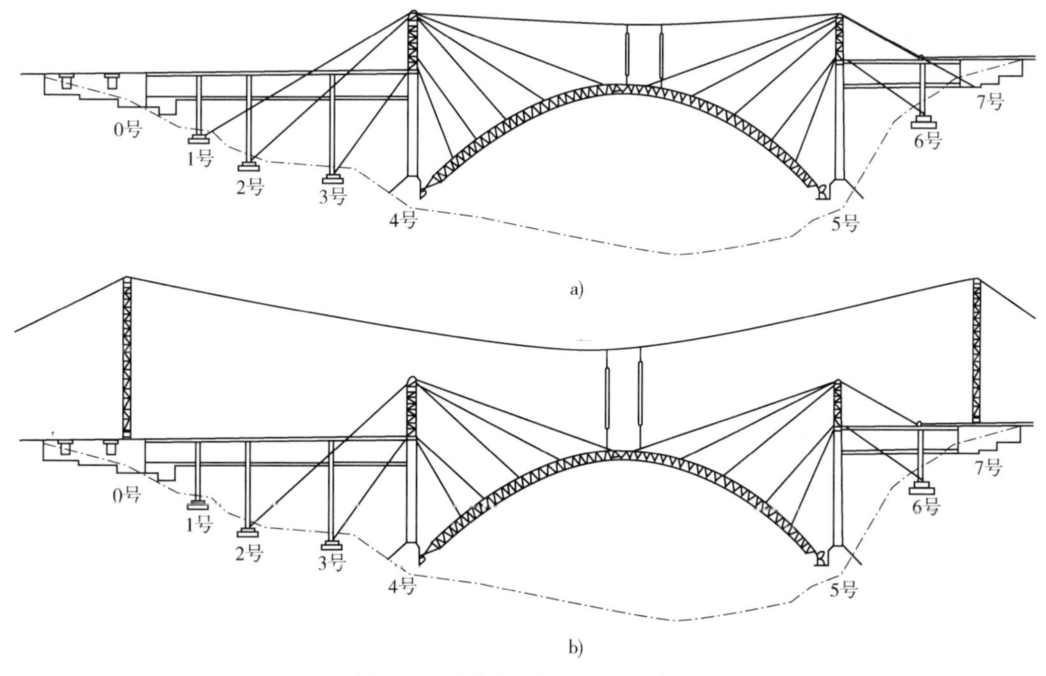

图 5-7　天线缆索吊装立面布置示意图

a)施工方案布置图(悬索跨度 175m);b)施工方案布置图(悬索跨度 350.8m)

为了确保拱架吊装过程的稳定性并受力合理,将拱脚节及 2 个基本节、3 个基本节、2 个基本节及 1 个拱顶段进行纵向组合。横桥向由 2 个桁片组成桁架单元,再分段吊装。

钢拱架横向由 10 片桁架组成。安装顺序是:先安装拱脚段的 10 片桁架,再安装中间 6 片桁架,直至拱顶合龙。此时,中间 6 片桁架由三铰拱受力状态逐步转变为两铰拱,然后松扣索。为防止横向失稳,安装缆风索。最后安装两侧各 2 片桁架直至拱顶合龙。施工中发现,先合龙成拱的 6 片与后安装的 2×2 片,横向螺栓错位严重,对孔困难,施工安装程序作了改进。

拱架拼装合龙时,荷载仅为拱架自重,拱架为三铰拱受力阶段;然后将拱顶节的上、下弦杆用钢板拼接后,成为两铰拱。在其上安装垫木、模板、浇筑拱圈底板及下承托(高度 35cm)混凝土。

拱架按两铰拱受力,并计入温度影响。当拱圈底板(含下承托)合龙成拱,且混凝土强度超过50%设计强度后,用螺栓将底板与拱架连接,使两者共同承力。此时,拱架变为无铰拱状态。

拱架计算荷载,除拱圈自重及施工临时荷载外,还计入了温度影响及风荷载。温度影响考虑了3种状态:两铰拱阶段拱架由16℃升高至20℃;浇肋板时,假定拱架与底板拱环同时升温10℃;拱架温度高于拱圈5℃。

拱架卸落采用砂筒设备。

根据计算,拱顶设计预拱度取14cm,拱架拱顶挠度8cm,拱架上垫木压缩1.5cm,砂筒压缩1.5cm。则施工预拱度合计11cm。故拱架总预拱度取25cm。

施工过程沉降实测值为,两铰拱阶段最大值为12.2cm,无铰拱阶段累积最大值为14.6cm,与拟定值较为接近。

该桥于1983年建成,为国内采用钢拱架现浇法施工的最大跨径上承式RC箱形拱桥。有关设计、施工的较详细情况可参阅参考文献[97]。

实例二:四川攀枝花3006大桥

该桥跨越金沙江,主孔为净跨146m上承式RC箱形拱桥,矢跨比1/4,拱圈高度2.5m,拱圈宽度10.5,拱圈截面如图5-8所示。拱轴系数 $m=1.756$。

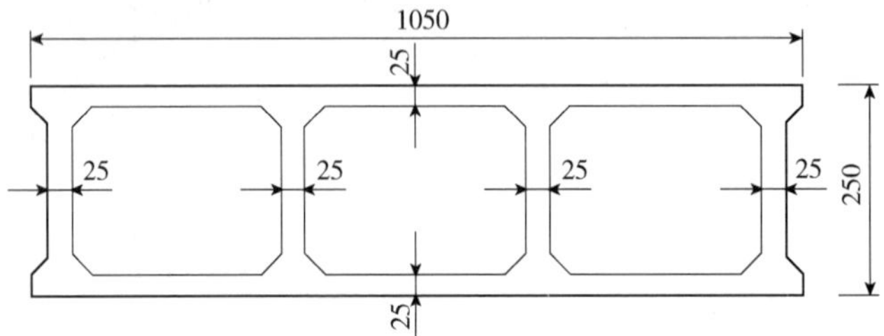

图5-8 拱圈截面(尺寸单位:cm)

主要技术标准如下:

桥面净宽:净10.5m+2×2.25m人行道;设计荷载:汽-18级,拖-80,人群300kg/m^2,人行道下管线400kg/m^2,地震设防烈度8级。

拱上共14排立柱,每排4根柱。最高立柱29.30m。最高与次高立柱截面为1m×0.75m(空心),其余立柱截面为0.75m×0.75m。拱上腹孔跨径10.76m。

拱圈采用300号混凝土,截面含钢率取0.5%,施工时,实际预拱度采用16cm。拱圈采用在钢拱架上现浇施工。

钢拱架是借用某大桥所用的计算跨径为150m的拱架。根据该桥特点进行了局部调整。钢拱架吊装合龙后,拱顶处上、下弦还未封拱时,拱架处于三铰拱状态,此时所受荷载仅为拱架自重与设备重。拱顶固结封拱后,成为两铰拱。在其上浇筑拱圈底板及下承托,全高60cm,包括拱架上垫木、底模板以及施工临时荷载,其总载荷为19.01kN/m^2(径向)。拱圈底板混凝土浇筑完毕封拱形成拱环,拱脚区段部分长度浇筑成全拱圈截面后,用螺栓将拱架与拱脚区段拱圈联结,拱架便成为无铰拱。此时,由拱架和拱圈底板组成的混合结构共同承担拱圈施工的后加荷载腹板、横隔板及设备的重量,拱架计算中还考虑了温度与风荷载。

钢拱架与吊装拱架的天线缆索、索塔的布置,如图5-9所示,拱架的横向布置如图5-10所示。横向由8片桁架组成,桁片高度2m,拱架顶面至拱圈底面沿径向的间距50~100cm,用于安装垫木及底模板系统。

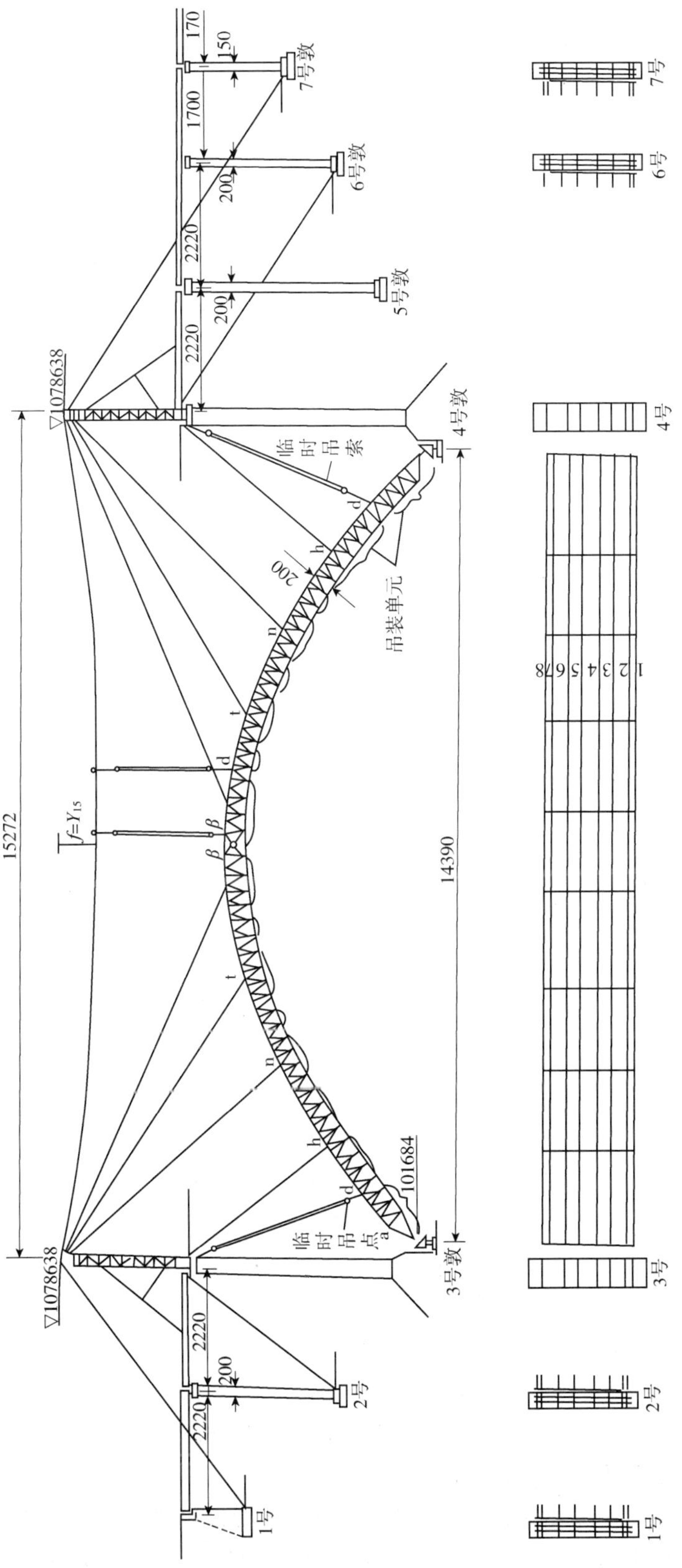

图5-9　拱架吊装布置(尺寸单位:cm)

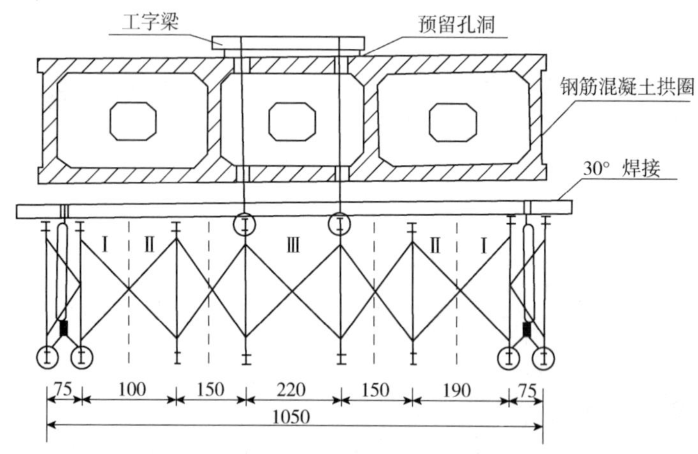

图 5-10　钢拱架横向布置示意图(尺寸单位:cm)

钢拱架吊装方案,先将中间 4 片从拱脚拼装至拱顶,并封拱合龙后,再吊装上、下游两侧各 2 片。纵向吊装节段有以下 3 种:一是由二节桁架组成,吊重约 14t;二是由 3 节桁架组成,吊重约 20t;三是拱脚节吊重约 20t。故天线缆索吊重按 20t 控制。

采用万能杆件拼装索塔(塔脚无铰)。斜拉扣索与吊运主索的索搭共用。由于吊重不大,利用桥墩基础作用索塔的锚碇。

拱圈混凝土浇筑采用竖向分环、纵向分段的方式。竖向分为 3 环,即底板与下承托为第 1 环(全高 60cm),腹板与横隔板为第 2 环(全高 140cm),顶板与上承托为第 3 环(全高 50cm),拱圈沿拱轴线划分 9 段,如图 5-11 所示。图中数字 1、2、3、4 表示浇筑顺序。

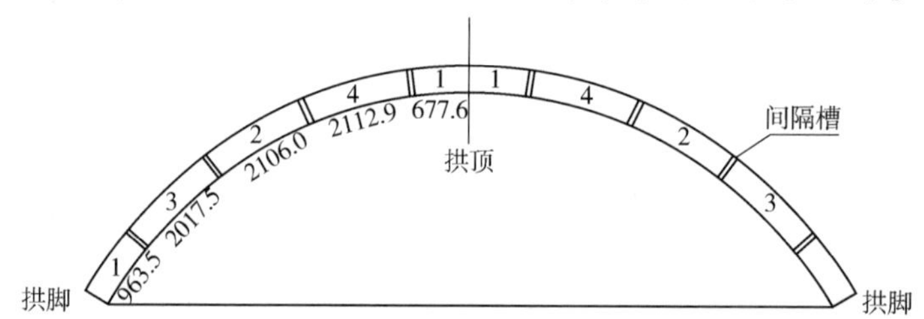

图 5-11　拱圈混凝土浇筑纵向分段(尺寸单位:cm)

第 1 环与第 3 环的间隔槽宽度 30cm,第 2 环的间隔槽宽度 60cm,浇筑拱圈混凝土时用模板隔开,形成间隔槽,每一环混凝土浇筑完成后,由拱脚向拱顶对称填筑间隔槽混凝土,形成拱环。封拱采用 400 号快凝膨胀水泥配制的 350 号混凝土,一天强度可达 50%,7d 可达 90%。

拱圈混凝土强度达到 90%以上设计强度后,可以开始拆除钢拱架。利用拱圈作为钢拱架的支承点。图 5-10 上拱圈顶面布置 I 字钢,钢索穿过拱圈,吊住拱架,然后逐步卸落,下放到驳船上运至码头。

卸拱架设备采用钢制砂筒,安装在拱架拱脚下方,如图 5-12 所示。

该桥于 1972 年建成通车。有关设计施工的详细资料请参阅参考文献[99]、[100]。

1978 年中国邮政发行“公路拱桥”邮票一套 5 枚,其中一枚为川西六号桥,即 3006 大桥。

实例三:贵州遵义灌区水泊渡泵站大桥

本桥为大型水利管道跨越水库区的专用大桥。主要技术标准为:桥面宽度 10m;设计荷载:管重+水重+水头冲击力;设计洪水频率 1/100,抗震设防烈度 6 度,水头冲击力标准值为

170kN/m²。水重+管重+垫块重合计130kN/m²。

主孔为净跨径110m上承式RC箱形拱，矢跨比1/6，拱轴系数1.756。拱圈为单箱三室，高度190cm，宽度800cm。拱圈截面如图5-13所示。顶板、底板厚度及腹板厚度均为25cm。

拱上腹孔为12×10m装配RC空心板，全拱贯通布置。拱上为4柱式排架墩，立柱的纵向宽度80cm。拱顶处最矮立柱高度208cm（不含盖梁）。

拱圈采用钢拱架现浇施工。

钢拱架采用中交公路规划设计院有限公司于2008年3月完成的钢拱架设计图进行制作。该拱架为常备式拱架，适用于净跨径不大于120m的上承式RC公路箱形拱桥。基本节段划分及联结系布置考虑了净跨径为120～140m，矢跨比为1/5、1/6和1/7箱形拱的各种组合。经过结构计算并调整结构构造后可以推广使用。此套钢拱架已在6座上承式RC箱形拱桥成功使用，其中最大跨经为净跨125m。

钢拱架整体布置如图5-14所示。图5-14为用于净跨120m、矢跨比1/5箱形拱的钢拱架。

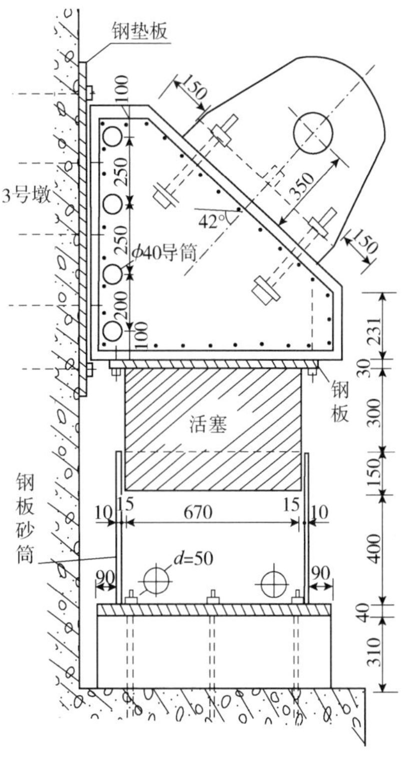

图5-12　钢拱架卸架砂筒（尺寸单位：mm）

钢拱架基本节的结构形式仿军用桁梁H20。桁片高度2200mm，标准节段的立面如图5-15所示。钢拱架安装成拱后，为二铰拱，由基本节段和联结系构成。基本节段和联结构

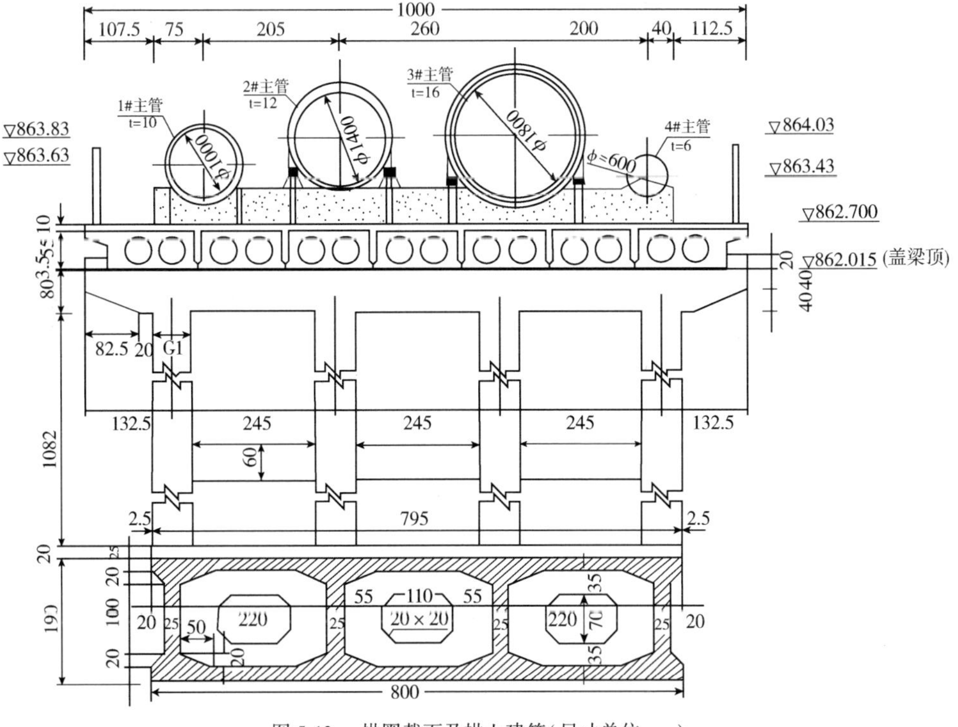

图5-13　拱圈截面及拱上建筑（尺寸单位：cm）

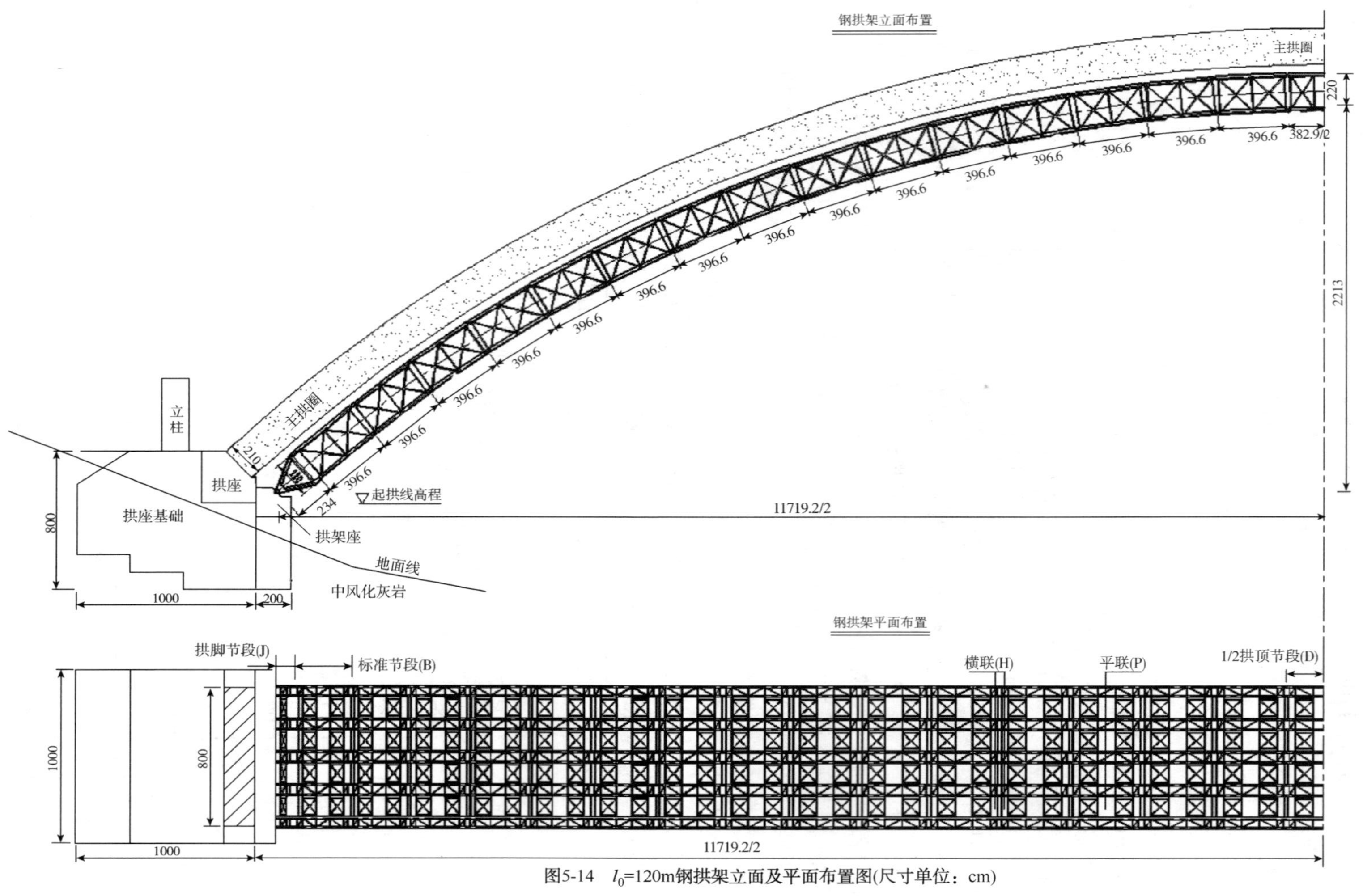

图5-14 l_0=120m钢拱架立面及平面布置图(尺寸单位：cm)

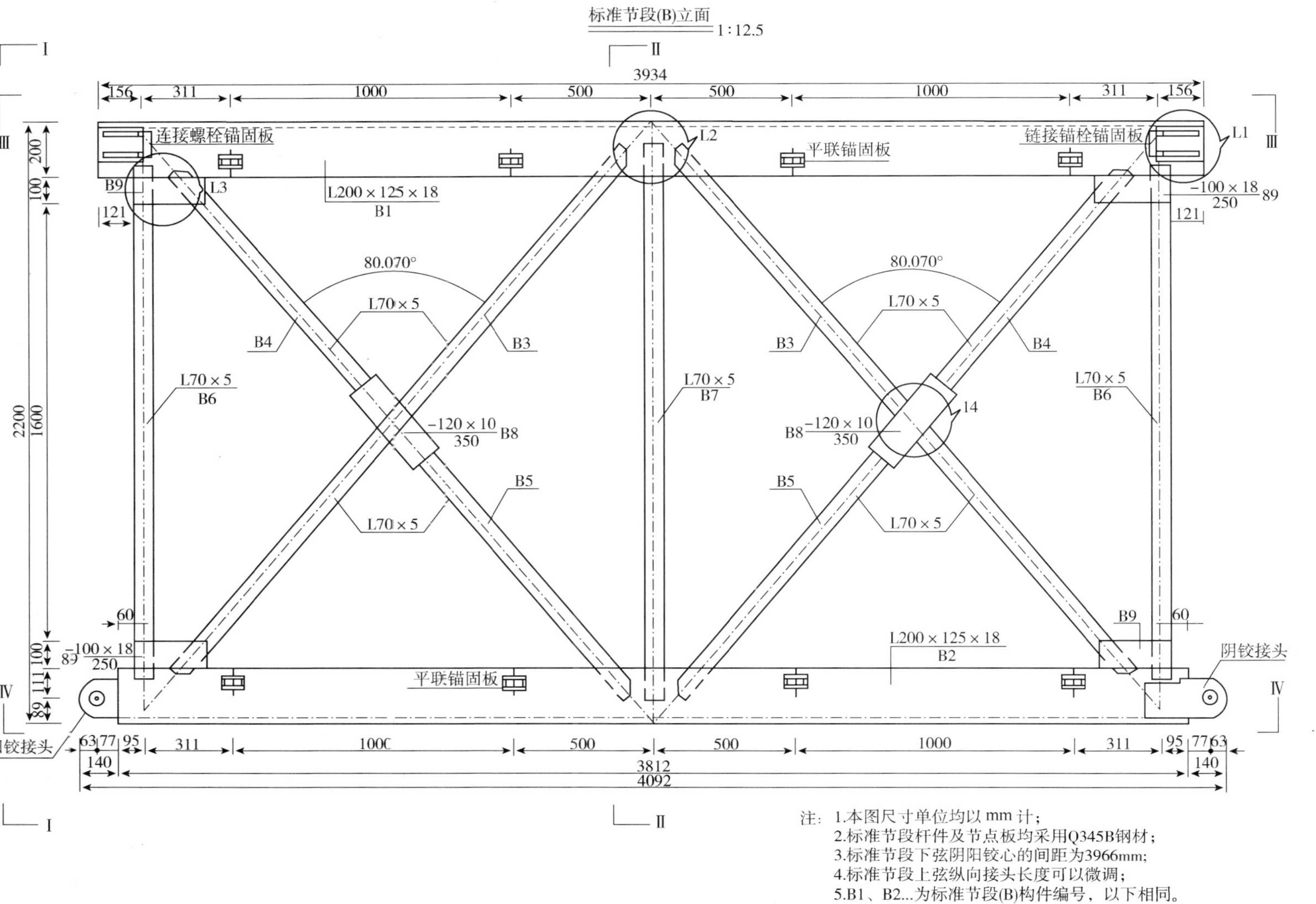

注：1.本图尺寸单位均以mm计；
2.标准节段杆件及节点板均采用Q345B钢材；
3.标准节段下弦阴阳铰心的间距为3966mm；
4.标准节段上弦纵向接头长度可以微调；
5.B1、B2...为标准节段(B)构件编号，以下相同。

图5-15　钢拱架标准节段立面图(尺寸单位：mm)

杆均为全焊结构，它们之间用螺杆、销子和螺栓连接形成拱架。基本节段均按直线形设计，故钢拱架的纵向线形为若干直线段构成，最大直线段长4m。

钢拱架基本节段及联结系均采用Q345B钢，基本节段之间、基本节段与联结系之间所采用的高强连接构件为40Cr与30CrMnTi钢。

基本节段由标准节段、调节节段、拱顶节段与拱脚节段组成。钢拱架的横断面如图5-16所示。

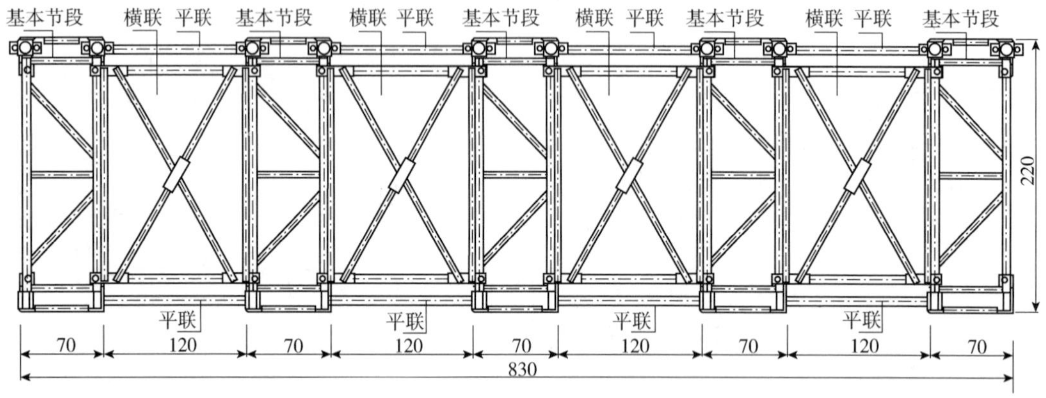

图5-16 钢拱架横断面图(尺寸单位:cm)

钢拱架采用天线缆索吊装。当拱圈净跨为120m、钢拱架全宽为8.3m，拱架纵向分段、横向为全宽时，吊装重量约15t。钢拱架计算跨径117.2m、宽8.3m、矢跨比1/5，共用钢材251t。

拱圈混凝土按竖向分环，纵向分段的方式浇筑。竖向分为3环，即底板(含下承托)为第1环，腹板(含横隔板及上承托)为第2环，顶板为第3环。第1环混凝土达到85%设计强度后，浇筑第2环混凝土，第2环混凝土达到80%设计强度后，浇筑第3环混凝土。纵向根据跨径大小，按先拱脚、后拱顶，再1/4的基本原则划分多段，对称、均衡地浇筑混凝土。

拱圈混凝土浇筑符合上述施工要求时，钢拱架结构计算的控制荷载可取拱圈为开口箱状态时(即第2环完成时)的结构自重与施工临时荷载之和的1.05倍，这是考虑了已达到一定强度的部分拱圈，参与钢拱架共同承力的有利作用。这一问题将在第8章进行讨论。

钢拱架安装完成后，应进行荷载预压。当拱圈混凝土施工符合上述要求时，预压荷载可取拱圈底板(含下承托)与施工临时荷载之和的1.1倍。已建成的几座箱形拱桥，均按上述要求进行钢拱架荷载预压。实践证明，按此要求进行钢拱架预压拱圈施工是安全的。

钢拱架拱顶上缘与拱圈拱顶下缘之间，当不考虑两者的预拱度时，两者之间净距为50cm。此段净空用以布置拱圈底模板系统和垫块。

实例四：湖南五强溪电站沅水大桥

该桥跨越五强溪水电站水库。主跨133m，矢跨比1/6，为上承式RC箱形拱，拱轴系数$m=1.167$，拱圈由7个闭合箱组成，拱圈高度1.8m，宽度11.70m。

主要技术标准如下：

设计荷载：汽-20级、人群350kg/m^2，验算荷载：汽-58，桥面宽净9m+2×1.7m人行道，抗震设防烈度6度。

拱圈的7条拱肋，沿桥轴线均划分为30段，总计210段，每段平均重10t，在岸上做预制闭合箱。采用在斜拉贝雷钢拱架上拼装拱肋的施工工艺，要点如下：

(1)利用天线缆索吊装贝雷桁片，整体拱架共有1200片。利用钢丝绳斜拉索扣挂拱架，与拱架共同承力。天线吊机、斜拉扣索、扣塔与钢拱架的布置如图 5-17 所示。贝雷桁片以及其他钢材总计的 361t,大部可以回收。

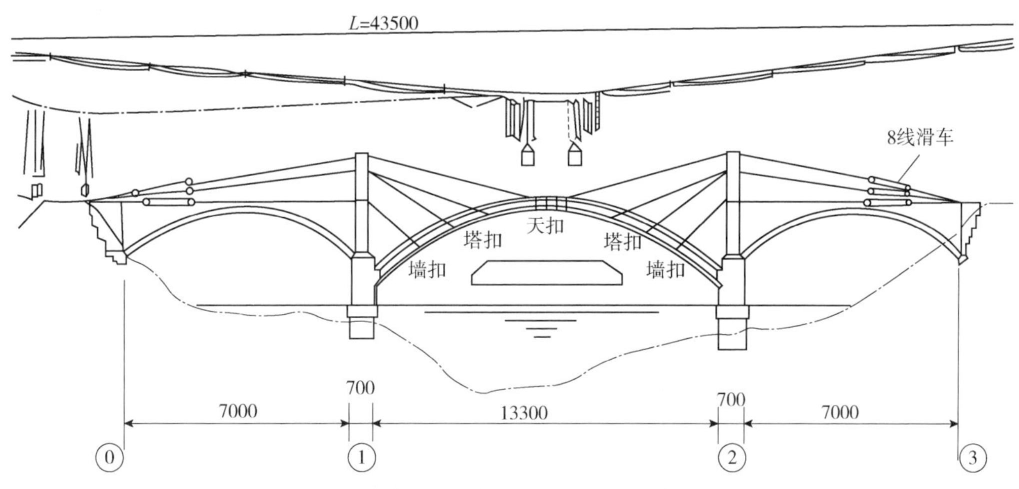

图 5-17　斜拉扣挂钢拱架立面布置(尺寸单位:cm)

(2)拱圈预制闭合箱、纵向分段以及钢拱架斜拉扣索的布置如图 5-18 所示。

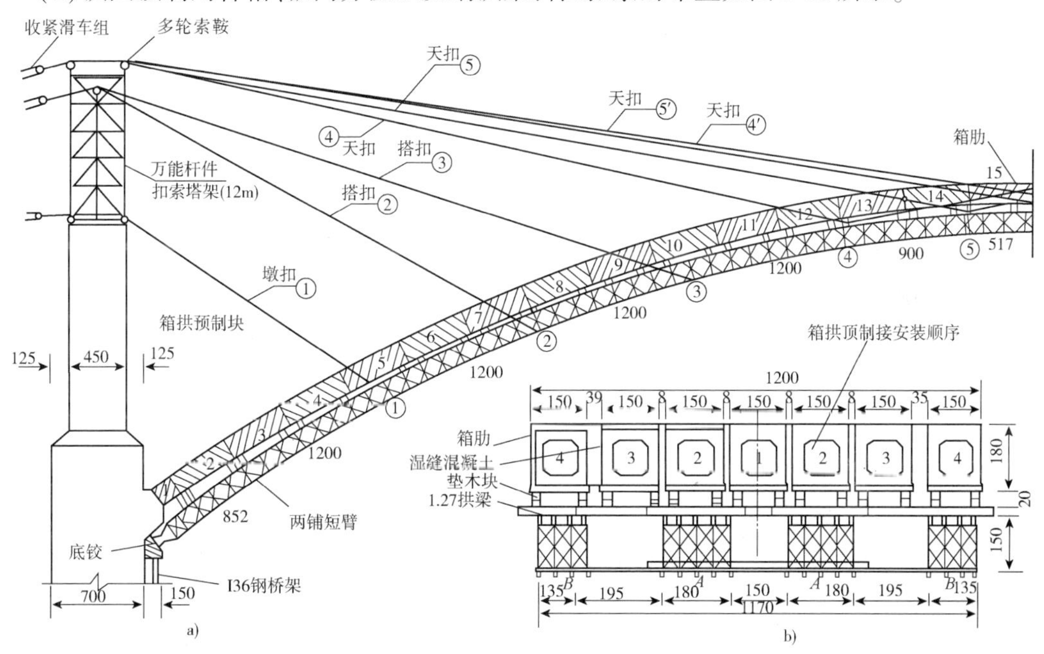

图 5-18　拱圈纵、横向分块及斜拉钢拱架(尺寸单位:cm)

先在中间架设两组各 5 片贝雷形成斜拉拱架,然后在其上安装中间 3 条拱肋,合龙后用钢丝绳与拱架捆绑在一起,然后再架设两边各 4 片贝雷斜拉拱架、安装两边各两条拱肋。拱架两侧设置横向缆风索。斜拉扣索采用 ϕ39mm 钢绳。

(3)钢拱架沿纵向分为 11 段,除拱顶合龙段外,其余两半跨各 5 段,各段拱架长度如图 5-18所示。各段拱架吊装就位后,用钢绳扣挂,卷扬机收紧。

(4)安装中间 1 号拱肋。一条肋重 300t,分为 30 块,每块平均重 10t,安装程序为:1 号~4 号箱块;5 号~7 号箱块;14 号~15 号箱扶;最后吊装 8 号~10 号、11 号~13 号箱块,1 号拱肋合龙。

箱块吊装就位后,除用斜拉索收紧外,再用千斤顶微调高程,使之符合拱轴线。然后,焊接顶板伸出的钢筋,立模浇底板、侧板、顶板间的湿接缝混凝土,同时封闭拱脚混凝土,形成无铰拱。最后用细钢丝绳将拱肋与拱架捆紧,以共同承担两侧后安装的两条拱肋的重量。

(5)用同样方法安装两条 2 号箱肋,合龙后用细钢丝绳与拱架捆紧,然后浇筑 1 号与 2 号箱肋之间的填槽混凝土。

(6)安装 3 号、4 号共 4 条箱肋。先拆除中间 3 条箱肋的扣索,吊装两侧钢拱架。用前述方法安装 3 号箱肋,浇筑 2 号与 3 号肋之间的填槽混凝土。然后安装 4 号肋。3 号与 4 号肋之间的填槽混凝土重达 200t,应待两肋混凝土强度达 50%设计强度后进行。

整个拱圈施工历时 75 天。该桥于 1989 年建成。有关技术资料可参阅参考文献[102]、[110]。

实例五:贵州务川米家山大桥

主桥跨越石垭水电站红渡河水库。桥面至河流测时水位高差 117.7m。

主桥净跨 125m,矢跨比 1/5,为上承式 RC 箱形板拱。拱轴系数 $m=1.756$,拱圈宽度 10m,高度 2.1m。桥面全宽 12.5m。拱圈截面如图 5-19 所示,腹板厚度为 26cm,顶底板厚度,从拱脚至拱上 2 号立柱段为 30cm(图 5-19 中括号内数值),其余区段均为 25cm。

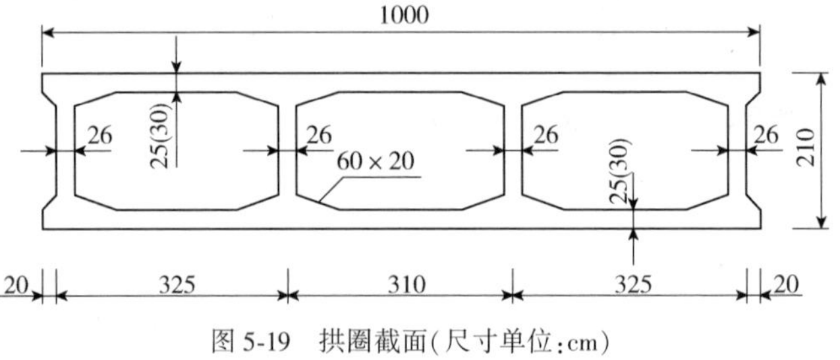

图 5-19　拱圈截面(尺寸单位:cm)

拱圈内设 33 道横隔板,均匀布置,厚度 30cm。拱上为 4 柱式排架或横墙,拱上腹孔为 17×7.8m 装配式 RC 空心板,全拱贯通布置。

拱圈上、下缘纵向主筋配置,拱脚段采用⌀ 25,间距 13cm,其余区段为⌀ 20,间距 13cm。拱圈顶、底板内缘纵向筋均为⌀ 14,间距 26cm。腹板上为闭合箍筋采用⌀ 12,纵向间距 20cm。一道腹板 2 肢箍筋。拱圈上、下外缘横向筋为⌀ 16,间距 20cm,顶、板内缘横向筋为⌀ 14,间距 20cm。

钢拱架采用贝雷桁片组拼,其上布置满布式 $\phi48\times3.5$mm 钢管支架。

拱圈采用分环、分段方式浇筑。按拱圈截面高度分为 3 环,第 1 环为底板,第 2 环为腹板及横隔板,第 3 环为顶板及拱上立柱座。要求前一环混凝土强度达到 80%设计强度后方可浇筑下一环。钢拱架安装完成,进行荷载预压。预压荷载取第 1 环重量及施工临时荷载之和的 1.1 倍。

拱顶处设计预拱度取 21cm。

拱圈采用桥梁博士 3.10 版按平面杆系结构进行受力计算。要点如下:

最高有效温度取 31.64℃,最低有效温度取-0.85℃,合龙温度取 10℃~15℃。均匀温度变化效应乘以 0.7 系数,混凝土收缩效应乘以 0.45 系数,不计混凝土徐变影响。拱圈箱室内外温差,顶板范围取±5℃。

汽车活载横向不均匀分布,计算中将汽车荷载效应乘以 1.15 增大系数。

不考虑拱上建筑与拱圈的联合作用,近似按裸拱圈进行受力计算。

按现行规范验算拱圈运营阶段与施工阶段承载能力、稳定、挠度、裂缝宽度等,均符合要求。

该桥于 2011 年建成通车。设计单位:中交公路规划设计院有限公司;施工单位:贵州公路桥梁总公司。

实例六:贵州毕节七星关大桥

大桥位于 326 国道毕节至威宁段,跨越岩溶深切河谷。孔跨布置为 40m+90m+40m,三跨上承式连拱,两边跨为起拱线不等高的不对称拱。主孔为净跨 90m 上承式 RC 箱形板拱,矢跨比 1/5,拱轴系数 $m=1.756$.拱圈截面如图 5-20 所示。

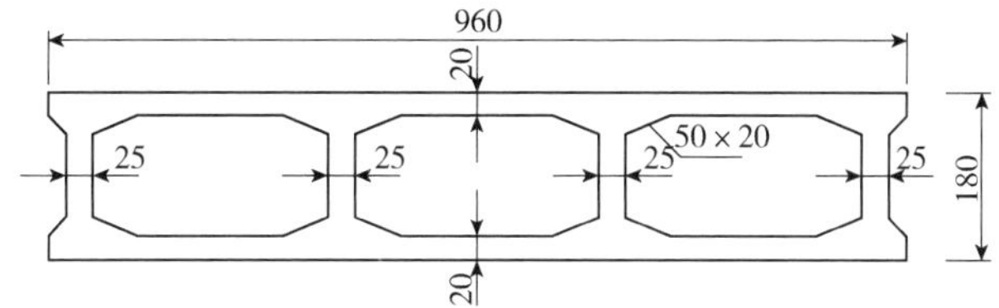

图 5-20　拱圈截面(尺寸单位:cm)

主要技术标准:设计荷载,汽车-超 20 级、挂车-120,人群 3kN/m^2;桥面净宽:净 9m+2×1m 人行道,桥面全宽 11.5m。

拱圈采用悬拼钢拱架上就地现浇。钢拱架用贝雷桁片组装,钢拱架沿纵向拱弧线划分为 8 段,每一段为直线形,用折线形成拱架,两折线段之间另加工三角形钢桁架将各折线段连接起来。从拱脚至拱顶为第 1、2、3、4 段。第 1、2、3 段的折线长度均为 12m,由 4 片贝雷构成,第 4 段折线长 9m,由 3 片贝雷构成。钢拱架横断面由 6 组贝雷组成,每组 2 片贝雷由支撑架联结。整个拱架共计 360 片贝雷桁架。上、下弦杆均设置了加强弦。拱架的拱脚为特制的钢铰支承,与永久拱座连接。钢拱架按二铰拱承力。

用天线缆索吊机安装钢拱架。拱脚塔设临时支架先拼装 3~6m 拱架,用钢丝绳扣住,然后继续吊装第 1 段拱架,安装三角形钢桁架,按此方式拼装至拱顶。纵向按两片为一组进行吊装,每 6~12m 设置一组扣索,横向均匀分为 4 排,每排以 ϕ3mm^2 钢丝绳走两线,经过拱脚桥墩顶的索鞍,锚固在岸上地垄上。在扣点附近布置横向缆风索,用 ϕ17.5mm 钢丝绳。钢拱架总体布置如图 5-21 所示。

钢拱架合龙后,拆除临时扣索,在拱架上按照拱圈底模高程搭设满布式 ϕ48×3.5mm 钢管支架。这部分钢管支架重量约 90t。

钢拱架安装完成后,进行了荷载试验。预压荷载取浇筑拱圈的第 1 环混凝土自重与拱架上满布式钢管重量之和,约为 540t。采用水箱施加荷载。

拱圈混凝土分 3 环浇筑:第 1 环为箱拱的底板,达到 90%设计强度后,浇筑第 2 环,即拱箱的腹板及横隔板,达到 85%设计强度后浇筑第 3 环,即拱箱的顶板。

钢拱架浇筑拱圈混凝土过程,采用 SAP 软件进行受力计算。钢拱架成拱后,焊接封闭拱脚成为无铰拱,故拱圈浇筑混凝土过程,钢拱架按无铰拱进行分析。除拱架自重外,拱架上计算荷载总量为 644t,横向分布不均匀系数取 1.5,均匀温度变化取±15℃,贝雷桁片弦杆最大应力为 99.67MPa(压应力),拱顶最大下挠值为 54.56mm(降温 15℃),钢拱架荷载试验应力实测值与计算值基本吻合。

有关边跨不对称上承式 RC 箱形拱的设计,可参阅参考文献[158]。

本桥于 2004 年建成通车。

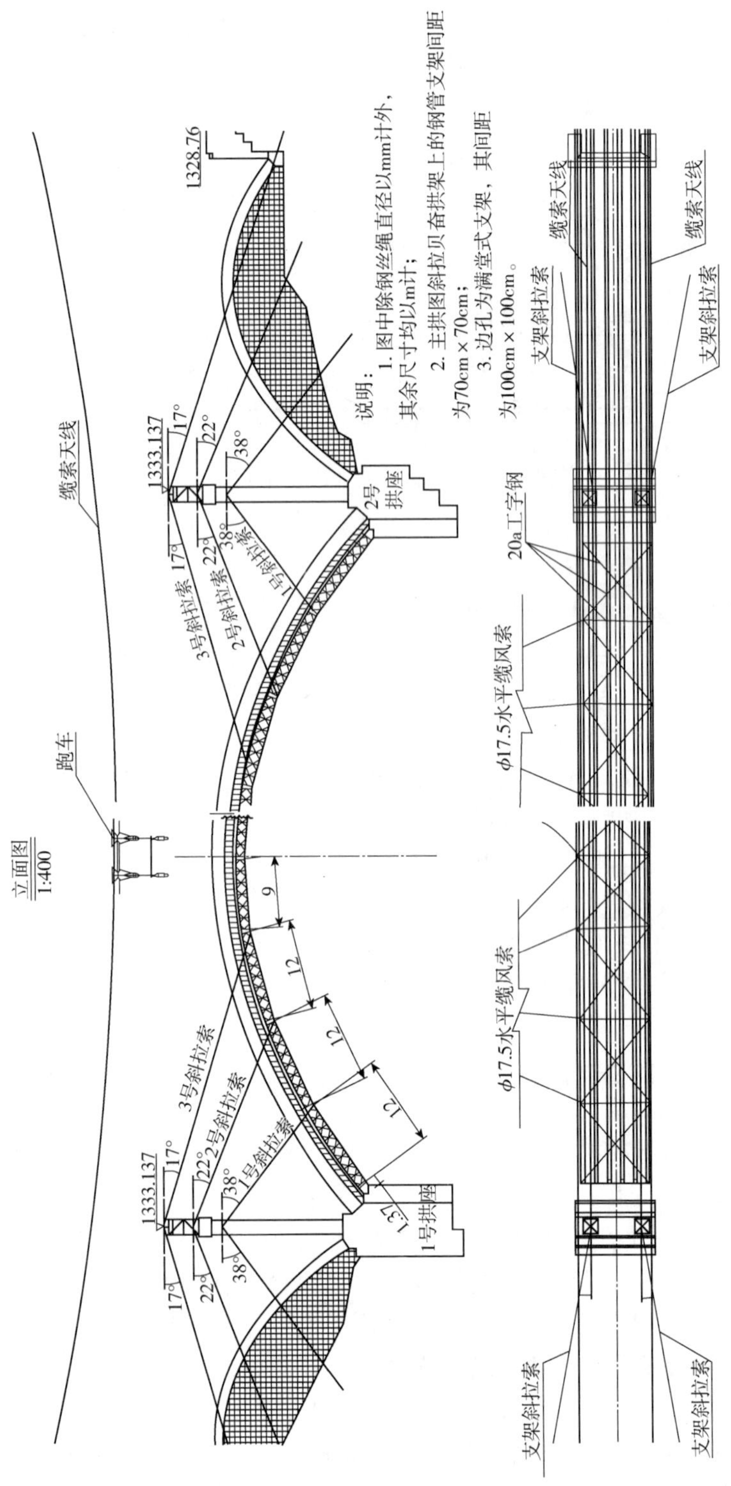

图5-21 贝雷钢拱架总体布置图

5.3　转体施工法施工实例

实例一：重庆涪陵乌江大桥

主孔为净跨 200m 箱形板拱，矢跨比 1/4，拱圈全宽 9m，高 3m，箱壁厚 0.2m。为加强拱脚段抗剪，拱脚处第一箱段长 5m 的腹板厚度为 30cm，拱圈为单箱三室截面。

为减少施工阶段拱箱重量，施工阶段侧板采用带板钢筋网架（网架两侧带 4cm 厚混凝土板），拱箱 $L/4$ 以上的顶板、底板厚 10cm。两边箱采用双箱对称同步转体施工合龙后，加厚腹板及顶、底板至设计厚度，施工中箱的顶、底板，逐步完成拱圈设计尺寸。拱圈截面如图 5-22 所示。桥面净宽为净 9m+2×1.5m 人行道。

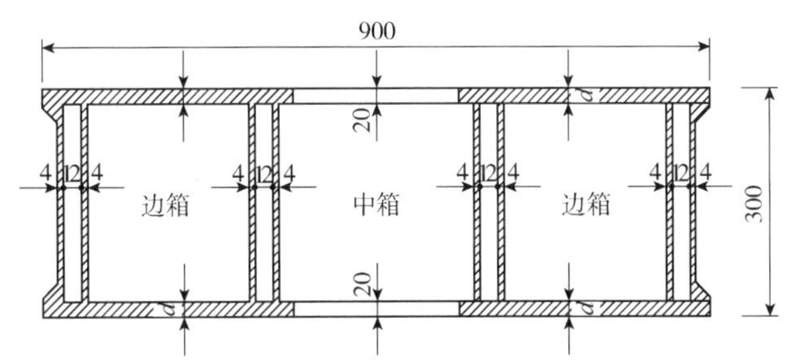

图 5-22　拱圈截面（横隔板未示，尺寸单位：cm）

两边箱采用双箱对称同步转体施工工艺，其特点在于拱箱转体过程中，在不同转动角度时，上、下游拱箱扣索索力，在垂直于桥轴线方向的分力相互平衡，在顺轴线方向的分力由尾索及平撑平衡。从而可以省去平衡转动体系的大量圬土，也省去了不对称转体施工中的斜向平撑。转体施工两岸边箱总重为 4×620 = 2480t。

图 5-22 中，边箱转体时，侧板为带板钢筋网架，钢筋网架宽 12cm，两侧为 4cm 厚混凝土板。顶、底板厚度为 10cm（$L/4$ 以上）及 20cm（$L/4$ 以下），即图中的 d。转体合龙后，腹板及顶、底板均加厚至 20cm，并施工中箱的顶、底板。

双箱对称同步转体施工工艺，包括锚固、转动及位控三大体系。图 5-23、图 5-24 分别表示锚固体系、转动体系和位控体系的平面布置。

锚固体系：两岸锚碇均设于引道及边坡岩层中。最大负荷 2×4600kN。石岸轴向锚碇及两岸斜锚均采用洞锚，深度 10m，沿岸轴向锚碇采用槽锚，长度 7m，两岸平撑均用 2×4 片15.8mPc 桥面板做成，并在引桥桥墩上作适当固定。最大荷载 2×8000kN。上下游拱箱转体过程中，可能产生转角差值，从而可产生顺河方向的单向力，锚固体系应有一定的横向刚度，由高立柱、斜向尾索（精轧螺纹钢筋预加应力）及ㄇ形平撑提供。尾索两端分别固定于锚梁及锚碇上，在锚梁前端张拉尾索，从而使锚固体系形成整体。随着拱箱转体，锚固体系各部件内力自动交换平衡。随转角增大，平撑力减小，当拱箱转至 180°合龙位置时，平撑压力减至最小，拱箱扣索力与尾索力相平衡。

转动体系：桥台起拱线下面，两边箱的轴线与台上立柱中轴线相交位置的平面上，设置一对下转盘。在台上立柱顶的锚梁中，对应于下转盘设置一对上转盘。在两岸引桥上、下游方向，与桥轴线呈 40°角，利用地形分别预制 4 个半跨边箱，待混凝土达到预计的强度后，张拉扣索（利用桥面板预应力钢筋作扣索），使拱箱脱架，从而形成转动体系。通过计算，转体拱箱应满足一定的强度及刚度要求。转体拱箱轴向力通过下转轴线与环道平面的交点,拱箱轴向力的垂直分力,由环道走板承受,水平分力由下转轴承受。上转轴由钢轴及轴套组成,其间用黄油加四氟粉作润滑剂。下转盘为一钢制马蹄形套于下转轴外,其两端部之下设一对四氟走板(位于下转轴的直径两侧)。下环道为钢环道,转轴与环道间涂黄油加四氟粉。转体实际摩阻系数为0.05左右。

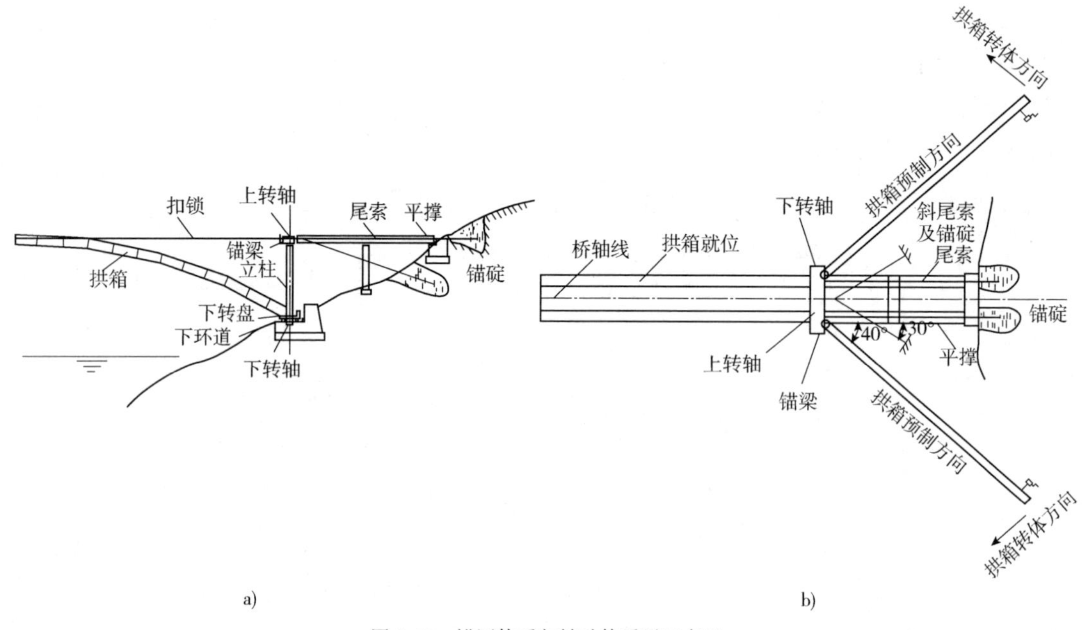

图5-23　锚固体系与转动体系平面布置

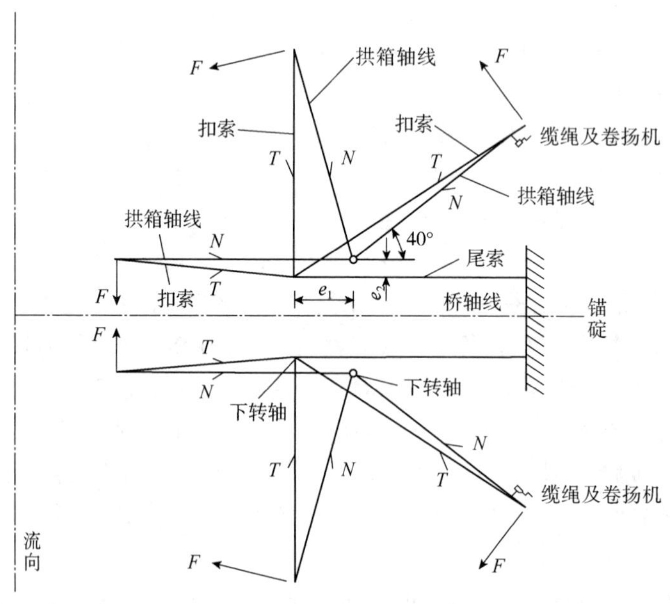

图5-24　位控体系平面布置

位控体系:在上、下转轴间设偏心值e,张拉扣索时,扣索力T产生一个向外的分力F,形成拱箱向外的自转力矩。各拱箱顶端设一缆风索,用卷扬机缓放缆风索,控制拱箱对称同步转体就位。如图 5-24 所示。该桥设计中采用了双偏心，即顺桥轴线方向的偏心值 $e_1 = 40\text{cm}$，顺河方向偏心值 $e_2 = 15\text{cm}$。

为保证锚固体系横向安全，施工中采用了两台可控硅无极调速卷扬机，控制两拱箱同步转体。

该桥于 1988 年建成通车。有关详细技术资料可参阅参考文献[85]、[14]。

实例二：湖北恩施平地坝大桥

平地坝大桥位于恩施州省道公路椒石线上。主桥为净跨 132m、矢跨比 1/7.5 的上承式 RC 箱拱板拱，拱轴系数 $m = 2.00$，拱圈截面如图 5-25 所示。

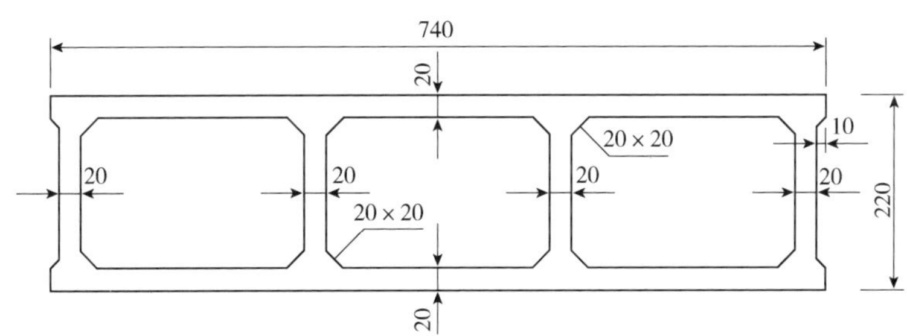

图 5-25　拱圈截面（尺寸单位：cm）

拱圈采用同步对称平面转体施工。转体拱圈为开口箱，高度 200cm，底板与腹板厚度均为 8cm，横隔板为钢筋笼，腹板局部加厚，拱顶扣点锚板处采用 RC 横隔板。拱脚段底板、腹板均加厚，转体总重量 2700t。

转体合龙后，底板、腹板均加厚至 20cm，形成图 5-25 所示的拱圈。

转动体系包括下盘及磨心、磨盖、上盘、背墙、转体拱箱、扣索等。在岸上进行施工的转动体系如图 5-26 所示。

制作完成的磨心表面要求同心圆上等高、测点高差≤1mm，磨盖和磨心完成磨合后涂抹润滑剂。

上盘及背墙用以平衡转体拱箱的重量，施工中应严格控制超重及偏心。

转动顶推布置：利用上盘的保险支墩和下盘环道钢板上的两个预留孔洞，插入短钢轨挡住槽钢横梁，形成顶推架，对称布置千斤顶。如果转动体系重心与磨心的偏差很小，则可按 $T = 2fGR/3D$ 计算预推力，可得 $T = 966\text{kN}$。式中 G 为转体总重；R 为球铰半径；D 为顶推力偶臂；f 为摩擦系数。实际施工中出现转动体系重心偏前，上盘有倾斜，定位轴受力过大，可能局部卡住，且撑脚已支撑于环道面，转动困难，采用 2 台 100t 千斤顶，并在撑脚下沿环道面粘贴不锈钢板及四氟滑板，同时用 2 台 150t 千斤顶抬平上盘，以适当调整重心。为便于上盘在垂直支承的千斤顶处产生相对平移滑动，在上盘底面与 150t 千斤顶之间设 2cm 厚钢板，钢板间夹 2 块四氟板。顶推布置如图 5-27 所示。

同时启动千斤顶进行顶推，在体系微动后，连续缓慢地施顶。当顶推距离达到千斤顶行程或支撑架与顶推点距离过大时，需反向重新顶推。如此反复操作使体系转动至设计位置。调整中线至桥轴线位置，并达到设计高程，用钢楔块嵌紧保险墩下的间隙，临时在拱顶端部用角钢嵌紧，交叉对拉缆风索。

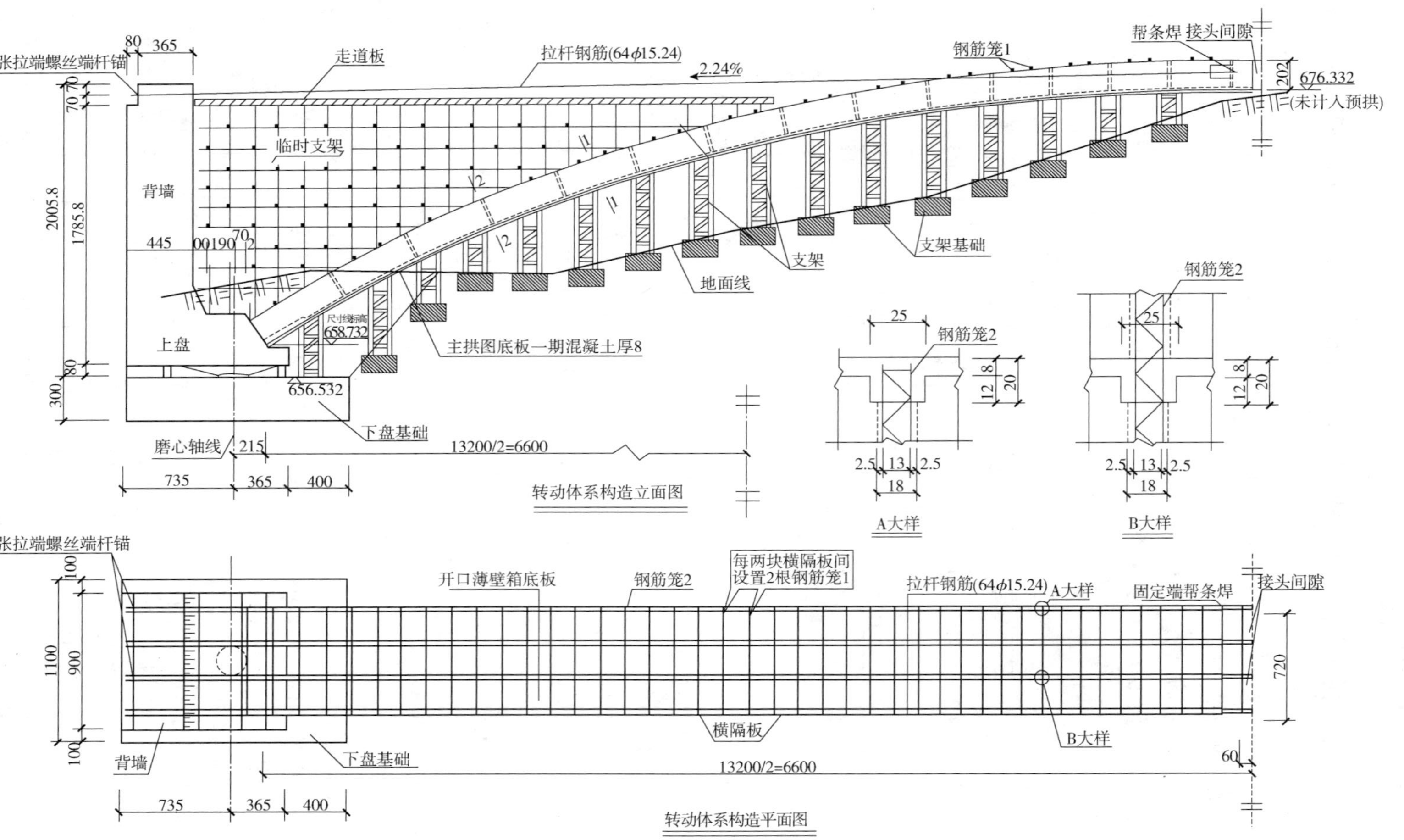

图5-26 岸上施工时转动体系布置图(尺寸单位：钢筋mm，其余cm)

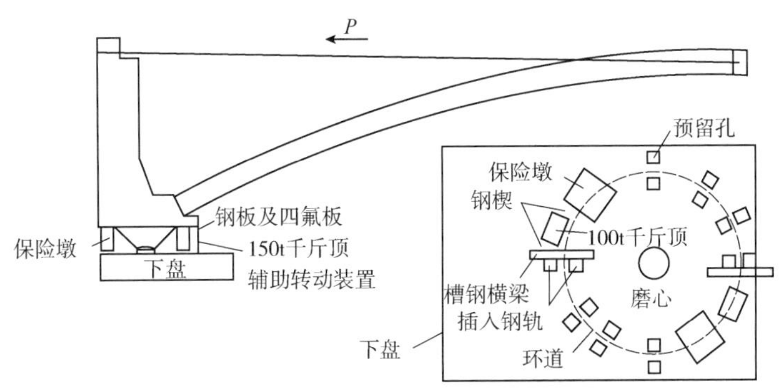

图5-27　顶推布置示意

合龙段施工要点：封填上、下盘之间的混凝土；台后上盘顶面以下回填片石混凝土；合龙段钢筋安装；在设计要求的气温下浇合龙段混凝土；浇筑拱圈二期混凝土。

转体拱箱的构造如图5-28所示，其中剖面1-1及2-2的位置如图5-28所示。

扣索固定端设置在拱顶附近，距拱顶2m处，并布设锚板。扣索张拉端设在背墙后侧。扣索采用64根ϕ15.24mm钢绞线，单根设计拉力85kN，因转体拱箱超重，实际拉力为100kN。张拉扣索采用24t穿心式千斤顶。扣索索力$P=4L^2W/gT^2$，式中L为扣索锚固点至张拉端距离，W为扣索单位长度重量，T为扣索振动周期，g为重力加速度，T由现场监控实测。

转体开口箱除横隔板处设置钢筋笼外，在两道横隔板之间的开口箱顶面另设两组横跨三室的钢筋笼。这些钢筋笼均为永久性钢筋的一部分。

用ANSYS软件对转体过程的稳定性进行了计算。得到以下结果：一阶失稳状态为面外扭曲，结构整体失稳，稳定安全系数为5.86；二阶失稳状态为面内弯曲，表现为整体失稳，稳定安全系数为9.09；三阶失稳状态为8cm厚腹板失稳，稳定安全系数为10.74。稳定安全系数均大于4，转体过程稳定性可靠。

该桥于2004年12月建成，有关技术资料可参阅参考文献[15]、[17]。

另外，湖北省还建成一座净跨152m上承式RC箱形板拱桥，矢跨比1/7，桥面宽9.5m，拱圈宽7.8m，拱圈高度2.35m，单箱三室截面，顶、底板及腹板厚度均为24cm。拱轴系数$m=3.5$。采用拱形骨架转体，转体拱高度2.15m，其底板混凝土厚度10cm，其中设置小直径钢管劲性骨架。上、下缘各4根ϕ245×8mm钢管，其中灌注混凝土，形成钢管混凝土骨架，钢管弦杆之间用角钢连接，组成空间桁架。故转动拱体为由钢管混凝土劲性骨架与10cm厚混凝土底板构成的混合结构。转体总重量3340t。

钢管混凝土骨架混合拱体合龙后，封填上、下盘之间空隙，并在背墙后侧浇筑混凝土，再将拱顶段接头焊接。松扣索，实现体系转换。按设计加载程序浇筑拱圈外腹板及中腹板（分上、下两环分别合龙）加厚底板，最后浇筑拱圈顶板混凝土。劲性骨架钢材作为永久性拱圈的配筋。箱内横隔板间距3.4~4.6m。

实例三：贵州务川县珍珠大桥

贵州务川至重庆彭水公路跨洋冈河的珍珠大桥，净跨120m，矢跨比1/7，拱轴系数m=1.756，上承式RC箱形肋拱。桥面至河底高差110m，拱圈全宽10m，高度2.1m，拱圈截面如图5-29所示。

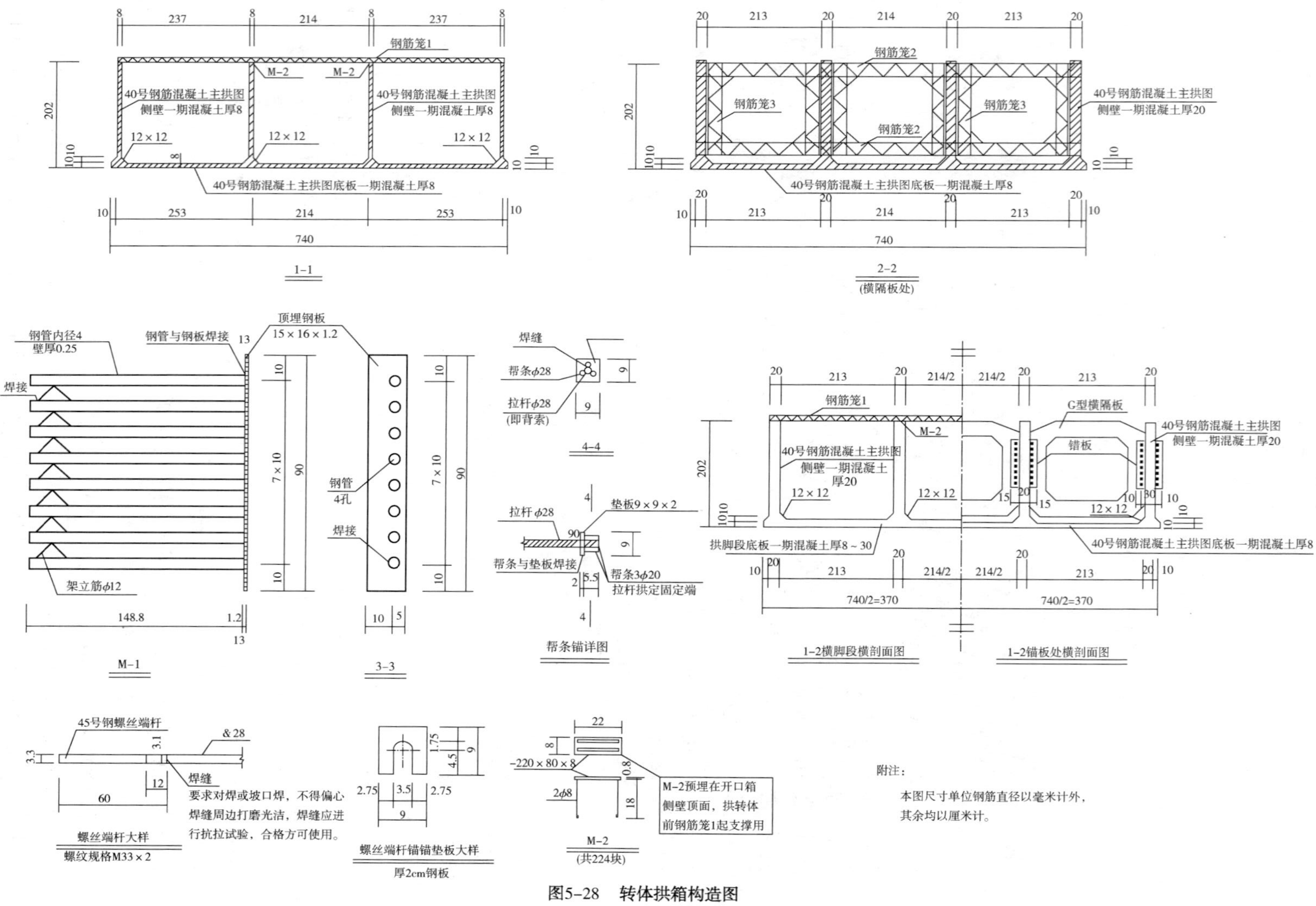

图5-28　转体拱箱构造图

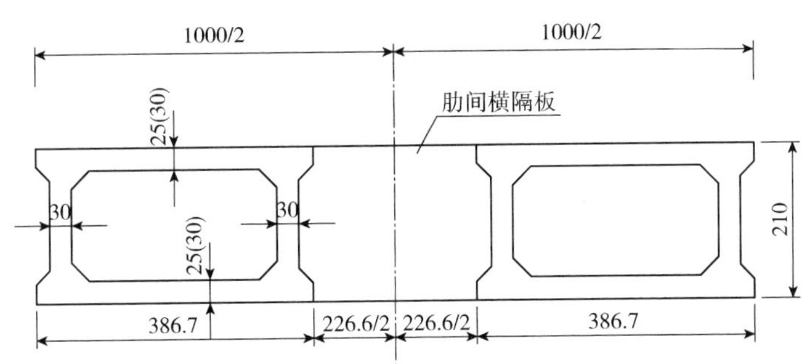

图 5-29　箱肋拱截面(尺寸单位:cm,括号内数值用于拱脚段)

拱圈由双肋组成,拱肋为单箱单室截面。顶、底板厚度从拱脚至 2 号拱上立柱处(水平距离 12m)为 30cm,其余区段为 25cm。拱肋箱内每隔 4m(水平距离)设一道横隔板,厚度 30cm,另在拱顶两侧扣索转向块下增设一道横隔板。全桥共计 33 道。箱肋之间每隔 8m(水平距离)设一道肋间横隔板,全桥共计 15 道。

拱肋采用竖平面内负角度转体施工工艺。在竖直平面内拱肋从初始位置从上往下转体就位,称为负角度竖转。反之,从下往上竖转称为正角度竖转。该桥利用两岸陡峭的岩壁作为依托,在岸上浇筑半跨拱肋进行负角度竖转。

实施转体的两条箱肋,在拱顶预留 4m 的合龙段,每个边箱的半拱重量为 610t,竖转角度为 72°,拱脚处设临时竖转铰。竖转过程示意如图 5-30 所示。

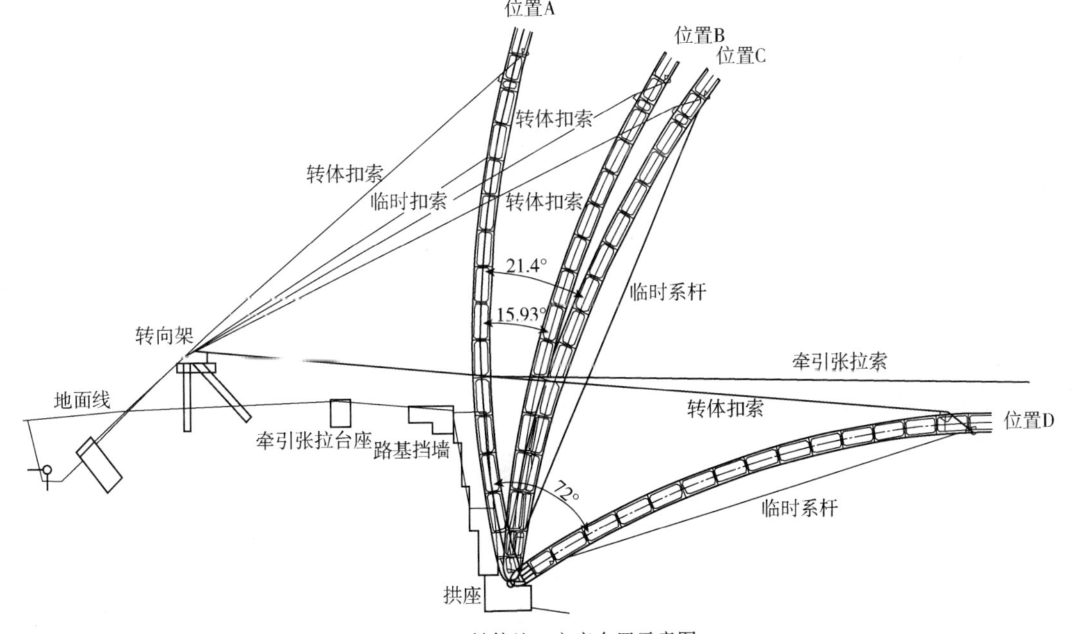

图 5-30　转体施工方案布置示意图

在拱肋顶部设置转体扣索锚固点及转向块,在桥台后方设置转体扣索转向架及张拉台座。转体扣索共用 4 束 $24\phi15.24$mm 钢绞线。每根钢绞线平均最大张拉力为 78kN,扣索的张拉与放松采用可拉、可放的连续千斤顶,由专业公司进行张拉与控制。

全桥分 4 条箱肋进行竖转,施工程序如下:

彭水岸上游拱肋→务川岸上游拱肋→上游拱肋合龙;

彭水岸下游拱肋→务川岸下游拱肋→下游拱肋合龙。

转体设备采用4台350t连续千斤顶及其同步控制系统。在拱肋牵引阶段用放松扣索→张拉牵引索反复循环实现拱肋初始阶段竖转,使拱肋不受冲击力。初始阶段,拱肋由位置A转动至位置B。到达B后,拆除牵引索。此时拱肋自重开始产生使自身往下竖转的力矩,在扣索的控制下,竖转至位置C,第1次张拉临时系杆(为了克服拱肋过大的弯矩设置拱肋临时系杆),转至32°,第2次张拉临时系杆,到达位置C,最后拱肋竖转到位。调整至设计高程后,拱顶劲性骨架合龙,浇筑合龙段混凝土。

临时系杆采用3束6ϕ15.2mm钢绞线,每束张拉力800kN。

拱脚竖转铰受力1000t,铰轴为ϕ800×20mm的钢管混凝土,铰座为C50混凝土预埋20mm厚钢板构成。铰轴上焊接钢管(内填混凝土)伸入拱肋实体段锚固。

转体扣索用4台350t连续千斤顶,牵引索为一束10ϕ15.24mm钢绞线,使用1台200t连续千斤顶。

合龙段采用先劲性骨架合龙再浇筑混凝土的方式。采用早强微膨胀混凝土。

在竖转铰前方埋设型钢,并在铰座和型钢间放置橡胶垫板,以防出现意外时铰轴发生“脱臼”现象。

转体扣索张拉台座尺寸为6m×4m×2m,牵引索张拉台座尺寸为3m×2m×1m,均为RC结构,嵌岩桩基础。张拉台座前的转向装置为钢管混凝土转向架,嵌入基岩中。拱上锚固点的转向装置,由于几乎没有相对滑动,采用弧形钢板上焊接钢绞线的侧向限位钢板的方式,以使钢绞线能顺利进入拱上扣索的预留孔道。

拱座上方至桥台顶约20m高度范围均为中风化灰岩,稳定性好、强度高、桥台顶面以下的部分箱肋可依靠岩体浇筑。施工设备采用QPM50液压爬模。

拱肋合龙段混凝土达到设计强度后,逐步拆除扣索、临时系杆、形成二铰拱,然后用混凝土封闭拱肋,成为无铰拱,该桥2008年建成通车。

《公路交通科技·应用技术版》2008年第2期有一组论文(共计9篇)对本桥的设计、施工、监控作了详细论述,可供参考,还可参阅文献[117]。

肋拱及竖转施工设计单位:大连理工大学桥梁工程研究所。

施工单位:贵州桥梁工程总公司。

实例四:日本神原溪谷大桥

神原溪谷大桥位于日本大分县竹田市南部。由于桥梁的位置在祖母倾国定公园祖母山的登山入口处,这里是美丽的神原溪谷。考虑到作为其门户的景观,采用了大跨径上承式混凝土拱桥。该桥主孔跨径135m,因两岸坡度相差较大,采用左、右半拱不对称布置。左、右半拱矢高分别为22.5m与34.5m。桥梁的立面布置图如图5-31所示。

根据桥位处的地形、地质条件,以及建设费用评价等因素,采用了不受施工场地影响且可以减轻拱肋重量的竖向转体施工方法。拱肋竖向转动体系从上往下旋转,为负角度竖转。拱体由2条拱肋组成。为了在竖向转体施工中,能够在P_1侧和P_2侧使用同样的张拉装置,也就是对两侧的扣索施加同样的张拉力,以此为条件确定了拱顶的位置。主拱拱上的加劲梁(纵梁)和边跨部分的主梁采用相同的截面,为了提高抗震性能而采用了连续结构。加劲梁采用预应力混凝土结构。拱肋的配筋,在受力最不利的截面,混凝土裂缝宽度控制在0.27mm以下。拱肋纵向钢筋量与混凝土截面之比,拱座部分为1.5%,拱顶部为1.8%。

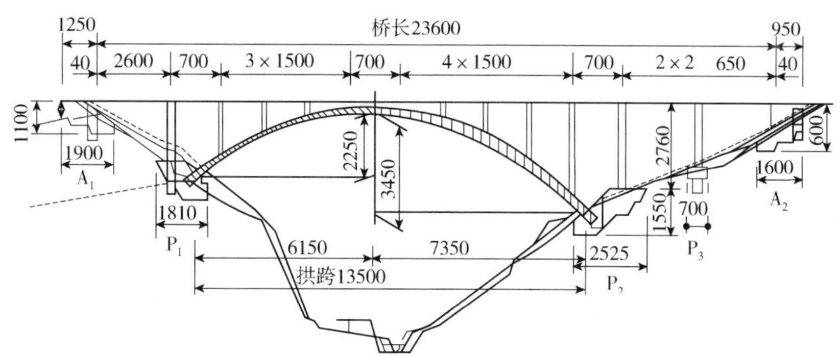

图 5-31　神原溪谷大桥的立面示意(尺寸单位:cm)

拱肋竖向转体施工程序及要点,可参阅图 5-32 所示。

(1)拱肋的滑模施工

在竖转铰安装完毕后,先在支架上施工两个拱肋节段,然后用滑模配合脚手架施工以后的各节段。节段长度 3~4m。P_1 侧为 20 段,P_2 侧为 24 段。滑模施工达到的高度(拱脚铰以上)P_1 侧为 66m,P_2 侧为 82m。浇筑拱肋的混凝土,全部从边跨的加劲梁(纵梁)上用泵车输送。拱肋的滑模施工,从 2000 年 5 月开始,至 2001 年 2 月中旬结束。全桥于 2002 年建成。

(2)拱肋竖向转体施工

转体拱肋的自重,P_1 侧为 9.56MN,P_2 侧为 12.11MN;扣索的最终张拉力,在 P_1 侧为 10.20MN,在 P_2 侧为 10.16MN。竖向转体分为两个阶段:第 1 阶段,即第 1 次下降拱肋的过程,考虑到抗震、抗风的因素,在竖转角(从起始位置向下转动的角度)20°以内设置了反向牵引钢缆以保持拱肋的稳定。此后,进行第 2 次下降,即第 2 阶段,竖转角超过 20°以后仅依靠拱肋的自重竖转达到设计位置。反向牵引力的上、下限数值,应满足施工中拱肋混凝土裂缝宽度≤0.27mm。

扣索的张拉力不能过小,否则受下垂松弛的影响,其延伸刚性将会降低,也会增大锚固端的松弛损失。故将每一束钢缆的张力控制不小于 15kN。扣索钢缆的强度安全系数 2.14,即张拉力不大于 $Pa=0.7Pu/1.5$,式中 Pu 为钢缆的极限张拉力。

P_1 拱肋从转体开始至设计位置费时 20h,P_2 费时 30h。

实测扣索张拉力小于计算值 5%~10%;竖向转体达到合龙位置时,两条拱肋前端的横向对接误差为 17mm;转体过程中,拱肋后侧受力的桥墩水平位移量,P_1 侧为 1mm,P_2 侧为 5mm。这些控制数值,均在设计范围内。

该桥采用竖向转体施工方式,具有以下优点:

(1)可以在岸上浇筑拱肋,不受跨越河谷的影响。

(2)拱肋在桥台位置用滑模施工,施工场地较小,受地形影响小。

(3)施工作业的安全风险小。

(4)拱肋混凝土沿竖直方向浇筑,有利于增大混凝土的密实度。

(5)拱肋转体过程产生的弯矩不大,可以不采用预应力钢材。

(6)竖向转体过程,结构体系为简支,受力明确。

(7)施工不需要大型机械设备。

另外,主跨 150m 的德国 Argentobel 桥,亦采用负角度竖向转体拱圈,在拱顶合龙,单箱双室拱圈宽 8.5m。可参阅参考文献[194]。

①边跨加劲梁的施工，竖向转体支座的设置
②拱肋的1次滑模施工，角度调整

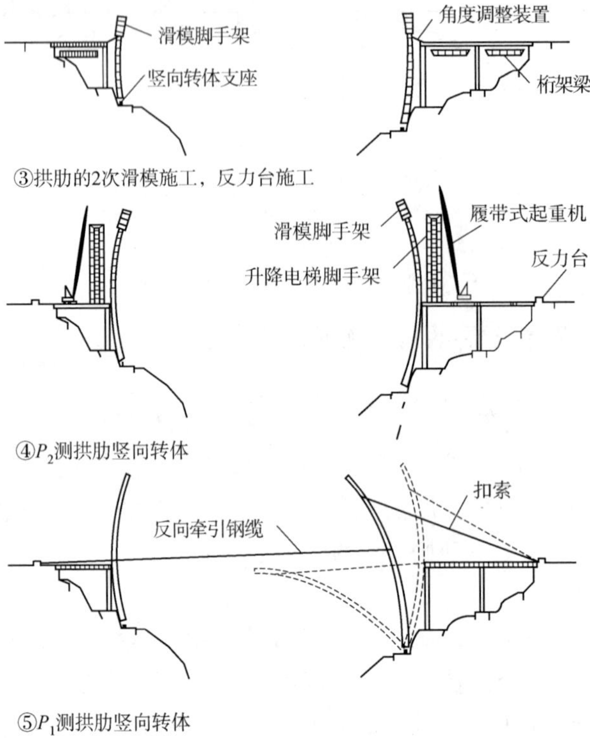

⑤P_1测拱肋竖向转体

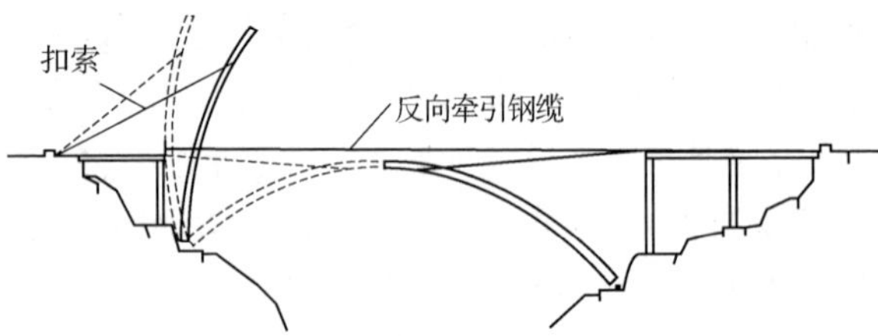

⑥拱顶合龙，放松扣索，加固拱座

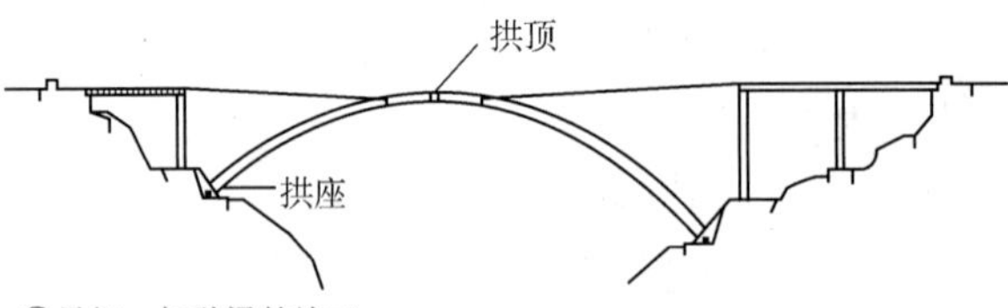

⑦吊杆，加劲梁的施工

⑧桥面施工

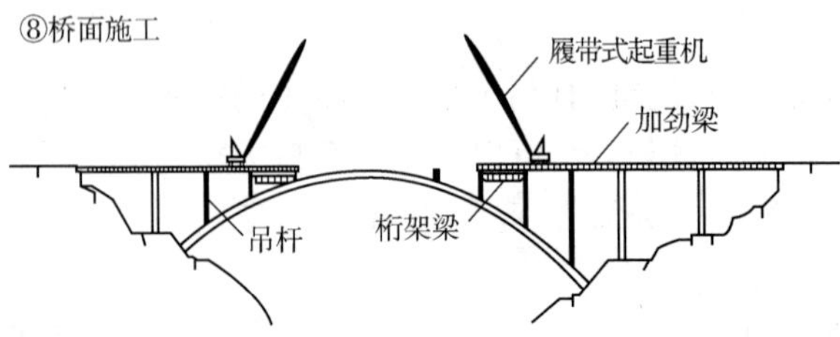

图 5-32　神原溪谷大桥的施工顺序

5.4　劲性骨架法施工实例

实例一：重庆万州长江大桥

该桥是国道主干线(成都—上海)、国道 318 线上跨长江的一座特大公路桥梁。三峡水库蓄水后桥位处最宽江面 476m，最大水深 120m。桥面全宽 24m。大桥全长 856.12m，主桥为净跨径 420m 上承式 RC 箱形拱，矢跨比 1/5，拱圈高度 7m，宽度 16m，为单箱三室截面。拱轴系数 1.6，拱圈截面如图 5-33 所示。拱箱内部在拱脚以上 30m 段长度内加厚顶、底板及腹板。

拱上腹孔为 14m×30.668m 预应力混凝土简支 T 梁，全拱贯通布置。拱上立柱采用 RC 双柱式变截面箱形墩。立柱顶部外形尺寸为 1.4m×2.5m(纵×横)，纵向按 1∶100 向下放坡，横向为等宽。柱顶为 RC 带悬臂的盖梁。横向双柱间净距 9m，两柱之间不另设横系梁。拱上立柱最高为 60m。立柱箱形截面壁厚 25cm。

主桥拱座的基础由水平撑与立柱桩组成。拱座嵌入巨厚砂岩层内，水平撑由两组构成，每组截面 5m×5m，长 32m(南岸)及 45m(北岸)，立柱截面 5m×5m，长 21m。水平撑与立柱均嵌入完整基岩内。拱座采用肋板式填心结构，以减少水化热。

拱圈以钢管混凝土拱桁为劲性骨架，现浇 C60 混凝土外包骨架形成箱形截面。钢管拱桁横向由 5 片组成，如图 5-33 所示。钢管拱桁的上、下弦采用 ϕ402×16mm 单管，腹杆、上下平联及横联采用角钢组合杆。骨架在工厂分段制作成长 12.5m、高 6.8m、宽 15.6m(5 片)的桁段，一段重约 60t，全桥共 36 段。用驳船由工厂运至桥下起吊。普通钢丝绳作临时扣索，ϕ5mm 高强钢丝束作正式扣索，每吊第 1、2 段设临时扣，第 3 段设正式扣，同时取消临时扣。各分段接头上、下弦均采用法兰盘拴接。合龙时拱顶预留有 20cm 间隙，以消除节段安装及温度误差，间隙处外包钢管焊接合龙。最后调整松扣形成拱桁，用泵压法向空钢管内灌注 C60 混凝土，形成钢管混凝土拱桁劲性骨架结构。灌注顺序为：先中间、后两边，先下弦、后上弦。

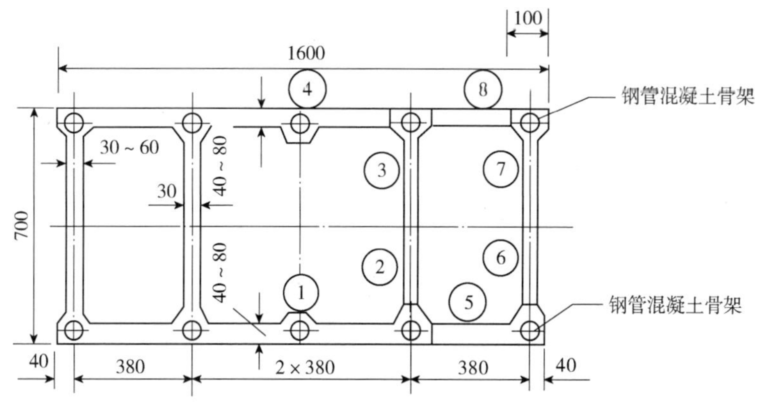

注：图中①、②、③…⑧表示工作面施工顺序。

图 5-33　成桥时拱圈截面(尺寸单位：cm)

以钢管混凝土骨架为依托，采用先中箱、后边箱、纵向分环、各环分段、多工作面对称同步浇注拱箱混凝土，并分环合龙。各环混凝土间隔一定龄期，达到一定强度，可参与骨架联合承力，共同承受下一环混凝土的重力。图 5-33 中①②③…⑧为在横向工作面上的施工程序。拱圈顶底板一般厚度为 40cm，拱脚加厚至 80cm，腹板厚度一般截面为 30cm，拱脚加厚至 60cm。

箱拱分环顺序为：先中箱、后边箱。每箱先底板、后腹板、再顶板。在每一环的浇筑过程中，将拱箱沿纵向等分为 6 段，设 6 个工作面（边箱为 8 个工作面）对称同步浇筑混凝土。

空钢管拱桁工厂制作时为全焊结构。工地起吊安装过程，高空除拴接外，不再焊接。拱脚节段的下弦端面设临时铰，便于安装时调整骨架几何线形。

骨架弦管选用 16Mn 热轧无缝钢管，桁架节段最重段 68t，全部骨架重 2200t，劲性骨架构造如图 5-34 所示。

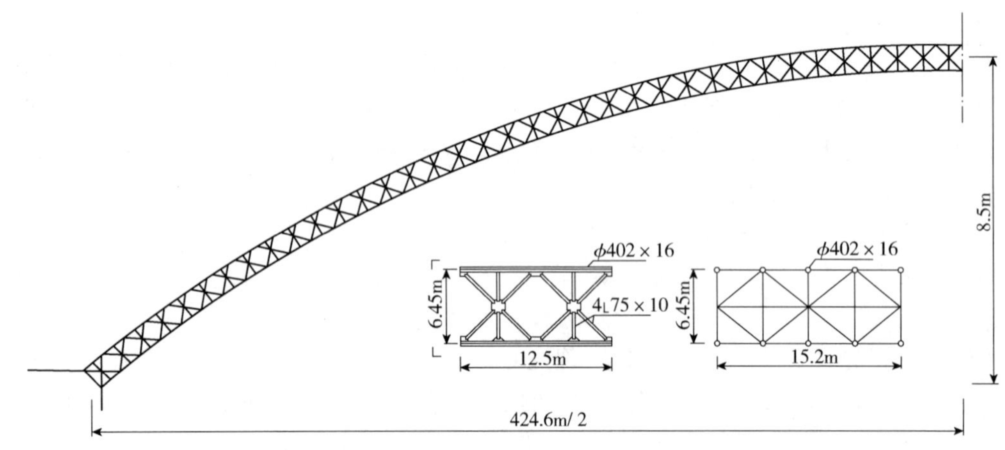

图 5-34　劲性骨架构造（钢管及壁厚以 mm 计）

劲性骨架节段采用天线缆索吊装。缆吊系统主缆跨度 435m，起重系统包括索塔、锚碇、缆索、扣索及行走系统等。扣索系统包括扣索、锚索、上下锚梁、锚具等。安装高程由扣索系统调整。图 5-35 为劲性骨架吊装方案及锚扣体系示意。

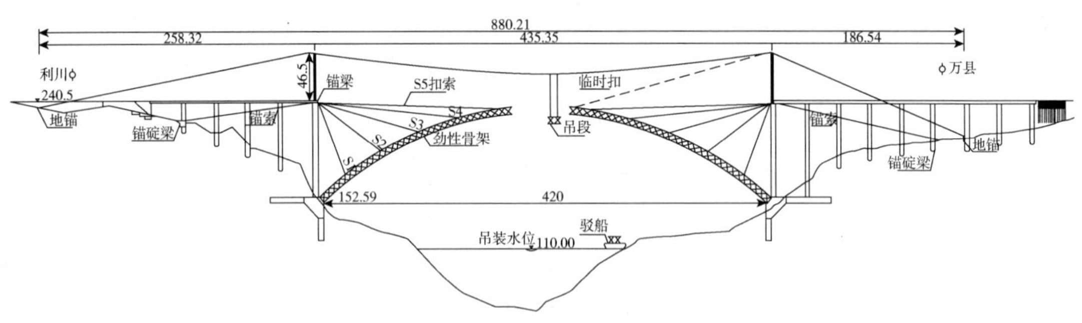

图 5-35　劲性骨架吊装方案及锚扣体系（尺寸单位：m）

劲性骨架成品节段为超宽超高特大构件，由工厂到工地 200 多公里川江水路，浪高流急，为了保证桁段在运输过程中不变形，运输船采用两艘 100t 钢质甲板驳，刚性连接成双体驳，驳面焊接 16 个鞍形托墩支承劲性骨架桁段，用抱箍、软垫固定劲性骨架弦管，保证水上运输过程平稳，骨架运输共配置 8 组运输驳船，两艘 500～800 匹马力拖轮。

万州长江大桥从 1983 年底开始设计前期工作，至 1994 年 5 月 1 日正式开工，历时 10 年。经历了预可、工可、初设、技设与施设 5 个阶段。于 1997 年 6 月建成通车。为了克服一系列技术难题，进行了多项科研试验，取得了重大成果。科研试验攻关课题有以下8项：桥用主材腐蚀和防护涂层材料选择试验研究；主拱圈混凝土收缩、徐变影响的试验研究；钢管混凝土劲性骨架稳定模型试验研究；拱圈混凝土真空脱水技术试验研究，特大跨钢管混凝土劲性骨架安装方法和工艺试验研究；拱圈混凝土浇筑工艺试验研究；特大跨混凝土拱桥现场监测与控制；成桥静动载试验。另外根据设计需要再设立7个专题研究。

万州长江大桥荣获国家科技进步一等级、全国优秀工程设计金质奖、国家优质工程银质奖、詹天佑土木工程大奖。2000年，中国邮政发行"长江上的公路大桥"，邮票一套4枚，其中第1枚即万县长江大桥。

大桥设计单位：四川省交通厅公路规划勘察设计研究院。

大桥施工单位：四川公路桥梁建设集团有限公司。

有关大桥的各种资料可查阅参考文献[34]、[49]、[82]、[87]、[72]、[107]、[131]、[133]、[134]、[128]、[129]等。

实例二：四川广元昭化嘉陵江大桥

广元至南充高速公路昭化嘉陵江大桥主桥为净跨350m上承式RC箱形肋拱。桥面全宽27.5m。拱圈由两条箱形拱肋组成，单条拱肋为单箱双室截面，宽8m，高5.8m，两条拱肋之间的净距为6.5m，拱圈全宽为8m+6.5m+8m=22.5m。两肋之间用横系梁连接。拱肋截面如图5-36所示。拱脚至拱上第2排立柱间，顶、底板厚度由80cm渐变至40cm，边腹板厚度由55cm渐变至30cm，其余区段尺寸与拱顶截面相同。拱肋采用C55混凝土。

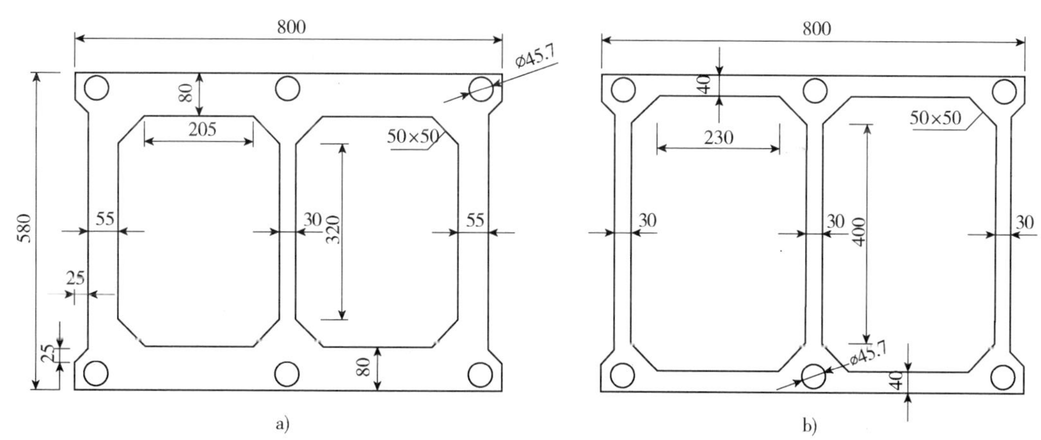

图5-36　拱肋截面(尺寸单位：cm，钢管规格：mm)

a)拱脚断面；b)拱顶断面

劲性骨架为型钢与钢管混凝土组成的桁架结构，每肋上、下弦杆为三根ϕ457×14mm钢管，内灌C80混凝土。弦杆通过横联角钢和竖向角钢连接构成型钢—钢管混凝土桁架，在拱肋横联对应位置设交叉斜撑，加强横向连接。腹杆及平联与弦杆均采用焊接连接，图5-37为劲性骨架构造示意图。

由于构件体积庞大，桥位处陆上及水上运输条件均不具备，钢管及骨架加工安排在施工现场进行。

劲性骨架每半跨划分为12个节段(24个吊段)、6个正式扣段，每个扣段含两个节段。采用斜拉扣挂式缆索悬拼安装，两岸对称吊装，同步推进。对于一个扣段中的前一个节段采用临时扣索扣住,待后一个节段张拉正式扣索,再拆去临时扣索。临时扣索用钢丝绳,正式扣索用钢绞线。节段采用单肋安装。单肋安装就位后,拉紧缆风索,拴接弦杆法兰接头。

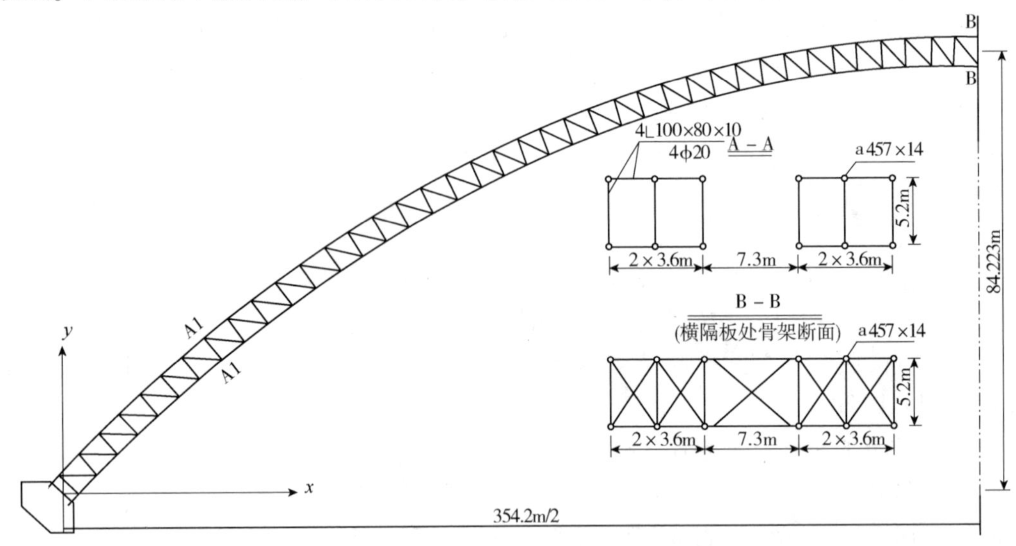

图 5-37 拱肋劲性骨架构造示意(钢构件尺寸单位:mm)

拱顶合龙段端面不设法兰盘,采用钢管嵌填段连接。选定合龙时间后,精确测量每根弦杆钢管之间的空隙长度,按其尺寸加工一段钢管嵌填管嵌入空隙,同时用环形钢片将间隙填塞紧密,再将预加工好的两个半圆管套在合龙间隙间合龙,用高强螺栓栓紧,将套管管口与弦杆管壁焊好。至此,弦杆空钢管在拱顶完成合龙。各节段接头焊接完成后,逐级对称均衡地放松各道扣索,完成骨架拱肋的安装。

骨架拱肋成拱后,即可灌注上、下弦钢管内混凝土。采用 C80 自密实高性能混凝土。以泵压法自拱脚向拱顶压注。管内混凝土达到设计强度 80%后进行拱圈外包混凝土施工。

拱圈混凝土浇筑采用先底板,再腹板,最后顶板的程序。底板分为 8 个工作面对称同步浇注至合龙,达到设计强度后再分 16 个工作面同步对称浇注腹板混凝土至合龙,达到设计强度后,最后分 16 个工作面浇注顶板混凝土。

底板每个工作面分 10 个节段浇筑完成,腹板每个工作面分 5 个节段浇筑,每次浇筑长度为 4.6~5.4m。顶板每个工作面每次分 3 个节段浇筑,浇筑长度 9.2~10.8m。

图 5-38 为拱肋外包混凝土施工程序示意图。

拱肋外包混凝土采用 C55 高性能自密实混凝土。

该桥通过试验研究,对劲性骨架在使用阶段的受力机理进行了分析,结构计算时计入了劲性骨架对拱肋承载力的贡献。与不考虑此贡献的方法相比,拱肋截面纵向钢筋数量减少 30%以上。

拱上采用轻型结构。拱圈全宽 2250cm,拱上排架为双立柱,箱形截面,纵桥向宽 160cm,横桥向宽 250cm,纵向按 80 : 1 向下变宽,墩柱箱形截面壁厚 35cm,盖梁宽 220cm,高 200m,拱上腹孔采用 13×28m,PC 简支小箱梁,横向 8 片,梁高 160cm。小箱梁两侧带悬臂板。拱上立柱及盖梁用支架现浇。图 5-39 为拱上构造图。

该桥 2011 年建成通车。

有关该桥的技术资料可参阅参考文献[22]、[26]、[33]。

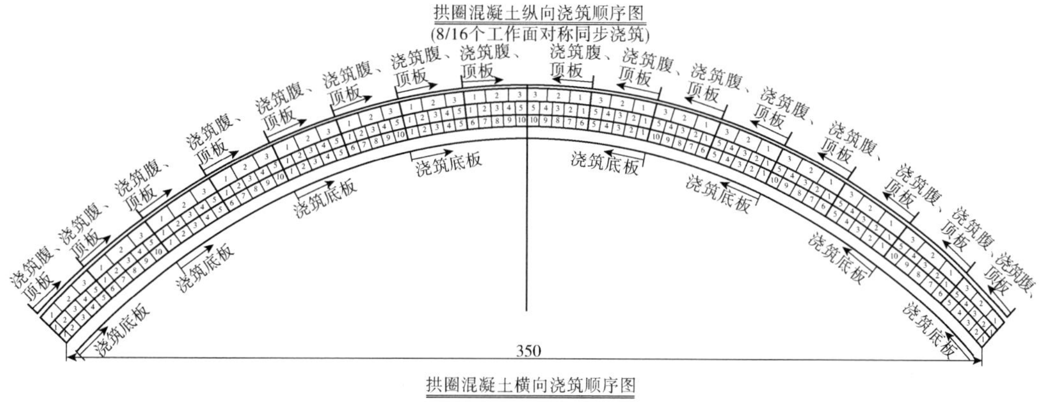

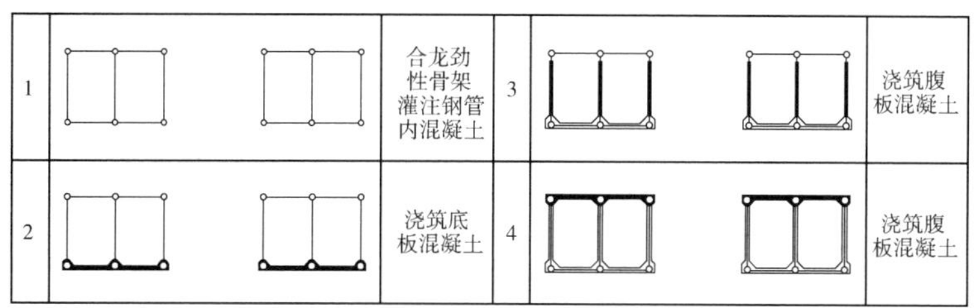

图 5-38　拱肋外包混凝土浇筑施工程序示意

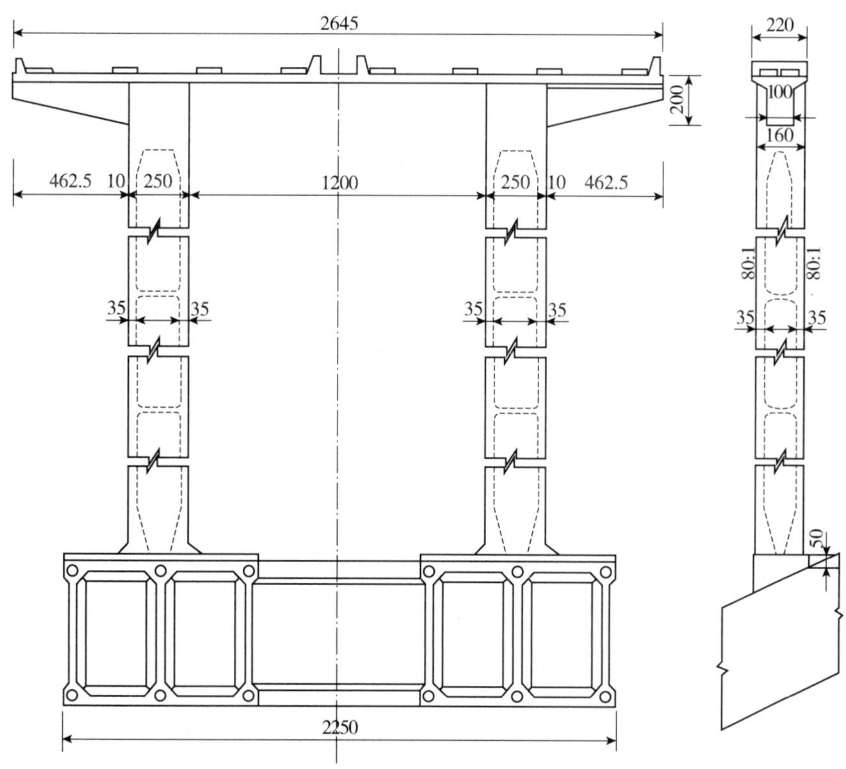

图 5-39　拱上构造图(尺寸单位:cm)

实例三:陕西川陕界汉江大桥

包头至茂名高速公路陕西境安康至陕川界汉江大桥,主桥为净跨 330m 上承式钢管混凝土劲性骨架箱形板拱桥，矢跨比 1/5.5，拱轴系数 m=1.588。桥面总宽度 24.5m，拱圈宽 17.6m，高度 6m，拱圈截面如图 5-40 所示。

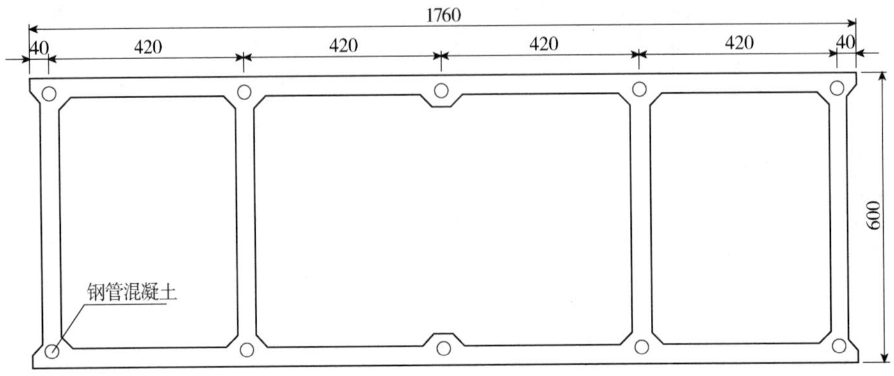

图 5-40　拱圈截面(尺寸单位:cm)

劲性骨架高 5.45m，宽 16.8m，横向由 5 片桁架组成。每片桁架上、下弦钢管为 ϕ426×16mm，腹杆和桁片之间的上、下平联采用角钢组合的 H 形断面，角钢为 100mm×100mm×10mm，4 个为一组，每段约 80cm 设一处加强板。拱脚处斜撑角钢适当加大。弦管内灌注掺有微膨胀剂的 C60 混凝土。骨架横断面如图 5-41 所示。

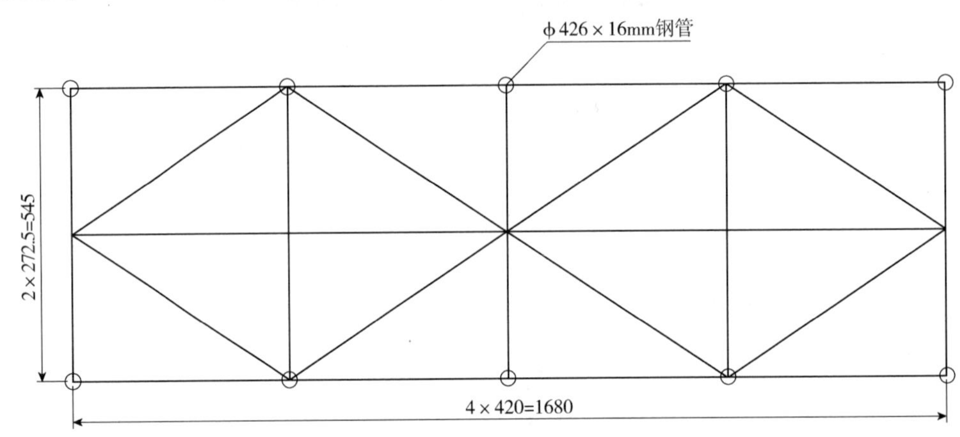

图 5-41　劲性骨架横断面(尺寸单位:cm，钢管规格:mm)

钢管混凝土劲性骨架在浇筑底板外包混凝土时，稳定安全系数最小，为 4.979，但大于 4，满足规范要求。在运营阶段全跨活载时，稳定安全系数为 6.588，半跨活载时，稳定安全系数为 7.33。文献[79]与[94]对本桥的内力与位移，采用 ANSYS 软件进行空间线性与几何非线性计算。计算结果表明，从钢管拱劲性骨架合龙，至拱圈混凝土截面形成的整个施工过程，线性与非线性的结果较为接近。线性分析的误差，位移最大为 6.57%，轴力误差最大为 7.44%，拱脚截面相对误差较大。

结构在第一失稳模态时未出现面外失稳，说明结构宽跨比(本桥为 1/18.75)大于 1/20，其抗侧向屈曲能力较强。

实例四：湖北兴山平邑口大桥

主孔为净跨 180mm 上承式 RC 箱形板拱，矢跨比 1/8，拱轴系数 m=1.543，拱圈为单箱三室截面，宽度 9m，高度 3m，拱上腹孔为跨径 10mPC 空心板。拱圈截面如图 5-42 所示。

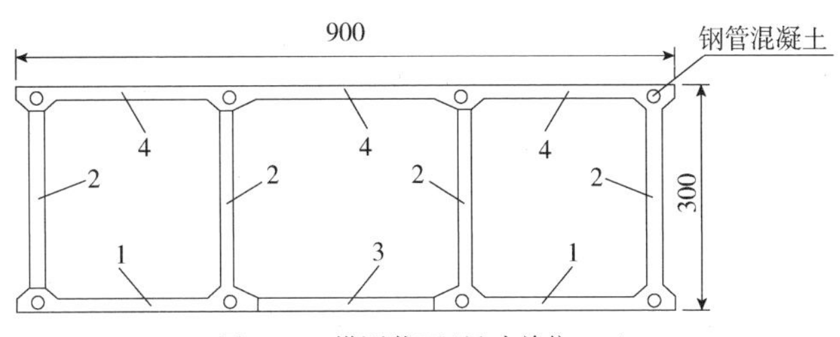

图 5-42　拱圈截面（尺寸单位：cm）

采用钢管混凝土劲性骨架法施工，骨架为双肋四肢截面，采用 4ϕ299×12mm 钢管，内灌 C40 混凝土。腹杆采用[80×40mm 普通槽钢，每根等长，按 W 形布置，平联与横联均为[100×48mm 普通槽钢。

主要施工程序如下：

天线缆索吊装空钢管骨架，形成钢管桁架拱；向弦管内泵送混凝土，成为钢管混凝土劲性骨架；按分环分段原则浇筑拱圈混凝土。图 5-42 上的 1、2、3、4 表示分环浇筑程序，即先浇边箱底板，再浇腹板，接着浇中箱底板，最后浇全部顶板。纵向分为 7 段，先拱脚段，后拱顶段，再 $L/4$ 段，最后合龙，图 5-43 为纵向分段及浇筑程序。

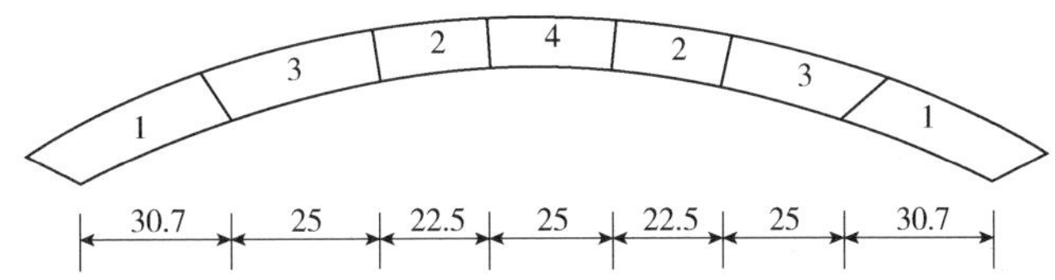

图 5-43　拱圈浇注纵向分段及浇注程序（尺寸单位：m）

第 1 环浇筑边箱底板，其质量由钢管混凝土骨架承担，此时骨架为二铰拱；第 2 环浇注腹板横隔板及拱脚实体段，其质量由钢管混凝土骨架与第 1 环（已达到设计指定的强度）混凝土组成的二铰拱承担。封闭拱脚铰，形成无铰拱。第 3 环浇注肋间底板，其质量由前二环所形成的无铰拱承担。第 4 环浇全部顶板，其质量由前三环所形成的无铰拱承担，完成拱圈施工。

图 5-43 中的数字 1、2、3、4 表示分段浇注程序。

本桥 2010 年建成，有关资料可参阅参考文献[24]。

实例五：西班牙埃斯（Esla）勒大桥

1939 年建成的西班牙埃期勒桥，为一座双线铁路上承式 RC 无铰拱桥。其主桥净跨径为 192.4m，若按桥台推力作用点计，则是 210m，孔跨布置为 5×22m+209.84m+3×22m。主桥的拱矢高度为 64.75m，主拱圈为单箱三室截面，高度 4.5m（拱顶）渐变至 5.08m（拱脚），宽度 7.92m（拱顶）变化至 9.06m（拱脚）。桥面宽度 8.74m。主拱圈采用劲性骨架法施工。劲性骨架由两道轻型钢桁拱组成。其间用横向斜撑相连接。每道钢桁拱都由多个三角架连接起来，工厂加工好三角架运至工地进行安装。图 5-44 为钢桁骨架的立面示意图。

骨架悬拼过程中，用花蓝螺栓将它固定在悬杆的吊钩上，使铰接桁片按设计位置就位。每一道桁架就位后，就可对（除拱顶、拱脚外）所有弦杆上的节点进行焊接，使之成一个整体的三铰拱。两道平行的骨架完成后，用横向斜撑连接起来。劲性钢骨架最后形成。

拱圈混凝土分为 8 个阶段进行浇筑。第 1 阶段，以上弦为骨架，从拱顶至拱脚外包混凝土形成小尺寸的矩形截面,待其凝固后便可参与整个钢骨架共同承力。第2阶段,以下弦为骨架,外包混凝土亦形成小尺寸的矩形截面,并在拱顶处留缺口,以便在它硬化后,在拱顶用千斤顶在其中建立压力,以减轻上弦混凝土所受的力。以后,依次浇筑拱圈底板、腹板及顶板混凝土,最后形成拱圈。

图5-45为劲性骨架的横截面,图5-46为混凝土拱圈浇筑次序,图5-47为拱顶千斤顶预压拱圈的下弦示意图。预压下弦时,整个拱圈为无铰拱。由于两道钢骨架相距较近,为了避免发生侧向失稳的危险,施工时设置横向缆风绳。

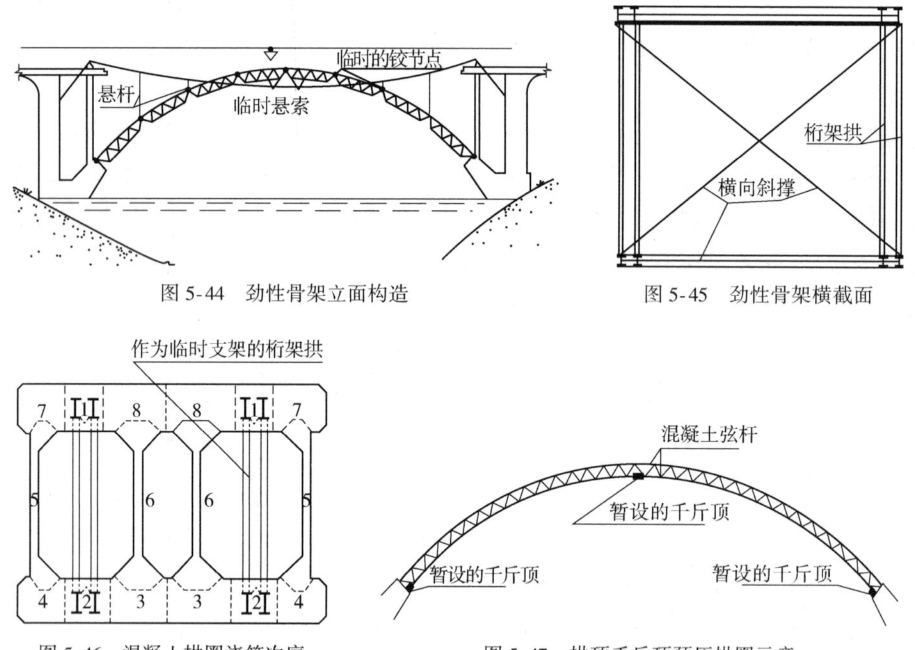

图5-44 劲性骨架立面构造

图5-45 劲性骨架横截面

图5-46 混凝土拱圈浇筑次序
(用断面上的数字表示)

图5-47 拱顶千斤顶预压拱圈示意

该桥轻型劲性骨架用钢量很少,沿桥长为每米约500kg。充分有效地利用了钢骨架在拱圈形成过程中的有利作用,获得了成功。不足之处是拱圈施工过程工期较长。

5.5 悬臂法施工实例

5.5.1 **斜拉扣挂现浇法**(又称挂篮悬臂浇筑法)

实例一:四川攀枝花白沙沟大桥

该桥为我国首次采用挂篮悬臂浇筑法施工的上承式RC箱形板拱。主桥净跨150m,矢跨比1/5,拱轴系数$m=1.988$,拱圈为单箱双室截面,高度2.7m,拱圈宽6m,悬浇节段纵向划分为:拱脚段+10个节段+跨中合龙段+10个节段+拱脚段。共计23段,拱脚段顶、底板厚度60~25cm,腹板厚度50~30cm(外腹板)及20cm(内腹板)。跨中合龙段长度2m,拱圈截面如图5-48所示。

拱上腹孔为11m×14.2m空心板。拱上立柱对应拱圈内设置厚度35cm横隔板,其1/2处设厚度25cm横隔板。最高立柱对应拱圈内设双横隔板,厚25cm。

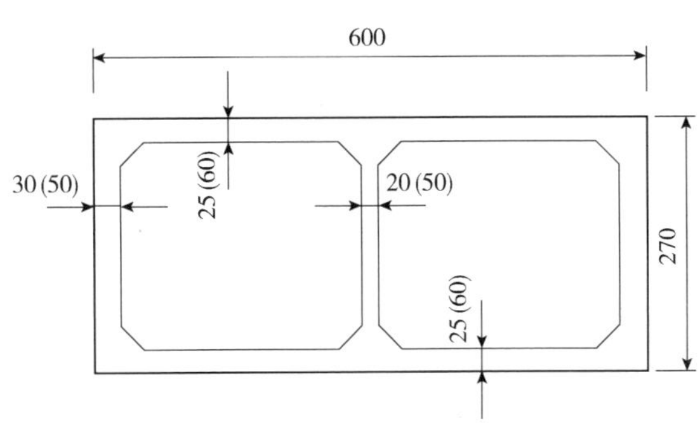

图 5-48　拱圈截面(尺寸单位:cm,括号内数值用于拱脚截面)

该桥位于高速公路上,分为左、右幅。单幅桥面宽 11.25m。

拱脚段在支架上现浇。其余 2×10 段采用挂篮悬浇。跨中合龙段现浇。

采用后支点三角形桁架式挂篮,全长 16.8m,桁高 3.5m,总高 4.4m,净宽 7m,桁架自重 42.5t,水平状态下挂篮前端承受最大竖向力为 220t,挂篮包括主桁系统、止推系统、支反力系统、走行系统、模板系统、工作吊篮与安全防护等。

施工过程对扣塔顶纵向位移要求严格,应不大于 2.5cm,经过比较,选用空心钢管扣塔方案。采用 YM 低应力夹片锚固系统。固定端设在拱圈内。

采用吊、扣塔合一的方案。将拱座上桥墩加高后形成扣塔及吊塔。主缆的中跨 156.2m,边跨 61.4m 及 47.4m,施工总体布置如图 5-49 所示。

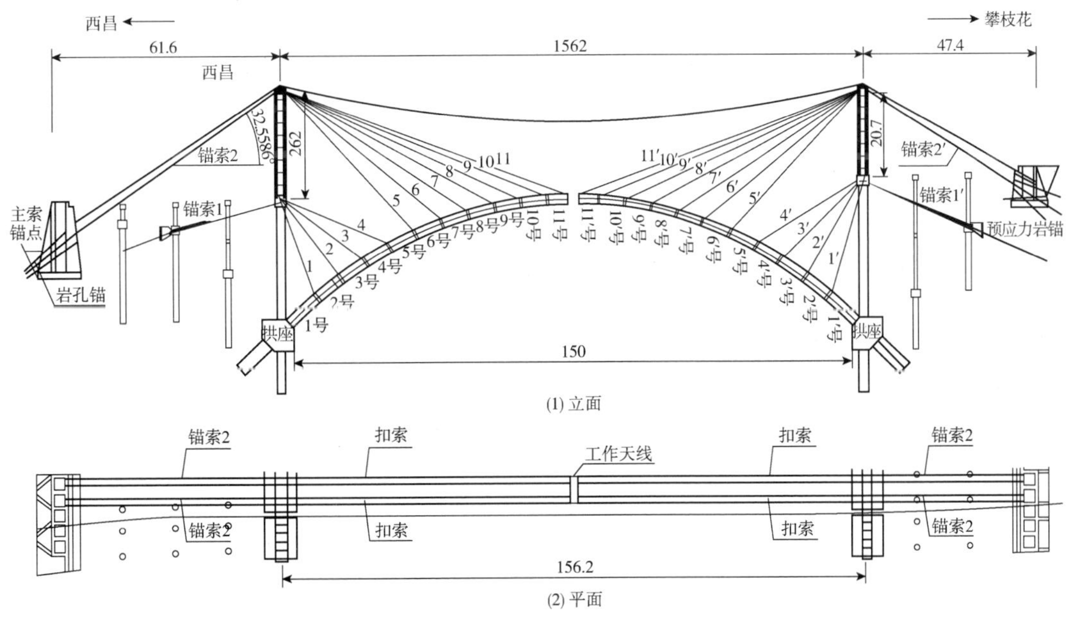

图 5-49　施工总体布置(尺寸单位:m)

扣索系统与锚固系统通过拱座上桥墩盖梁及扣塔锚箱将两部分连接成整体。用 240kN 千斤顶单根张拉钢绞线,使每根初张力一致,再根据监控指令分级进行扣锚索张拉。

施工过程观测数据如下:

拱圈混凝土最大压应力 5.1MPa,最大拉应力<2MPa,扣索钢绞线受力为 $0.45R^{\rm b}{\rm y}$,索力最大误差为 10%,拱圈对称截面高程相对误差最大值 33mm,扣索塔顶最大变位 35mm。

该桥施工采用的挂篮,其特点在于将承重桁架系统与底篮支承系统相结合,其作用原理为挂梁既作为主受力支承系统,又作为挂篮的行走系统,反力则依靠三角桁架尾端的横梁反作用于梁底。

拱圈悬浇施工用侧三角桁架式挂篮布置如图 5-50 所示。

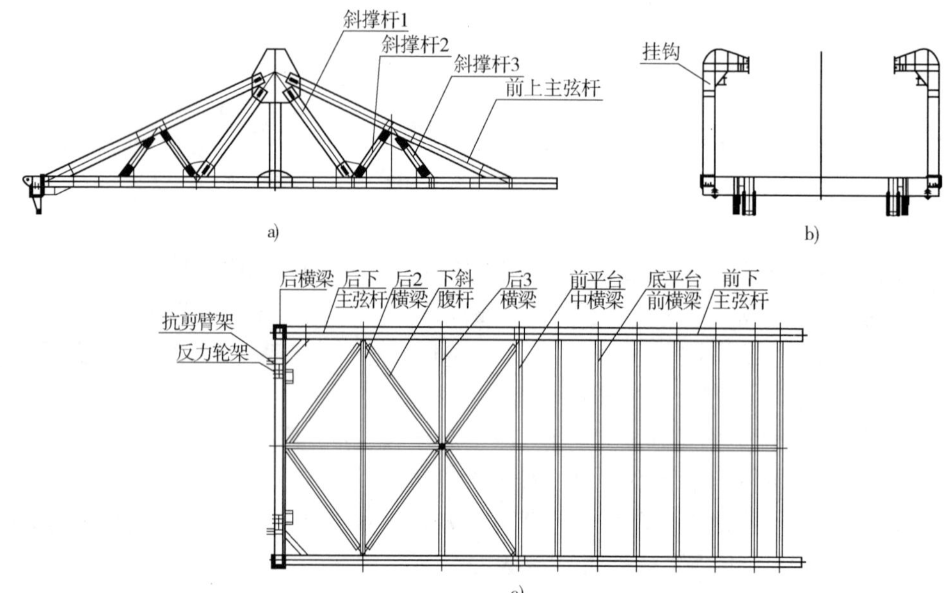

图 5-50 拱圈悬臂浇筑法施工用侧三角桁架式挂蓝布置示意图

a)立面;b)侧面;c)平面

该桥 2008 年建成通车。设计单位:四川省交通厅公路规划勘察设计院;施工单位:四川路桥建设有限公司。

有关详细技术资料参见参考文献[19]、[60]、[66]、[67]、[80]、[81]。

实例二:贵州思剑高速公路木蓬大桥

主桥净跨 165m,矢跨比 1/5.5,拱轴系数 m=1.988,桥梁分为左、右两幅,单幅拱圈采用单箱双室截面,宽 7.5m,高 2.8m,拱圈截面如图 5-51 所示。

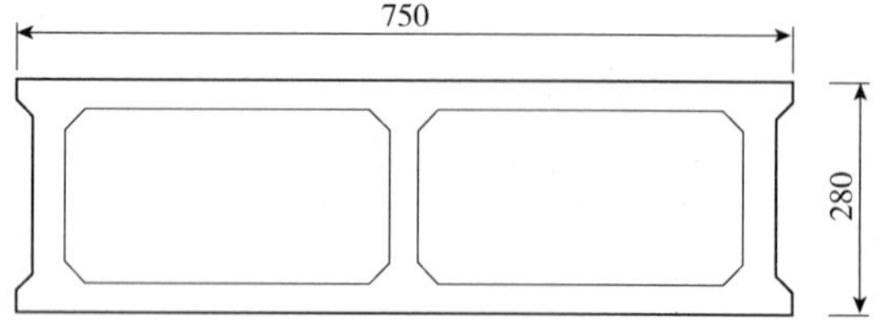

图 5-51 拱圈截面(尺寸单位:cm)

拱脚段拱圈采用支架现浇,其余每半跨分为 12 个节段,采用斜拉扣挂挂篮悬臂浇注施工。跨中合龙段长 2m,采用吊架现浇。拱圈 C50 混凝土。

拱脚现浇段采用 ϕ500×8mm 螺旋焊接管焊成支架,支架钢管纵向 3 排,每排 3 根,共 9 根钢管。其顶面布置型钢,形成两跨连续梁。纵向型钢上布置横向工字钢。拱座内预埋型钢与支架连接,以抵抗拱脚段混凝土浇筑时的水平推力。

图 5-52 为拱圈悬浇分段与扣锚系统示意图。

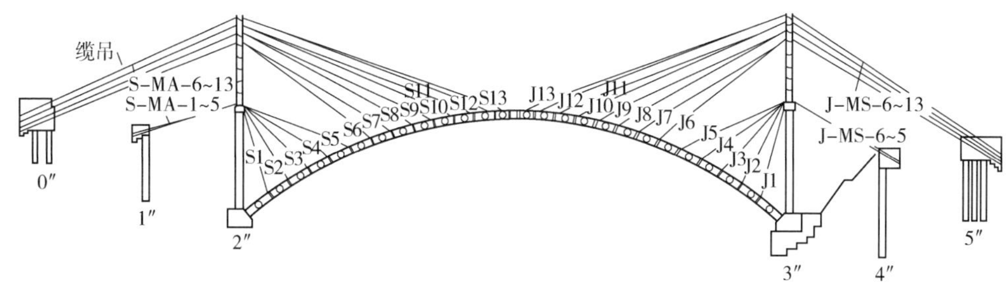

图 5-52　拱圈悬浇分段与扣锚系统示意图

扣塔采用管径相同、壁厚不等的钢管通过平联连接形成。主肢钢管竖向分为 3 段，接长采取法兰盘螺栓连接。立柱钢管有 ϕ630×16mm、14mm、12mm、10mm 几种，立柱横向 4 排，中距为 150cm、330cm、150cm。横向联系钢管为 ϕ325×7.5mm，横撑和斜撑用[16a 槽钢。

挂篮主桁为全压杆铰结倒三角形结构。包括纵梁、横梁、斜杆、竖杆、挂钩及稳定构架。另外还有止推系统、支反力系统、走行系统及模板系统。

扣索采用 ϕ15.2mm 预应力钢绞线，每半跨设置 13 对扣索，每束由 10~18 根钢绞线组成，锚索利用墩台并辅以预应力岩锚进行锚固。

拱圈采用 C50 混凝土，悬臂浇筑过程中，拱圈压应力控制在 10MPa 以内，拉应力控制在 1.5MPa 以内。扣、锚索张拉值与理论值误差控制在±5%以内，扣塔塔顶最大位移容许值取 3cm。

结构分析表明，当合龙温度由 25℃下降至 15℃时，拱顶高程下降 24mm，拱顶产生正弯矩，拱脚产生负弯矩，对拱圈受力不利。在合龙口对顶板进行顶推，水平顶力 1000kN，合龙时采用以调索为主并辅以配种的方式，拱圈受力最有利。合龙后扣索拆除程序为从两拱脚至拱顶对称进行，对拆除过程的结构受力较为有利。

该桥于 2012 年建成通车。

实例三：四川攀枝花新密地大桥

新密地大桥跨越金沙江。主桥为净跨 182m 上承式 RC 箱形板拱。采用挂篮悬臂浇筑法施工拱圈。大桥总体布置如图 5-53 所示。桥面总宽 30m，分为左、右两幅。拱上立柱为双柱式，腹孔为跨径 12.66m 简支箱梁，梁高 0.85m。

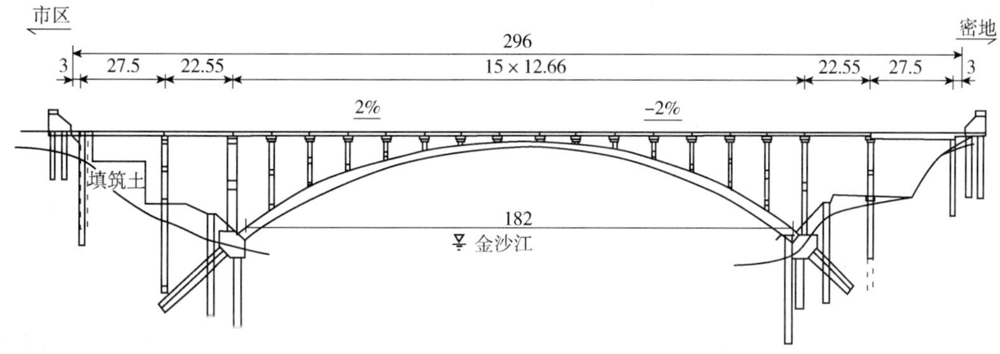

图 5-53　新密地大桥总体布置(尺寸单位：cm)

单幅桥拱圈为单箱双室截面，宽度 9.6m，高度 3.5m。矢跨比 1/6，拱圈截面如图 5-54 所示。

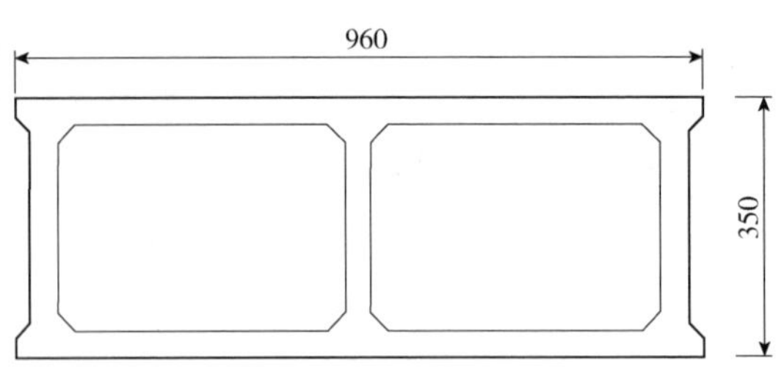

图 5-54　拱圈截面(尺寸单位:cm)

采用挂篮悬臂浇筑拱圈。拱箱划分为 31 个施工节段(含跨中合龙段),两岸拱脚 1 号段在支架上现浇,其余 2 号至 15 号节段挂篮悬浇,图 5-55 为拱圈施工立面布置图。

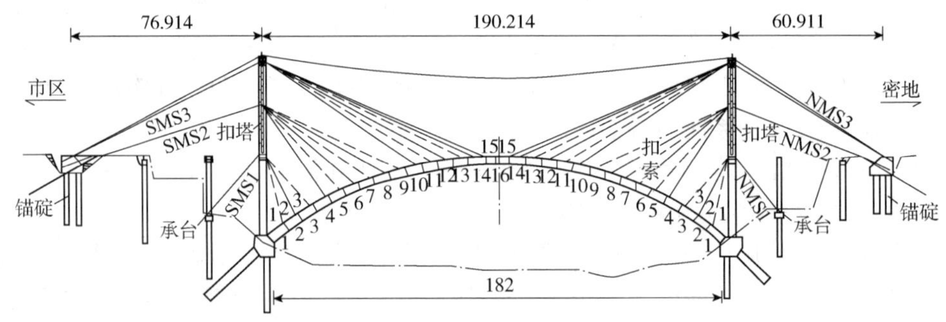

图 5-55　新密地大桥施工立面示意图(尺寸单位:m)

整个施工阶段,拱圈实测应力与计算应力较为吻合。上缘最大压实力实测值为 13.6MPa(计算值为 12.9MPa);上缘最大拉应力为 1.0MPa(计算值为 1.3MPa),下缘最大压应力 13.2MPa(计算值为 12.0MPa);下缘最大拉应力 0.6MPa(计算值为 1.2MPa)。

临时索塔高度 40m,采用空钢管搭建。要求施工过程塔顶纵向位移控制在 25mm 内。实测最大位移 1~22mm(南岸往河方向)、0~19mm(北岸往河方向)。

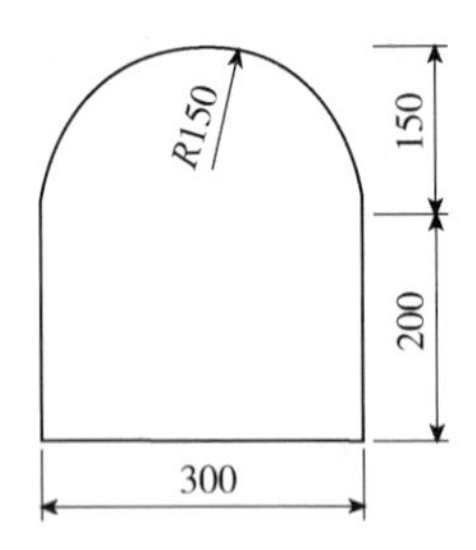

图 5-56　斜桩截面(尺寸单位:cm)

该桥拱座采用桩基础。竖直桩桩径 250cm,桩长 16~22m,横向两排。斜桩的断面如图 5-56 所示。斜度 45°,桩长 18~28m。

原有密地大桥为主跨 181m 栓焊钢桁上承式拱桥,1969 年建成通车。1980 年、1988 年、1996 年曾进行过 3 次大修,病害严重,限载通行。

新密地大桥 2013 年建成。设计单位:四川省交通厅公路规划勘察设计院。

实例四:美国胡佛水坝大桥

该桥全称为“胡佛水坝上的新麦兑・奥卡拉汉一帕特・提尔曼纪念大桥”。主跨为 323m 上承式 RC 双肋式箱形拱。矢跨比 1/3.822,箱肋为等截面,如图 5-57 所示。

拱肋混凝土为 C70 级,设计基本地面地震峰值加速度为 0.2g,设计地震频率为 1/1000。设计风速由美国土木工程师协会的标准风速 40m/sec 提高到 56m/sec,拱上腹孔为钢箱梁,跨径 37m。桥面全宽 26.8m,拱上腹孔全拱贯通布置,为 8 跨 37m。两岸引桥亦为 37m 相同结构。拱脚最高立柱 92m。

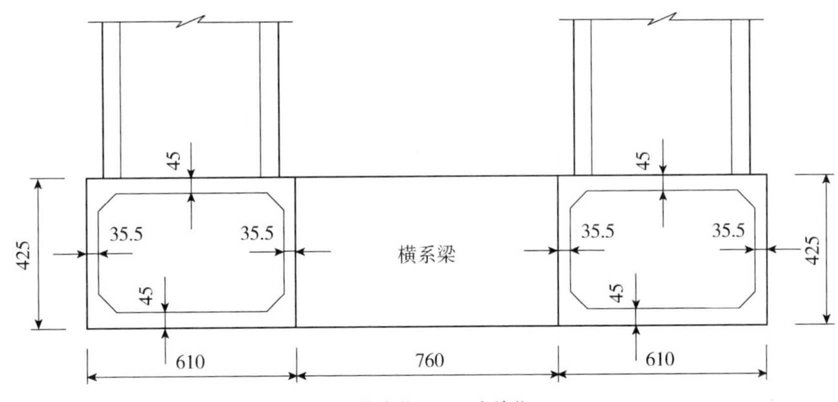

图 5-57　拱肋截面(尺寸单位:cm)

拱肋采用斜拉扣挂现浇法(即挂篮悬臂浇筑法)施工。4 套挂篮配合滑模现浇拱肋混凝土,至拱顶合龙。2009 年 8 月拱圈合龙时的误差仅 20mm。拱上立柱采用缆索吊机安装。该桥于 2011 年建成,腹孔钢箱梁采用常规起重机安装。

施工中,2006 年 9 月,发生过缆索吊机在强风中倒塌的事故。该桥施工工期约 6 年。

由林同棪国际工程咨询有限公司与 HDR 组成的桥梁设计小组,在前者指导下,进行了桥型研究和最终桥梁设计。

研究阶段,对桁架桥、箱梁桥、斜拉桥、悬索桥、中承式拱桥和上承式拱桥进行全面深入的比较,最终选择了上承式 RC 双箱肋拱。

实例五:南非布洛克兰斯大桥

布洛克兰斯(Bloukrans)大桥位于南非共和国南海岸的国道 2 号线上,跨越布洛克兰斯峡谷,桥面至河底 216m。主桥为净跨 272m 上承式 RC 箱形板拱桥。拱圈为单箱三室,高度从拱脚的 5.6m 渐变至拱顶的 3.6m。拱圈宽 12m。桥面全宽 16m。拱上为分离式的双立柱,腹孔为双箱双室 PC 车道梁。该桥总体布置如图 5-58 所示。

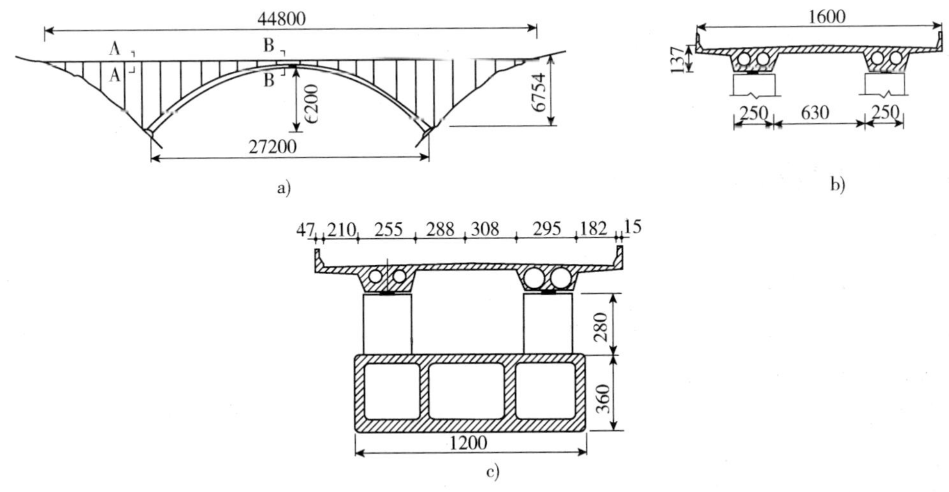

图 5-58　布洛克兰斯拱桥总体布置图(尺寸单位:cm)

a)立面;b)横断面 A-A;c)横断面 B-B

拱圈采用带移动托架的悬臂吊装方法施工。即采用挂蓝悬浇节段拱箱。主要施工程序如下:

(1)利用拱脚永久性立柱作为扣索塔架,安装前三段拱圈两边拱肋各自前半段,而剩余的后半段的拱上立柱则用移动的临时塔架进行施工。

(2)将拱脚立柱加高,以安装后续拱肋的扣索。逐段吊装拱肋,直到拱顶合龙。合龙段先用骨架定位固定,浇筑合龙段混凝土,固结后完成体系转换。

(3)从拱脚向拱顶方向施工拱上建筑,并在跨中合龙。

拱肋安装过程临时扣索体系的总体布置如图 5-59 所示。

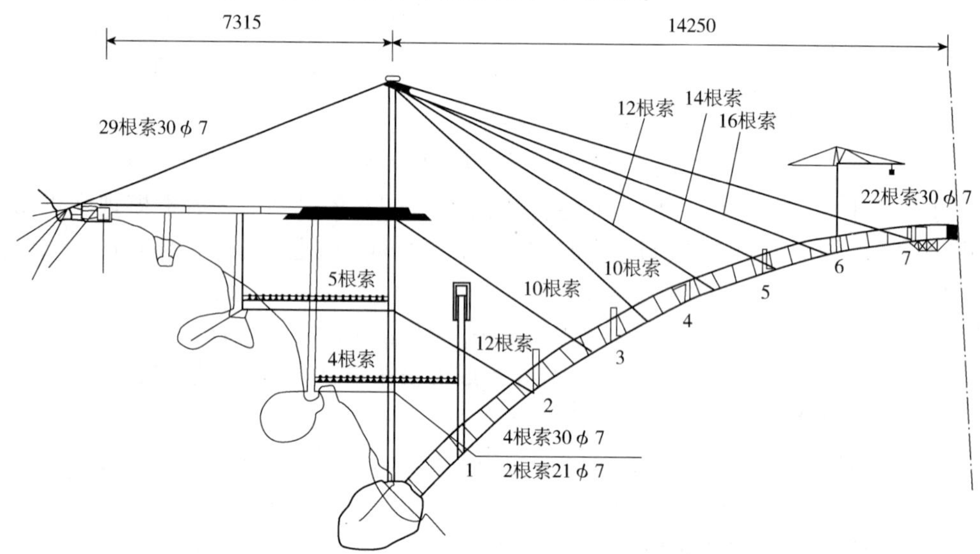

图 5-59　临时扣索结构分布图(尺寸单位:cm)

为了降低工程造价,临时结构体系中大量使用永久性构件,例如:拱座上的立柱作为施工期扣索塔架使用;将引桥的桥墩基础作为扣索的锚碇,并用于固定桥面以抵抗风荷载;第 3 组扣索传力至桥面板,使桥面板作为临时传力杆件,将扣索力传到桥台中。

斜拉扣索对结构的横向刚度影响不大,故横桥向风荷载是由斜扣往的半拱以悬臂梁的形式来承受。

该桥于 1983 年建成。有关设计施工较详细情况可参阅参考文献[105]及[121]。

5.5.2　斜拉扣挂拼装法(又称天线缆索吊装法)

实例一:云南红旗大桥

净跨 116mRC 箱形板拱,拱圈全高 190cm,矢跨比 1/8,全宽 854cm,横向由 6 片单室箱构成。采用天线缆索吊装施工。预制拱箱为开口箱。拱圈合龙后,安装预制顶板,现浇肋间混凝土及顶板现浇层,拱圈截面如图 5-60 所示,预制吊装开口箱高度 160cm。

箱肋设横隔板,厚度 7cm,纵向间距 211cm 及 238cm,拱箱采用 350 号钢筋混凝土,预制拱箱分 5 段吊装,最大吊重 36t。

为使拱箱安装方便、拱肋合龙成拱受力明确,每片预制开口箱拱脚没有临时轴承式钢铰。

桥面全宽 9m,荷载为汽—13,拖—60,1974 年 6 月建成通车。

拱上除拱顶附近实腹段外,两侧各 5 孔腹拱,净跨 6.5m,为矢跨比 1/10 双铰 RC 装配式板拱。

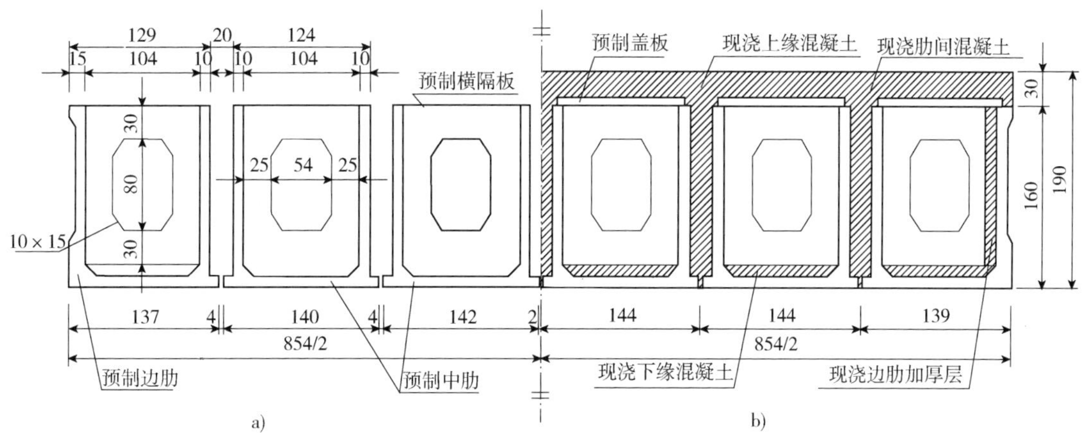

图 5-60　主拱圈断面构造(尺寸单位:cm)

a)1/2 拱肋剖面;b)1/2 拱圈剖面

该桥为 1975 年以前国内采用天线缆索吊装法施工的最大跨径上承式 RC 箱形拱桥。

实例二:四川宜宾马鸣溪金沙江大桥

四川省公路干线川云中路,在宜宾马鸣溪跨越金沙江,修建净跨 150m 上承式 RC 箱形拱桥。设计荷载为汽车—20 级,挂车—100;桥面净宽为净 7m+2×1.5m 人行道。拱圈采用 400 号混凝土,抗震设防烈度 8 度,桥面全宽 10.5m,桥面 3%双向纵坡。

拱圈矢跨比 1/7,全宽 760cm,高度 200cm,拱圈横向由 5 个单室箱组成。采用天线缆索吊装法施工,预制拱箱为闭合箱,高度 185cm,底板厚度 18cm,预制顶板厚度 10cm,拱箱合龙后顶板现浇层 15cm 厚,故顶板总厚度为 25cm,预制拱箱腹板厚度 5cm。拱圈截面如图 5-61 所示。

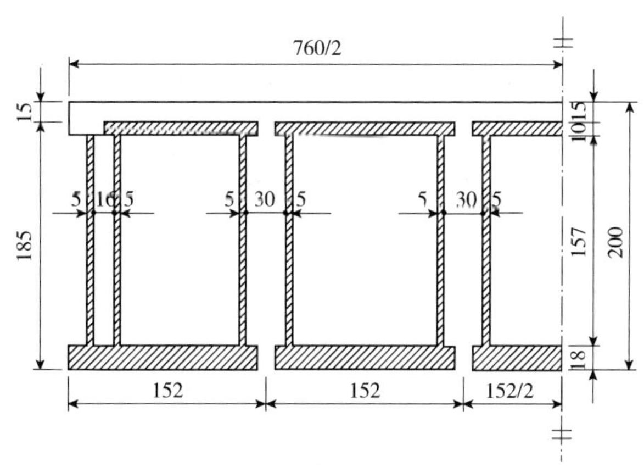

(图中阴影部分为预制吊装拱箱截面)

图 5-61　拱圈截面(横隔板未示,尺寸单位:cm)

为了减轻预制闭合箱的质量,腹板采用 5cm 厚 RC 薄板,先分块平浇预制,然后组装连接,浇筑底板及接头,再浇顶板 10cm,组成闭合箱。

根据吊装能力,拱圈横向分为 5 片,纵向分为 5 段,预制闭合箱最大设计质量为 60t,施工中由于底板超厚,实际最大质量约 70t,拱箱在预制场由龙门桁架横移至顺桥轴方向的纵向轨道上,纵移并横移至天线下,由天线起吊运至设计位置安装。吊运天线共两组,每组 8 根

ϕ47.5mm钢丝绳。主缆天线跨径 284m。在北岸引桥桥台上用万能杆件组拼成桅杆式索塔,下端设铰支座,中间 3 片拱箱正吊正就位;两侧边箱歪吊歪就位。每片拱箱先吊装两个拱脚段,次吊装两个中间段,均用钢丝绳斜拉扣挂定位。最后吊装跨中段合龙,天线缆索锚碇北岸为重力式,南岸利用桥头陡峭山岩,采用嵌岩锚,均设两个锚洞,南岸天线绕过轨道梁,不另设索塔,两组天线用铁扁担并联。

拱上腹孔每半跨主孔布置 9m×6mRC 简支肋板,为预制构件。拱上排架由 3 根立柱组成,较高者设 1~2 道横系梁,整体预制吊装,最高排架分两段预制。最大吊重 42.3t。

主孔上部构造混凝土 1749m^3,平均每 m^2桥面为 1.14m^3,其中拱圈约占 2/3。主孔上部构造钢材 143.56t,平均每 m^2桥面 94kg,其中拱圈约占 60%。

该桥详细设计、施工情况可参阅参考文献[86]及[101]。

文献[82]指出,该桥净跨 150m,拱箱分为 5 段吊装,虽然获得成功,但实际吊重达 70t,且吊装构件太长,施工很不方便,对吊装设备要求也很高。建议净跨 150m 箱拱宜采用 7 段吊装。

大桥于 1979 年 2 月建成通车。荣获 1981 年国家优秀设计奖。设计单位:四川省交通厅公路规划勘察设计院。

实例三:云南松园金沙江大桥

主跨 170m 箱形板拱,矢跨比 1/8,拱圈高度 2.6m,宽度 8.86m,横断面由 5 箱组成,采用天线缆索吊装施工,纵向分 7 段安装。桥面宽 10m,拱圈截面如图 5-62 所示。

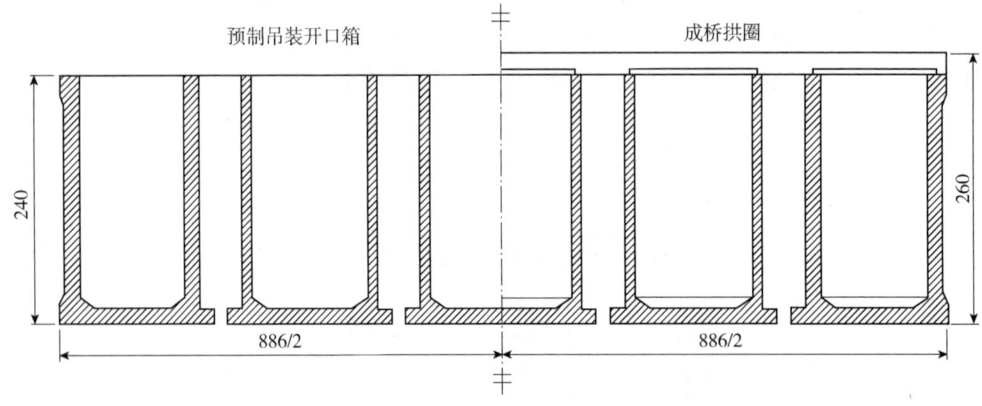

图 5-62 拱圈截面(横隔板未示,尺寸单位:cm)

设计荷载:汽车—超 20 级,挂车—120,桥面净宽为,净-7+2×1.5m 人行道,抗震设防烈度 8 度,桥面双向 1%纵坡。

预制吊装拱肋为开口箱,高度 240cm。拱肋纵向分 7 段吊装,最大吊重 59.6t。拱圈合龙后,浇肋间混凝土、底板加厚层及顶板加厚层。

拱上腹孔为 10mT 梁,排架式立柱,均采用预制吊装。

单片开口箱拱肋面内稳定安全系数 $K_{纵}=5.025>[K]=4$,横向稳定系数为 $K_{横}=0.948$。故提出采用“宝塔式”安装基肋以减小拱肋的自由长度。实际施工采用一节拱脚段为基肋的措施。吊装过程,全拱设 6 对缆风索,且缆风索与拱轴线的夹角不小于 50°。当 5 片开口箱拱肋全部合龙调整就位、焊好横向连接钢筋并现浇接头处横隔板后,方可拆除缆风绳。

拱圈混凝土指标为 1.5m^3/m^2,钢材指标为 90.2kg/m^2。

于 1995 年 12 月 30 日开始拱肋吊装,1996 年 2 月 2 日结束。1996 年 2 月 3 日发生 7 级地震,大桥距震中约 20 多公里。地震发生时,正在焊接拱肋接头,拱箱发生剧烈震动。振幅上下达 50cm,震后第二天对大桥进行了检查。在拱肋安装过程中,因接头局部受力大,该处有细小裂纹,地震后裂纹长度增长 5cm。未发现其他病害。拱肋经受了强震的考验。

大桥于 1996 年 12 月 15 日建成通车。该桥设计被评为 1997 年度交通部优秀设计二等奖,1998 年度云南交通厅科技进步二等奖。

实例四:广西来宾磨东红水河大桥

来宾磨东红水河大桥是南宁至柳州高速公路柳州至王灵段一座特大桥,在来宾县城西南 3km 处跨越红水河。该桥主孔为净跨 180m 上承式 Rc 箱形肋拱,矢跨比 1/6,拱轴系数 m = 1.988。桥面总宽 28m,分为左右两幅,单幅桥面宽 12m。拱箱高度 350cm,拱肋为单室截面,宽 260cm,拱箱横截面。如图 5-63 所示。

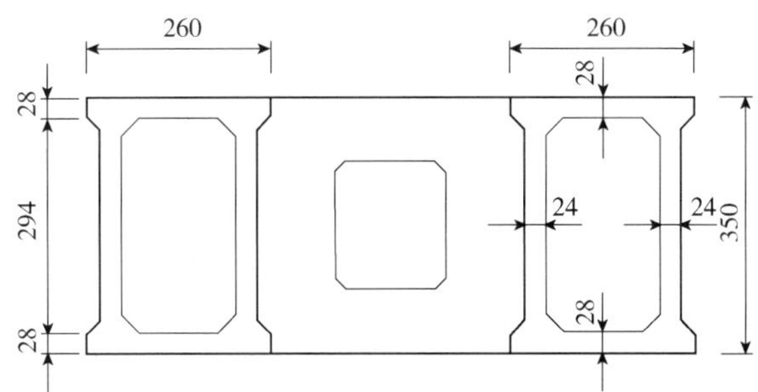

图 5-63　箱形拱肋截面(尺寸单位:cm)

拱上建筑布置:主拱跨中纵向 58m 采用 RC 预制板横向安装,直接支承在拱肋侧墙上,其纵向两端各设 5m×13m 先张法预制空心板,形成拱上腹孔,桥面连续。

拱肋采用天线缆索吊装,钢绞线斜拉扣挂就位。吊、扣系统布置如图 5-64 所示。

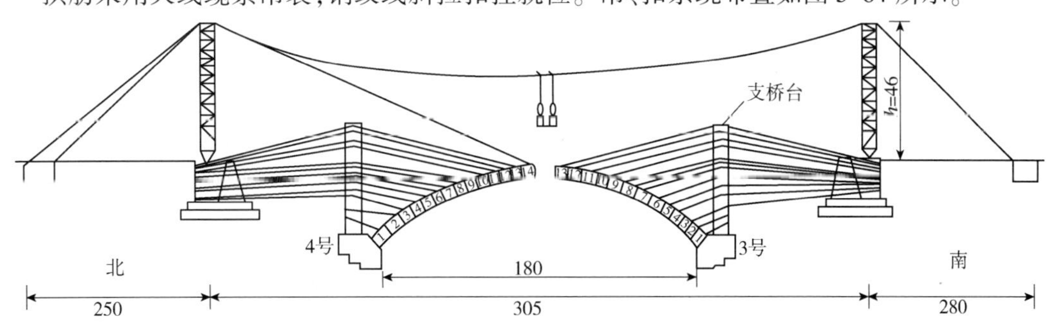

图 5-64　缆索吊装系统和扣挂系统总体布置图(尺寸单位:m)

两岸塔架均设于引桥桥台上,用 N 型万能杆件拼装,三门式结构。塔高 46m,塔脚为铰接。如图 5-65 所示。主缆采用 6 条 ϕ50mm 密封式钢丝绳,单组索道,可移动式索鞍。设计吊装质量 70t,起重索采用 6×37Φ21.5mm 钢丝绳,经跑车与吊点之间走 10 线,由 4 台 8t 卷扬机起重要。牵引索采用 6×37Φ24mm 钢丝绳,经跑车牵引走 2 线,由 2 台 10t 和 2 台 8t 卷扬机牵引,设 2 组工作索道。主缆地锚采用重力式锚碇。

每条拱肋分为 28 段预制吊装,跨中留 50cm 宽为现浇合龙段。拱箱采用耦合预制,从地胎两头往中间逐段制作。

该桥的斜拉扣挂系统,未采用传统的钢绳扣索,改用钢绞弦扣索。先在吊装拱箱腹板中预

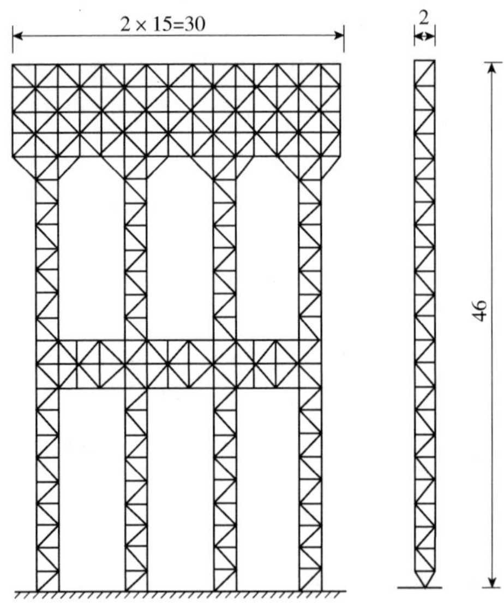

图 5-65　索塔立面示意图(尺寸单位:m)

埋钢绞线,吊装就位后用特制的连接器将预埋钢绞线与扣索钢绞线连接起来。钢绞线连接采用 ovm 厂生产的 p 型挤压锚。扣索经过主桥桥台墩柱及其顶上的扣塔弯曲转向进入扣索地锚,用千斤顶张拉锚固。采用标准强度为 1860MPaΦ15.24mm 钢绞线,工作应力取 $0.4\times1860=744\text{MPa}$,张拉端采用防松式单孔工作夹片锚。可防止夹片在低压力时松动。

钢绞线扣挂系统由前锚系统、拉索系统、扣挂系统、后锚系统和张拉系统组成。分析如下:

(1)前锚系统。将钢绞线直接预埋在拱箱腹板内形成前锚系统。扣点设在拱箱顶部,拱箱重心低于扣点,拱箱较稳定,施工操作在拱箱顶面进行,既方便也安全。经工地作模拟试验,说明此种前锚系统是可靠的。

(2)扣索系统。采用标准强度为 1860MPa 钢绞线。用特制连接器将扣索与拱箱上预埋的钢绞线连接起来。钢绞线连接接头采用 p 型挤压锚。扣索进入地锚,通过千斤顶张拉锚固。

(3)扣塔系统。第 1、2 组扣索直接在拱脚墩柱上张拉锚固;第 3 至 9 组扣索穿过拱脚墩柱的预留孔转向进入地锚张拉锚固;第 10 至 13 组扣索通过扣塔索鞍,转向进入地锚张拉锚固。最后一组扣索(第 14 组)利用主缆索塔为扣塔,通过索塔上的扣索索鞍转向进入主缆地锚张拉锚固。

(4)后锚系统。后锚采用重力式锚,利用引桥桥台作为后锚的锚碇。后锚设置张拉端横梁。

(5)张拉系统。每组扣索钢绞线均采用 YC240Q 千斤顶张拉和放松。钢绞线锚固采用防松式单孔工作夹片锚,可防止夹片滑动。

拱肋安装程序要点如下:按设计要求,半跨拱肋安装至 5 段拱箱后浇筑拱箱接头混凝土,安装至 11 段拱箱后浇筑拱脚混凝土,拱肋合龙后浇筑合龙段及余下各拱箱接头混凝土。实际采用的拱箱安装程序如图 5-66 所示。

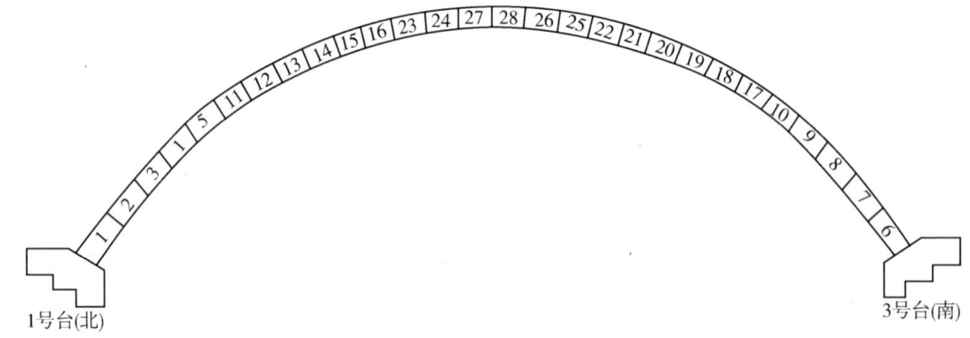

图 5-66　调整后的拱箱安装顺序图

这一施工工艺在缆索吊装悬拼施工拱桥的技术上获得重大突破。1996 年以前,拱桥悬拼均采用卷扬机、滑轮组、钢丝绳斜拉扣挂、松索合龙成拱的传统施工工艺,最多只能进行 7 段吊装悬拼。拱桥跨径一般难以超过 150m,个别大跨径拱桥在吊装悬拼过程中出现险情。

新工法的主要特点是:用钢绞线扣挂拱肋,用千斤顶在锚碇上施力以收紧或放松和索,使拱肋达到指定的位置,第 1 段拱肋与拱座铰结,以后每扣挂一段均与前段固结,使超过 7 段吊装技术上可行,施工上安全。

新工法与老工法有以下不同点:

①扣索材料不同。老工法用钢丝绳,安全系数 3~4,新工法用钢绞线,安全系数 2~2.5,可省材料,钢绞线可单根收、放,对高空作业很方便。

②扣挂工艺不同。老工法采用钢丝绳、滑轮组、卷杨机形成的扣索系统,存在位移量不易控制,测力不准,操作费时费力等缺点。拱肋逐段扣挂,段与段之间的连接为铰接或半铰接,接近于静定结构,段数较多时容易发生较大变位。存在安全风险。

新工法克服了老工法的上述缺点。

③合龙方式不同。老工法合龙方式为:把各段铰接、多点扣挂的结构按经验值适当抬高,为最后一段拱肋就位预留一定间隙。待最后一段拱肋就位后,按一定比例、多次循环放松扣索,达到合龙位置,然后把各段间焊接固定。这种合龙方式存在拱肋高程精确控制很困难,多铰结构面内、面外稳定性差,风险较大等缺点。

新工法于 1996 年首先在广西邕宁邕江大桥(主跨 312m 钢管混凝土劲性骨架中承式 RC 箱形拱)成功应用,1998 年建成的南宁至北海高速公路三岸邕江大桥(主跨 270m 钢管混凝土中承式拱)新工法再次显示出其突出的优点。

磨东红水河大桥于 1996 年建成。有关新工法的技术资料可参阅参考资料[9]、[8]、[5]、[21]。

实例五:贵州洪家渡水电站库区六圭河大桥

六圭河特大桥是为配合贵州省洪家渡水电站的建设、改建黄泥塘至织金公路而新建的,是洪家渡水电站蓄水后 S210 省道毕节至织金公路改建的重点工程。主要技术标准:设计荷载:汽—20、挂—100,桥面净宽:净 9+2×1.5m 人行道,设计地震烈度 8 度。公路等级为三级公路。

主桥为 195m 上承式 RC 箱形板拱,矢跨比 1/5,桥面宽 12m,其中车行道宽 9m。拱圈宽 8m,高 3.2m,单箱三室断面。预制吊装两个边箱,合龙后现浇中箱的顶底板及加厚中腹板形成单箱三室的整体箱形板拱截面。拱圈截面如图 5-67 所示,拱轴系数 $m=1.5295$,拱脚附近底板及腹板局部加厚。

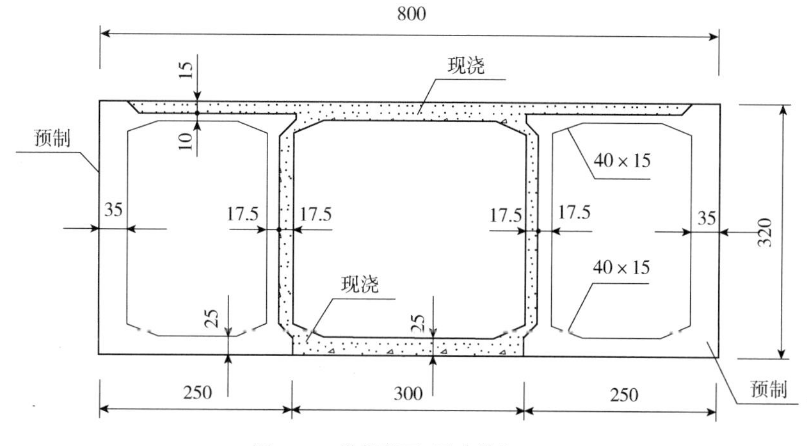

图 5-67　拱圈截面(尺寸单位:cm)

每条边箱分成20段,其中拱脚的第1及第20段(长度2m×11.124m)在落地支架上现浇,其余各段为预制吊装。预制节段长度9.7~12.3m,拱顶预留60cm合龙段,最大吊重95t。

在1号肋与拱座连接处设临时铰,边箱合龙后封闭临时铰,成为固结。

吊装天线缆索跨度为69.88m+283.49m+49.29m,吊塔与扣搭合一。设计最大吊重取110t。主缆采用8根ϕ65mm钢丝绳,起重索为ϕ21.5mm钢丝绳。牵引索为ϕ28mm钢丝绳,塔架用N形万能杆件拼装,左岸塔高51.24m,右岸塔高43.27m。塔底固结。全桥共设扣索18对,采用标准强度为1860MPa钢绞线。索鞍为半径82cm的弧形钢板上铺聚四氟乙烯板,拱箱吊装总体布置如图5-68所示。

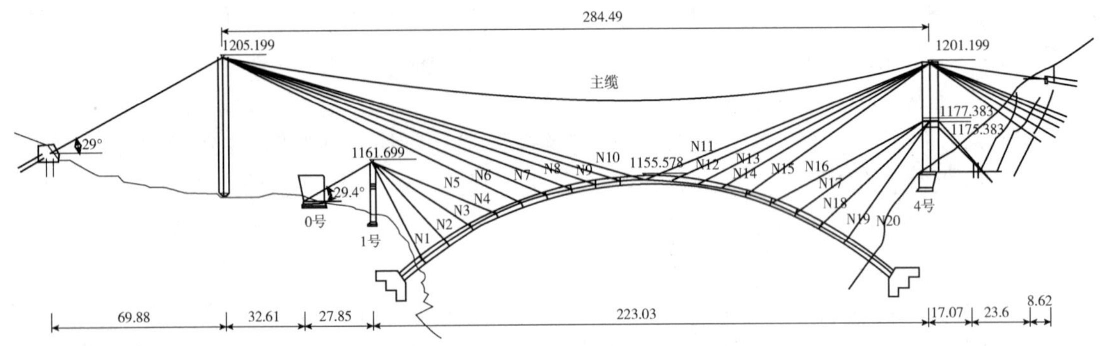

图5-68 六圭河特大桥吊装总体布置图(尺寸单位:m)

吊装过程,节段之间安装定位采用螺栓连接。拱箱下部底板上布设7个连接螺栓,间距20cm;上部靠腹板布设2×2=4个螺栓,螺栓连接后可以微调高程,扣索张拉到位后焊接接头钢板。焊接前接头视为铰接。

两边箱合成后,分为4环浇筑中箱及大顶板混凝土。第1~4环分别为中箱的底板、腹板、顶板及大顶板(包括中、边箱)。前一环达到70%以上设计强度后,浇筑下一环混凝土。每一环沿纵向分为7段,对称、同步浇筑。按拱脚至拱顶的程序施工。

采用预制场半长线法预制主拱圈的两个边箱,即预制台座应能保证$L/4$跨拱肋嵌合预制,保证预制节段尺寸准确,结合面相互吻合好。

拱上腹孔为18m×10m钢筋混凝土空心板。拱上立柱采用现浇,腹孔空心板预制吊装。

拱段与拱段之间安装定位时采用螺栓连接,扣索张拉到位时进行焊接。故安装定位时拱段之间的连接应为铰接。扣索张位到位并焊接后成为固接。所以,吊装过程,除拱脚为铰接外,拱箱节段之间处于固接状态。这与旧工法采用钢丝绳作扣索的工艺,在吊装过程拱箱的结构状态完全不同,新工法施工,对拱箱吊装更有利,更准确,也更安全。

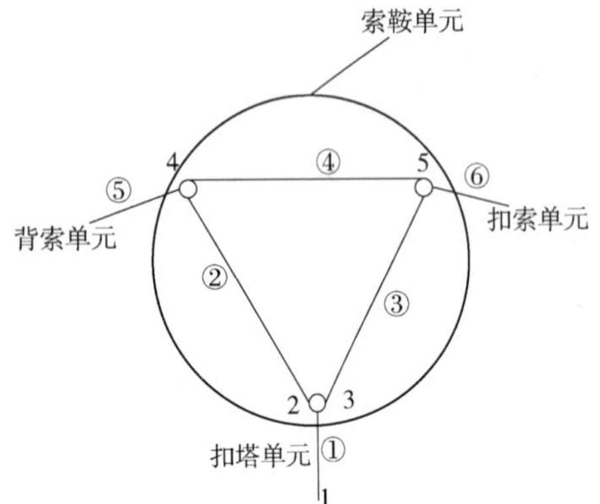

图5-69 索鞍计算模式

参考文献[151]介绍了该桥理论计算的3个问题。要点如下:

(1)索鞍模拟

如图5-69所示,1、2节点竖向通过索鞍圆心;4、5节点为背索、扣索与索鞍的切点;⑤单元与②单元垂直;⑥单元与③单元垂直;②、③、①单元在2、3节点处为铰接。视索鞍为刚性，取其单元面积与抗弯刚度足够大。这个模型可以较准确地模拟扣索、背索与索鞍之间的力学关系。

(2)调索方案

施工过程中的扣索索力采用“0位移法”来确定。即以各个拱段从安装至合龙前的累积位移接近于0作为约束条件来求解各个工况下的扣索索力。

按此原则确定的扣索力，使主拱圈主要承受轴力，弯矩与剪力很小，受力合理。在调索过程中，会出现某根索的索力需要减小的情况。因为是采用夹片锚、索力张紧容易，放松下放较困难，实际操作时采取的是割断一束中的几根钢绞线而使索力减小的办法。

(3)稳定计算

拱圈稳定采用ANSYS软件计算。由面外失稳控制。采用线性稳定分析方法。计算得到最不利工况为最大悬臂状态，稳定安全系数为4.448。对于第一类稳定问题，规范要求稳定安全系数应大于4。考虑到这一工况持续时间短，拱箱施工过程稳定性是安全的。

该桥2005年建成通车。设计单位：湖北省交通设计院；施工单位：中铁十七局；监控单位：长沙交通学院。

有关该桥的技术资料可参阅参考资料[6]、[12]、[88]、[151]。

实例六：福建宁德天池大桥

天池大桥位于福建省宁德市洪口乡岭岔村，大桥跨越峡谷河流，并处于水库区。大桥主孔净跨205m，为上承式RC箱形拱。矢跃比1/4，拱轴系数$m=1.875$，桥面全宽10m，无人行道。拱圈宽8m，高3m，单箱三室截面。如图5-70所示。

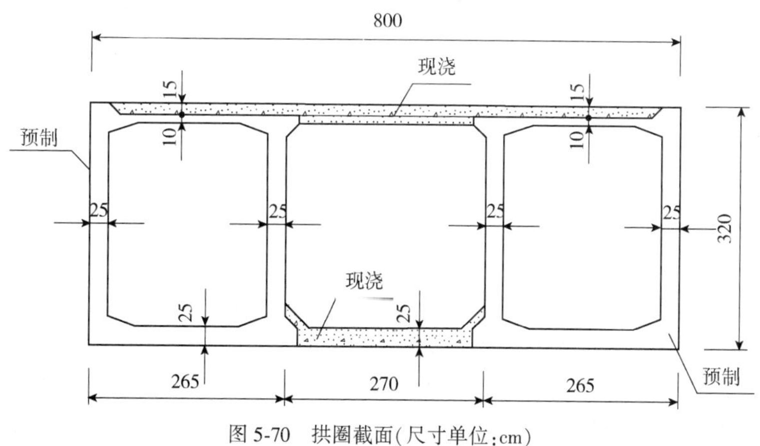

图5-70　拱圈截面(尺寸单位：cm)

两个边箱采用分段预制吊装。边箱合龙成拱后，现浇中箱的底板、顶板和包括中边箱的大顶板，形成单箱三室全断面。

一条边箱分成19段。其中拱脚的2段在支架上现浇，预制吊装17段。拱顶合龙段为湿接缝，安装型钢劲性骨架。安装骨架前用千斤顶施加一定推力，安装骨架及钢筋后浇注接缝混凝土。

预制节段侧面、底面设有梯形齿键，安装就位时只需将拱箱相向施加一定拉力，接缝处高程与轴线就会基本吻合。边箱预制采用部分长线法，共设4个预制台座，以保证高空拼接时的精度。

拱脚现浇段与第1吊装节段之间设湿接缝，布置有型钢劲性骨架，吊装节段就位后，焊接临时劲性骨架固定，然后安装并张拉扣索、调整线形，缆索吊松索，同时绑扎接缝钢筋，浇筑接缝混凝土。

其他吊装节段拼接前，相接的端面双面涂胶，然后移动待拼节段对位，进行胶拼。拧紧底板临时定位钢筋，扣索张拉与缆吊松钩交替进行，使环氧树脂在不小于 0.1MPa 压力下固化。同时利用扣索调整线形，焊接底板及腹板连接钢板，完成拼接。

缆索吊机跨径布置为 120m+228m+85m。构件最大质量为 110t，额定起吊净重取 130t。最大吊重时，缆索吊机盲区为吊重中心线距索塔中线 25m，可满足最重构件的吊装，塔顶鞍座可以横移，以满足两条拱肋分别吊装合龙。吊、扣塔合一。承重主缆 2 组，每组由 4 根 ϕ60mm 钢丝绳（6×37）组成，两组中距 3.6m。重载垂跨比 1/10.5，空缆安装垂跨比 1/16。主缆破断安全系数3.5。缆索吊机设 4 个吊点。起重索破断安全系数 6.6。牵引索破断安全系数 4，缆风索破断安全系数 3。扣索、锚索均采用标准强度为 1860MPaϕ15.2mm 钢绞线。扣索倾角在11.22°～45.49°之间；锚索倾角在 5.94°～45.48°之间。扣、锚索破断安全系数大于 2.3。拱箱腹板上的扣点采用 P 锚固定。锚索固定端采用 H 型锚。扣索张拉端设在拱脚桥墩或扣塔上，采用 YCW150B 千斤顶张拉。

缆索吊机及扣锚体系总体布置，如图 5-71 所示。

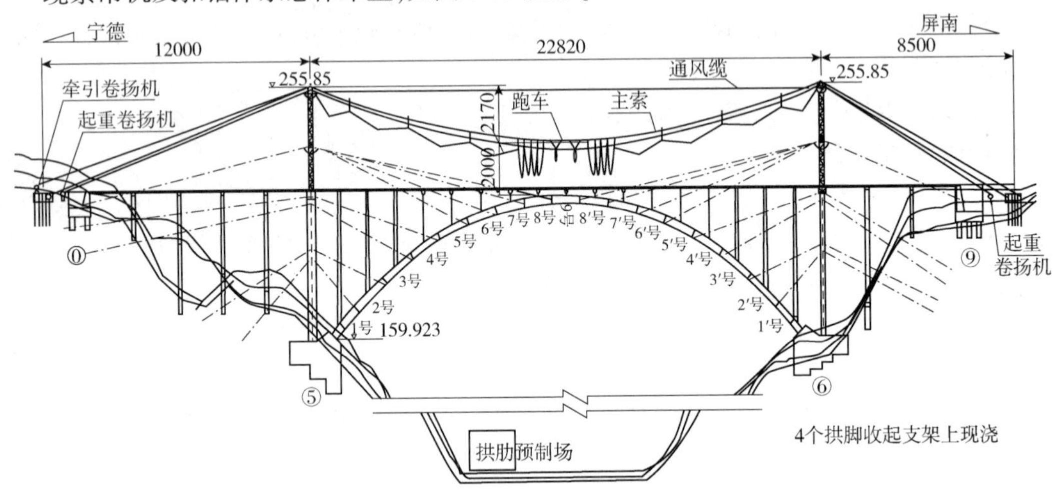

图 5-71　缆索吊机及扣锚体系布置（尺寸单位：cm）

缆索吊机主要技术参数如下：

重载控制垂度 21.7m，安装垂度 14m，空车垂度 17.3m；索塔顶最大纵向控制位移±100mm；索塔顶最大横向控制位移±50mm；额定起质量 350kN/单跑车×4，起升卷扬机起升速度 2m/min，用 ϕ26mm 钢丝绳；牵引卷扬机牵引速度 6m/min，用 ϕ32.5mm 钢丝绳。

鞍座在塔顶与承重主缆对应设置，吊装拱肋时，两组鞍座中距为 3.6m。吊装腹孔空心板时，两组鞍座中距为 12m。主缆在索塔顶可以横移。横向滑移系统由横移千斤顶及顶座、滑道梁、限位装置组成。吊装拱箱时，两鞍座的中心距桥中线 2.675m，主缆塔顶处与后锚横向最大水平夹角为 2.6°；吊装空心板时，单组鞍座的中心距桥中线为 6m，主缆塔顶处与后锚横向最大水平角为 3.7°。

扣索塔架由万能杆件组拼而成，高度 16m，横向宽 10m，设 3 个 2m 宽的支腿，2 个 2m 宽的通道，以便引桥板梁的架设。扣塔底与交界墩顶固结。

主缆索塔由万能杆件组拼而成，在塔底设 6 组铰座与扣塔连接。

单条拱箱吊装施工时，每个节段设 2 根扣索，前端与拱箱腹板预埋的锚索相连。1～4 号节段拱箱扣、锚索张拉端设置在交界墩墩身和盖梁侧面。5～8 号节段拱箱、锚索，张拉端设置在扣索塔架顶。在扣塔设 8 组锚梁进行锚固。锚梁由钢板焊接成箱形截面,与扣塔顶分配梁用螺栓连接。

扣索在拱箱上的扣点,设在预制拱段前端腹板位置,采用 P 型锚固定。钢绞线外露端伸出拱箱顶面 1~3m,拱箱吊装就位时,将扣索与预埋钢绞线外露端用连接器连接。

扣索固定端采用 H 型锚具。1~4 号锚索分散锚固在山体内设置的锚碇上。5~8 号锚索集中锚固于 0 号与 9 号桥台,每个桥台设置 16 根斜向岩锚。

拱箱拱脚 0 号段为现浇段,0 号段与 1 号段之间采用湿接缝,用以调整现浇与预制的误差。1 号节段吊装就位前,采用 Z 型钢支架先搁置在 0 号节段上,1 号节段再搁置在 Z 型钢支架上,调整好 1 号节段的高程与轴线后,拉紧扣索,拆除吊钩,再安装钢筋,浇注湿接缝混凝土。

除 1 号、9 号节段外的其他节段采用胶拼。拱箱节段全截面涂环氧树脂胶;吊运就位,与前一节段进行胶拼。拧紧底板临时定位钢筋,张拉扣索与主缆吊机缓慢松扣交替进行,使环氧树脂胶在 0.1MPa 的压力固化。同时利用扣索调整线形。符合要求后焊接底板及腹板连接钢板,完成拼装。挤压后胶缝宽度在 1mm 以内。

为了增加拱箱安装过程的单肋稳定性,施工时先拼装上游侧两拱脚各个节段,然后拼装下游侧拱箱直至合龙,再拼装上游侧余下的拱箱至合龙。安装过程将上、下游两侧 1 号~5 号节段钢筋焊接,以增大横向稳定性。

天池大桥于 2006 年 11 月开工,2007 年 6 月拱箱合龙。2007 年年底建成通车。

有关技术资料可参阅参考文献[7]、[10]、[11]、[88]。

实例七:贵州玉屏至三穗高速公路舞阳河大桥

主桥为净跨 150m 上承式 Rc 箱形板拱。矢跨比 1/5,拱轴系数 $m=1.650$,桥梁分为左、右幅。单幅拱圈宽 10.5m,拱圈高度 240cm,预制拱箱高度 230cm,拱圈横断面由 6 个箱组成,如图 5-72 所示。桥面总宽度 24.5m。拱圈横隔板为预制,厚度 10cm,扣索处为 15cm。单片拱箱分 7 段吊装。

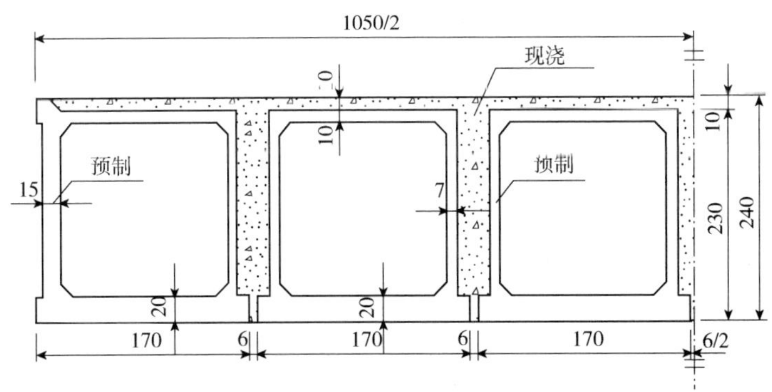

图 5-72 1/2 拱圈截面(尺寸单位:cm)

每段两端设横隔板,中间横隔板的间距约 285cm。预制吊装节段,由预制的边、中腹板、横隔板和现浇的顶底板组成。拱圈吊装完成后,先浇筑段与段之间的横系梁。再浇肋间混凝土,最后浇顶板顶面 10cm 厚混凝土。

拱箱采用传统工法(即旧工法)分 7 段吊装,最大吊重 70t。具体分为Ⅰ(拱脚段)、Ⅱ、Ⅲ段及拱顶段。Ⅰ、Ⅱ、Ⅲ段分别就位后,即在各段前端安装扣索及缆风索,然后松去吊索。各段就位后,均在接头处形成上开口,将该处底板角钢的连接螺栓适当拧紧,顶板处则放松,以保持箱段可以微动，便于在顶板角钢间填塞钢板。在拱顶段基本就位但不松吊的情况下，按 1∶2∶3 的比例，缓慢放松Ⅰ、Ⅱ、Ⅲ段的扣索，调整拱箱高程，符合要求后，拧紧接头螺栓，焊接型钢接头缝，接头连接钢板（含拱脚）和底板槽钢连接钢板，浇接头混凝土，拱箱完成合龙。张紧缆风索后，便可拆除吊索。6 片拱箱安装完毕，将各片拱箱接头处横向连接螺栓连接牢固后，可拆除扣索，但须保留缆风索。接着将纵向接头上、下对接面的缝隙，用环氧树脂灌注密实，将对接面两侧型钢连接钢板焊接，将箱内相邻两片拱箱间腹板的拉杆螺栓贯通拧紧。从拱脚至拱顶对称浇筑各片拱箱间的横梁。混凝土达到 90% 设计强度后，可以拆除各拱箱的缆风索。最后浇肋间及顶板混凝土。至此，拱圈全部形成。

Ⅰ段（拱脚段）与拱座面的接头，为纵向长 81cm 实体腹板，厚度 25cm，该处端横隔板至拱座面 73cm，拱座面与Ⅰ段均预埋钢板及角钢。单片拱箱合龙后，先焊接中间接头钢板，最后焊接拱脚钢板及上缘钢筋（下缘无钢筋焊接）。

拱上为 4 柱式排架，最高约 24m，采用矩形截面 120cm×70cm。其余的立柱截面为 100cm×70cm 和 80cm×70cm。拱上腹孔全拱贯通布置，为 12cm×13cm 空心板，预制安装。

本桥 2007 年建成通车。设计单位：贵州省交通勘测规划设计院；施工单位：广西路桥总公司。

实例八：贵州修文金沙海马大桥

大桥位于修文县至金沙县的二级公路上，跨越乌江干流。主桥为净跨径 180m 上承式 RC 箱形板拱，矢跨比 1/5.5，拱轴线为圆曲线，按拱顶、$L/4$ 及拱脚 5 点重合为条件，拱轴线相应的悬链线拱轴系统 $m = 1.9011$，拱圈为单箱三室截面。成桥后拱圈尺寸为：顶底板厚度均为 25cm，边腹板厚度 25cm，中腹板厚度 46cm。预制吊装的拱箱由一个中箱及两个边箱组成横断面。预制吊装的中箱顶板厚度 15cm，底板厚度 25cm，腹板厚度 13cm；预制吊装的边箱顶板厚度 15cm，底板厚度 25cm，外侧腹板厚度 25cm，内侧腹板厚度 13cm（扣索附近加厚至 25cm），预制拱箱高度均为 310cm。

成桥后拱圈宽 780cm，高度 320cm，桥面全宽 1150cm。

图 5-73 为预制拱箱标准截面，图 5-74 为预制拱箱扣索处局部加厚截面，图 5-75 为拱箱标准截面；图 5-76 为拱箱扣索处加厚截面。图 5-75 与图 5-76 中阴影表示预制拱箱成拱后的后浇带。

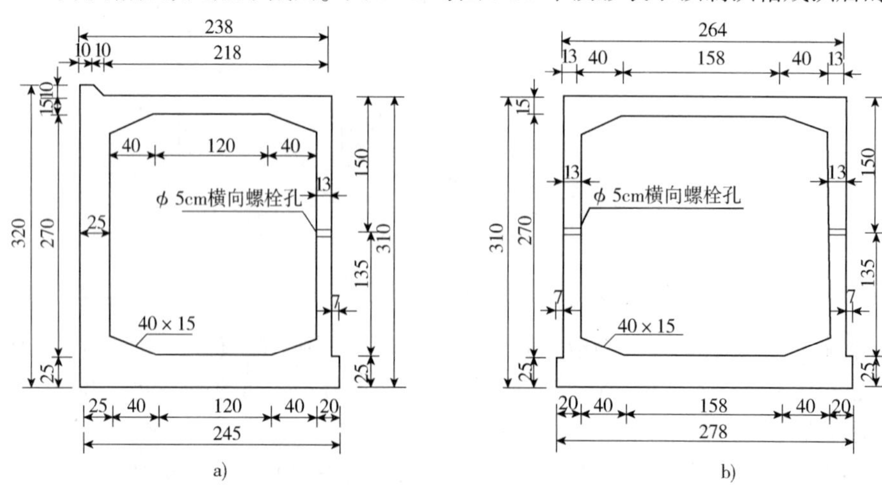

图 5-73　预制拱箱标准截面（尺寸单位：cm）

a）边箱预制标准断面（1∶50）；b）中箱预制标准断面（1∶50）

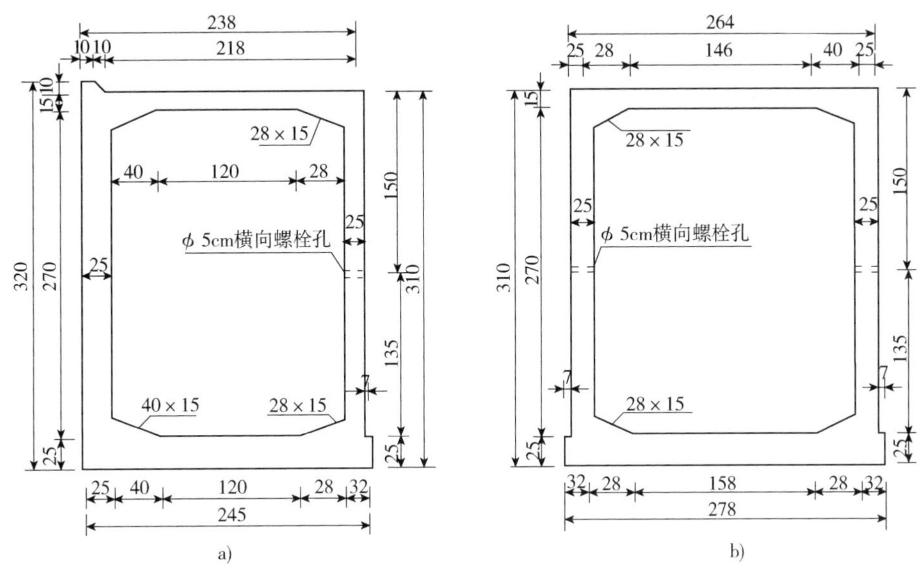

图 5-74　预制拱箱扣索处局部加厚截面(尺寸单位:cm)

a)边箱预制加厚断面(1∶50);b)中箱预制加厚断面(1∶50)

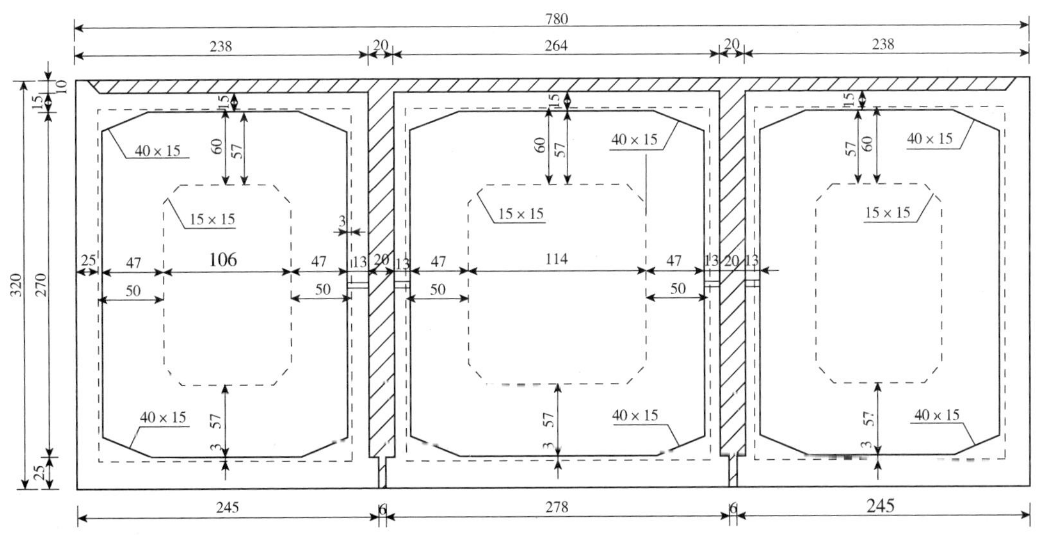

图 5-75　拱箱标准截面(尺寸单位:cm)

大桥主要技术标准如下:

设计荷载:汽车荷载公路—Ⅰ级;人群荷载 2.5kN/m^2;桥面宽度:车道宽 9m,人行道宽 2×1m,全宽 11.5m。桥下乌江通航等级Ⅴ(3)级,设计基准期 100 年。

桥面设双向 0.5%纵坡,竖曲线半径 10000m。

拱上为三柱式排架或横墙。拱脚最高立柱为 25.192m。立柱及横墙采用支架现浇。拱上腹孔为 15m×12.7m 装配式 PC 空心板,全拱贯通布置,车道板为简支桥面连续。

预制吊装拱箱沿拱轴线全长分为 18 个节段(不含拱顶现浇合龙段长 78.0cm 和拱脚现浇段长 76cm)。除拱脚段外,其余 16 段均为等长度 1094cm。拱脚段长度 1018cm,拱脚设临时铰,沿拱脚轴线长度 76cm。

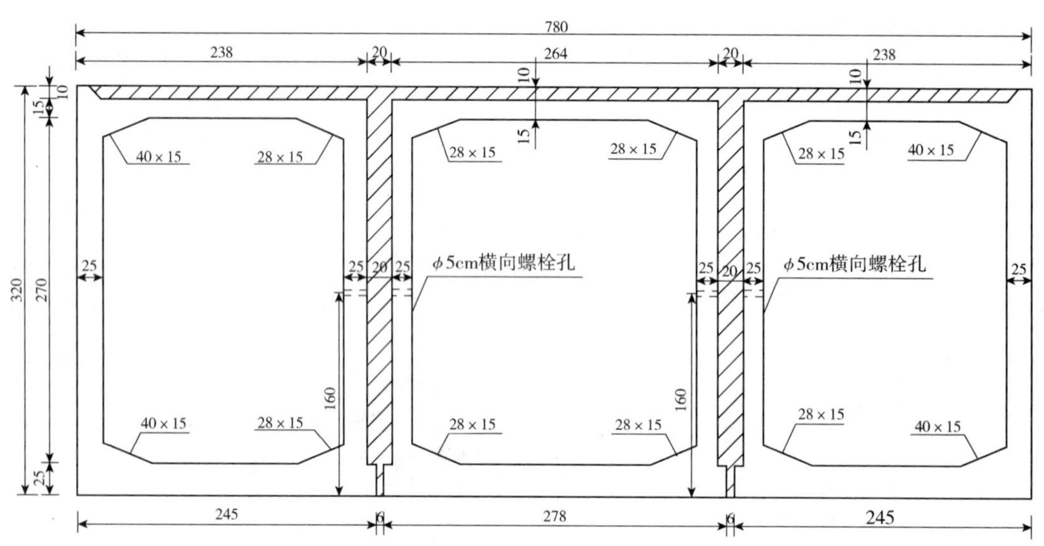

图 5-76 拱箱扣索处加厚截面(尺寸单位:cm)

每段拱箱两端设横隔板,厚度 15cm,另设中间横隔板两道,厚度均为 10cm,预制拱箱时,将先预制好的横隔板安装就位,再浇筑顶、底板和腹板混凝土。

吊装悬拼过程,拱箱段与段之间的纵向接头均预埋钢板、角钢,通过螺栓定位,再焊接连接钢板形成纵向固接;相邻两片拱箱通过腹板上的螺栓进行横向连接。

拱箱拱脚截面重心处设置轴承式钢铰。轴承钢棒直径 240mm,用 40Cr 钢制成,铰孔用 Q345B 钢板做成支承骨架,分别锚固于拱座及拱脚段拱箱混凝土中。拱脚现浇段 76cm 为后浇 RC 钢纤维混凝土实体。

拱顶合龙段沿拱轴线长 78.7cm,每片拱箱合龙时用型钢劲性骨架定位,再浇注小石子钢纤维微膨胀混凝土。

拱箱接头处,端横隔板至节段端部,腹板加厚至 37cm,拱脚段靠铰一侧的腹板加厚至 44cm。

各片拱箱合龙后,所有一般接头处两侧端横隔板之间的空间,用小石子 C50 微膨胀混凝土浇筑成整体,形成贯穿拱圈全宽的横系梁。

采用钢铰线斜拉扣挂拱箱、千斤顶张拉或放松扣索、逐段固结、最后松扣成拱的施工方法。要点如下:

一条拱肋共 18 段安装完毕时,拱脚为铰接,其余中间接头均为固接,符合合龙温度时,用钢板焊接固定合龙段劲性骨架,并浇筑合龙段混凝土,同时焊牢拱脚截面上、下缘连接钢筋及铰接钢板,拱箱成为无铰状态,用水泥砂浆封闭各接头处的外露钢板。至此,一条拱箱完成,可以靠自身成拱和其两侧至少 2×5 组横向缆风索保持稳定。便可卸除主缆吊索,逐步放松并撤除各节段的扣索。

先按上述工序完成中箱。然后用同样的方法完成两边箱的安装。一条边箱完成后,通过腹板上预留的螺栓孔,将相邻两箱用螺栓连结起来。

三条拱箱安装成拱后,先浇筑拱脚 76cm 长的混凝土,封闭拱脚铰,成为无铰拱。然后从拱顶至拱脚对称、均衡地浇筑各节段的接头混凝土,使三个拱箱在接头处形成整体横隔板。再从拱脚至拱顶浇筑肋间纵缝混凝土(宽度 20cm),先达到拱箱高度的一半,待初凝后再浇筑至拱箱预制顶面以下 20cm 处,然后将此 20cm 混凝土与顶板整体化混凝土一同浇筑,最后形成成桥状态的拱圈。

主缆跨径约 300m,计算吊重约 800kN。一组主缆为 10ϕ52mm 钢丝绳,规格为 6×37+FC(纤维芯),抗拉强度 1770MPa,单根最小破断拉力为 1410kN,重载时跨中最大垂度为 21.43m,主缆安全系数≥3.5。

扣塔与吊塔分别设置,利用拱脚永久性桥墩作扣塔,其上段用临时构件加高。采用钢绞线作扣索,安全系数 2.5。扣索固定端布置在各段拱箱前端的两侧腹板中,用 P 型锚固定。一组(2 束)扣索由 2×4 根或 2×7 根钢绞线组成。用 OVM.15L-1 连接器将扣索与拱箱伸出的钢绞线连接,再进入扣塔。

扣索与锚索(也称为背索)张拉端的布置可能有以下 3 种情况:

(1)无锚索对应的扣索,张拉端布置在扣塔上。

(2)有锚索对应的扣索,如地锚处可以设置张拉端,则扣索经过扣塔上的索鞍转向后进入地锚张拉端。

(3)有锚索对应的扣索,如地锚处设置张拉端有困难时,锚索、扣索张拉端,均可设在扣塔上,锚索在地锚处为固定端。

由于扣、锚索使用应力较低,张拉端采用防松式工作夹片锚。可以通过千斤顶对钢铰线进行张拉与放松。

设计单位:中交公路规划设计院。

5.5.3　悬臂桁架现浇法

实例一:西班牙·蒂洛斯(Tilos)桥

该桥主跨为 255m 上承式 RC 箱形拱。矢跨比 1/5.5,桥面全宽 12m,拱圈宽度 6m,高度 3m,为单箱单室断面,顶、底板厚度 20cm,腹板厚度 25cm,拱脚附近,顶底板厚度 30cm,腹板厚度 40cm。桥型立面如图 5-77 所示,拱圈与拱上建筑如图 5-78 所示。拱上立柱为箱形截面,拱上腹孔为钢—混凝土组合梁。

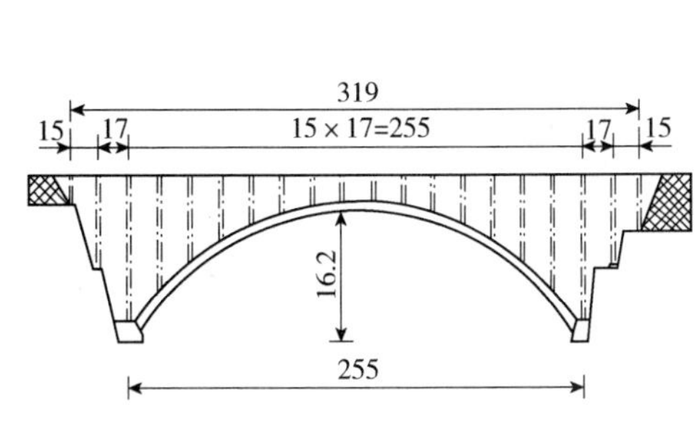

图 5-77　蒂洛斯桥总体布置(尺寸单位:m)

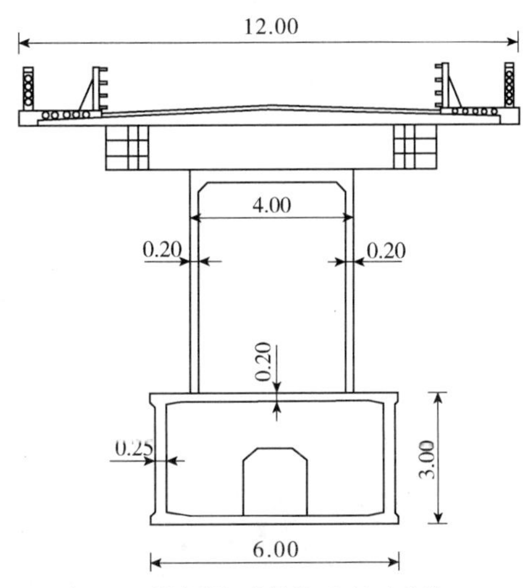

图 5-78　蒂洛斯标准横截面(尺寸单位:m)

拱圈与拱上立柱和桥面梁采用临时斜拉悬臂桁架法现浇施工。即在成拱之前,两岸的主拱、拱上立柱、桥面梁与临时斜拉索形成一个变高度的悬臂桁架。由于作为桁架下弦的拱圈和作为竖向腹杆的拱上立柱均受压,采用高强度混凝土结构;作为桁架上弦的桥面梁和斜向腹杆均受拉,故分别采用钢梁和钢绞线。

主要施工程序如下:

(1)施工桥台及基础时,埋入锚杆,以平衡主跨悬臂施工期间由桥面梁传来的拉力。

(2)施工主跨拱座、桥墩及两岸的边跨。

(3)安装挂篮,开始主跨的悬臂桁架施工。拱上两个立柱之间的拱段为一个施工循环单元,每个循环单元包括4个浇筑节段。每个节段长约6m,用挂篮悬浇施工。

一个节段的施工,包括以下步骤:当前一节段混凝土达到要求的强度后,依靠挂篮自身的机械装置使其向前移动6m到达下一节段的位置,张拉前一节段的临时辅助斜拉索,然后立模、安装钢筋、浇筑当前节段混凝土。如此循环直至拱段的最后一个节段,即包含立柱的节段。

当一个施工循环单元的4个节段施工完成后,张拉悬臂桁架临时对角斜拉索,共计4根,拱圈两侧各2根,采用预应力钢绞线。直径15.24mm。拱圈合龙后按预定程序逐步拆除对角斜拉索。

当对角斜拉索安装并张拉后,用爬模施工拱上立柱,以4m为一个节段。立柱施工完成后,用吊机安装钢桥面板。所有连接均采用高强度预应力螺栓栓接,以加快安装进程。

在每一个施工循环单元过程中,分两次调整对角斜拉索的应力,提高其刚度,使后续施工中桁架变形符合预定要求。

该桥于2004年建成。有关情况参阅参考文献[74]。

实例二:葡萄牙·亨里克(Infante Henrigue)桥

该桥跨越波尔图杜罗河。为RC上承式无铰拱桥,桥宽20m,双向4车道,主跨280m,矢跨比1/11.2。大桥立面布置及横断面如图5-79所示。

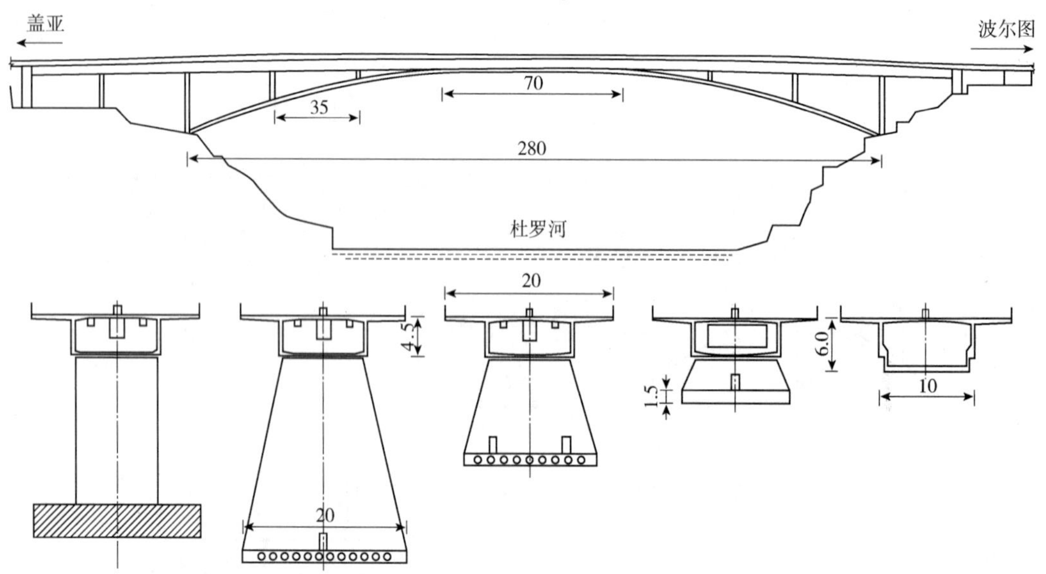

图5-79 亨里克桥立面和横断面布置(尺寸单位:m)

波尔图是欧洲古城之一,也是一些著名的历史建筑和桥梁所在地。考虑到历史、人文、环境等因素,提出该桥设计的两点要求:桥的上、下游有历史名桥,均为上承式拱式结构,为了适应景观,防止喧宾夺主,桥面之上不宜有主体结构,且3座桥的总体结构基本协调,应简洁大方,应突出科技含量,根据桥面高程及地质情况,选择了跨度大、矢跨比小的上承式坦拱。体现出现代拱式桥梁科技的特征。采用"薄拱厚梁"即"柔性拱刚性梁"的无铰拱结构体系(亦称倒朗格尔拱)。采用抗弯刚度大的桥面预应力混凝土箱梁,高度4.5m,采用很柔的无铰板拱,厚度仅1.5m。板拱横向为变宽度,从拱脚的20m渐变至拱顶的10m。同时,配置纵向间距达35m的拱上板式立柱。使梁、柱、拱在外观上及构造上协调一致。在跨中70m区段,拱梁合一,梁高增至6m,桥面箱梁的受力,相当于弹性支承的连续梁。

该桥采用桥面箱梁与板拱同时施工的悬臂桁架法现浇。为了缩短施工中悬臂桁架的长度,在河的两岸主桥拱脚靠河一侧各修建了一个临时墩,从而使拱的施工跨径从280m降至210m。施工时先施工桥道箱梁,然后再利用支承在桥道箱梁上的挂篮进行板拱的悬臂施工。

大桥于2002年建成。有关资料可参阅参考文献[84]、[137]。

5.5.4 悬臂桁架拼装法

实例一:南斯拉夫克尔克(KrK)桥

该桥由主跨与副跨构成,主跨390m,副跨244m。矢高分别为67m和47m。主拱为等截面3次抛物线无铰拱。拱圈截面为单箱三室,高度分别为6.5m和4m,宽度分别为13m和8m。C50混凝土。主跨拱脚利用一对承托,使跨度由原来的420m减为390m。

主拱采用悬臂施工法,即桥道主梁与拱圈同时施工的悬臂桁架法。基本思路是"化整为零",通过悬臂拼装,实现"以零凑整",以减小施工设备规模,降低施工难度。拱圈为三室箱截面,先组拼中间基箱,待其合龙后加宽左右边箱,形成整体拱圈。将拱圈箱形截面分成若干预制板进行组拼,从而使吊重大大减小,预制PC块件重20t,用平底船运至桥下,起吊组拼,主跨390m拱圈及拱上结构施工仅用2台10t缆索吊机,缆跨670m。副跨244m拱圈及拱上结构施工仅用1台10t缆索吊机,缆跨477m。

拱圈采用分室、分节、分块的方式预制拼装,横向分为中室及边室,纵向每5m长度为一节;顶、底板、腹板分块预制。

KrK大桥的总体布置如图5-80所示。

主跨中室箱的拱顶处设置48个300t千斤顶,两边室箱各设置16个300t千斤顶,用以调整拱圈内力,施工用钢拉杆563t,缆索265t。

拱上建筑为跨径33m预应力混凝土简支梁,用移动式钢支架现浇。

拱圈拼装时,各预制板靠活动钢构架定位。预制板之间的接头是在板端预留的钢筋环扣里插进钢筋,然后灌注接头混凝土。每拼完一段,活动钢构架即沿拱顶方向移动,进行下一节段拼装。图5-81为拱脚、拱圈悬拼与拱圈分块施工示意图。

主跨共计5500m^{3}混凝土,副跨共计1500m^3。大桥施工时间1976~1980年。该桥位于海边,且预制板件湿接缝太多,混凝土耐久性不足。从2006年开始进行维修。

有关本桥资料可参阅参考文献[137]、[34]。

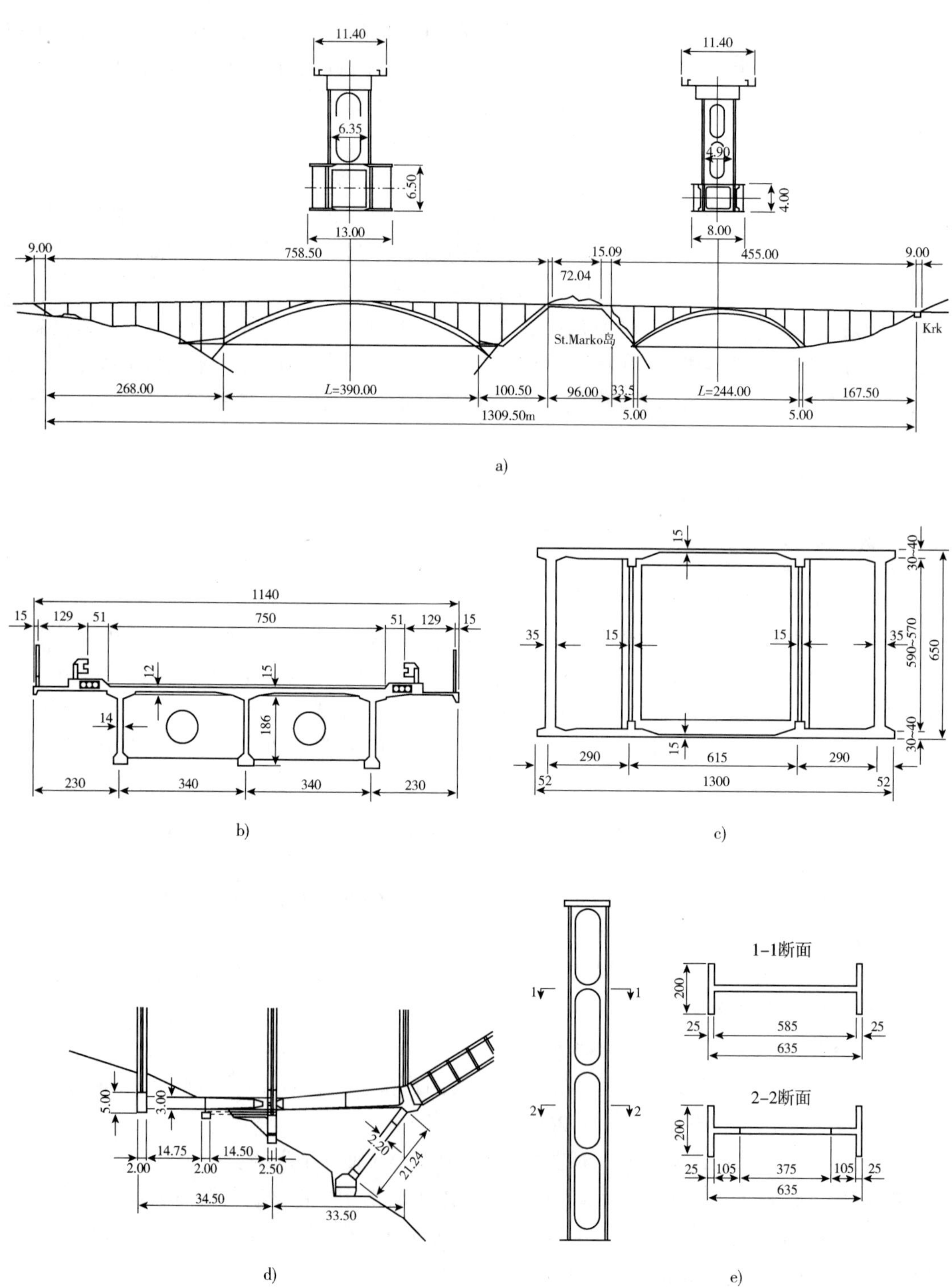

图 5-80 克尔克(KrK)桥总体布置

a)立面布置(m);b)上部结构横截面(cm);c)主拱圈横截面(cm);d)拱脚斜撑(m);e)拱上立柱(cm)

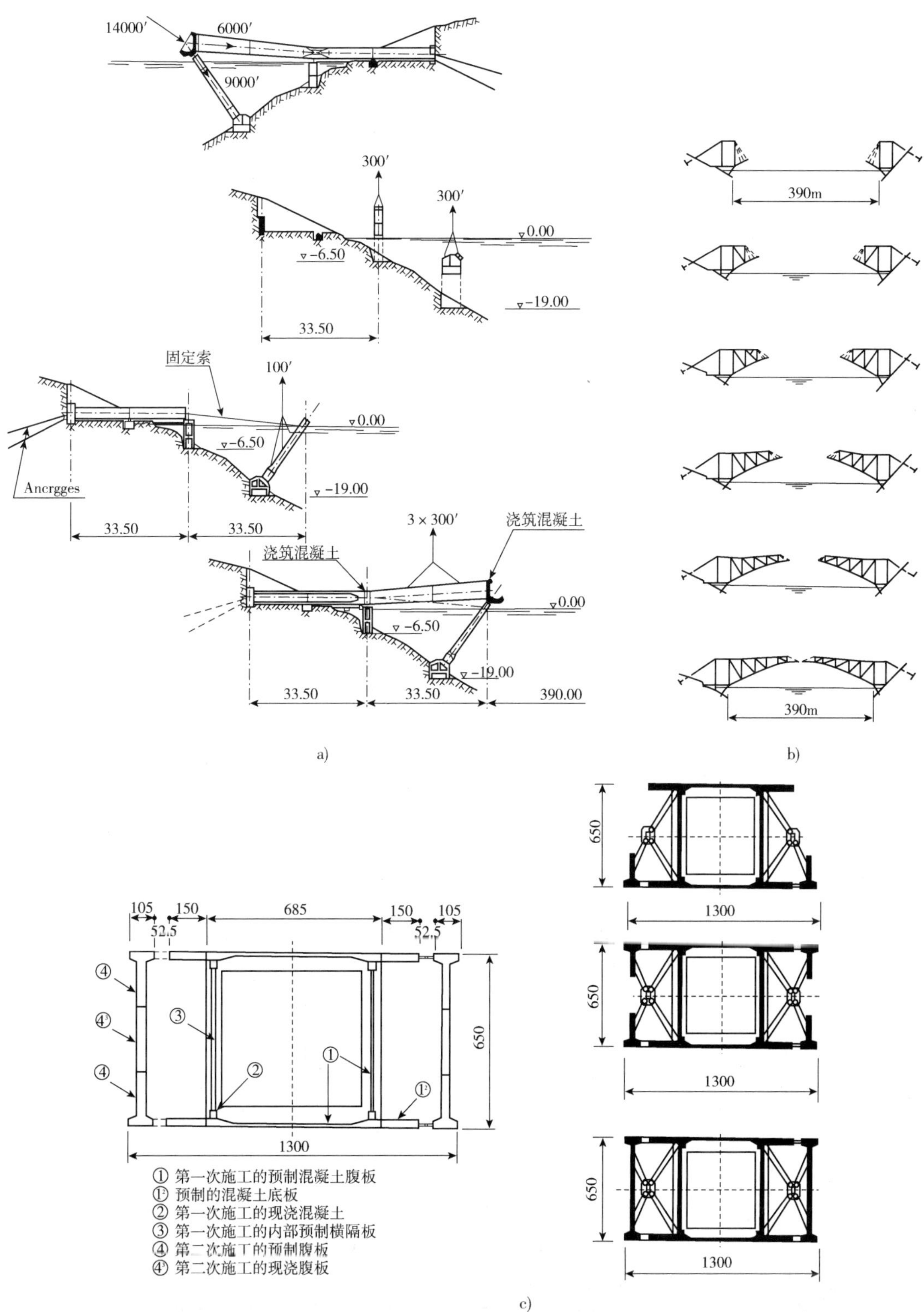

图 5-81　拱脚、拱圈悬拼、分块示意图

a) 拱脚施工；b) 拱圈悬臂拼装和浇筑示意；c) 拱圈分块浇筑

实例二:贵州江界河大桥

该桥为大跨径上承式 PC 桁式组合拱桥,不同于一般的上承式 RC 箱形拱桥。因其采用悬臂桁架拼装法施工工艺,故作简要介绍。

该桥位于马场坪至遵义公路上的江界河渡口上游,跨越乌江干流。主孔为跨径 330mPC 桁式组合拱,边孔为桁式刚构。桥型布置图如图 5-82 所示,矢跨比 1/6。

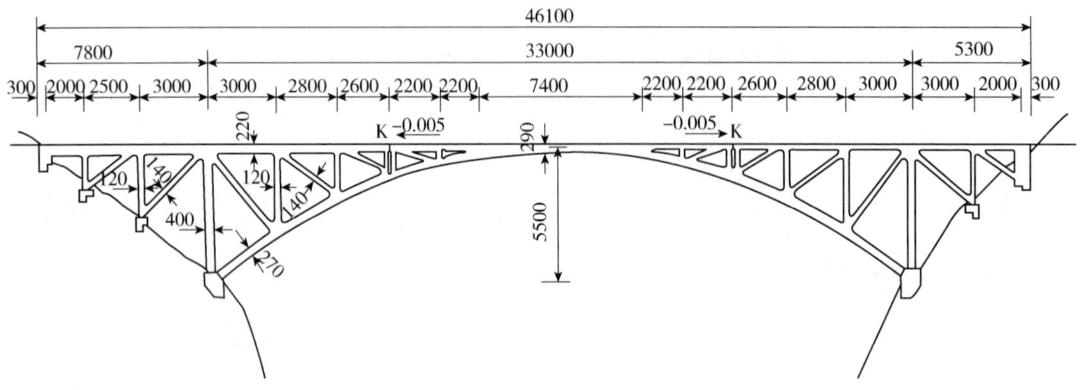

图 5-82 江界河大桥桥型布置图(尺寸单位:cm)

主要技术标准如下:

设计荷载:汽车—超 20,挂车—120;人群 $3kN/m^2$;桥面净宽;净 9m+2×1.5m 人行道;桥面全宽 13m。

主孔横向由两个桁片组成,中距 7.8m,每个桁片宽 2.76m。每一桁片共 11 个节间,跨中实腹段长 74m。竖杆为箱形截面,1.2m×1.6m,壁厚 12cm,横向为两个分离箱;斜杆为箱形截面,1.4m×1.6m,壁厚 14~16cm,横向为两个分离箱。上弦及桥面系如图 5-83 所示。

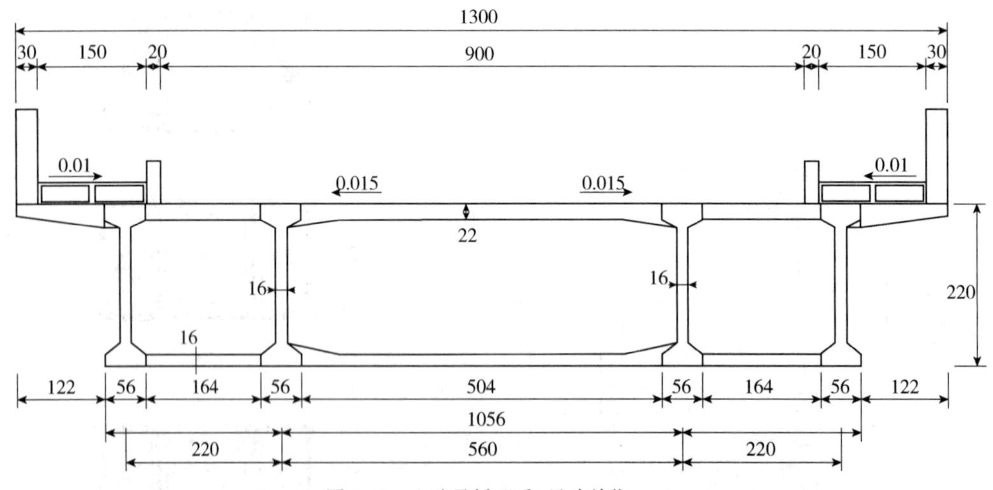

图 5-83 上弦及桥面系(尺寸单位:cm)

下弦截面形状与上弦相同,截面高度 2.7m,宽度 10.56m,从上弦断点相对应的下弦至拱脚,为变宽度截面,加宽值从 0 变化至 2m。

在桁片纵向第 3、4 节间的上弦处断开,如图 5-82 上的 *K* 点。这是此类桥型结构体系最主要的特点。

横桥向两竖杆用剪刀撑联结,两斜杆用横系梁联结。

桁片分解成若干预制单元或构件,用人字拔杆吊机吊装,逐步形成悬臂桁架,最后在拱顶合龙。

多数节段的上、下弦,都仅预制边箱中的两条矩形腹板,用肋隔板连成整体吊装,就位后现浇边箱顶、底板和腹板的上、下翼缘混凝土。桁片预制节段的划分如图 5-84 所示。主孔半跨预制构件分成 7 段,全桥共分 14 段,108 个预制构件。

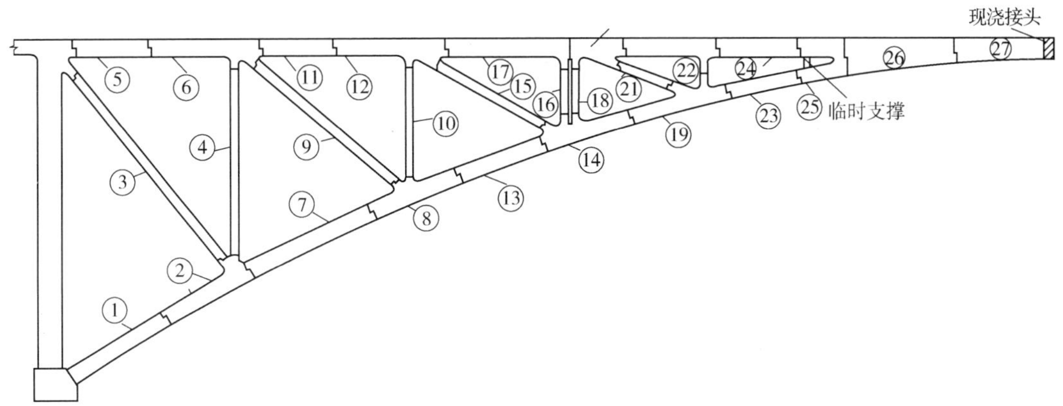

图 5-84　江界河大桥预制构件分段

预制节段的划分,主要考虑应满足人字拨杆吊机的起重能力。该桥采用的人字拨杆起重吊运能力为 120t。人字拔杆为钢结构。由起重臂、顶帽、起重钩、底座、横系梁、底座平车、背索与拔杆座等 8 部分组成,人字拔杆吊机一般构造如图 5-85 所示。

大桥全长 461m,两岸边孔除瓮安岸第 1 孔采用支架现浇外,其余两跨及主孔均采用 120t 钢拔杆进行吊装,直至主孔合龙。

大桥瓮安岸的悬臂桁架安装过程如图 5-86 所示。

构件吊运就位时,一律用横缆风绳控制平面位置,用起重绳微调高程。单杆拼装就位后的稳定、各节段下弦杆的纵向位置和高程用专门的临时钢丝束张拉固定,待斜杆就位及预应力张拉后即可撤除。横向用一组缆风绳稳定,待两边下弦及斜杆就位,安装横向联系后撤除。竖杆设刚性联杆与斜杆连结,构成临时稳定体系,待上弦杆全部就位,张拉预应力筋并横向联系安装后撤除。上弦杆就位时只设一组横向缆风绳。

上弦及斜杆为预应力构件。上弦用 ϕ32mm Ⅳ级钢筋(40si2v),斜杆用 24ϕ5 高强碳素钢丝。

桥台底部拉力为 40000kN,设置 90ϕ32mm 锚筋。锚筋埋在锚桩内。巨大的剪力由基础前方天然岩体克服。

上弦根部最大拉力,施工阶段为 51360kW,配置 134ϕ32mm 预应力钢筋;使用阶段为 26280kN。

抗震设防按 8 级地震设计。按弹塑性阶段计算的稳定安全系数为最大悬臂桁架状态时 3.2;使用阶段恒载时为 2.2,恒+活时为 2.0。按弹性阶段计算的稳定安全系数均大于 6。下弦两箱之间的顶、底板局部稳定安全系数为 12.03。

采用基本风压 400Pa(9~10 级风)验算,施工阶段最不利状态拱脚最大组合应力为 17.3MPa。

自振特性:第 1 阶振型均为横桥向振动,且自振频率较低,为 0.202~0.357,固有周期较大,为 2.8~4.95s。与国内外一些大桥的振动周期比较,以上数值在合理范围内。

大桥上部结构材料指标:混凝土 1.25m^3/m^2;钢材 145.2kg/m^2。

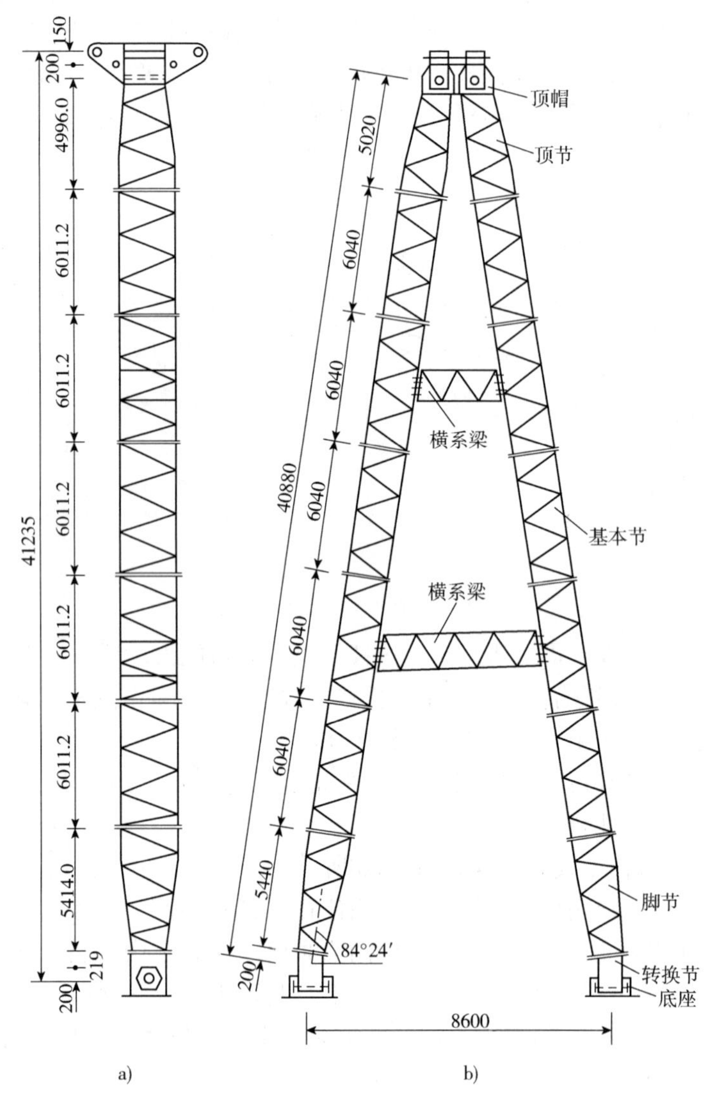

图 5-85　1200kN 人字拔杆吊机(尺寸单位:mm)

大桥于 1995 年建成通车。获得中国土木工程第一届詹天佑大奖、国家科技进步二等奖、交通部优质工程一等奖、贵州省科技进步一等奖、优秀工程设计一等奖。

交通部西部交通建设科技项目《桁式组合拱桥病害成因和加固方法研究》子课题:“桁式组合拱桥调研报告”,2008 年 6 月由贵州省交通规划勘察设计研究院完成。其中对江界河大桥的现状有以下描述:“该桥外观上线形流畅,轮廓清晰。施工质量较好。各杆件预制质量好,无蜂窝麻面现象;接头位置准确,接头混凝土较为密实;桥面平整,未见明显损坏,排水顺畅。两侧栏杆基本完好”。关于变形情况,报告指出:“拱顶的预拱值中还有 20.7cm 尚未完成。”关于裂缝情况,报告指出:“大桥主孔拱座及其上立柱、上下弦桁片及其顶底板、拱上断点处双竖杆、新拱脚、短竖杆及斜杆的横向联系、桥面铺装等处均发生了不同程度的裂缝。”最大裂缝宽度为 0.3mm,发生在拱脚立柱下端和拱上双竖杆下端。与 2005 年贵州交通科研所的调研报告相比较,裂缝明显增多,故 2008 年的调研报告,对该桥的技术状态评定为二类桥梁。

本书 9.8 节对于这种桥型有关问题进行了探讨。

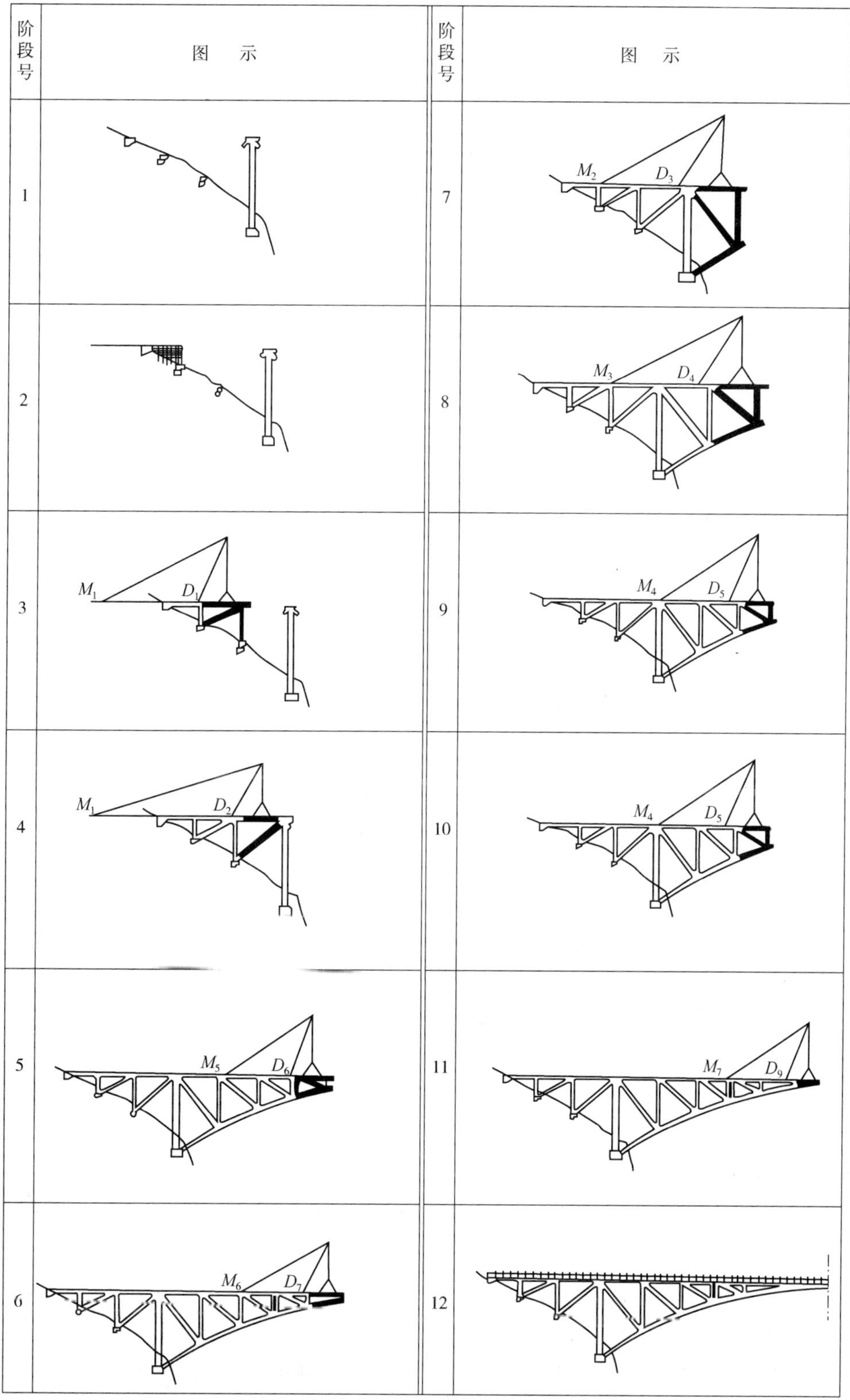

图 5-86　江界河大桥悬拼程序

有关桁式组合拱桥的概况及几个主要技术问题的讨论可参阅参考文献[91]。

5.6 组合施工法施工案例

大跨经上承式 RC 拱桥采用组合法施工,日本使用较早,建成的桥也较多。下面介绍的几个实例多为日本采用组合施工法建成的大桥,也介绍 3 座国内用组合法施工的混凝土拱桥。

实例一:日本别府明矾桥(悬臂桁架与劲性骨架组合法)

该桥位于日本九州别府市的温泉地带,主桥跨径 235m,两拱脚不等高,相差 3m,桥面全宽 21.4m,桥面的立面布置如图 5-87a)所示,主拱圈为单箱三室,宽度 18.7m,拱圈高度为 2.5m(拱顶)、4.5m(拱脚)。由于温泉地带的化学物质混凝土和钢筋会产生锈蚀影响,在设计之前,进行了长达 10 年的野外和室内试验。该桥于 1989 年建成。

主桥拱圈采用悬臂桁架现浇与劲性钢桁架现浇组合施工法。要点如下:

(1)在拱脚段利用支架现浇拱圈。

(2)在悬臂桁架上应用移动式挂篮进行悬臂浇筑施工,直至离拱脚达到 80m 的节段。即每侧分为 18 个节段,每段长 4.4m,用挂篮悬浇。

(3)中间拱顶区段的 70m,利用钢桁架起吊后与已浇节段合龙成拱,然后浇筑实腹段混凝土,将骨架埋入其中。

图 5-87 为该桥设计、施工示意图。

实例二:日本宇佐川桥(悬臂斜拉扣挂与劲性骨架组合法)

该桥为上承式不对称箱型无铰拱,为公路桥,1982 年建成。主桥跨径 204m,两拱脚起拱线高程不相等,相差 18m,其矢高分别为 38.68m 与 20.68m,主拱圈为单箱三室截面,桥面宽度 21.9m,拱圈宽度 17.8m,拱圈高度拱顶处为 3.6n,拱脚处为 4.4m。拱圈采用悬臂斜拉挂篮现浇与劲性骨架现浇组合法施工。左右半跨的拱轴系数分别为 $m=1.5$ 及 $m=2$。

靠两拱脚各 53m 长度采用塔架斜拉扣索挂篮悬臂浇筑法施工,分段长度为每节段 4m,斜拉扣索采用 Φ32mm 粗钢筋,长度为 16~93m。共用 1274 根。中部区段长 97.4m,采用劲性骨架现浇混凝土拱圈。劲性骨架为两铰钢桁拱架。为了减轻拱圈自重,采用高强混凝土与早强水泥。图 5-88 为该桥的立面与组合法施工示意图。

实例三:几座采用组合法施工的日本混凝土拱桥

日本·天翔大桥,上承式 RC 无铰拱,主跨 260m,矢跨比 1/8,桥宽 8.75m,拱圈为单箱单室。采用悬臂桁架配合劲性骨架法现浇主拱圈。该桥于 2000 年建成。

日本·外津大桥,上承式 RC 双铰拱,主跨 170m,矢跨比 1/6.4,桥宽 10.1m,拱圈宽 8m 变化至 16m,为单箱双室截面,拱圈高度 2.4m(拱顶)与 3m(拱脚),为公路桥,1974 年建成。主拱圈拱脚段 15m 长度用斜吊支架现浇,其余区段采用悬臂桁架挂篮现浇,每段长 3.5m。世界首次采用粗钢筋吊拉悬臂施工法。

日本·下田原大桥,上承式 RC 无铰拱,主跨 125m,2001 年建成。采用劲性骨架竖转法。劲性骨架合龙后现浇拱圈混凝土。

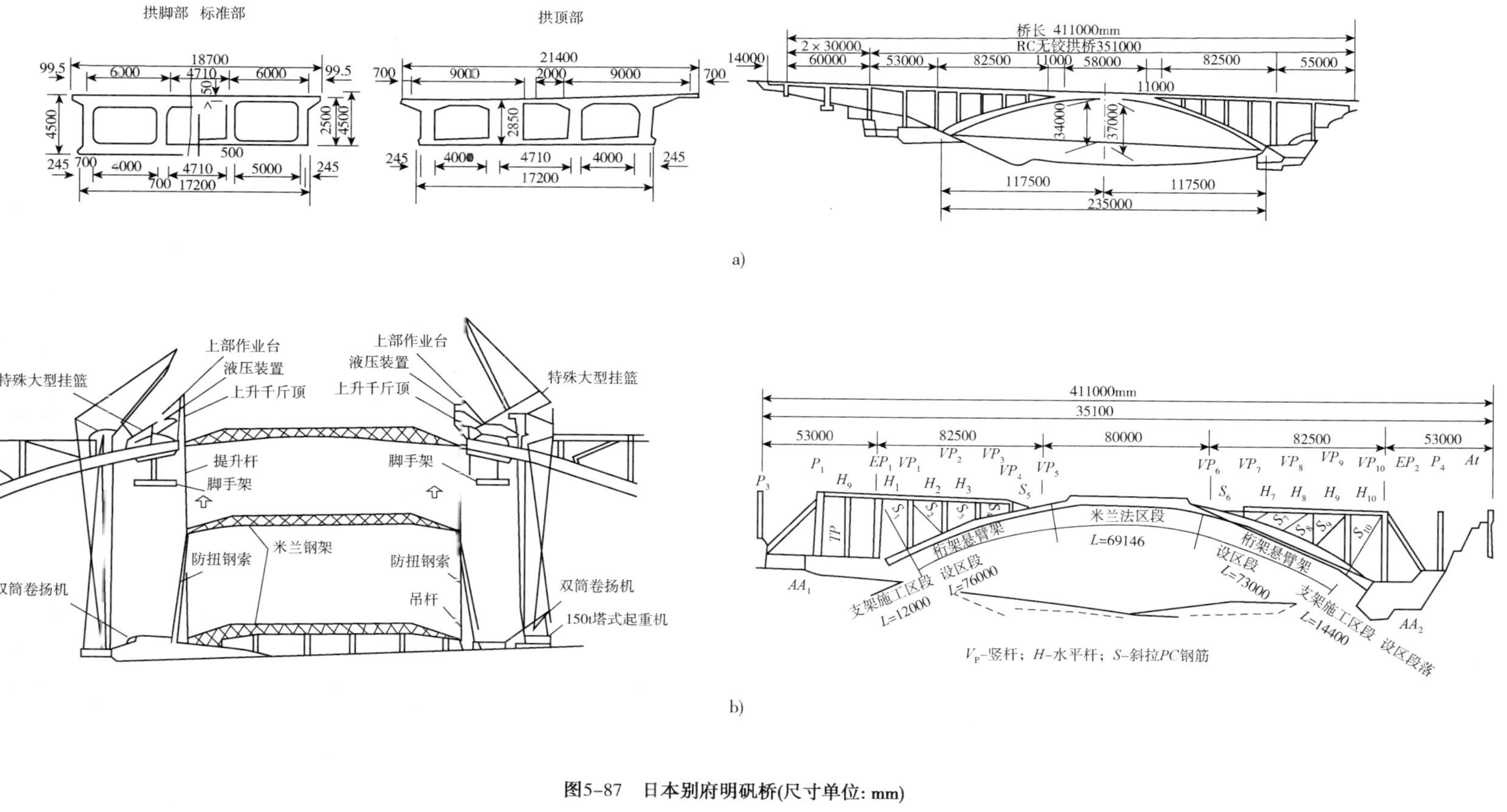

图5-87 日本别府明矾桥(尺寸单位: mm)

a) 构造；b) 施工

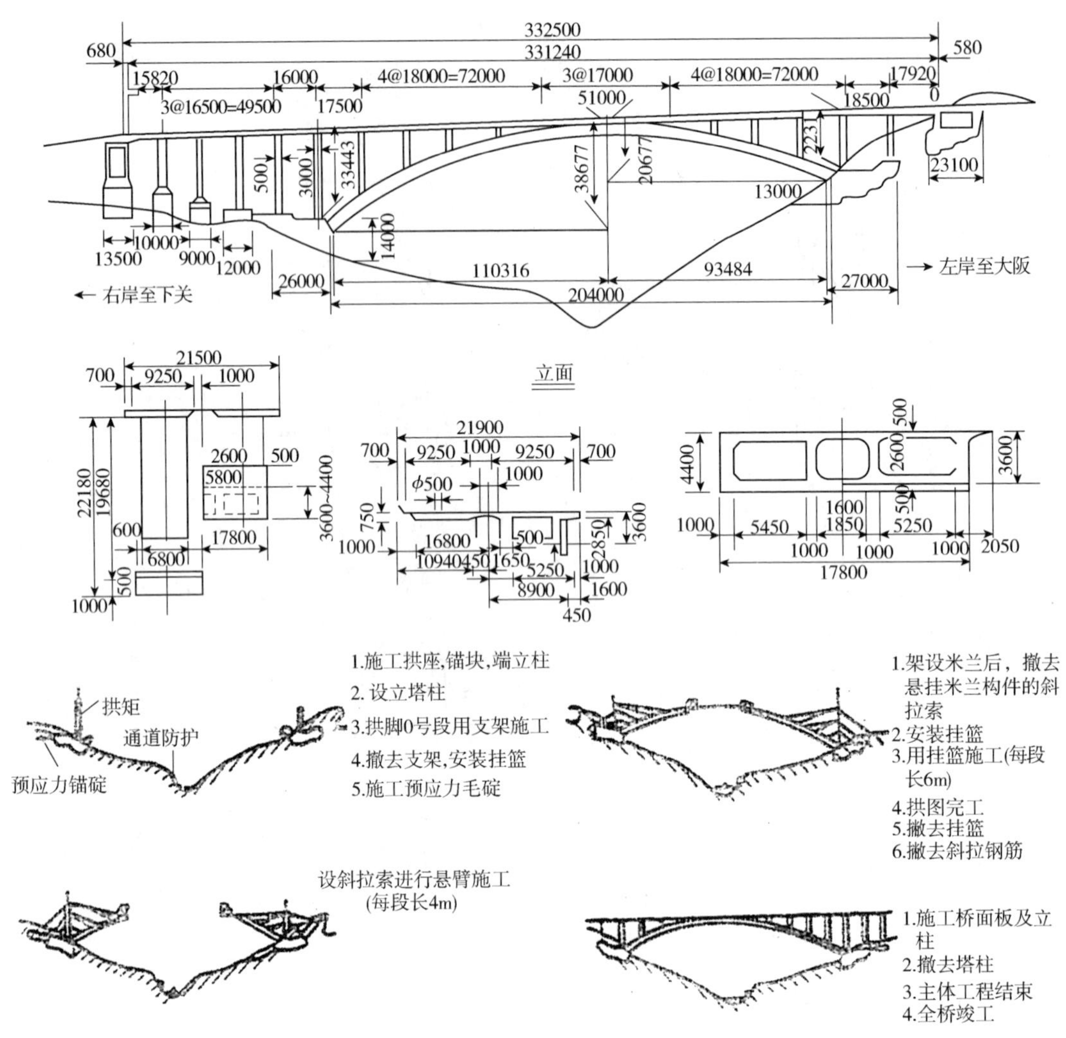

图 5-88　日本宇佐川桥(尺寸单位:mm)

日本知原桥为上承式 RC 无铰拱,主跨 94.38m,矢高 21.176m,拱圈为箱形截面,高度 2.2m,宽度 7.75m。桥宽 10.25m。采用转体与钢—混凝土骨架组合法施工。竖转由钢箱及联系杆组成的骨架,骨架合龙后,灌注钢箱内混凝土,再立模安装钢筋,分段浇筑拱圈混凝土,骨架由 3 个高 1.5m 的钢箱构成。该桥在桥跨范围内地面上塔设支架,安装钢箱劲性骨架,然后从下往上竖转(正角度竖转),在拱顶合龙钢箱骨架。较详细设计施工情况可参阅参考文献[194]。

实例四:国内四座组合法施工的混凝土拱桥

2010 年建成的云南大岩洞大桥,主跨 160m,矢跨比 1/5,为上承式 RC 无铰拱。采用转体与劲性骨架组合施工法。先在两岸完成钢管混凝土劲性骨架,然后平转合龙,再浇拱圈外包混凝土。转体重量 5200t。

四川杨家沟桥,跨径为 60m,先在沟底组成拱形骨架,由很薄的混凝土底板腹板,横隔板及钢筋网架顶板组成,正角度竖转合龙后,再浇拱圈底板,腹板及顶板。

江西太白桥,跨径 130m 箱肋刚架拱,骨架为钢与混凝土系杆组成。上弦为直径 15.2cm

的钢管混凝土，下弦为钢筋混凝土底板，腹板为角钢。用平转合龙就位后，再分段分层浇筑混凝土。该桥详细的设计施工情况见参考文献[85]。

甘肃庆阳太乐 1 号、2 号桥，跨径 115m 与 125m，为 RC 刚架拱，采用带有混凝土底板的小直径钢管混凝土劲性骨架 与平转组合施工法施工，2004 年建成。该桥详细情况见参考文献[219]。

5.7　具有特色的几种施工方法实例

实例一：法国夏托布里昂（Chateaubriand）桥

本桥跨越 Rance 河，有的文献称为 Rance 河桥。为公路大桥，全长 424m，于 1990 年建成。主桥跨径 261m，矢跨比 1/7.5，桥面宽 12m，为上承式 RC 空腹式无铰拱。主拱圈等高度 4.2m，拱圈跨中宽度 7.5m，在起拱线附近 30m 长度内，从 7.5m 渐变至 12m。这种喇叭形的变宽度布置，提高了施工中及横向风力作用下的稳定性。拱圈截面积约 $10m^2$，极限承载力可达 110000kN，平均应力 11MPa，拱圈全截面处于受压状态。拱轴线采用半径为 260m 的圆曲线。拱顶设千斤顶，以便拱圈合龙时调整线形。大桥的总体布置如图 5-89 所示。拱上立柱空心双柱式。

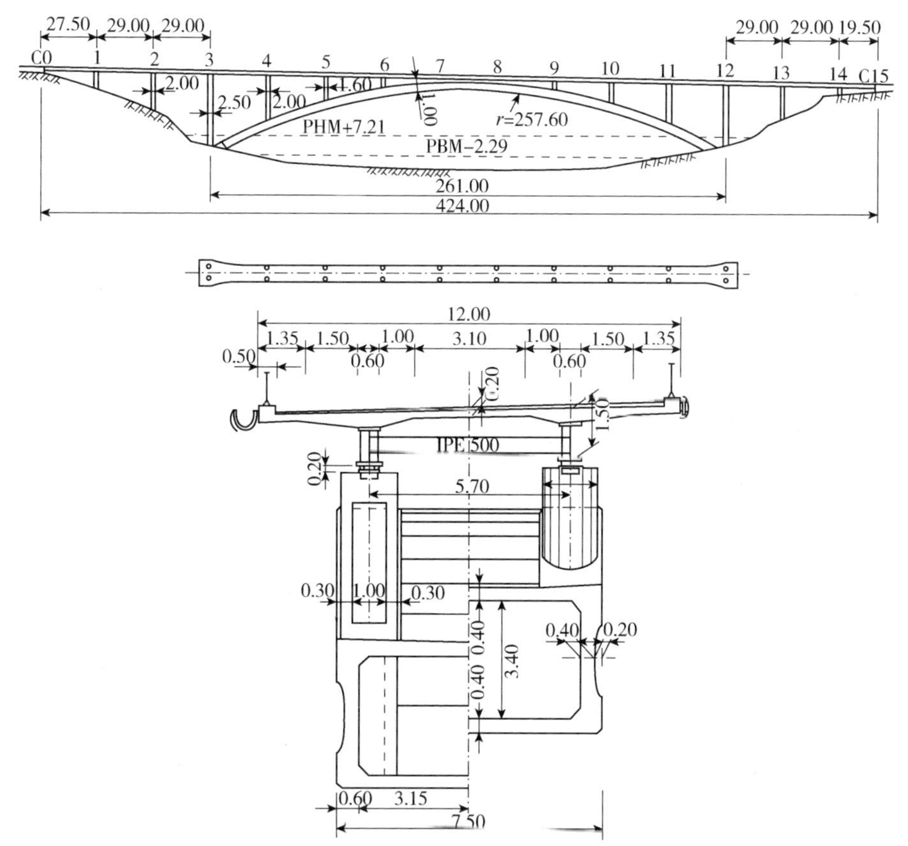

图 5-89　夏托布里昂桥总体布置（尺寸单位：m）

主拱圈采用支架与双侧斜拉扣挂悬臂浇筑的施工方法。要点如下（图 5-90）：

（1）拱脚（3 号、12 号墩位处）至 4 号或 11 号拱上立柱区段（约 28m），在支架上现浇。

(2)在拱上 5 号、10 号立柱位置处设置临时墩及墩上扣塔,双侧布置扣索,进行悬臂浇筑,每悬浇一定距离的拱箱,便增设(或拆除)某一对斜拉扣索,直至合龙。

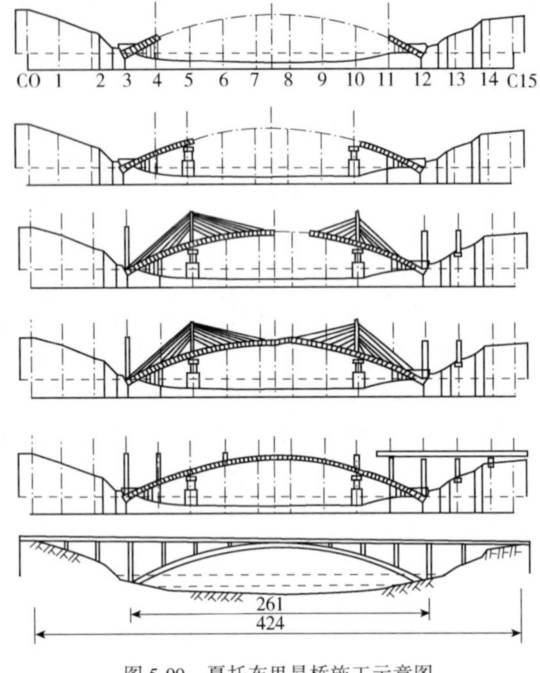

图 5-90 夏托布里昂桥施工示意图

参考文献[122]指出:"整个劲性钢骨架直接埋入拱箱混凝土内。"这种施工方式使得悬臂扣索可以利用已建成的拱圈的质量得到平衡,即后锚索锚固在拱圈上,而不是常用的锚固在基岩上,这样可以大大节约施工费用。这是该工法具有的特色。

拱圈合龙时,用千斤顶在拱顶施压,共启动 4 次。第 1 次在拱圈合龙后,顶力为 $N=7500\text{kN}$,并拆除单数扣索;第 2 次 $N=43250\text{kN}$,拆除双数扣索;第 3 次是在拆除临时扣塔、修建拱上立柱、桥面系工字梁顶推就位后,$N=75550\text{kN}$;第 4 次是在浇筑桥道结合梁混凝土以后,$N=97390\text{kN}$,$M=-9860\text{kkN}\cdot\text{m}$,全桥完成。

该桥桥道系为结合梁,采用有横向联结系的双工字钢型板梁支承 RC 桥面板。工字钢梁用顶推法施工。

实例二:葡萄牙·阿拉比达(Arrabida)桥

该桥位于葡萄牙的 Porto 市,跨越 Duro 河,主桥为跨径 270m 上承式 RC 双肋无铰拱,为公路大桥,矢跨比 1/5.2,桥面宽度 26.5m,主拱由两条箱肋组成。一条拱肋为单箱双室截面,宽度 8m,拱箱高度为 3m(拱顶)和 4.5m(拱脚),两条箱肋之间的净距为 7.6m,每条肋上为两根 1.2m×1.2m 的矩形立柱,拱上腹孔为 12 孔等跨布置,每孔梁长 21.2m,梁高 1.1m(跨中)渐变至 1.8m(支承处)。两条拱肋之间,在上下缘用剪刀撑连接。该桥于 1963 年建成,施工工期 6 年。

主拱圈采用在钢拱架上现浇的施工方法。其主要特点是钢拱架可以横移。第 1 组拱箱(一条肋)完成后,横移钢拱架施工另一组拱箱(另一条肋),再将钢拱架横移至两条肋之间,施工两肋之间的剪刀撑。钢拱架采用悬臂拼装,跨径 258m,矢高 50m。

另外,澳大利亚·悉尼格拉特斯维尔大桥的预制拱箱节接也是在可移动的钢拱架上拼装成拱的,该桥主跨 304.8m,矢跨比 1/7.8,为素混凝土箱肋无铰拱。拱架的宽度是按一条拱肋的宽度制作的,当一条拱肋拼装成拱后,横移拱架施工另一条拱肋。该桥设计施工较详细情况可参阅参考文献[137]、[121]、[120]。

该桥的总体布置与施工示意如图 5-91 所示。

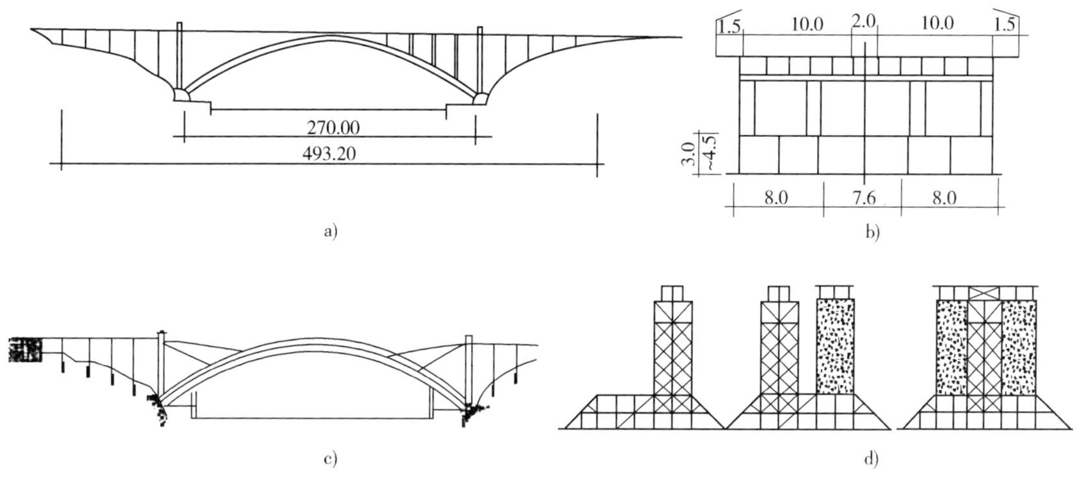

图 5-91　葡萄牙 · 阿拉比达桥(尺寸单位:m)

实例三:委内瑞拉 · 卡拉卡斯(Caracas-Laquaiea)1、2、3 号桥

委内瑞拉 · 卡拉卡斯 1、2、3 号桥位于加拉加斯至爪亚纳公路上,均为上承式 RC 箱肋双铰拱桥,主跨跨径分别为 152m、146m、和 138m,矢跨比均为 1/4.6,桥面宽度 24.5m,单肋宽度 3.2m,主拱由 3 条平行肋组成,拱肋高度 2.9m,单箱单室截面。于 1953 年建成通车。采用边段斜拉悬臂支架与中段系杆式拱架组合的施工方法浇筑拱肋,要点如下:

靠拱脚 30~40m 范围内拱肋在斜拉悬臂支架上浇筑,利用拱脚的桥墩为扣塔,后侧背索锚固于地面。拱肋中间段的浇筑采用带有系杆的木拱架完成。拱架长 81m,宽 23m,重 224t。用 4 台电动绞车,通过设在拱肋已硬化的悬臂端的滑轮组及索具,将其整体提升就位,再在拱架上分环浇筑中间段拱肋混凝土。拱肋合龙并达到设计强度后,仍用绞车将拱架放落至地面。

这 3 座桥的施工方法示意如图 5-92 所示。

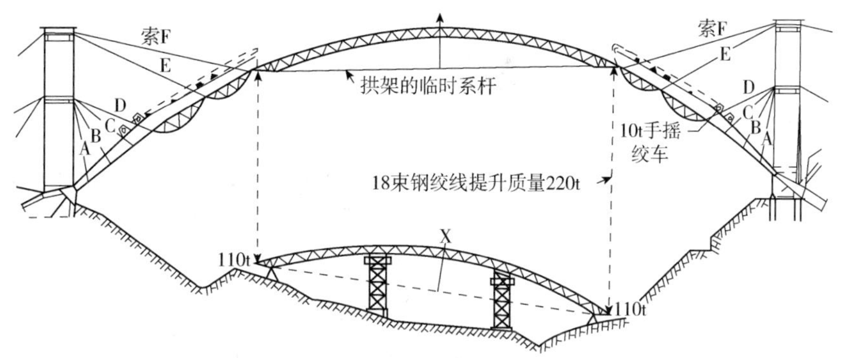

图 5-92　委内瑞拉的 3 座拱桥施工示意图

第6章　上承式混凝土拱桥施工方法评析

上承式RC箱形拱桥拱圈的施工方法，可以分为5大类，即支架就地现浇法（包含落地支架现浇法与钢拱架现浇法）、转体施工法、劲性骨架法、悬臂施工法和组合施工法。其中落地支架与钢拱架，由于施工设备与支架（拱架）受力情况出入较大，再将其分为两类。其中悬臂桁架法、组合法国内极少应用，本章未涉及，在7.5节中论述。

总体而言，这6类施工方法，各有其优缺点和适用范围。没有一种施工方法能够在任何情况下都是最优选择。最优施工方法的选定，受多种因素的影响，主要有桥梁跨径、桥位处地形、地质条件、交通运输条件、经济指标、安全风险程度、施工设备情况、施工技术难度、施工工期以及施工经验等。为了获得最优施工方法，需要进行大量工作，某些方面还需进行定量分析。有时受某种特殊条件的限制，最后选用的不一定是最优方案，可能采用次优，甚至是第三名以后的方案。但对具体桥梁必须是可行的方案。

桥梁初步设计阶段，就应该认真研究拱圈的施工方案，并与桥梁的结构设计联系起来进行分析比较。两者相互影响，拱与拱上建筑的设计与所采用的施工方案应配合协调，达到桥梁总体设计安全、实用、经济的目的。本章就国内应用较多的各类施工方法的专门问题进行讨论。

6.1　落地支架现浇

这是传统施工方法中使用时间最早的、使用范围最广泛的施工方法。其主要优点是：施工设备较简单，施工技术要求不高，且一般情况下，施工费用较省。主要适用于中、小跨径且高度较小的混凝土拱桥。桥下地基承载力较高时，落地支架现浇法是较优的施工方案。但如地基承载力过低，则基础工程费用过高，落地支架方案不一定经济。

落地支架现已基本不用木支架了，而是大量使用满布式钢管支架或临时墩上搭设钢纵梁，拱盔部分为满布钢管拱架。现就公路上承式RC箱形拱桥常用的几种落地式钢管拱架一些重要问题进行讨论。

6.1.1　扣件式钢管拱架

拱架的结构构造、材质要求与受力计算，一般情况下可参照住建部行业标准《建筑施工扣件式钢管脚手架安全技术规范》（JGJ 130—2011）的有关规定执行。规范中的“满堂支撑架”的荷载包括结构构件、施工材料、设备、作业人员的自重和风荷载；对于加强型满堂支撑架，立杆的纵、横间距可以在0.4～1.2m之间选择。支撑架的钢管宜采用Φ48.3×3.6mmQ235普通钢管。规范要求支撑架的步距分为0.6m、0.9m、1.2m、1.5m和1.8m共5级。桥梁拱架的步距均不大于1.2m。

对于公路上承式RC箱形拱桥，当采用扣件式满布钢管拱架时，根据使用经验，有以下几点较为重要。

（1）满布扣件式钢管拱架的高度不宜过高

钢管拱架上现浇拱圈混凝土的过程中，拱架高度越高，安全风险越大；风荷载作用下，拱架高度越高，安全风险越大。（JGJ 130—2011）规范指出："满堂支架搭设高度不宜超过30m"。

住建部建质[2009]87号文将混凝土模板支撑工程搭设高度5m及以上纳入"危险性较大的分部分项工程范围"；将混凝土模板支撑搭设高度8m及以上纳入"超过一定规模的危险性较大的分项工程范围"。

浙江省交通运输厅主编的《桥梁支架安全施工手册》（人民交通出版社出版，2011年6月第1版），公布了浙江省交通运输厅《关于进一步加强桥梁工程支架施工安全管理的通知》（浙交[2011]120号）。该通知指出："凡高度超过8m，或跨径超过18m，或施工总荷载大于10kN/m^2，或集中线荷载大于15kN/m的桥梁工程模板等支撑体系，严禁使用扣件式钢管支架"。

试验与理论分析表明，满布扣件式钢管支撑架的节点约束状态应为"铰接"，在荷载作用下，如主节点处扣件抗滑力不满足规范要求，或者支撑架体的构成不能完全成为几何不变体系，容易发生局部或整体失稳，出现安全事故。尤其是在风荷载作用下，安全风险更大。故对于满布扣件式钢管支撑架，应注意限制其高度，或者另选其他形式的拱架。

（2）满布扣件式钢管支架必须是几何不变体系

《公路桥涵施工技术规范》（JTG/T F50—2011）对于模板、支架设计的规定，第1条要求就是"支架的总体构造和细部构造均应设置成几何不变体系"。

在架体与墩台等固定构造物没有可靠连接的情况下，满布式钢管拱架成为几何不变的必要条件是：沿立杆轴线（包括平面上x、y两个方向）的每行、每列网格结构竖向每层不得少于一根斜杆。具体细部构造要求是：斜杆的上下端须通过主节点（在节点理论中心点15cm范围内），斜杆扣接在立杆上；扣件抗滑力应满足规范要求；在x、y方向斜杆的间距应为3~5m；主节点处必须设置一根横向水平杆，并用直角扣件扣接；斜杆与水平面的夹角应为45°~60°。

为了进一步提高架体总体与局部稳定性，以下是行之有效的措施：

①架体高度超过4.8m时，应设置顶层和底层（扫地杆设置层）水平剪刀撑；顶底层水平剪刀撑之间每隔4.8m高度均应设置中间水平剪刀撑。

②架体与墩台等固定构造物形成刚性连接。

③架体下段沿风荷载方向对立杆设置刚性接地斜撑或横向缆风索。

架体每行、每列的每一步中，至少将一处斜杆采用双斜杆，其上、下端与立杆扣接。

水平力对拱架的稳定性影响很大。水平力难以完全计算准确，风荷载实际值与理论值的偏差、混凝土输送泵产生的水平力、混凝土振捣产生的水平力、支架搭设的偏差、意外的撞击等，都会使架体承受预计之外的水平力。所以，在架体较高时，除满足几何不变的必要条件外，宜多采取加强稳定的措施。

（3）注意控制立杆的容许承载力

参照《建筑施工扣件式钢管脚手架安全技术规范》（JGJ 130—2011）有关规定，按满堂支撑架（加强型剪刀撑）步距为1.2m、立杆纵横间距为0.75m、Q235钢管为Φ48.3×3.6mm并取Q235钢材容许轴向压应力为140MPa，可计算出各种高度时立杆的容许轴向压力，见表6-1。

扣件式满布钢管支撑架立杆容许轴压力算例　　表 6-1

支撑架高度 H(m)	8	10	20	30
容许轴压力[N] (kN)	15.6	14.9	14.2	12.7

注：步距 1.2m，立杆间距 0.75×0.75m，Q235 钢管 Φ48.3×3.6mm，容许轴压应力 140MPa。

表 6-1 是按理想状态进行计算的。实际上，下述因素会使[N]值下降：立杆产生的偏心或倾斜，立杆接头处的错位，主节点处扣件损坏或松动致步距增大，立杆钢管截面积与壁厚与计算采用值不符，钢材存在初始缺陷等。另外，计算荷载尤其是风荷载与实际出入较大时，可能使立杆的承载力不满足规范要求。

从表 6-1 可以看出，支架高度 H 从 8m 增大到 30m，[N]仅下降约 18%。实际上，支架高度超过 20m 后，安全风险大得多，理论计算难以反映。根据实践经验，一些专家主张，对于扣件式钢管桥梁支架，一般情况下，立杆容许承载力（轴压力）当采用 Φ48.3×3.6mm 钢管时不宜超过 10kN。相应的步距为 1.2m，立杆间距在 0.6~0.3m 之间。

（4）支架必须进行荷载预压试验

支架预压试验的目的，在于消除支架地基的不均匀沉降和架体的非弹性变形、获取架体弹性变形，并检验支架的安全度。

对于上承式 RC 箱形拱桥，满布式钢管拱架的预压荷载，与拱圈浇筑程序有关。当箱形截面分为三环浇筑混凝土，且要求前一环混凝土达到 85%设计强度后再浇筑下一环混凝土时，预压荷载总量可以小于拱圈总自重。这个问题将在 8.2 节讨论。

拱架预压荷载试验的合格条件，根据《公路桥涵施工技术规范》（JTG/T F50—2011）与《钢管满堂支架预压技术规程》（JTG/T 194—2009）有关规定，主要有以下两项：

①各监测点最初 24h 的沉降量平均值小于 1mm，或者最初 72h 的沉降量平均值小于 5mm。

②拱架的弹性挠度不大于相应拱桥跨径的 1/2000，且不得超过 50mm。

满布式钢管支架规模较大时，或支架地基较差时，支架基础与支架架体应分别进行预压荷载试验。

应根据支架预压获得的弹性变形值确定拱架的施工预拱度。施工预拱度叠加上设计预拱度作为确定拱圈底模板安装高程的依据。

6.1.2 碗扣式钢管拱架

碗扣式脚手架是英国 SGB 公司于 1976 年首先研究成功。该系统一经推出，便因其具有诸多优点，在世界多个国家得到迅速推广。经过多年的实际应用，已被证实为一款很成熟的施工设备。1986 年铁道部专业设计院在学习英国 SGB 公司碗口式脚手架的基础上，结合我国情况，进行了局部改进，主要是在下碗扣接头上加了几个齿牙，以增强碗口接头的自锁能力。

碗扣式脚手架现已在桥梁支架和拱架施工中广泛应用。其使用性能与安全度明显优于扣件式钢管支架。《建筑施工碗扣式钢管脚手架安全技术规范》（JGJ 166—2008）将脚手架与模板支撑架在结构设计计算与构造要求方面分别做出了规定。桥梁支架与拱架可以参照模板支撑架的有关规定进行设计和施工。

碗扣式支撑架采用 Φ48×3.5mm Q235A 钢管，上碗扣、可调底座及可调托撑螺母采用可锻铸铁或铸钢制造，下碗扣、横杆接头、斜杆接头采用碳素钢制造。

立杆间距应取0.3m、0.6m、0.9m、1.2m和1.5m；步距应取0.6m、0.9m、1.2m、1.5m和1.8m。

试验研究表明：碗扣式支撑架主节点的约束状态，介于刚接与铰接之间，属于半刚性连接，对支架的整体性能影响很大。当立杆间距在0.6~0.9m之间时，按半刚性与刚性节点计算，立杆承载力之比约为0.7，所以，如按空间刚架计算，则立杆承载力乘以0.5折减系数较为稳妥。水平力对支撑架的稳定性影响很大。水平力包括风荷载、混凝土输送泵水平力、混凝土振动器水平力、支架安装偏差、意外撞击等。如总水平力超过10kN，影响较大，应采取预防措施。

碗扣式满布支撑架的计算图式中，宜将立杆与横杆交汇点的碗扣节点取为"铰接"。支撑架架体为几何不变体系应满足的条件是：沿立杆轴线（包括x、y两个方向）的每行、每列网格结构竖向每步不得少于1根斜杆。当支撑架沿纵或横（x、y）两个方向较长时，斜杆的间距不得大于4.8m。也可以采用支撑架侧面增设链杆与墩台等刚度较大结构物相连的方式，保障支撑架的几何不变性能。

当支撑架高度大于4.8m时，顶端和底部必须设置水平剪刀撑，中间水平剪刀撑设置间距应小于或等于4.8m。

对于承受较大荷载的桥梁满布碗扣式钢管支撑架，从提高支撑架整体安全度考虑，提出以下几点建议：步距不宜大于1.2m；立杆纵、横向间距不宜大于0.9m，荷载较大部位应取0.6m或0.3m；立杆伸出顶层水平杆的长度不宜超过0.2m；应同时设置竖向剪刀撑与水平剪刀撑；扫地水平杆距地面的高度不宜大于0.2m；支撑架的总高度尽量不超过10m，否则应采取防止架体侧向变形或失稳的可靠措施；按参考文献[166]规定计算风荷载作用下的架体稳定性。

6.1.3　临时墩、钢梁配合满布式钢管支架（或称复合式落地支架）

当架体较高时，满布式钢管拱架不仅钢管用量很大、施工难度大，安全风险也较高。这种情况下，多采用沿拱跨纵向布置临时墩，墩上架设钢纵梁及横向分配梁，其上拱盔部分可用满布式钢管拱架。

临时墩一般采用万能杆件搭设，也有采用钢筋混凝土或浆砌石料的。墩上纵梁多采用贝雷桁片或其他形式的军用梁、型钢等。纵梁之上的分配梁采用双工字或双槽钢组成。

下面介绍两座上承式RC箱形拱支架的实例。

实例一：贵州省归化大桥

贵阳至毕节公路归化大桥，主跨为113m上承式RC箱形拱。桥下为深切V形河谷。沿桥跨纵向布置6个临时墩，用万能杆件组装。6个临时墩，每两个与其上纵梁形成门式框架结构。纵梁采用贝雷桁片组成。拱盔部分为满布式钢管拱架。全桥支架布置如图6-1所示。

单个临时墩采用4肢西乙型四号杆件组成。临时墩柱最高达54m。支架总高度约60m。施工过程较顺利。

实例二：贵州省磨乡大桥

杭州至瑞丽高速公路遵义至毕节段磨乡大桥，主桥为净跨100m上承式RC箱形拱。矢跨比1/6，拱轴系数1.756。单幅拱圈为单箱三室，高度1.9m，宽度10.5m，C40混凝土。单幅拱圈混凝土共计881.24m^3。在落地式拱架上现浇。拱圈分三环浇筑。第1环为底板与下承托；第2环为腹板（高度70cm）；第三环为顶板、上承托以及拱上立柱座（57.22m^3）。故拱圈自重为（881.24+57.22）×26＝24400kN。另外，分配横梁、模板、脚手架等自重共计1562kN。施工人员及机具均布荷载取1kPa；振捣混凝土产生的均布荷载取2kPa。

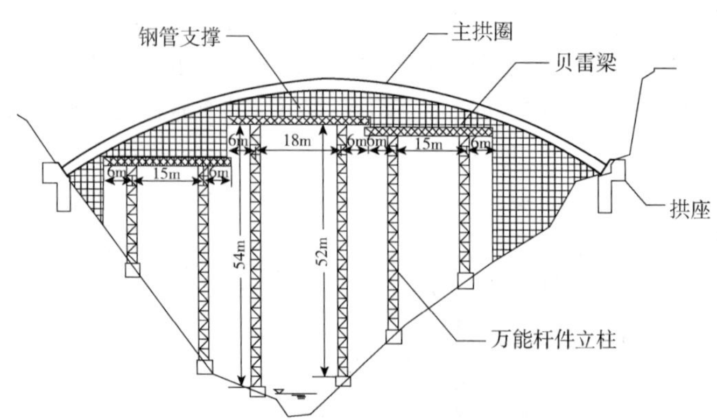

图 6-1　贵州归化大桥落地式拱架(尺寸单位:m)

沿跨径方向设置两个临时墩高度分别为 33.6m 和 33.1m,采用 RC 圆柱,直径为 1.5m,柱顶为 RC 盖梁,尺寸为 1.6m×1.9m×12.3m。柱下端与直径为 1.7m 的桩直接连接,地面处设地系梁,中间每隔 10m 设一道横系梁。均采用 C30 混凝土。

盖梁上设 3 排单层加强型贝雷桁架和 12 组双排单层加强型贝雷桁片。贝雷顶面平台上为碗扣式满布钢管拱盔。临时墩平面布置如图 6-2 所示,支架立面布置如图 6-3 所示。

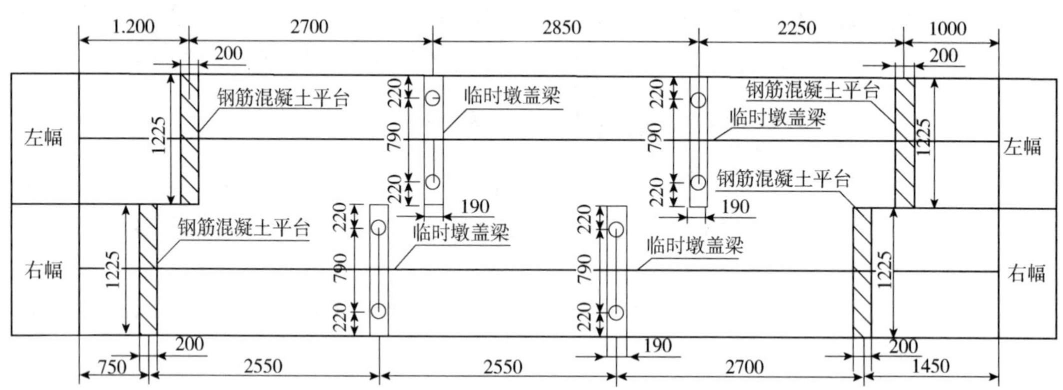

图 6-2　临时墩平面布置示意(尺寸单位:cm)

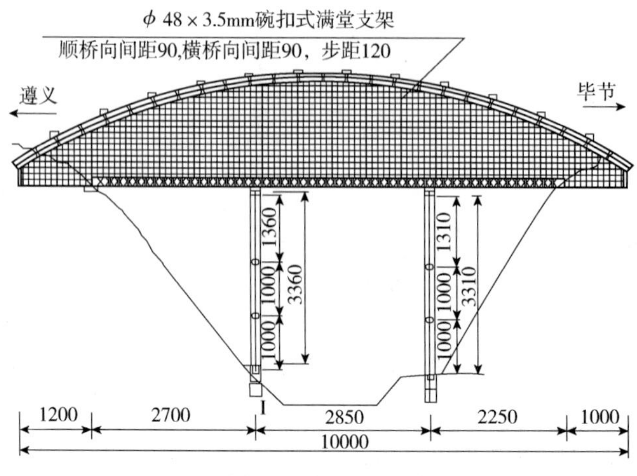

图 6-3、支架立面布置(尺寸单位:cm)

计算时所取恒载包括单幅拱圈及排架座的混凝土重量。施工时，待前一环混凝土凝固后方可加载下一坏混凝土，故计算偏于保守。贝雷梁计算采用以下两种方法：

(1)将贝雷梁等效成实腹梁按连续梁计算。纵向为三跨连续梁，计入分项系数后的总均布荷载为 355.6kN/m。

(2)贝雷桁架梁按实际杆件用有限元程序计算，上、下弦截面积为 2×25.48 = 50.96cm^2；抗弯惯矩为 2×396.6 = 793.2cm^4；斜杆与竖杆截面积为 9.53cm^2，抗弯惯矩为 99.00cm^4。单元节点为刚接。

按一排贝雷计算，均布载为 355.6/30 = 11.853kN/m。

计算结果见表 6-2。

贝雷梁计算结果　　表 6-2

位 置	计算方法	最大挠度(mm)	最大正应力(MPa)	最大剪应力(MPa)
左幅	等效实腹梁法	40	156.66	11.72
	有限元法	37	167.65	
右幅	等效实腹梁法	45	134.46	11.48
	有限元法	39	173.65	

注：表中左、右幅指三跨连续梁的左右幅，最大挠度 40mm 出现在右幅 27m 跨中，小于容许值 27000/400 = 67.5mm，最大正应力 173.65MPa，出现在临时墩支点处，小于容许值 273MPa。

6.1.4　其他形式落地支架

(1)插接式钢管支撑架

插接式钢管支撑架是近年发展起来的建筑业一项新技术。这种支撑架的基本构件为立杆、横杆、斜杆与底座。功能组件为顶托、承重横杆、用于安装踏板的横杆、踏板横梁、中部横杆、水平杆上立杆。通过锁销、销子与螺栓的连接形成支撑架的架体。

立杆与横杆之间采用预先焊接于立杆上的 U 形插接耳组与焊接于横杆端部的 C 形或 V 形卡以适当的形式相扣，再用楔形锁销穿插其间的连接形式；立杆与斜杆之间采用斜杆端部的销轴与立杆上的 U 形卡侧面的插孔相连接；根据管径的不同，上下立杆之间可采用内插或外套两种连接方式。

架体杆件主要承重构件采用低碳合金结构钢，架体承载力得到极大的提高。该类产品均热镀锌处理。节点的承载力由扣件的材料、焊缝的强度决定。

立杆规格为 Φ48×2.7mm、Φ60×3.2mm，材质为 Q345B；横杆规格为 Φ48×2.7mm，材质为 Q345B。

Φ48mm 立杆套管插入长度不小于 150mm，Φ60mm 立杆套管插接长度不小于 110mm。架体安装后的垂直偏差应控制在高度的 3/1000 以内。

这种支撑架可广泛应用于建筑结构及市政桥梁工程的脚手架及模板支撑系统。京承高速公路 15 标桥梁即采用此类支撑架进行施工。

(2)大力神钢管支撑系统

荷兰 SCAFOM 国际公司设在中国的脚手架、支撑架专业公司——云南大力神金属构件有限公司生产的脚手架(支撑架)具有承载力大、稳定性好、安装拆卸方便、安全度高、用料较省等突出优点，已在国内多座桥梁、隧道工程中应用。昆明理工大学试验中心于2009~2012年分别对该支撑架进行了承载力测试、横杆连接节点强度试验和可调丝杆稳定性试验。2009年获得云南省企业产品标准“大力神DURALOCK脚手架”证书。主要技术参数如下：

①核心构件：立杆、横杆、斜杆、可调地托、带杯的可调顶托。杆件采用

Φ48×3.2mm钢管。

②立杆：带接长管的立杆，有5种长度：1m、1.5m、2m、2.5m、3m；无接长管的立杆，有5种长度1.3m、1.5m、1. 8m、2m、2.3m。

③横杆：有5种长度：0.3m、0.6m、0.9m、1.2m、1.8m。

④斜杆：按水平、竖向投影长度有4种：1.2m×1m、1.8m×1m、1.2m×1.5m、1.8m×1.5m。另外，可调斜杆长度有2种：001号为1.39~2.25m；002号为0.95~1.39m。纵向每隔最大6m设一排斜杆（3格1.8m）、（5格1.2m）、（6格0.9m）。

⑤可调地托最小调节高度140mm，最大调节高度655mm，应保证调节丝杆至少有250mm在立杆钢管内。

可调顶托的最大可调长度为515mm，调节丝杆不能承受水平力。

⑥步距≤1.5m。当步距为1.5m时，每根立杆最大承载力是60kN，其立杆间距应≤1.8m。这个承载力是基于立杆4个方向都有约束。对于外围立杆，有2个或3个约束，安全负荷降为48kN。承载力计算系基于顶托处最大偏心距为5mm。

⑦立杆纵、横向间距相同。

采用大力神钢管支架的工程有以下实例：

①昆明市东二环快速路大树营立交桥及人民路跨线桥

支撑高度8.5~34m，支撑间距1.8m×1.2m（横梁处加密为0.9~1.2m）。

主线桥最大跨度52m，箱梁高度1.8~2.3m。

②成绵乐客运专线成都双流机场车站地铁明挖隧道

支架上现浇衬砌，厚度1.6m，隧道跨径22.3m。

③太原武宿机场高架桥

左线7联共30跨，长847.5m；右线6联共28跨长832m，桥面宽10m，箱梁高度1.6m、1.8m。支架平均高度8.5m，最大高度12.5m。

④贵阳市东站路高架桥

第19联为3×33mPC连续箱梁，支架最高处为45m。

6.1.5 支架或拱架施工安全风险评析

国内外圬工拱桥及混凝土拱桥的大量实例表明，当桥梁跨度较大、支架较高时，支架或拱架法施工过程中存在较大安全风险。据参考文献[91]介绍，施工过程发生的国内桥梁事故121例中，因支架失稳或损坏引发的事故为47例，占38.8%。表明在施工时出现的事故中，直接由支架引发者比例甚高。下述几个实例，为因支架或拱架破坏引发的重大事故：

（1）贵州省铜仁市鱼梁滩脚大桥，1990年12月1日，大桥施工中垮塌，死亡37人，伤31人。该桥主跨跨径50m，为空腹式石拱桥。采用满布式木拱架。

（2）湖南沅陵黄头桥，1992年1月8日，拱架失稳导致桥体整体垮塌，死亡14人，伤9人。该桥为单孔74m石肋拱桥。

(3)三峡库区焦家湾桥,1998 年 12 月 20 日,施工中木拱架与拱圈一起垮塌,死亡 11 人,伤 13 人。该桥为单孔 48m 石拱桥。

(4)福建三明京福高速公路××桥,2001 年 9 月 25 日,钢管满布式支架预压荷载试验时垮塌,死亡 6 人,伤 22 人。该桥为多跨梁桥。

(5)瑞典 Sando Rc 拱桥,主跨 264m,矢跨比 1/6.6,采用跨度为 247.5m 的木拱架施工,在浇筑拱箱混凝土过程中,支架垮塌,死亡 18 人。

(6)加拿大渥太华丽都河桥,为 RC 拱桥,在浇筑混凝土过程中,拱架垮塌,29 人死亡,62 人受伤。

(7)美国加州奥本 RC 拱桥,多孔 47m,在第三孔混凝土浇筑过程中,木支架垮塌,3 人死亡,16 人受伤。

施工中支架或拱架破坏,各桥的原因不尽相同,涉及的因素较多,归纳起来,以下这些失误都可能导致严重后果:材质存在严重质量缺陷;支架或拱架设计不合理、不安全,个别桥的支架实际上为几何可变体系;支架上施工加载程序严重不合理;严重违反施工操作规定;施工现场指挥失误;施工单位或施工技术负责人无资质,缺乏起码的施工经验;忽视不良地质或不良地基导致构件大变形或破坏;在某些关键细节失误;支架未进行预压即浇筑混凝土;忽视雨、雪、凝冻、大风对支架的不利影响;管理上层层转包存在安全隐患;支架拆除失误等。

国内很多中、小跨径桥梁,尤其是城市桥梁中的弯桥和异形桥梁多采用满布式钢管支架现浇施工。在支架较高的情况下,存在安全风险。为了确保施工安全,必须严格按照相关的技术规范进行专项设计,支架基础、支架架体必须进行荷载预压,并达到规范规定的合格要求,施工加载过程中应密切观测支架的变形情况。对于高支架、除按规范进行受力验算外,还应采取布设横向斜撑、缆风索、连墙(墩台)杆件等提高稳定性的措施,以避免在偶然荷载作用下可能发生的失稳。支架拆除应事先拟定稳妥可靠的卸架程序,按对称、均衡与安装相反的顺序缓慢地落架。

6.2　钢拱架现浇(拼装)法

在悬拼形成的钢拱架上现浇上承式 RC 箱形拱桥的拱圈,目前国内最大跨径为 170m 的四川攀枝花 3007 大桥。1983 年建成,此后建成的采用钢拱架施工的上承式 RC 箱形拱桥跨径均小于 150m。实践经验表明,跨径超过 150m 后,钢拱架的钢材用量大,安装与拆卸较为麻烦,工期较长,不够经济合理。例如贵州省,近年用钢拱架施工的上承式 RC 箱形拱桥,跨径多在 90~130m 之间。所以,采用钢拱架较为合理的跨径宜小于 150m。

6.2.1　悬拼钢拱架的主要结构类型

(1)根据实桥具体情况设计与制作的专用钢拱架

如攀枝花 3007 大桥,采用角钢、槽钢焊接组拼成钢拱架的基本节、拱顶节、拱脚节三种构件单元。钢拱架计算跨径达 167.68m。攀枝花 3006 大桥,也是用型钢专门制作的钢拱架,其计算跨径为 143.90m。这两座大桥施工情况见本书第 5.2 节。

由于钢拱架各种节段中的杆件都是相互焊接的,桥梁完工后,钢拱架难以作为一般钢材利用,计入拱桥造价的费用也较高,且加工制作安装复杂,故这类钢拱架后来未获广泛使用。

(2)采用军用钢梁组装的钢拱架

国内使用最多的是用贝雷军用钢桁片组装钢拱架。

如广东省韶关市蔚林大桥,主跨为100m上承式RC箱形拱箱,矢跨比1/6,桥面宽度12m,拱圈高度1.6m,宽度11.96m,为双箱肋断面,箱肋宽3m,单箱双室,采用贝雷桁架组成钢拱架,拱架计算跨径99.20m,宽10.05m。沿拱轴方向划分为12节段,除拱脚节长度为8.43m外,其余各节的长度均为9m,均用3片贝雷组成。下弦仍用贝雷销,上弦则通过销孔间距为0.16m的另外加工的短臂构件与上弦杆连接,形成闭口三角形。各9m节段在圆弧线上成折线布置。拱脚节段分别由2节贝雷桁片(600cm)和加工构件(243cm)组成。横桥向由16榀贝雷片形成整体。贝雷片上弦杆横向用20a工字钢通过骑马螺栓与上弦杆联结,加强横向联系,贝雷拱架钢材总重2360kN。

本书第5.2节介绍的贵州省米家山大桥和毕节七星关大桥均采用贝雷桁片组装拱架。

使用军用钢桁片组装拱架的优点是可以使用施工企业的现有设备,拱架节段之间主要采用销接或其他非焊接连接,大部分钢材可以周转多次使用,费用较低,施工较方便,工期也较短,是应用广泛的一种钢拱架。但整个拱架非焊接接头较多,施工时如节点安装不够牢固,承受荷载后可能发生较大变形。

(3)常备式钢拱架

20世纪80年代四川省设计、制作了适用于上承式圬工拱桥的“常备式钢拱架”。从1989年开始,用这种拱架修建了近百座50~80m拱桥,其中大多为石拱桥,也有部分上承式RC箱形拱,跨径突破100m。如四川宝兴县小关子电站引水式管道桥,为净跨124m上承式RC箱形拱桥,矢跨比1/5,桥面总宽12m,拱圈宽10m,拱圈高度2.5m,单箱4室,顶、底板厚度均为30cm,边腹板厚度40cm,中腹板厚度30cm,拱圈截面面积$9.68m^2$,桥上设置直径为6.5m引水钢管,延米重40t/m,两侧人行道各1.85m宽,荷载为$3kN/m^2$。采用常备式钢拱架现浇拱圈混凝土。

钢拱架的基本单元为三角形桁架。标准三角架的纵向长度为400cm,高度为200cm。其构成类似六四军用钢桁片,但六四军用钢桁的高度为150cm。常备式钢拱架可组装成二铰或三铰拱架。

小关子大桥钢拱架计算跨径122.1m,钢材总用量286t,平均每平方米为0.2t,对受力较大的构件进行加强,弦杆两侧用[16低合金轻型槽钢焊接。横向由7片三角架桁片构成,间距1.5m。钢拱架纵向分为5段,其中拱脚段纵向布置9个三角架,$L/4$段纵向布置6个三角架,拱顶段纵向布置5个三角架。钢拱架纵向一片共计35个三角架,故全拱架三角架总计7×35=245个三角架。钢拱架采用天线缆索吊装,最大吊重9t。拱圈混凝土浇筑过程,拱架最大下挠10cm,该桥于2000年建成通车。

2008年中交公路规划设计院为重庆市某企业设计了用于上承式RC箱形拱现浇施工的常备式钢拱架。其标准桁片为仿军用梁H20的构造,其主要情况可参阅本书第7.2节实例三。贵州S207线三江江大桥,为主跨110m,矢跨比1/5.5的上承式RC箱形拱桥,拱圈高度1.9m,单箱三室,拱圈宽8.2m,采用仿H20常备式钢拱架浇筑拱圈混凝土。沿拱弧线布置31片仿H20桁片,横向布置5组,总计155组桁片。钢拱架上布置满堂式小钢管。全拱共用钢拱桁片228.9t+小钢管70t=298.9t。钢拱架采用天线缆索吊装,主缆跨度157.84m,最大吊重81.6kN。至今采用此套常备式钢拱架施工的上承式RC箱形拱,已有8座,最大跨径125m。

2010年中交公路规划设计院为贵州铜仁地区设计了用于上承式RC箱形拱桥的常备式钢

拱架，其标准桁片为仿贝雷的构造，但桁片高度为 2.2m，适用于拱圈净跨≤120m 的上承式箱形拱。已用于净跨为 99m 的梵净山环线公路的坝溪大桥。

(4)组合式钢拱架

由贝雷桁片构成拱架，并用斜拉扣索参与拱架共同承力，形成组合式钢拱架。1989 年建成的湖南五强溪电站沅水大桥，为主跨 133m 上承式 RC 箱形拱桥，用这种组合式钢拱架施工主拱圈，具体情况可参本书第 5.2 节实例四。

6.2.2　各类钢拱架标准节段基本数据比较

各类钢拱架标准节段基本数据比较(单片)，见表 6-3。

各类钢拱架标准节段基本数据比较(单片)　　表 6-3

序号	结构名称	外形尺寸(cm)		弦杆截面						立面简图	备注
		高度 h	长度 l	上弦			下弦				
				构成	A (cm^2)	W_x (cm^3)	构成	A (cm^2)	W_x (cm^3)		
1	贝雷军用梁	150	300	2×2[10	50.96	158.80	2×2[10	50.96	158.80		主跨 120m 通达大桥，计入加强弦
2	六四式军用梁	160	400	2[16B	50.30	233.60					主跨 120m 底那河桥
3	三角桁架	200	400	2[16B	50.30	233.60					四川省 90 年代常备式钢拱架
4	仿 H20 桁架	220	400	L200×125×18	55.53		L200×125×18	55.53	$\frac{169.33}{330.05}$		中交公规院 2008 年设计的常备式钢拱架
5	仿贝雷桁架	220	400	2[18	58.58	304.40	2[18	58.58	304.40		中交公规院 2010 年设计的常备式钢拱架
6	仿华纶	220	586	2[25C	89.82	620.80	2[25C	89.82	620.80		主跨 125m 米家山大桥
7	加强型三角桁架	200	400	2L80×7	21.72	106.8	2L80×7	21.72	106.8		用于正安 L = 75m 二合大桥

注：A-截面积；W_x-截面抵抗矩，分数处，分别为上、下缘对应的抵抗矩。

6.2.3 部分上承式 RC 箱形拱桥钢拱架概况

部分上承式 RC 箱形拱桥钢拱架概况,见表 6-4。

部分上承式 RC 箱形拱桥钢拱架概况　　表 6-4

序号	桥名	拱圈尺寸(m)			钢拱架基本单元类型		钢拱架基本单元弦杆				备注
		跨径	高度	宽度	高度(cm)	类型及横向片数	截面构成		截面积(cm^2)		
							上弦	下弦	上弦	下弦	
1	四川攀枝花3007大桥	170	2.8	10.6		角钢、槽钢构成,桁架共10片					已建成
2	四川攀枝花3006大桥	146	2.5	10.5	200	角钢、槽钢构成,桁架共8片					已建成
3	四川西昌××大桥	138	2.8	10.3	400	贝雷桁架组合体					已建成
4	湖南五强溪电站沅水大桥	133	1.8		150	钢绳斜拉贝雷,18片	2×2[10	2×2[10	2×25.48	2×25.48	已建成,预制拱箱安装
5	贵州务川米家山大桥	125	2.1	10.0	220	仿华伦桁架6片	[25C	[25C			已建成
6	四川宝兴小关子大桥	124	2.5	10.0	200	三角桁架7组	2[16B	2[16B	50.30	50.30	已建成
7	贵州织金底那河大桥	120	2.2	7.2	200	三角桁架6组	2[16B	2[16B	50.30	50.30	已建成,拱架设扣索
8	贵州务川通达大桥	120	2.1	7.4	150	贝雷桁架18片(双层)	2×2[10	2×2[10	2×25.48	2×25.48	有加强弦,已建成
9	贵州仁怀东门大桥	120	2.2	7.2	150	贝雷桁架18片	2×2[10	2×2[10	2×25.48	2×25.48	有加强弦,已建成
10	贵州务川珍珠大桥	120	2.1	10.0	150	贝雷桁架16片	2×2[10	2×2[10	2×25.48	2×25.48	安装时垮塌,后用竖转
11	贵州玉屏抚溪大桥	120	2.2	10.5							已建成
12	贵州正安桑坝大桥	115	2.0	7.0	150	三角桁架5组	2×2×{B	钢板2×160×36	50.30	96.00	预压时拱架大变形后拆除
13	贵州三江河大桥	110	1.9	8.2	220	仿H20桁架5组	L200×125×18	L200×125×18	55.53	55.53	已建成
14	贵州遵义水泊渡大桥	110	190	8.0	220	仿H20桁架5组	L200×125×18	L200×125×18	55.53	55.53	已建成
15	广东蔚林大桥	100	1.6	7.0	150	贝雷桁架14片	2[10	2[10	25.48	25.48	已建成
16	贵州铜仁坝溪河大桥	99			220	仿贝雷桁架	2[18	2[18	58.58	58.58	已建成

续上表

序号	桥　名	拱圈尺寸(m)			钢拱架基本单元类型		钢拱架基本单元弦杆				备　注
		跨径	高度	宽度	高度(cm)	类型及横向片数	截面构成		截面积(cm^2)		
							上弦	下弦	上弦	下弦	
17	贵州安顺白马水库桥	94.5	1.85	7.8	200	三角形桁架	2[16B	2[16B	50.30	50.30	已建成
18	贵州毕节七星关大桥	90	1.8	9.6	150	贝雷桁架 12 片	2×2[10	2×2[10	2×25.48	2×25.48	有加强弦，已建成
19	贵州肖家坪大桥	90	1.8	10.5	150	贝雷桁架 14 片	2×2[10	2×2[10	2×25.48	2×25.48	有加强弦，已建成
20	广东兰石大桥	85		8.5	150	贝雷桁架 8 片	2×2[10	2×2[10	2×25.48	2×25.48	已建成
21	贵州北盘江马马岩桥	80	1.7	6.5	200	三角形桁架 6 组	2L80×7	2L80×7			已建成
22	贵州正安二合大桥	75	1.6	4.5	200	加强三角桁架 4 组	2L80×7	2L80×7			已建成
23	贵州德江白果坨桥	100			200	三角形桁架	2[16B	2[16B	50.30	50.30	已建成
24	贵州金沙三丈水大桥	90			150	贝雷桁架	2×2[10	2×2[10	2×25.48	2×25.48	已建成
25	崇遵高速公路××桥	120			150	贝雷桁架	2×2[10	2×2[10	2×25.48	2×25.48	安装时拱架坍塌，二次架设

表 6-4 中 25 座上承式 RC 箱形拱桥，除序号 4 湖南五强溪电站沅水大桥采用钢拱架上组装预制节段拱箱外，其余均为在钢拱架上现浇拱圈混凝土。湖南五强溪电站沅水大桥拱圈施工工艺具有特色，再进一步评析讨论如下。

图 6-4 为拱圈横断面，预制拱箱为闭口箱，横向由 7 个箱组成，沿拱轴线划分为 30 段，每段长 4.9m，质量 10t，预制拱箱纵向为直线形。拱箱顶底板厚度为 18cm，预制拱箱肋板厚 4cm，安装成拱后，再浇肋间混凝土，达到成桥状态的厚度。

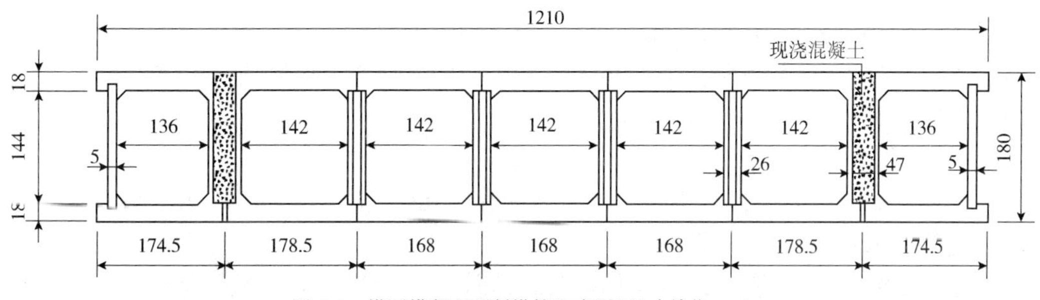

图 6-4　拱圈横断面预制拱箱组成图(尺寸单位：cm)

拱箱腹板与横隔板先预制，然后通过顶底板浇筑形成预制闭口拱箱。

用天线缆索吊机将预制拱箱吊装在钢拱架上组拼，先吊装拱脚段，再压拱顶段，然后由拱脚向拱顶方向安装合龙，合龙前用千斤顶调整预制拱箱的高程，然后焊接顶、底板伸出的钢筋，浇筑各段接头处混凝土，同时封闭拱脚，形成无铰拱。

该桥拱圈的施工工艺，有以下特点或优点：

(1)贝雷桁架组成的钢拱架增设斜拉扣索，使贝雷组成的拱架跨径大幅度提高，已建成的采用贝雷组成钢拱架的几座桥，拱圈跨径虽达到120m，但为了减小拱架跨径，将拱架的起拱线下降，上面再安装满布式小钢管拱架，钢材用量增加很多，工期长，工序也多，而斜拉贝雷拱架则钢材用量省，承载力高，工期也较短。

(2)拱圈采用预制安装，且分块较小，可以用一套天线缆索吊机吊装钢拱架，和预制拱箱。该桥从拱架安装至拱圈合龙仅用75天，较钢拱架现浇拱圈的施工工艺工期明显缩短。

(3)斜拉扣索钢拱架与无斜拉扣索的一般钢拱架比较，在拱圈相同跨径的情况下稳定性大幅度提高，施工安全风险大为降低。

由于拱圈由210块预制拱箱组成，在钢拱架上安装就位后，需浇筑肋间混凝土，纵横接头太多，其整体性不及整体现浇的拱圈，是不足之处。

6.2.4 拱圈混凝土浇筑程序与钢拱架受力分析

国内经验，拱圈整体现浇混凝土时，沿拱轴线方向分段、沿拱圈高度方向分环，采用纵、横向对称、均衡的方式浇筑，是安全稳妥的施工程序。《公路桥涵施工技术规范》(JTG/T F50—2011)规定，跨径较大的拱圈或拱肋，应沿拱跨方向分段对称浇筑，分段的位置应以拱架受力对称均匀和变形小为原则，且宜设置在拱顶、$L/4$、拱脚及拱架节点等处。各分段点应预留间隔槽，其宽度宜为0.5~1m，槽内有钢筋接头时，其宽度尚应满足接头的需要。间隔槽混凝土应在拱圈混凝土达到设计强度的85%后，由拱脚向拱顶对称进行浇筑；拱脚及拱顶间隔槽的混凝土应在最后封拱时浇筑。

大跨径上承式RC箱形拱桥的拱圈，沿其高度方向一般为三环，即底板(含下承托)为第1环，腹板(含横隔板及上承托)为第2环，顶板为第3环。第1环成拱且混凝土达到设计强度的90%后，方可浇第2环混凝土，第2环成拱且混凝土达到85%设计强度后方可浇第3环混凝土。采用这种程序进行分环施工的目的是，使已成拱且混凝土达到一定强度的混凝土环，可以和拱架共同承力，从而减轻拱架的负担。拱环成拱且混凝土达到一定强度后两者联合承担后续荷载的情况，已为实践和理论分析所证实。

参考文献[61]对分环现浇混凝土拱圈与拱架联合作用时，对后续荷载分摊比例进行了分析研究，其力学模型做了以下几点假设：在纵向是均匀连续的；小变形假定；只发生线弹性变形；横截面变形过程中，保持为刚性平面，并与变形后的杆件轴线垂直；施工过程中拱圈和拱架不发生相对滑动。

得到以下几点结论：

(1)拱圈混凝土与拱架共同承担后续荷载的分配比例，决定于两者的相对刚度。即在一定限度内，刚度大者，分担的荷载也大。

(2)在工程实用的范围内，推荐采用简化方法计算拱圈与拱架分摊荷载的比例。简化公式偏于安全。拱架承担拱箱混凝土质量的比例为：

$$\gamma = \sum_{1}^{n} \alpha_i \beta_i \tag{6-1}$$

式中：γ——拱架承担全拱圈混凝土质量的比例；

n——拱圈竖向分环施工的分环数；

β_i——第 i 环混凝土的质量占全拱圈质量的比例；

α_i——第 i-1 环混凝土和拱架联合作用时，拱架承担的第 i 环混凝土质量的比例。

计算公式如下：

$$\alpha_1 = \frac{E_1 I_1^1}{E_1 I_1 + E_2 I_2} = \frac{1/\delta_0}{1/\delta_1}$$

$$\alpha_2 = \frac{E_1 I_1^1}{E_1 I_1 + E_2 I_2 + E_3 I_3} = \frac{1/\delta_0}{1/\delta_2}$$

$$\alpha_3 = \frac{E_1 I_1^1}{E_1 I_1^2 + E_2^1 I_2^1 + E_2^2 I_2^2} = \frac{1/\delta_0}{1/\delta_3}$$

$$\cdots$$

式中：E_1、E_2——分别为拱架、拱环混凝土弹性模量；

I_1、I_2——分别为拱架、拱环混凝土截面惯性矩。

δ_0——混凝土浇筑前，拱架拱顶部位作用单位荷载时，拱顶处的变形值；

δ_i——第 i 环混凝土浇筑后，在拱架拱顶处作用单位荷载时的拱顶变形增量；

E、I 的上标 1、2…表示第 n 环混凝土的 $i=1$、2…。

第 1 环混凝土刚浇完时，强度很低，$E_2=0$，故有 $\delta_1=\delta_0$，$\alpha_1=1$。

全拱圈承担的荷载应为 $1-\gamma$。

为了使拱圈与拱架共同承力，两者之间应有足够的沿两者结合面的抗剪强度。施工时应设置可靠的剪力键使两者不发生相对滑移。

参考文献[146]研究了混凝土拱环与拱架在横桥方向承受荷载时的联合作用。研究结论指出：利用已形成的混凝土环和拱架的横向联合作用，可以明显提高拱架的横向稳定性。

西昌××大桥为主跨 138 m 上承式 RC 箱形拱桥，拱圈高度 2.8m，宽 10.3m，单箱三室，采用贝雷桁片组合钢拱架现浇拱圈混凝土。参考文献[61]按四环浇筑，计算得到 $\gamma=0.589$，$1-\gamma=0.411$，即拱架分摊拱圈荷载的 58.9%，拱圈自身承力 41.1%。参考文献[146]按三环浇筑混凝土，第 1 环为拱圈底板与 1.2m 高腹板，计算得到横向稳定系数为：未浇筑混凝土前，拱架的一阶失稳形式为面外失稳，稳定系数为 12，第 1 环混凝土浇筑完并达到设计强度后，其一阶失稳形式仍为面外失稳，稳定系数达到 55。

参考文献[140]对世界最大跨径石拱桥——丹河大桥（净跨 146m），拱环与拱架的联合作用进行了研究，结论是：先期砌筑的拱环与拱架的共同作用明显，其整体贡献可达 30%左右，该桥采用多排落地立柱支撑的排架式钢拱架。

由上述讨论，可以认为，大跨径混凝土拱圈在至少划分三环，且前一环混凝土达到设计强度 85%以上，浇筑后一环混凝土的情况下，钢拱架至少可以分担拱圈荷载的 50%。因此，钢拱架受力计算时采用的拱圈混凝土荷载，可以取包括拱箱底板、腹板和横隔板（不含顶板）开口箱的总重量，是偏于安全的。但应采取措施使拱架与拱圈之间有足够的切向抗剪强度。

参考文献[61]严格按照施工步骤计算时,拱圈承担荷载为43%,则拱架承担57%,钢拱架安装完成后进行预压试验的荷载取值,可以取拱圈自重的60%,是偏于安全的。

6.2.5 钢拱架预拱度

采用钢拱架现浇混凝土拱圈的预拱度,由两部分组成,即设计预拱度和施工预拱度。设计预拱度应按从拱圈成拱单独承力开始至全桥完成且正常运营一段较长时间(例如8~10年)后,在恒载、混凝土徐变、收缩效应作用下产生的挠度值确定。设计预拱度不考虑钢拱架变形的影响。施工预拱度应按钢拱架消除非弹性变形后,在现浇拱圈混凝土过程中产生的弹性下挠最终值确定。

钢拱架吊装悬拼合龙成拱构,应进行荷载预压。当拱圈混凝土浇筑采用分环(箱形拱圈一般分为三环)、分段的方式进行,并在前一环混凝土强度达到80%设计强度后浇筑后一环混凝土的情况下,根据理论分析与实践经验,钢拱架的预压荷载可以取拱圈自重的60%,大约与第一环(底板及下承托)的自重和施工临时荷载之和的1.2倍接近。通过荷载预压,消除了钢拱架的非弹性变形,获得了钢拱架荷载与弹性变形的关系,检验了钢拱架强度、刚度及稳定性。由于预压荷载仅为拱圈混凝土自重的60%,所获取的拱架挠度,还不能直接用以确定预拱度。应进行钢拱架在拱圈混凝土浇筑过程中的内力与挠度计算,应模拟拱圈分环、分段的施工程序,并考虑已达到一定强度的拱环和钢拱架预压获得的挠度值进行对比分析,便可确定较为合理的施工预拱度。预拱度沿拱圈纵向的分布,建议按拱的推力影响线分配。

钢拱架一般采用无线缆索斜拉扣挂拼装。为了使安装成拱后的钢拱架线性符合设置预拱度后的线性,应在钢拱架节段拼接就位时,按事先计算确定的扣索索力进行控制。参考文献[258]提出采用迭代法确定扣索索力,使之在拱架成拱时,达到预先给定的线位。这一方法,施工较方便,节段安装过程不需调整索力。结构分析用Midas/civil软件,较为实用。

6.2.6 钢拱架安全风险讨论

先介绍几起上承式RC箱形拱桥采用钢拱架施工发生的安全事故。

(1)广东省韶关市白桥坑大桥

主跨为100m上承式RC箱形拱。采用钢桁架式拱架。1996年12月20日,在浇筑底板混凝土时,拱架坍塌,正在桥上作业的91名施工人员全部坠落74m深的山谷,32人死亡,59人受伤。这一重大事故的主要原因是拱架结构不合理,由支架立柱、斜撑和主桁架构成的体系为几何可变体系,属不稳定结构。事故后对拱架进行验算,其承载力仅是实际荷载的1/3,钢材应力超过屈服极限。其次,还存在以下问题:

①未按规范要求进行对称、均衡地浇筑混凝土。

②拱架安装完毕后,在未经过预压试验的情况下即投入使用。

③施工监理工作不到位。

④在底板混凝土浇筑过程中多次出现危险征兆,未引起注意。

⑤现场施工的工人未经过技术、安全培训。

(2)贵州省务川县珍珠大桥

主跨120m上承式RC箱形拱。采用贝雷桁架组装成钢拱架,横向为16片。2005年11月5日,钢拱架已安装合龙成拱后,拱架突然整体垮塌,正在拱架上施工的19名工人坠落河谷,死亡 16 人,受伤 3 人。事故发生后的调查总结,认为造成垮塌的原因,是由于施工单位使用了质量差的施工器材以及违规操作。导致拱架坍塌的直接原因是钢拱架部分合龙后,过早拆除部分扣索,拱架产生过大变形而失稳破坏。

(3)贵州省正安县桑坝大桥

主跨 115m 上承式 RC 箱形拱。采用“可变式多用途桥梁钢桁架”组成拱钢拱架。2008 年 4 月 1 日,钢拱架安装成拱后进行荷载预压试验时,发生大变形而失稳,因处理及时,未发生垮塌。但因变形过大,无法纠正难以继续施工。经主管部门决定,原拱架拆除,另采用更安全可靠的钢拱架重新施工。该桥现已建成。

原拱架成拱后做预压荷载试验,在拱架上加载达到 3494kN(占总预压荷载 6800kN 的 51.4%)时,拱顶附近上冒达 1272mm,接近失稳临界状态,现场迅速撤除拱架上的荷载,处理及时,避免了失稳破坏。

原拱架为增设下弦的三角桁片,其标准节如图 6-5 所示。

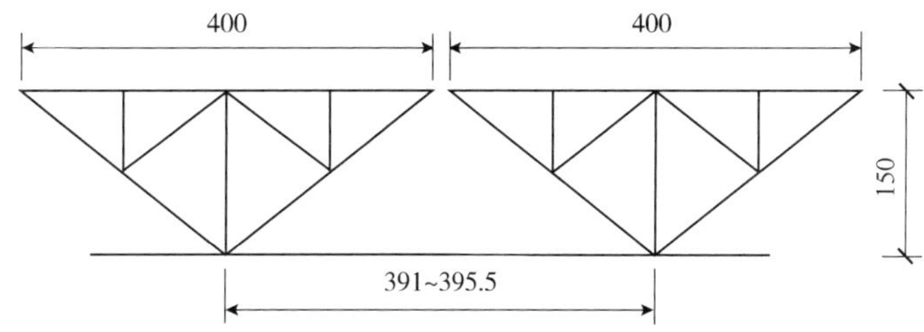

图 6-5　可变式多用途钢拱架标准节(尺寸单位:cm)

一个单元构件的上弦为 2[16B,斜腹杆为 2[8,竖腹杆为 2L50×5,下弦为钢板:2□160×30,钢拱架安装成拱时为三铰拱。桑坝大桥桥面宽 9m,拱圈高度 2m,拱圈宽度 7m,钢拱架宽度 6.5m,由 5 组桁片组成,桁片之间中距为 1.5m。一组下弦由两片 160mm×30mm 的钢板组成,应按压杆进行验算。事故发生后,对下弦压杆进行了分析。两片钢板之间的横向联系为 Φ48×3.5mm 钢管,未设置斜撑,应按由缀板组成的双肢格构受压构件计算其换算长细比 λ_{0x},得到 $\lambda_{0x}=95.0$,但单肢对自身最小刚度轴的长细比 $\lambda_1=93.8$。远大于规范“组合杆件的单肢长细比,在受压时不得大于 40”的规定。下弦受压失稳发生大变形,是这一事故的直接原因。

由上述 3 个实例可以看出,钢拱架上现浇拱圈混凝土施工过程,在多个环节上可能存在安全风险源,主要有以下几个方面:

①钢拱架结构形式与受力状态。根据国内的实践经验,钢拱架桁片的基本形式,贝雷军用梁、仿六四式三角桁片、仿 H_{20}、仿贝雷、仿华伦式等较为可靠、实用。结构形式的拟定,应考虑施工安装拆卸方便、钢材用量较省,并在一定的跨径与矢跨比范围内能多次周转使用。钢拱架是个空间结构,其总体稳定与局部稳定是否可靠,是一重要的安全风险源,是拱架结构设计,与受力分析的关键内容之一。拱架的受力分析与拱圈浇筑程序密切相关,实际的施工程序与荷载应与受力计算一致。拱架受力计算最大荷载的控制,应通过分析拱架与拱环混凝土联合承力的程度确定。当采用容许应力法计算时,对于 16Mn 钢构件的轴向容许应力,如系非常备式钢拱架,建议适当提高安全系数,将容许值控制在 120MPa 以下较为稳妥。这是考虑到非常备式钢拱架往往是短时间内根据施工企业的现存设备、材料组拼的,某些缺陷可能存在,构件连接质量可能较差,还应顾及库存构件折旧的影响,安全度宜适当提高。

②钢拱架的刚度。钢拱架施工加载过程如变形过大,其稳定安全系数下降,失稳的安全风

险增大。结构计算与施工过程应严格控制其变位值。《公路桥涵施工技术规范》(JTG/T F50—2011)规定:对拱式拱架的弹性挠度应不大于相应结构跨度的1/1000,且不得超过100mm。在风荷载与施工中可能出现的横向偏载作用下,还可能发生横向位移,增大面外失稳的可能性。(JTG/T F50—2011)规定:拱架纵轴的平面位置偏差应不大于跨度的1/1000,且不大于30mm。对横向变位控制的要求更为严格。

③拱圈混凝土浇筑程序。拱圈混凝土浇筑程序对拱架的受力与变形影响很大,加载程序不合理可能会导致严重后果。总的加载原则是:纵横向必须对称、均衡地进行加载。在施工图设计中应拟定出详细的施工加载程序,包括沿拱轴线的分段数、分段长度;沿竖向的分环数、分环厚度;各段沿纵、横向浇筑的推进方向;预留间隔槽的位置及宽度;浇后一环时,对前一环混凝土强度的要求等,应有详细的施工流程图。

④拱架与已达到一定强度的混凝土拱环能形成组合结构承担后续荷载的前提条件是,两者之间的结合面上有足够的抗剪强度,否则,按联合受力计算可能与实际情况不符,存在安全风险。为了确保结合面上的抗剪强度,应采取构造措施,将两者在结合面上联结起来。例如湖南五强溪水电站沅水大桥,将先达到强度的拱箱与拱架用钢绳捆绑在一起。

用贝雷桁片组装的钢拱架,当为单层贝雷时高度为1.5m,如用于拱圈跨径≥120m的箱形拱施工时,高跨比≤1/80,其刚度偏小。贵州务川通达大桥(主跨120m),箱拱腹板位置采用双层贝雷,施工中变形较小。贵州正安桑坝大桥(主跨115m),三角桁架组成的钢拱架,高度1.5m,高跨比1/77,施工过程发生大变形。湖南五强溪电站沅水大桥(主跨133m),虽然采用单层贝雷,但设置了斜拉扣索共同承力,故变形较小。所以,将单层贝雷用于跨径120m及以上时,应注意采取措施,提高其整体刚度,当不设共同承力的斜拉扣索时,钢拱架的桁片高度不宜小于其跨径的1/60。并在高跨比小于1/50时,注意采取加强稳定的措施。

6.2.7 钢拱架钢材用量

表6-5为部分上承式RC箱形拱桥钢拱架钢材用量,供参考。

部分钢拱架钢材用量　　表6-5

RC拱圈跨径(m)	钢拱架类型	钢拱架宽(m)	钢材用量(t)	单宽钢材(t/m)	备注
120	仿H20	8.30	250.8	30.2	
120	仿贝雷	9.12	308.1	33.8	
125	仿华伦	10.04	453.8	45.2	不含拱架上小钢管支架拱盔
110	仿H20	8.30	218.9	26.4	
75	三角桁架	4.57	100.0	21.9	增设下弦加强构件
124	三角桁架	10.5	286.0	27.2	
120	贝雷桁架	8.5	450	52.9	局部范围为双层贝雷
133	贝雷桁架	11.7	361	30.9	有斜拉扣索与拱架共同承力
90	贝雷桁架	10.5	300	28.6	含拱架上1.4m高钢管支架

6.3　转体施工法

6.3.1　转体施工分类及工艺体系

表 6-6 为转体施工分类及工艺体系。

转体施工分类及工艺体系　　表 6-6

<table>
<tr><th>序号</th><th>转体施工法大类</th><th>分　类</th><th colspan="2">工 艺 体 系</th></tr>
<tr><td rowspan="3">1</td><td rowspan="3">平转法</td><td rowspan="2">有平衡重转动体系</td><td>结构平衡</td><td>转动体系、牵引体系、转动支承体系</td></tr>
<tr><td>配重平衡</td><td>转动体系、牵引体系、转动支承体系、配重结构</td></tr>
<tr><td>无平衡重转动体系</td><td colspan="2">转动体系、锚固体系、位控体系、牵引体系</td></tr>
<tr><td rowspan="2">2</td><td rowspan="2">竖转法</td><td>正角度竖转</td><td colspan="2">索塔或墩台、索引系统、扣索与锚固系统、稳定系统、轴动系统</td></tr>
<tr><td>负角度竖转</td><td colspan="2">转动与控制系统、索引系统、锚固系统、扣索与系杆、支撑系统</td></tr>
<tr><td>3</td><td>平、竖转结合法</td><td>平转与竖转结合</td><td colspan="2">竖转系统(拱上撑架、扣索锚点、转动铰、控制装置)、平转系统(上下转盘、中心转轴、索引系统)、索塔系统</td></tr>
</table>

6.3.2　国内具有代表性的转体施工桥梁

国内具有代表性的转体施工桥梁,见表 6-7。

国内具有代表性的转体施工桥梁　　表 6-7

桥　名	桥型结构	跨径(m)	转体方法	特　点	建成年份
四川遂宁建设桥	RC 箱肋拱	70	平转	国内首座转体施工桥梁	1977
四川自贡大田口渡槽	RC 桁架拱	100	竖转	国内首座竖转施工桥梁	1985
四川巫山龙门桥	RC 箱形拱	122	平转	国内首座无平衡重平转施工桥梁	1987
四川涪陵乌江桥	RC 箱形拱	200	平转	国内最大跨径无平衡重平转施工桥梁	1988
云南新平漠沙桥	双曲拱	2×65	先竖后平	国内首座竖、平转施工桥梁	1992
广州市丫髻沙桥	钢管混凝土中承式拱	360	竖、平转	国内最大跨径竖、平转施工桥梁	1999
贵州务川珍珠桥	RC 箱形拱	120	竖转	国内首座负角度竖转施工桥梁	2008
福建行对岔桥	RC 箱形拱	205	平转	国内平转施工最大跨径桥梁	2008
沪杭高铁上跨高速公路桥	RC 箱形拱	80+160+80	平转	转体质量 16800t,目前国内第一	2012
跨苏嘉高速公路桥			平转	混凝土球铰转体质量 6320t,国内第一	2012

6.3.3　国内转体施工部分上承式 RC 箱形拱桥

国内转体施工部分上承式 RC 箱形拱桥,见表 6-8。

国内转体施工部分上承式箱形拱桥 表 6-8

序号	桥　名	跨径(m)	转体质量(t)	转体方式	拱宽(m)	建成年份	备　注
1	四川遂宁建设桥	70	1200	平转		1977	箱肋拱,桥宽 7.4m
2	湖南洞口石背桥	90	1666	平转		1986	单箱单室,桥宽 8.0m
3	四川巫山龙门桥	122	424	平转		1987	无平衡重,桥宽 10.5m
4	广西崇左渌江桥	65	1800	平转		1987	
5	广西钦江桥	100	3003	平转	9.30	1989	开口箱转体,桥宽 12.5m
6	四川涪陵乌江桥	200	750	平转	9.00	1988	无平衡重,双箱双称同步平转
7	广西天峨红水河桥	120		平转	8.50	1993	箱肋拱,双箱对称同步转体
8	四川广元杨家沟桥	60		竖转		1991	箱肋拱
9	湖北景阳桥		830	平转		1992	
10	陕西石泉白勉峡桥	105	1643	平转		1994	箱肋拱,桥宽 11.0m,转体为箱形,混凝土底板钢筋骨架
11	湖北秭归三岔沟桥	105	1700	平转		1998	箱肋拱,桥宽 10m,开口薄壁箱转体
12	湖北秭归杉木溪桥	100	2000	平转		1998	箱肋拱,桥宽 9m,开口薄壁箱转体
13	湖北秭归火炉子沟桥	100	1520	平转		1998	箱肋拱,桥宽 9m,开口薄壁箱转体
14	湖北三峡下牢溪桥	160	3600	平转		1998	箱管混凝土上承式肋拱,桥宽 18.5m
15	福建行对岔桥	205	1122	平转		2008	闭口薄壁网板箱平转
16	云南大岩洞桥	160	5200	平转		2010	钢管混凝土劲性骨架平转
17	湖北××桥	160	5000	平转		2012	闭口箱平转
18	湖北××桥	152	3340	平转	7.80	2005	钢管骨架混凝土开口箱平转
19	贵州花江北盘江桥	140	3850	平转	7.55	2010	开口箱转体
20	湖北恩施平地坝桥	132	2800	平转	7.40	2004	开口箱转体
21	贵州普定小兴浪桥	122	4000	平转	8.40	2009	开口箱转体
22	贵州务川珍珠桥	120		竖转	10.0	2008	负角度竖转

6.3.4 转体施工上承式 RC 箱形拱桥适用范围与优缺点

上承式 RC 箱形拱桥主要适用山区跨越山谷或河流。山岭地区已建成的上承式 RC 箱形拱桥,采用最多的施工方法是天线缆索吊装,其次是支架、拱架上现浇,转体法施工目前排在第三位。选择转体法施工方案时,主要考虑以下几个因素。

(1)两岸地形、地质是否有利于半跨拱圈搭设支架就地现浇。尤其是大跨径拱桥,在岸坡陡峭的情况下,多选用天线缆索吊装方案。如贵州六圭河大桥(主跨 195m),贵州修文海马大桥(主跨 180m),四川铜街子大渡河桥(主跨 120m)等。

(2)施工工艺的难度。转体吨位过大时,转动体系、牵引体系、转动支承体系等关键工艺的设计与施工难度增大,要求精度高,对施工方案的确定有较大影响。

(3)桥梁造价。对特大跨径上承式 RC 拱桥,为了减轻转体拱圈的自重,需采用型钢骨架或增加受力钢筋,施工设备费用也相应增加。与天线缆索吊装施工方案相比较,不一定占优势。

总体而言,转体施工方案,较为适用于两岸地形条件合适的山区跨越山谷或河流的大跨径上承式 RC 箱形拱桥,一般情况下,跨径不大于 150m 较为经济合理。

转体施工工艺的优点,主要有以下几个方面:

(1)用桥梁结构自身作为转动体系的主体,充分利用结构及其中钢筋为施工设备的一部分,减少了施工设备的投入,降低了成本。

(2)将其他施工方案的高空作业或水上作业改为岸上靠近地面的作业,扩大了施工场地、改善了施工环境与施工条件,施工安全风险较小。

(3)转体施工法用于跨越通航河流、公路、铁路、房屋密集区的桥梁最有优势。根据已建成的一百多座转体施工桥梁的经验,从转体开始至合龙的时间一般不超过 24h,对桥下的直接影响最多不超过 3d。

(4)当转体质量不很大时,施工设备较简单,施工进度也较快,造价较低。

转体施工的缺点,主要有以下几个方面:

(1)跨径较大,转体质量也较大时,RC 球铰与上、下转盘的加工制作、磨合等工艺都较为烦琐复杂,精度要求高。如制作质量差,会给施工造成困难,甚至出现险情。

(2)桥梁跨径较大时,为了尽量减轻转体质量,转体拱箱多采用薄壁结构或劲性钢骨架轻型结构,致使转体过程整体或局部稳定性降低,存在失稳的风险。

(3)如设计、施工考虑不周,在转体阶段,在背墙或上转盘、拱箱扣索锚点等部位可能出现裂缝。国内已有几座桥发生过开裂情况。

6.3.5　转体施工拱圈结构设计讨论

(1)几座上承式 RC 箱形拱桥转体拱圈设计实例

①湖北恩施平地坝大桥

主跨 132m,有关设计、施工主要情况见本书 5.3 节实例二。

图 6-6 为转体阶段及合龙后拱圈横断面图(无横隔板处);图 6-7 为转体阶段及合龙后拱圈横断面图(有横隔板处)。本桥采用有平衡重平转施工。转体拱圈在拱顶处设置合龙段。其余区段设置 2×14 道横隔板,其纵向间距为 400~600cm。

为了减轻转体质量,转体拱圈为底板和侧壁厚度均为 8cm 的开口薄壁拱箱,开口箱内的横隔板暂不浇混凝土,仅在横隔板位置安装焊接钢筋笼。为了提高开口箱的横向刚度,在开口箱侧壁上每两道横隔板之间设置两组横向钢筋笼。

转动体系包括下盘、磨心、磨盖、上盘、背墙、拉杆和开口箱拱圈,转动体系质量约 2700t,转动体系重心设计在磨心略偏后。

转体开口箱合龙后,及时将上、下盘之间的空隙以及上盘背后基坑超挖部分用混凝土封填,再将开口箱拱顶段接头连接。然后按设计加载程序将侧壁与底板加厚至设计厚度。侧壁从两岸拱脚对称向拱顶方向逐段加厚,并浇筑相应区段的横隔板;底板也从拱脚向拱顶方向逐段对称进行加厚。最后浇筑顶板混凝土,形成成桥状态的主拱圈,达到设计强度后拆除拉杆,实现体系转换。

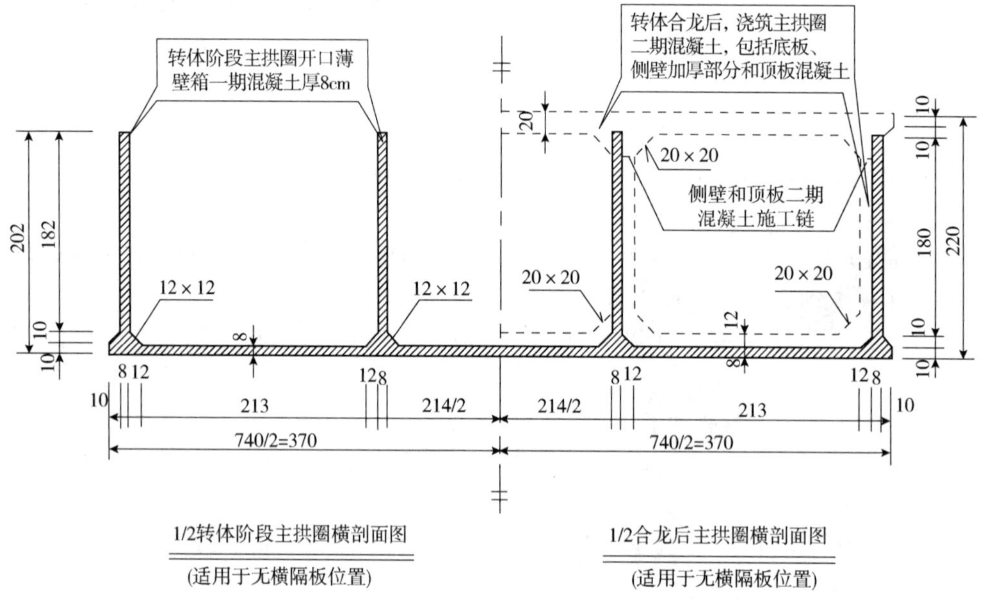

图 6-6 转体阶段及合龙后拱圈横断面图(无横隔板处,尺寸单位:cm)

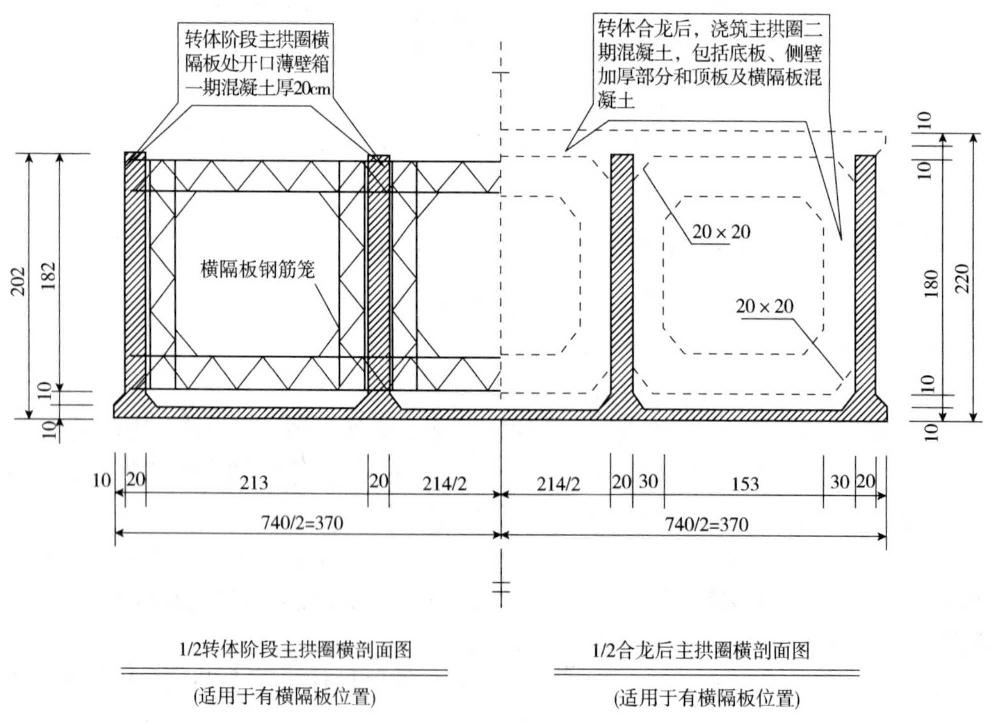

图 6-7 转体阶段及合龙后拱圈横断面图(有横隔板处,尺寸单位:cm)

②贵州花江北盘江大桥

主跨 140m 上承式 RC 箱形拱桥,采用有平衡重平转法施工。主拱矢跨比 1/5,拱轴系数

$m=1.998$,拱圈为单箱三室断面,高度 2.3m,宽度 7.55m,桥面全宽 9.5m。位于二级公路上。拱上为 4 柱式排架,腹孔为 11×11.54m 现浇 T 梁,共 3 联。主拱圈的顶、底板及腹板厚度均为 25cm。

转体拱圈为开口箱,转体时拱圈高度 210cm,底板厚度从拱脚至 2 号横隔板区段为 10~25cm,2~13 号横隔板区段为 10cm,拱顶附近的底板厚度为 25cm;腹板厚度从拱脚至 2 号横隔板区段为 25cm,2 号至 12 号横隔板区段为 10cm,12 号横隔板至拱区段为 25cm。1~11 号横隔板为型钢横隔板(转体合龙后再浇混凝土)。12 号、13 号为 RC 横隔板,转体前完成混凝土浇筑。拱顶合龙段长度 120cm,为钢管骨架装置。转体总质量为 3800t。

转体阶段与成桥状态的拱圈横断面如图 6-8 所示。

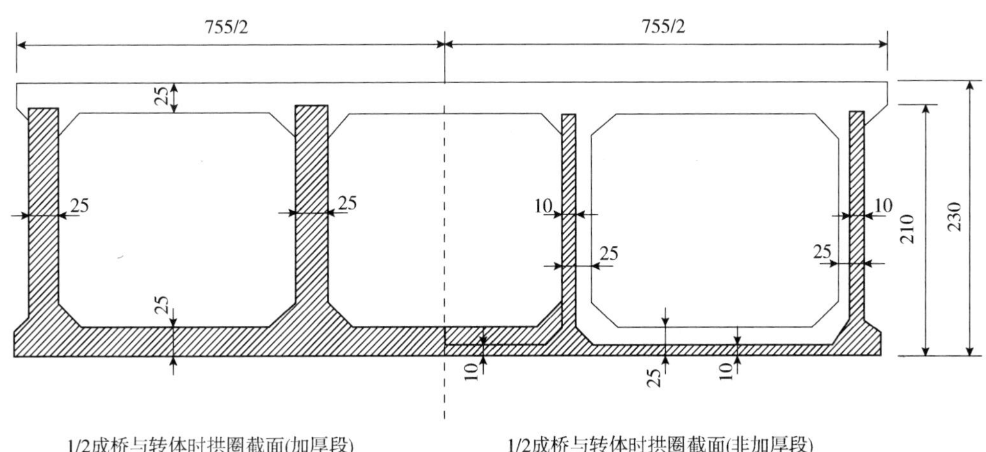

图 6-8 成桥与转体时拱圈截面(尺寸单位:cm)(注:图中阴影部分为转体阶段截面)

拱圈转体就位后进行上盘保险墩与环道钢板的焊接,调整好高程与轴线,锁定拱顶合龙段装置,尽快焊接,使拱圈合龙成拱,焊接拱顶现浇段钢筋,浇筑混凝土,然后将上盘后背基坑超挖部分用片石混凝土回填至上盘顶面,以确保拱圈水平力传至后背基岩。

拱顶合龙段混凝土浇筑完毕后,分段加厚拱圈腹板、横隔板,再加厚底板混凝土。最后安装顶板钢筋并浇筑顶板混凝土。

③重庆涪陵乌江大桥

主跨 200m 上承式 RC 箱形拱。采用无平衡重双向同步平转施工,转体拱箱截面如图 5-22,转体工艺要点请参阅本书 5.3 节实例一。

④贵州务川珍珠大桥

主跨 120m 上承式 RC 箱形肋拱。采用负角度竖转施工(从上往下转体),转体拱箱截面如图 5-29,转体工艺要点请参阅本书 5.3 节实例三。

⑤贵州安织公路小兴浪大桥

主桥为净跨 122m 上承式 RC 箱形拱,矢跨比 1/5.9,拱轴系数 $m=1.988$。桥面总宽度 11.5m,拱圈宽度 8.4m,高度 2.1m。图 6-9 为桥型布置立面图,图 6-10 为成桥状态拱圈截面。采用有平衡重平转法施工。

转体拱圈为开口薄壁截面,如图 6-11 所示。

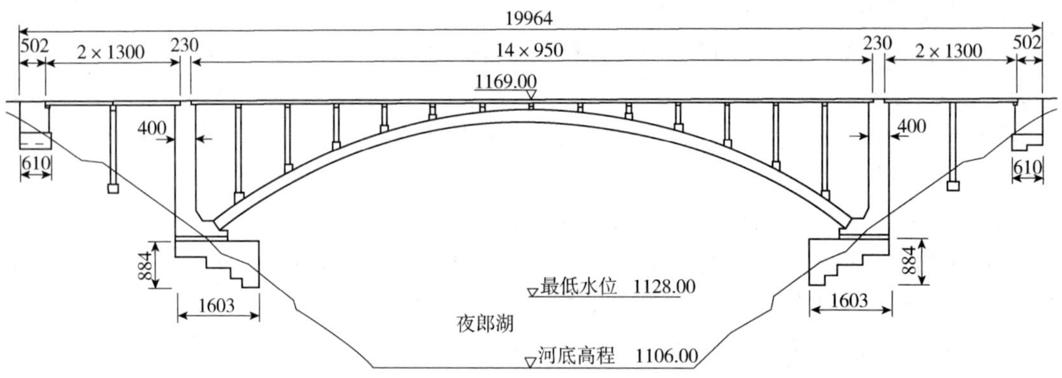

图 6-9　桥梁立面总体布置图(尺寸单位:高程 m,其余 cm)

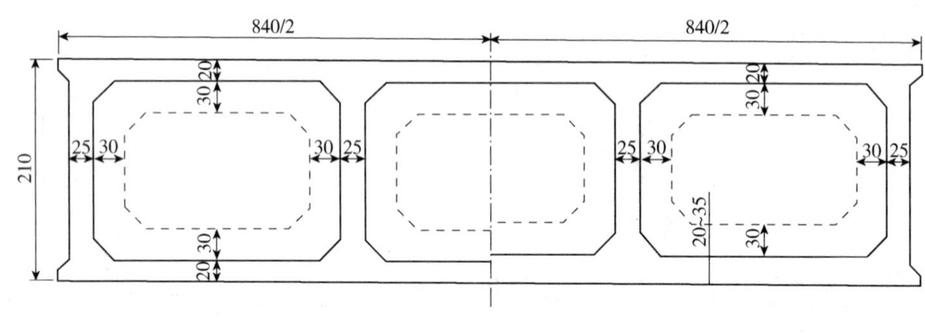

图 6-10　成桥拱圈断面图(尺寸单位:cm)

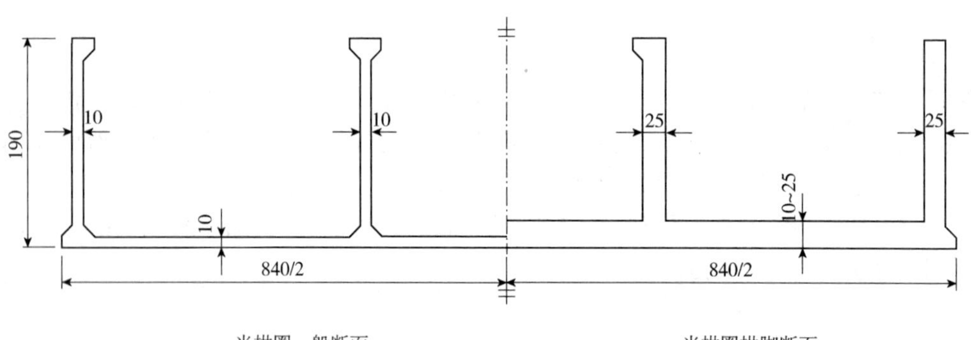

图 6-11　转体拱圈断面图(尺寸单位:cm)

转体拱圈共设横隔板 13×2 道(即半跨为 13 道),并在拱顶合龙段内设一道横隔板。横隔板厚度 18cm(扣索处为 25cm)。拱顶合龙段长度 160cm。转体拱圈底板厚度从拱脚至 2 号横隔板区段为 10~25cm,2 号横隔板至拱顶区段为 10cm;腹板厚度从拱脚至 2 号横隔板区段为 25cm,2 号至 11 号横隔板区段为 10cm,11 号横隔板至拱顶区段为 25cm,转体总质量 3850t。

拱圈平转 140°,从转体开始至两半跨达到设计位置的时间为 5 小时 20 分,调整轴线及高程 1 小时。桥轴线最大偏差 10mm,拱顶高程偏差 10mm。拱圈位置符合设计要求,立即将上、下盘之间的 A、B 两类保险墩底面与下盘顶面之间的空隙用钢板塞紧,并焊死。然后将上、下盘之间用混凝土浇筑,接着回填拱座后方的基坑,使拱座与后方基岩连成整体。最后焊接合龙段劲性骨架,浇筑合龙段混凝土。

拱圈二期混凝土浇筑,先加厚腹板,左、右半跨对称进行,每个工况为 10m 长度;加厚底板,左右半跨对称进行,每个工况 20m 长度;顶板和拱上立柱底浇筑,左、右半跨对称进行,每个工况 10m,浇筑到 $L/4$ 处,再由拱顶向两侧对称浇筑。

(2)转体拱圈的基本构成

从上述 5 个实例可以看出,转体拱圈有开口箱与闭合箱两种基本形式,为了降低转体过程拱圈的质量,转体拱圈仅是成桥拱圈的一部分,称为一期混凝土,转体合龙成拱后浇筑二期混凝土。转体拱圈的设计,需要考虑以下几个问题:

关于开口箱与封闭箱的选择。按采用混凝土转动铰考虑,转体总质量宜在 5000t 以内。根据已建成的平转施工箱形拱桥成功案例,开口箱拱圈跨径不宜大于 150m。如超过 150m,转体过程稳定安全系数较低,风险较大,如增大箱壁厚度,则转体质量增大,混凝土转动铰难以适应,只有考虑钢结构转动铰,则工艺复杂,费用较高。当跨径较大时,为了提高转体过程的稳定性,可以采用闭合箱转体,同时采取措施将箱壁厚度减小,以降低转体质量。如重庆涪陵乌江大桥,跨径达 200m,采用闭合的两个边箱对称同步转体(无平衡重),由于转体箱壁厚很薄,转体施工的两岸边箱总质量仅 2480t。从图 5-22 可以看到,转体拱箱的双层肋板厚度仅 4cm,双层肋壁之间为 12cm 厚的钢筋网架。又如福建行对岔大桥,主跨 205m,采用闭口薄壁网板箱平转,转体质量仅 1122t。

减轻转体质量的另一种做法是,对于单箱三室的拱圈转体时采用双边箱,中箱仅保留横隔板,或拱圈就设计为双箱肋拱,前者如重庆涪陵乌江大桥,后者如贵州务川珍珠大桥(参阅图 5-29)及表 6-8 序号 11 ~ 13。

云南大岩洞桥,上承式 RC 箱形拱,主跨 160m,采用钢管混凝土劲性骨架平转施工,骨架转体合龙后,再立模浇筑拱箱混凝土,转体总质量为 5200t。但这一施工方法已属于转体与劲性骨架组合施工法。

箱形拱转体拱圈截面壁厚的最小厚度,当跨径在 150m 以下时,RC 结构壁厚 8cm 已在多座桥获得成功。

《公路圬工桥涵设计规范》(JTG D61—2005)第 5.2.7 条规定:"拱箱由底板、腹板及顶板组成,其中腹板和顶板可由预制构件和现浇混凝土层组合构成。底板厚度、预制腹板厚度及预制顶板厚度均不应小于 100mm。腹板的现浇混凝土厚度(相邻板壁间净距)及顶板的现浇混凝土厚度不应小于 100mm。预制边箱外壁宜适当加厚"。本条规定主要针对缆索吊装 RC 箱形拱桥,但主要考虑是为了确保拱箱安装过程的稳定性,并能形成组合截面整体受力。在没有采取特殊措施的情况下,转体施工拱圈的最小壁厚以采用 100mm 较为稳妥。

转体拱圈的横隔板,当跨径不大时(≤120m),采用 RC 横隔板,厚度 15cm 左右;当跨径较大时(120 ~ 150m),除斜拉扣点位置采用 RC 横隔板外(厚度一次到位),其余区段可以采用型钢或钢筋笼横隔板(转体合龙后浇筑混凝土),又如湖北恩施平地坝大桥(主跨 132m),转体拱圈内的横隔板位置安装焊接钢筋笼,并在两道横隔板位置之间设置两组横向钢筋笼(参阅图 6-7)。

(3)拱圈一、二期混凝土组合结构的整体性

大跨径 RC 箱形拱桥转体施工法,拱圈截面均需两次形成。在进行施工方案比较时,有的专家认为,一、二期混凝土在拱圈的底板与腹板形成大面积新、旧混凝土结合面的施工缝,对拱

圈的整体性影响较大。

新、旧混凝土之间的结合面(以下简称“界面”)是整体混凝土结构中最薄弱的部位,容易产生病害,影响结构的承载力和正常使用。这是因为界面处新老混凝土的结构微观连续性受到较大的削弱,在受到新旧混凝土之间必然存在的收缩差影响后,界面处的抗剪、抗拉和抗弯强度明显低于新旧混凝土自身的相应强度。所以,界面的抗剪、抗拉强度是保证新旧混凝土作为整体共同工作的关键。

综合参考文献[178]、[179]、[181]的研究成果,对新旧混凝土界面的剪、拉、弯强度有以下论述:

①老混凝土(C30)表面用硬钢丝刷划毛,形成乱向刻纹,界面无钢筋,实测界面极限剪应力在0.35~1.59MPa之间。C30混凝土直接抗剪强度标准值为2.93MPa,则实测值仅达到标准值的11.9%~54.3%,平均为33.1%,新混凝土为C30。

当界面有箍筋通过时,配箍率小于0.15%对界面抗剪强度影响很小,可以忽略;配箍率大于0.15%,可明显提高界面抗剪强度,配箍率越高,抗剪强度提高越多。但通过界面的箍筋必须与新旧混凝土可靠锚固。配箍率达到0.35%,界面可即达到混凝土的抗剪强度。但界面必须按规范要求进行粗糙处理。

②老混凝土(C30),其表面经高压水射法或人工凿毛法或喷砂法处理,新鲜混凝土全部外露,全断面有最佳粗糙度,再浇C40混凝土。实测界面黏结强度为老混凝土抗拉强度的57%~68%,C30混凝土抗拉强度标准值约为0.97MPa,则界面的抗拉强度在0.55~0.66MPa之间。

③老混凝土立方体抗压强度为25MPa,对其表面进行凿毛,并使粗集料约50%外露,用气囊吹净,再用清水冲洗干净,浇筑新混凝土(25~26MPa)。界面用水泥净浆抹面,实测界面抗弯强度与老混凝土抗弯强度之比为0.59。

④提高界面抗剪、抗拉及抗弯强度的技术措施主要有:

a.人工粗糙法。人工将老混凝土表面凿毛,凿槽深度约6mm,使50%以上粗集料外露,且整个老混凝土表面均为新鲜面。

b.机械粗糙法。有高压水射法、喷砂法、风镐凿毛法、硬钢丝刷凿毛法等。

c.界面剂法。用碳纤维砂浆作黏结剂,水泥浆中掺入PAN基碳纤准,其与水泥质量比为0.5%,可极大地增加新老混凝土之间的黏结强度。参考文献[180]介绍,界面抗剪强度可提高85.6%,抗拉强度可提高120%,劈拉强度可提高80%,贵州小兴浪大桥即采用这类界面剂。

高效环氧树脂黏结剂、膨胀水泥砂浆界面剂效果也不错。

为了提高转体施工法形成的拱圈截面的整体性,以下几项措施效果较好:

①界面两侧新旧混凝土应有较强的箍筋连接,配箍率宜大于0.35%。

②老混凝土表面应采用人工粗糙法或机械粗糙法进行处理。

③界面涂刷界面剂,碳纤维水泥砂浆效果好,成本也较低。

④新混凝土的设计强度宜适当高于老混凝土的设计强度。

(4)转体RC拱圈设计、施工一些问题的讨论

主要讨论转动磨心为RC结构的平转施工的有关问题。

①当转体拱圈为开口薄壁箱时,张拉脱架形成转动体系后拱圈受力的总的要求是:拱圈各截面上均为压应力,或仅在个别断面有较小的拉应力,并控制裂缝宽度小于0.05mm,钢筋应力小于60MPa。背墙与转盘的应力符合规范要求。

②张拉扣索使转体拱圈逐步、平稳地脱离支架是施工中的关键工序。施工要点如下：

a.按设计要求分级、对称张拉扣索钢绞线，当拉力达到设计值后可由拱脚至拱顶卸去拱圈底模板支承。为了实现平稳脱架，可在拱顶附近对应于腹板下方设置 4 台 50t 左右手摇千斤顶作为辅助，配合扣索缓慢地使拱圈完全脱离支架。

b.脱架后实测拱顶挠度，如与计算值接近，表明拱圈质量及分布与实际相近；如挠度偏大较多则表明实际质量超过设计值，必要时调整配重。应实测扣索拉力，用扣索张拉并适当配合拱顶处千斤顶调整高程达到合适位置后，卸去拱顶千斤顶实现拱圈完全脱架，并再次实测拱顶挠度，略小于设计计算值即可。

c.拱圈脱架后方可卸落上转盘底下的模板支架和 A 型保险墩的支承。不允许在拱圈没有脱架的情况下先拆除上盘支架。应先拆除磨心前半部的支架，再拆除后半部支架，关于保险墩说明如下：

首先应明确，磨心承压面支承转体过程的全部质量是转体设计的基本原则。环道支承是作为转体过程保证平稳的一个辅助措施，也是一个安全措施。当转体过程由于存在微小偏心，转动体系可能向某个方向发生微小倾斜，这时要依靠设置于上盘下方的保险墩临时支承，并可在其上转动，这类保险墩命名为 B 型保险墩（有的论文或设计文件将其称为临时支撑），墩的下端与环道面之间有 2～3cm 空隙。在转体过程中如发生意外情况，转动体出现较大倾斜并可能失稳。为了防止这类事故造成严重后果，可在环道以外适当位置，在上盘下方设置另一种保险墩，称为 A 型保险墩，墩下端底面与环道平面之间有约 4cm 空隙。正常转体过程，A 型墩不会承力。

③脱架全部完成，体系发生转换，转动系统形成后，要确保 B 型保险墩底面与环道顶面间的空隙大于 5mm。这就要求浇上盘混凝土前，磨心顶面涂抹的黄油四氟粉及硅脂的厚度不可大于 15mm，B 型保险墩与环道顶面之间空隙不小于 15mm。以防止脱架后整个转动体系将磨心顶面黄油四氟粉压密挤出而导致转动体系大部分质量压在环道上，增加转体困难。

B 型保险墩不可作为浇上盘混凝土时的模板支承。A 型保险墩可以作为模板支承用。

④上盘顶面的配筋设计与裂缝宽度计算依据的受力条件是：上盘为中心承压，不考虑环道的支承作用，即 B 型保险墩全部悬空。

⑤磨心的浇筑质量与施工精度对能否顺利转动有重大影响。国内平转施工的成功经验简述如下：

磨心混凝土浇筑完成后，顶面盖上一层塑料薄膜，再浇磨盖混凝土，达到预期强度即可吊起磨盖，取走薄膜，清洗干净，将磨盖与磨心重合，可注水进行磨合（不能注油脂），一般磨合约 5 天左右，吊起磨盖，对磨心表面进行精密检测，按同心圆半径方向间距 15cm，弧长间距 20cm，布置测点，测量出每个点的高程，必须达到每一个同心圆弧上任意两点间的高差均不大于 1mm。

⑥拱圈混凝土浇筑，一般容易发生超方，导致转体的实际重心向拱圈方向偏离理论重心。除施工应严格控制超方外，设计可按超重 3%～5%，将理论重心适当向岸方向偏移，以减小实际超重带来的影响。如贵州小兴浪大桥，转体拱圈在超重 5%的情况下，计算重心向拱圈方向产生的偏心距为 3.83cm。

转动体系形成后，应准确测量上转盘 4 个角点的高程，并检查 B 型保险墩下缘空隙的变化情况，通过监控分析计算，确定实际重心的准确位置，如与理论值相差较大，B 型保险墩下面的空隙小于5mm,甚至压住环道,一般可以采用施加临时配重的方法微调重心位置。

⑦转体过程的受力计算表明,当拱圈自重计入1.2或0.85的动力系数后,拱圈应力变化较大,拱圈上缘可能出现拉应力。对于转体开口箱上缘是薄弱位置,拉应力较大时可能产生开裂。因此,应严格控制转体过程发生的振动,转动机构的运行应是缓慢、匀速的,还应避免受大风的影响。转体拱圈应有适当的压应力储备,拱圈应为全截面受压,上缘还应有1MPa左右的压应力。

⑧扣索拉杆的固定端与张拉端的可靠性,对转体的安全运行有重大影响。扣索钢绞线一般采用单根固定、单根张拉。固定端设在拱顶附近,由一个P锚和一个夹片锚组成;张拉端由一个工具锚和一个夹片锚组成。由于钢绞线工作应力较低,两端均应采用双锚具,以策安全。张拉端应能多次张拉。拉杆着力点距开口箱底板的竖向距离对转体阶段开口箱内力影响甚大,特别是固定端锚板附近,设计应高度重视,采取可靠的应力扩散措施,加强其刚度及强度,并使此段拱圈全截面受压。

⑨拱圈转体合龙并完成上、下盘封闭与拱脚后背填筑后进行二期混凝土浇筑,应先加厚边腹板、中腹板,再加厚底板,最后浇筑顶板混凝土。顶板混凝土达到设计强度后,方可拆除扣索拉杆,实现体系转换。

6.4 劲性骨架法

6.4.1 国内部分劲性骨架法施工的上承式RC箱形拱桥拱圈构造

表6-9为国内部分箱形拱桥拱圈构造情况。

部分箱形拱桥拱圈构造 表6-9

序号	桥　名	跨径(m)	桥宽(m)	拱　圈			骨架钢管		备注
				型式	高(m)	宽(m)	上弦(mm)	下弦(mm)	
1	重庆万州长江大桥	420	24.0	三室箱	7.0	16.0	5Φ402×16	5Φ402×16	
2	广元昭化嘉陵江大桥	350	27.5	单肋双室箱	5.8	肋8.0	肋3Φ457×14	肋3Φ457×14	拱圈为2条箱肋
3	陕西汉江大桥	330	24.5	三室箱	6.0	17.6	5Φ426×16	5Φ426×16	
4	重庆奉节梅溪河大桥	310			5.2	12.8			
5	湖南猛洞河大桥	252.13		三室箱	4.5	10.4	4Φ299×10	4Φ299×10	
6	云南化皮冲大桥	180			3.5	10.6			
7	湖北兴山平邑口大桥	180		三室箱	3.0	9.0	4Φ299×12	4Φ299×12	
8	盐源金河雅砻江大桥	170	9.5	工型肋	3.5	肋3.0	Φ700×12	Φ700×12	双肋拱圈
9	巴东无源洞大桥	160			2.8	肋2.0			

注:①表中湖南猛洞河大桥资料摘自参考文献[31],该论文计算分析中,浇外包混凝土时,布设斜拉扣索参与钢管混凝土骨架共同承力。据参考文献[90]介绍,该桥施工中拱圈设计有变化,钢管混凝土劲性骨架全宽17.6m,为双肋式,单肋为四管式桁架,桁高5m,宽4.6m。

②表中巴东无源洞大桥,劲性骨架上、下弦中心高度2.6m,两肋中距6.4m。竖杆、斜杆、风撑为Φ200×8mm、腹杆为Φ140×5mm空钢管;横系梁上下弦为Φ200×8mm钢管混凝土。可参阅参考文献[81]。

6.4.2 劲性骨架法施工上承式RC箱形拱桥的适用范围与优缺点讨论

(1)主要优点

①骨架采用型钢结构或钢管混凝土结构,自重较小,有利于实现大节段的制作安装,快速拼接成拱后即可作为所有后续拱箱施工的平台,实现了无支架施工大跨径混凝土拱圈。

②拱圈混凝土浇筑采用分环分段的程序,先期浇筑的混凝土达到一定强度后参与骨架联合承力,可以降低骨架的钢材用量与造价。

③劲性骨架不仅作为施工支架,被混凝土包裹后在拱圈承受后续恒、活载时作为配筋的一部分参与受力,实现了钢材的充分利用。

④跨径较大时,劲性骨架的弦杆采用钢管混凝土结构,使骨架的刚度和承载力都得到了较大提高。

⑤劲性骨架法与其他施工方法(如转体法、斜拉扣挂现浇法、悬臂桁架法等)构成的组合施工法,较单一施工法具有更大的优越性。

(2)主要缺点

①跨径较大时,劲性骨架多采用大节段制作、运输与安装、施工工艺较复杂、技术要求高。

②劲性骨架成拱后,浇筑拱箱底板混凝土过程,骨架的稳定安全系数最小,存在一定的安全风险。如设计、施工有所疏忽,可能出现险情或事故。

上承式RC箱形拱桥,跨径150m以下,采用钢拱架法、缆索吊装法、转体法、挂篮悬浇法,在施工难易程度、工程造价与工期等方面,与劲性骨架法相比较,更有优势。所以,劲性骨架法多用于主跨超过150m的大跨径箱形拱桥。缆索吊装法施工的箱形拱桥,目前最大跨径为205m,跨径难以有较大增加,所以跨径超过200m,尤其是超过300m时,上承式RC箱形拱桥国内仅有钢管混凝土劲性骨架法的建成实例,国外已建成的同类桥型还有悬臂桁架法施工的实例。

跨径150~200m范围,钢管混凝土劲骨架法、缆索吊装法、挂篮悬浇法各有优势,应结合具体情况择优选用;跨径200m以上,钢管混凝土劲性骨法是较为合理、可行的方案。至于悬臂桁架法国内还缺乏这方面经验。

6.4.3 劲性骨架法施工RC箱形拱桥施工稳定性问题讨论

(1)两类稳定问题

工程结构失稳有两大类:第一类称为分叉失稳。即失稳是因平衡分支而发生的,亦可称为分支点失稳,如两端简支的轴心受压直线形杆件,在没有其他外力干扰下,轴向压力增大到一定程度,直线形杆件的平衡状态,发生侧弯曲,进入新的平衡状态。从直变曲,构件发生分岔失稳,对应于分岔点的轴向压力称为第一类稳定的临界荷载。第二类称为极值点失稳。当受压构件承受的轴压力存在初始偏心,或杆内已存在弯矩,杆件一旦受压即产生弯曲,轴向压力继续增大,弯曲状态继续发展,达到极限轴向压力时,构件失去稳定。

工程构件实际发生的失稳绝大多数属于第二类失稳。但由于第一类失稳的力学状态简单明确,研究方便,因此常把第二类失稳当作第一类失稳来处理,分支点失稳常用的计算方法是通过求解特征值得到弹性临界荷载。由于没有考虑材料的非线性和大挠度影响,因此它只是真实解的上限。工程设计中一般要求弹性分支点失稳(第一类失稳)的临界荷载与实际荷载的比值(称为弹性稳定安全系数)应不小于4~5。但应注意到按线弹性分析得到的稳定安全系数,由于没有全部考虑各种影响因素,因而结果难以反映真实的稳定状态。当稳定安全系数为大于4~5的某个数值时,其稳定性安全储备到底有多大是不清楚的,只能说根据经验,大于4~5时一般情况下是安全的。

(2)劲性骨架法施工箱形拱的稳定安全分析

拱是压弯构件,其荷载位移曲线一开始便是非线性的。当荷载达到某一数值时,荷载虽不再增加而位移却继续增大并最后失稳。此项荷载称为极限荷载。所以,拱的稳定应属于第二类稳定问题。拱失稳时的极限荷载,也就是拱的极限承载能力。拱的失稳包括两层含义:一是结构达到极限承载力而破坏;二是拱的变形过大已不适合使用。

压弯构件的极限承载力小于按第一类稳定用线弹性理论计算得到的临界荷载。

劲性骨架法施工时,采用分环分段的方式浇筑拱圈混凝土。骨架与混凝土板的受力是分次叠加的。已经浇筑并达到一定强度的混凝土板与骨架共同承受后续荷载;对于骨架构件,未被混凝土包住的骨架构件的内力,比已经被混凝土包住然后受力的构件的内力要大得多,有可能在结构丧失整体稳定之前,未被混凝土包住的局部构件已发生失稳。所以,在计算施工过程的稳定性时,必须计算各构件的各阶段受力情况,防止局部失稳的情况出现。

参考文献[131]在对万州长江大桥420m钢筋混凝土箱形拱施工稳定性分析研究中,提出了拱的稳定安全系数λ的定义和计算方法。指出拱的失稳是极值失稳即丧失承载能力。失稳发生于下列两种情况的交叉影响:

①在荷载逐渐增加过程中,结构的位移随之增大,当出现增加微小的荷载时,结构突然发生大幅度变形。

②在加载过程中,可能不断出现超应力退出工作的杆件,当这类杆件增多至一定数量时导致结构退化为几何可变体系。因此,可以用荷载增量法求极值。

该论文将施工过程中拱的稳定安全系数定义为各施工工况下,施工活载(即所浇筑混凝土质量)的稳定安全储备。如对第j工况,有:

$$\{P_{\mathrm{cr}}\}=\{P_{\mathrm{d}}\}+\lambda_{\mathrm{j}}\{P_{\mathrm{a}}^{\mathrm{j}}\} \tag{6-2}$$

式中:$\{P_{\mathrm{cr}}\}$——结构失稳时所承受的全部荷载;

$\{P_{\mathrm{d}}\}$——结构所承受的恒载(包括自重和风力等);

$\{P_{\mathrm{a}}^{\mathrm{j}}\}$——在第$j$工况时,结构承受的实际施工荷载(称为施工活载);

λ_{j}——在第j工况时,结构失稳前可以承受实际施工荷载的倍数。

λ_{j}可以反映施工过程拱的稳定安全度。

(3)拱结构的几何非线性与材料非线性

几何非线性是指结构内力计算要考虑结构因变形而产生的二次效应对结构的影响,即结构在荷载作用下,平衡方程建立在变形后的位置上。

材料非线性是指随着荷载的增大,结构应力一应变关系呈现非线性变化。即在进行内力分析时,要考虑材料弹性模量随应力的变化而发生的变化。

劲性骨架法施工过程在分环浇筑混凝土时,各次加载所产生位移引起的二次效应会达到一定的数值,因此结构变形对内力的影响不能忽略,即内力计算应考虑几何非线性。参考文献[131]、[72]、[79]、[24]、[94]、[25]等,通过劲性骨架法施工的RC箱形拱桥实例计算分析,均指出这种施工方法在拱圈形成过程应考虑几何非线性。

参考文献[131]通过万州长江大桥施工过程稳定性分析后指出：在该大桥拱箱浇筑的各阶段，混凝土板应力很小（不超过 1.5MPa），可以认为仍然在弹性阶段工作，弹性模量可取割线模量。钢管混凝土的力学性能试验也表明，当钢管直径 D 与厚度 t 之比≥20 时，在较低荷载阶段，应力—应变曲线大致为一直线。至于混凝土因扭剪开裂标准强度有所降低而影响弹性模量降低的问题，考虑到在关键的工况（浇中箱底板混凝土）时，混凝土板尚未参与工作，而其他各工况安全系数都较大，即使有所降低也不会成为控制因素，故在分析施工阶段的稳定性时，可以不考虑材料非线性。

参考文献[25]对净跨 180m 上承式箱形拱桥钢管混凝土劲性骨架浇筑拱圈混凝土过程进行稳定性分析后指出：混凝土结构的应力—应变曲线是非线性的。规范取应力 $\sigma=0\sim0.5f_c$（f_c 为混凝土轴心抗压强度）的割线模量作为弹性模量值，混凝土应力超过 $0.5f_c$ 以后，其变形模量将逐渐变小，在到达破坏时趋近于 0，故结构不考虑材料非线性所算得的极限承载能力较实际承载能力大。在劲性骨架拱桥施工阶段，未被混凝土包住的骨架，可以认为在弹性阶级工作；混凝土板应力均很小，也可以认为在弹性阶段工作。为了简化计算，在这种情况下，可以不考虑材料非线性。

参考文献[24]在对湖北兴山平邑口大桥（主跨 180m 箱形拱，采用钢管混凝土劲性骨架法施工）拱圈施工过程稳定性进行分析后认为“达到极限状态时，材料已进入塑性阶段，考虑材料非线性后稳定系数下降了 35%左右。”其计算成果将在后面介绍。

（4）劲性骨架法拱圈混凝土浇筑过程结构整体稳定安全系数

①按第一类稳定理论（线弹性理论）计算的稳定安全系数 K_1

规范要求　$K_1>4\sim5$。

由于没有全面考虑各种影响因素，且拱的稳定属于第二类稳定，K_1 难以反映拱的真实稳定状态，劲性骨架法拱圈施工过程的稳定安全系数不宜取 K_1。

②按第二类稳定理论（极限荷载稳定理论）计算的整体稳定安全系数 K_2

$$K_2=\frac{P_d+\lambda P_a}{P_d+P_a}\geqslant[K_2] \tag{6-3}$$

$[K_2]$如何取值？稳定与强度安全度的概念应是相同与统一的。按照《公路钢筋混凝土及预应力混凝土桥涵设计规范》（JTJ 023—85）承载力极限状态计算时，荷载分项系数为 1.2（恒载），混凝土材料安全系数为 1.25，压弯杆件工作条件系数为 0.95，则结构的强度安全系数应大于或等于 $1.25\times1.2/0.95=1.58$，因此可取$[K_2]=1.58$。

按现行《公路钢筋混凝土及预应力混凝土桥涵设计规范》（JTG D62—2004），压弯构件承载力极限状态计算，其承载力安全系数$[K_2]$为：

$$[K_2]=\gamma_o\cdot\gamma_s\cdot\gamma_c \tag{6-4}$$

式中：γ_o——结构重要性系数，大跨径拱桥可取 $\gamma_o=1.1$；

γ_s——作用效应分项系数。当有几种作用效应组合时，应加权平均计算 γ_s，此处对于施工过程的拱，可按恒载取 $\gamma_s=1.2$；

γ_c——材料强度安全系数。可取材料强度标准值与设计值之比，大跨径 RC 拱桥，混凝土等级一般为 C40～C50，其轴心抗压强度标准值与设计值之比约为 1.445，则可得$[K_2]=1.1\times1.2\times1.445=1.907\approx2$。

6.4.4 几座实桥劲性骨架法拱圈施工过程稳定性分析成果

(1)万州长江大桥

采用第二类稳定理论并计入几何非线性影响后,劲性骨架浇筑拱圈混凝土过程各工况按式(6-2)定义的稳定安全系数计算λ值如表6-10所列。

420m劲性骨架法拱圈施工阶段的稳定分析数据 表6-10

工况	浇筑混凝土示意图	稳定安全系数λ	失稳模态	λ=1		
				拱顶挠度(m)	拱顶侧移(m)	超轴向压力的平纵联结系杆件根数
1	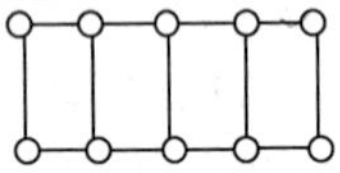	5.0 (4.0)	面内	0.342	0.142	0
2-1	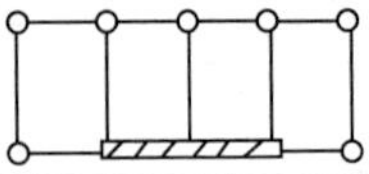	4.5 (4.2)	面外	0.458	0.194	6
2-2	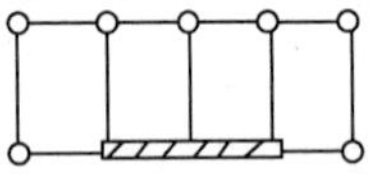	3.0 (3.9)	面外	0.586	0.155	24
3	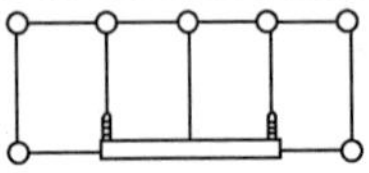	6.0 (6.6)	面外	0.637	0.177	71
4	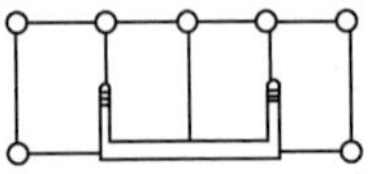	7.0 (7.2)	面外	0.684	0.190	127
5	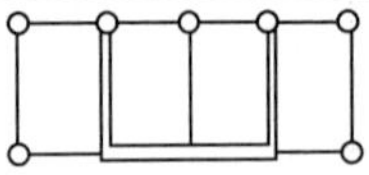	7.0 (6.2)	面外	0.726	0.216	193
6	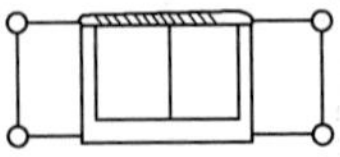	4.0 (8.3)	面外	0.798	0.205	230
7	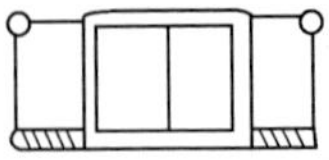	4.0 (6.9)	面外	0.823	0.144	269
8	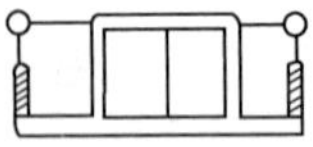	8.0 (7.8)	面外	0.843	0.100	288
9	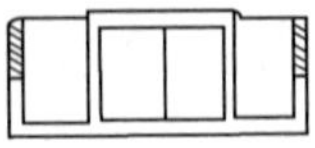	10.0 (7.3)	面外	0.862	0.087	314
10	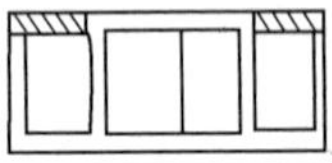	6.0 (7.3)	面外	0.887	0.081	342

注:①工况表示拱圈混凝土浇筑施工程序;

②示意图中用细线表示承重结构,粗线表示浇筑混凝土的范围;

③稳定安全系数λ含义见式(6-2),可称为外加荷载储备安全系数;

④λ=1表示实际工作荷载下拱顶挠度、侧移量,"超轴向压力的平纵联结系杆件根数"表示在实际工作荷载下骨架联结系中已超强度(即退出工作)的杆件数目,因结构系高次超静定,不会失稳,可据此加固联结系;

⑤本表摘自参考文献[72]。

按式(6-3)可将表6-10中的λ转换为K_2,如表6-11所列。

稳定安全系数λ与K_2　　表6-11

工况	1	2-1	2-2	3	4	5	6	7	8	9	10
λ	5.0	4.5	3.0	6.0	7.0	7.0	4.0	4.0	8.0	10.0	6.0
K_2	2.52	2.08	2.08	2.04	1.99	1.90	1.75	1.51	1.88	2.01	1.56

注:本表摘自参考文献[72],λ为劲性骨架加强之前的数值。

K_2应大于1.58方可满足稳定性安全的要求。该桥在施工图设计时,对劲性骨架进行了加强。工况7的λ从4.0增大为6.9,相应的K_2从1.51增大至$K_2=2.11>1.58$,也大于按现行(JTG D62—2004)规范确定的$[K_2]=2$,故劲性骨架的稳定安全满足规范要求。

(2)陕西汉江大桥

主跨330m上承式RC箱形拱桥,采用钢管混凝土劲性骨架法施工。该桥有关情况请参阅本书5.4节实例三。

参考文献[94]、[79]对该桥拱圈浇筑过程的结构稳定性进行了分析计算,主要成果如下:

采用ANSYS空间建模计算,获得按第一类稳定理论分析的结构整体稳定系数,如表6-12所列。

施工阶段结构整体稳定系数　　表6-12

工序	施工阶段	稳定系数	失稳模态
1	钢管拱骨架合龙	18.96	面内反对称
2	钢管混凝土骨架拱形成	10.14	面内反对称
3	浇筑底板外包混凝土	4.98	杆件压溃
4	浇筑下腹板外包混凝土	7.00	面内反对称
5	浇筑上腹板外包混凝土	6.46	面内反对称
6	浇筑顶板外包混凝土	9.49	面内反对称
7	主拱圈形成	19.73	面内反对称
8	拱上立柱浇筑完成	7.61	面内反对称
9	恒载完成	12.18	面内反对称
10	恒载+全跨活载	6.59	面内反对称
11	恒载+半跨活载	7.33	主柱失稳

注:本表摘自参考文献[94]。

最小稳定系数为4.98,出现在浇筑底板混凝土时,其值大于4,满足规范要求。

另外,还进行了施工过程线性与非线性的结构内力计算,与非线性相比较,线性分析的误差,位移最大为6.57%。轴力最大误差为7.44%。

(3)湖北兴山平邑口大桥

主跨180m上承式RC箱形拱,采用钢管混凝土劲性骨架法施工,有关情况请参阅本书5.4节实例四。

参考文献[25]对拱圈施工过程稳定性分析要点如下,采用ANSYS建立空间模型,按线弹性理论(第一类稳定)计算施工各阶段的结构整体稳定性。表6-13为各施工阶段工况;表6-14

为稳定计算结果。

结构施工程序　　表 6-13

施工工况	施工内容	施工工况	施工内容
1	安装劲性骨架，形成两铰拱	11~14	浇注中底板混凝土①~④
2	浇注钢管混凝土	15~18	浇注顶板混凝土①~④
3~6	浇注底板混凝土	19	浇筑立柱，盖梁
7	浇注膜板混凝土①，封死拱脚形成无铰拱	20	铺设桥面板，二期恒载
8~10	浇注腹板混凝土②~④		

注：本表摘自参考文献[25]。

施工阶段的稳定分析结果　　表 6-14

施工阶段	浇筑混凝土示意图	弹性特征值	几何非线性	失稳模态
1		11.0	8.0	正对称面外
2		4.6	2.8	正对称面外
3		4.9	3.2	正对称面外
4		3.5	2.4	正对称面外
5		3.8	2.5	正对称面外
6		4.5	3.1	正对称面外
7		6.5	4.6	正对称面外
8		4.3	3.1	正对称面外
9		5.5	3.4	正对称面外
10		5.0	3.2	正对称面外
11		7.7	5.6	正对称面外
12		7.0	5.2	正对称面外
13		6.6	5.0	正对称面外
14		6.3	4.6	正对称面外
15		13.0	9.4	反对称面内
16		11.1	8.1	反对称面内
17		10.3	7.8	反对称面内
18		14.2	10.0	反对称面内

注：本表摘自参考文献[25]。

进行空间模拟分析时，对成型的混凝土顶，底板与腹板按实际形状选用相应的平壳单元，对第 1、2 工况采用空间桁—梁组合结构模型，其余工况采用空间桁—梁—平壳组合结构；施工过程受力分析采用应力叠加法；从第 2 工况开始考虑前一施工阶段初应力和初位移的影响。

该桥的施工过程受力分析表明，几何非线性对稳定性的影响较为显著。考虑几何非线性后，稳定系数较线性分析结果下降约 35%。

参考文献[24]对该大桥拱圈施工过程几何非线性与材料非线性稳定系数进行分析。采用ANSYS软件,钢管与内灌的混凝土等效为Beam空间梁单元,利用公共节点形成共同作用。混凝土箱板等效为Shell板壳单元,立柱盖梁采用Beam空间梁单元,桥面板采梁格法Beam空间梁单元。为了与弹性特征值稳定系数进行比较,将得到的极值荷载除以外荷载,换算出按第2类稳定计算的稳定系数。计算成果见表6-15。表中弹性特征值为按线弹性理论计算的第一类稳定安全系数;表中两种非线性稳定系数,系按第二类稳定理论计算的极限荷载除以外荷载得到。表中序号为施工阶段从钢管骨架成拱、灌注管内混凝土直至混凝土拱圈全部形成的工况。论文结论指出:考虑几何非线性后,稳定系数较线性值下降5%左右;考虑材料非线性后(达到极限状态,材料进入塑性阶段时)稳定系数较性线值下降35%左右;同时考虑两种非线性后,该桥的稳定性约为弹性稳定系数的60%左右。

稳定系数　　表6-15

序号	弹性特征值	几何非线性	折减率(%)	材料非线性	折减率(%)	双非线性	折减率(%)	失稳模态
1	4.88	4.48	8.20	3.42	29.92	3.4	30.33	正对称面外
2	3.2	3.08	3.75	2.56	15.17	2.4	17.24	正对称面外
3	3.93	3.82	2.80	3.49	8.88	3.31	13.58	正对称面外
4	6.03	5.63	6.63	4.13	31.51	4	33.67	正对称面外
5	7.48	6.88	8.02	4.65	37.83	4.29	42.65	正对称面外
6	6.88	6.59	4.22	4.39	36.19	4.27	37.94	正对称面外
7	6.47	6.23	3.71	4.36	32.61	4.3	33.54	正对称面外
8	7.57	6.79	10.30	4.53	40.16	4.52	40.29	正对称面外
9	8.01	7.79	2.75	4.73	40.96	4.58	42.84	正对称面外
10	7.88	7.05	10.53	4.55	42.26	4.5	42.89	正对称面外
11	8.21	7.77	5.36	5.08	38.12	4.77	41.90	正对称面外
12	9.80	9.43	3.78	5.68	42.04	5.41	44.80	正对称面外
13	15.03	14.2	5.52	8.56	43.03	8.1	46.09	正对称面外
14	13.40	13.07	2.46	8.23	38.58	7.92	40.90	反对称面内
15	14.48	13.98	3.45	8.85	38.88	8.16	43.65	反对称面内
16	16.35	15.2	7.03	12.7	22.32	12.18	25.50	反对称面内
17	23.10	21.4	7.36	15.4	33.33	14.2	38.53	反对称面内

注:本表摘自参考文献[24]。

6.4.5 关于稳定问题的小结

(1)大跨径劲性骨架法施工拱圈过程的稳定性分析宜采用第二类稳定理论,计入几何非线性影响。整体稳定安全系数可采用式(6-3)进行计算,其值应大于按现行《公路钢筋混凝土及预应力混凝土桥涵设计规范》(JTG D62—2004)确定的强度安全系数最小值2。

(2)跨径较小时,可以按第一类稳定理论计算线弹性稳定安全系数,其值应大于4~5。

(3)劲性骨架法施工拱圈的过程中,浇筑拱圈混凝土底板时稳定安全度最小。计算中宜适当加密浇筑底板的施工阶段,以获得稳定安全系数的最小值。

(4)劲性骨架与混凝土板的受力是分次叠加的。有可能在结构丧失整体稳定之前,未被混凝土包住的骨架局部构件已发生失稳,故必须计算各阶段、各构件的受力情况,防止局部失稳情况出现。

6.4.6 大跨径劲性骨架拱的材料用量

参考文献[26]介绍了四川广元昭化嘉陵江大桥 3 种桥型方案工程数量的比较。如表 6-16所列。

3 种桥型方案工程数量比较　　表 6-16

方案编号	桥 型 方 案	桥长(m)	混凝土用量(m^3)			钢材用量(t)		
			全桥	延米	平方米	全桥	延米	平方米
1	364m 上承式 RC 箱拱	864	68310	79.1	2.88	12101	14	0.509
2	主跨 160mPC 连续刚构	860	80189	93.2	3.39	13729	16	0.58
3	主跨 220mPC 连续刚构	860	84948	98.8	3.59	15281	17.8	0.641
材料用量比较:2-1		-4	11879	14.1	0.51	1628	2	0.072
材料用量比较:3-1		-4	16638	19.7	0.71	3180	3.8	0.137

从表 6-16 可以看出,净跨 350m(计算跨径 364m)劲性骨架法 RC 箱形拱,与两种大跨径连续刚构比较,节约混凝土材料 17%~24%,节约钢材 13%~26%,经济效益显著。

l_0=350m 箱形拱的全桥孔跨布置为 8×30mPC 简支小箱梁+364mRC 箱拱+8×30mPC 简支小箱梁。

该桥桥面与嘉陵江江面高差 120m。连续刚构出现超过 100m 的高墩,势必增大工程数量。在山谷或河谷高差很大的情况下,大跨径 PC 梁桥,桥墩很高,数量不少,但劲性骨架法上承式 RC 拱桥,其主跨超过 300m 的建造技术已趋成熟,在基本相同的桥长情况下,其工程数量往往较大跨径 PC 梁桥省,这方面具有一定优势。

6.5 悬臂施工法——天线缆索吊装法

天线缆索吊装法是悬臂施工法的一种。自 1970 年 7 月四川省建成国内第 1 座缆索吊装箱形拱桥——义敦巴楚河桥(净跨 30m)后,用这种方法施工的 RC 箱形拱桥在国内迅速发展。本书附录 A“国内部分上承式混凝土拱桥简况”中所列 194 座箱形拱桥,有 79 座采用天线缆索吊装法施工,占 40.7 %。积累了丰富的设计、施工经验。天线缆索吊装工艺,成为我国拱桥施工最重要的施工方法之一。

6.5.1 早期(20 世纪 90 年代以前)一些具有技术特色的箱形拱桥

(1)四川义敦巴楚河桥

净跨 30m,桥面宽 7.5m,拱圈横向 6 箱,箱高 0.91m。按槽形截面预制,底板宽 1.32m,厚 6cm,侧壁高 77cm,厚 8cm。采用双基箱横向悬砌。每片基箱分两段预制,每段重 8.89t,天线吊装合龙。边箱每片分 5 段预制,每段重 3.63t。一次吊运两段边箱,在基肋两侧就位。全拱悬砌合龙后，再在箱顶安装厚8cm预制混凝土盖板，形成闭合箱。这是首座采用槽形开口箱成拱后再加盖板形成拱圈的箱形拱桥，其优点是吊装质量小、吊装机具少、进度快。1970年建成。

1973年1月建成的宜宾岷江大桥，主桥为2×100m箱形拱，横向由6片拱箱组成，每片分为5段预制成开口箱进行吊装。1974年建成的彭水乌江大桥，主桥为2×100m箱形拱，也是采用开口箱吊装，但拱箱合龙后加盖的顶板为微弯板，其中部厚8cm，边部厚18cm。

(2)四川南充嘉陵江大桥

主桥为6×70m箱形拱。拱圈采用钢丝网水泥为腹板的组合箱。腹板厚3cm，二网二筋，用35号砂浆预制。拱圈横向由6片拱箱组成，每片拱箱每隔2.5m设RC横隔板一道，为预制构件，与腹板一起拼装后，再浇顶板混凝土，形成闭合箱。吊装合龙成拱后，加厚腹板混凝土，形成最终的拱圈截面。为箱形拱桥拱圈预制构件的组成及施工程序积累了经验。该桥于1975年7月建成。

(3)四川广安渠江桥

桥孔布置为13m石拱桥+4×60m悬砌混凝土板拱+2×100mRC箱形拱+2×60m悬砌板拱+35m石拱桥，全长548.40m，桥面全宽8.5m。60m、100m跨均采用天线缆索吊装，其中60m为最大跨径悬砌板拱。主要构造与施工工艺如下：

将整体板拱划分为基肋和扣块两种预制构件。本桥采用双基肋，分5段预制吊装的基肋为配筋混凝土结构。扣块长度较基肋短得多，其吊装应力小，可以不配筋。先安装基肋合龙成拱。两条基肋间设横向联系，利用基肋端头一侧预埋的钢板(或基肋预埋的钢筋吊环)进行焊接。扣块从基肋两侧对称进行横向悬砌。悬砌工艺就是在基肋两侧预留对称的缺口，使第一条扣块有一半宽度卡砌在基肋两侧的缺口上，另一半宽度悬出。第二条扣块悬砌时，其一半宽度卡砌在第一条扣块悬出的部分之间，另一半悬出。如此轮番悬砌。当悬砌达到拱圈宽度后，再用一半宽度的边扣块卡砌补齐。吊装扣块自拱脚开始悬砌。基肋与和扣靠纵横接缝浆砌形成整体。该桥1979年3月建成。

悬砌块板拱具有不用拱架、便于跨越深谷、可以在洪水期施工等优点，在模板制作、构件预制、吊装程序等方面也较箱形拱简便。但拱圈为实体，工程数量大，仅适用于中、小跨径。因拱圈为实体抗冲击性能好。如20世纪70年代建成的贵州剑河展架大桥，4×30m悬砌板拱，特大洪水时，桥面以上水深约1m，并有大量漂浮物通过，桥面系几乎全部损坏，但拱圈基本完好，桥面系恢复后，继续正常通车。

(4)四川广元宝珠市白龙江大桥

主桥为3×120m上承式RC箱形拱。矢跨比1/6，采用天线缆索吊装法施工。拱圈断面由5个箱室组成，纵向分为5段，预制组装成封闭箱，最大吊重46t。三跨不设施工制动墩。采用桅杆移动式索塔全桥跨用天线缆索吊装。索塔设在两岸桥台上，缆索跨度407m。为了减少吊装设施，本桥未采用以往百米以上大跨径箱形拱均需两箱合龙、横向联接后方松索的惯例。首次采用单桅杆、单箱合龙后松索的施工工艺。节省了一套吊装系统和一半的索塔设备。本桥于1989年建成。

该桥吊装程序是先吊装中箱，后吊装边箱，采用正扣，歪落位和歪扣、正落位，使索塔在一个位置安装两片拱箱。主索采用一组7根，天扣索采用2组6根，共13Φ47.5mm(6×37+1)麻芯钢丝绳。主索工作垂度28m，初始垂度15m，安全系数3.07，7根天线钢丝绳在索塔横移及负荷后可以自行相互调整。

索塔采用桅杆式铰接索塔。索塔为单桅杆,用三角形加劲弦杆组拼,平面尺寸 3m×3m,铰接索塔的优点在于它受力明确,塔身只承受轴向压力,吊运块件及块件扣定时,运输天线和扣索对塔顶产生的水平力,由索塔前后缆风索承担,故在索塔前后两端侧面各设一组三门 30t 滑轮组,用 Φ19.5mm 钢绳走 6 线将索塔收正后卡固。

为了减少索塔移动次数,索塔定位一次吊装两片拱箱,故在吊装过程中将发生正吊歪扣和正扣、歪落位。为了索塔顺河向稳定,在上、下游两侧各设一组二门 20t 滑轮组,用 Φ19.5mm 钢丝绳走 4 线收紧卡固,风缆水平角为 25°~30°。

由于系单肋合龙松索,故仅设 4 个扣点。脚段为台扣,扣索用 Φ40mm 钢丝绳走二线。拱箱扣点处设一个 60t 单门特制大滑轮转线至地锚与 30t5 门滑轮组相连,滑轮采用 Φ24mm 钢丝绳走 10 线,5t 卷扬机收放。中间段采用天扣,天扣主缆设两组,每组为三根 Φ47.5mm 钢丝绳组成。

安装拱箱全过程中需要移动索塔,在桥台顶面索塔铰接处设置一块厚 10mm,宽 700mm,长 10m 的钢板作为索塔滑道,并在钢板上按索塔底板顺桥宽度的横移方向(即顺河向),电焊两根 Φ30mm 圆钢作为索塔横移时的导向装置。钢板通过预埋螺栓固定压平。要求钢板表面任意两点高差不大于 3mm。索塔横移用 5t 卷扬机通过 6 线滑车组牵引铰座。塔顶前后风缆及上、下游风缆随索塔移动,相应进行放松或收紧。索塔容许倾斜度取塔高的 1/100。

拱箱吊装程序:先将索塔置于桥轴线上,以正扣、歪落位方式安装两片中箱。然后移索塔至上游边箱轴线处,以正扣、歪落位,歪扣、正落位的方式安装一片中箱和下游边箱。最后移索塔至上游边箱轴线处,安装上游边箱。安装全部拱箱,需移动索塔 2 次。

单片拱箱安装,先拱脚段、再中间段,最后拱顶段合龙。拱脚段前端预抬高 10~15cm,中间段拱箱前端预抬高值应与脚段预抬高值成 2∶1 的比例,以使拱箱接头处受力良好,且形成上开口状态。拱顶段的合龙采用拱脚段中间段碰拱顶段的方式,以免增大扣索和锚锭受力。

单肋拱箱合龙的关键是确保拱箱横向稳定性,该桥采取了以下措施:

①吊点与扣点交接时速度要慢,每次升降幅度控制在 5~10cm 范围内。

②拱箱合龙后进行松索调整,采用两半跨对应同时松扣索,并在调整过程中控制对应端头高差不大于 3cm,否则应采用单边松索予以调整,以避免拱圈发生过大不对称变形甚至失稳。

③各段上、下游两侧对称布设八字抗风缆绳时,尽量做到长度与角度对应相等,以控制缆风绳内力平衡,并注意根据风缆受力情况进行调整。

④第一片拱箱合龙松索后,在吊运和吊扣交接第二片拱箱时,利用八字缆风绳使第 2 片拱箱与第一片拱箱保持好设计间距,避免发生碰撞。

⑤第 2 片拱箱调好轴线电焊接头时,不能立即与第 1 片拱箱横联电焊,必须等第 2 片拱箱拆除全部吊、扣具后方可进行此道工序。

该桥为大跨径单片拱箱吊装合龙松索施工工艺提供了宝贵经验。其主要优点是吊装设备较少,节约了施工费用,提高了经济效益。

(5)重庆武隆乌江大桥

主桥为净跨 135m 上承式 RC 箱形拱。矢跨比 1/6。拱圈横断面由 5 片拱箱组成。桥面宽度 11.5m。为国内首座采用 7 段吊装的大跨径箱形拱桥。1979 年建成的主跨 150m 宜宾马鸣溪大桥,拱箱分为 5 段吊装获得成功。但跨径 150m 分为 5 段,构件太长太重,吊装最大质量

70t，施工不方便，对吊装设备要求也较高。武隆乌江大桥设计施工中，首次提出了7段吊装的方案。该桥于1991年建成。设计施工要点如下：

①拱圈由5片拱箱组成。预制吊装的拱箱，中箱腹板厚5cm，顶底板厚10cm，拱箱高度175cm，宽165cm。边箱腹板采用双层板，板厚5cm，板与板之间夹缝净距14cm，箱宽130cm。吊装合龙后，现浇板间夹缝混凝土。拱箱每段长28.87m，吊装质量30.26t。

②一片拱箱合龙时的宽跨比为1/82，两片拱箱合龙也只有1/41，小于1/20，按两片拱箱计算的线弹性稳定系数为2.8<4，因此设计要求3片拱箱合龙后才能松扣索、吊索与缆风索。施工中由于钢丝绳不足，两片拱箱合龙并做好横向连结后，放松扣索与吊索，未出现失稳。认为吊装是短暂荷载，安全系数可减小，但加强了稳定措施。

③第1片拱箱合龙要达到设计要求，是关键中的关键，也是最大难点。拱箱分7段吊装，有8个接头，除拱脚只有两个自由度外，中间每个接头有3个自由度，即 x、y、z 三个方向共有22个自由度，要使每个接头符合要求，十分困难。通过多次试调，调整了约40~50次，才基本满足要求。

该桥的经验表明，采用传统方式用天线缆索吊装大跨径箱形拱，划分7段虽取得到了成功，但安装定位难度很大，也存在一定的安全风险。限制了这种桥型跨径的进一步增大。也说明了缆索吊装新工法具有更大的优势。

(6)四川富顺沱江晨光大桥

主桥为3×100m上承式RC箱形拱，矢跨比1/8，桥面净宽为净-14+2×3m人行道，桥面全宽21m。拱圈总宽12.8m，横向由8片宽1.6m预制拱箱组成，采用天线缆索吊装。拱箱高1.7m，顶底板厚15cm，中腹板厚5cm，边腹板厚12cm。全部拱圈合龙后在两片拱箱之间现浇30cm厚混凝土纵缝。箱内每3m设一道横隔板。拱上采用排架立柱和大悬臂盖梁。除墩上立柱截面为1.2m×0.8m外，其余拱上立柱截面均为0.8m×0.8m，每个排架由3根立柱组成，中距4.8m，盖梁悬臂长3.5m，加上人行道挑梁悬臂在外的1.25m，悬臂共长4.75m，盖梁悬臂根部高1.2m，中部高1m。盖梁全长19m，其上安装6.56m车道板，为装配式，每块宽1m，厚28cm，桥面连续。该桥1994年10月建成。

采用大悬臂盖梁有以下优点：作为城市桥梁造型轻巧美观；拱圈宽度小，可节约拱圈与桥墩的工程数量。该桥大悬臂盖梁的成功经验可供设计参考。

(7)云南松园金沙江大桥

主跨170m箱形拱，纵向划分为7段进行缆索吊装，预制拱箱为开口箱。该桥于1996年建成。系国内采用旧工法用7段开口箱吊装施工的最大跨径。较详细资料见本书7.5节实例三。

6.5.2　箱形拱桥天线缆索吊装施工工艺技术的重大进展

1991年，广西交通部门决定修建跨径312m中承式劲性钢骨架RC箱形拱桥（代号SRC）——邕宁邕江大桥。广西交通厅成立了“邕宁邕江大桥SRC拱桥设计与施工技术研究”课题组，并经交通部批准为“八五”联合科技攻关项目。该项目包括“邕宁邕江大桥SRC拱桥设计与施工技术研究”“来宾磨东大桥施工设计技术研究”“杭州市钱江四桥双索大跨度缆索吊装施工技术研究”和“提篮式钢管混凝土拱桥上部结构施工关键技术研究”4个子课题。研究成果在这4座大桥设计、施工的关键技术上获得成功。通过广西三岸邕江大桥（主跨270m

钢管混凝土拱)的研究应用,该项新技术推广应用到钢管混凝土拱桥中。

项目的研究成果及工程实绩,先后获得了国家科技进步三等奖、广西2008年度科学技术进步最高奖——特别贡献奖;钱江四桥获得广西科技进步二等奖、中国建筑工程鲁班奖和詹天佑土木工程大奖。

项目研究依托工程之一的广西来宾红水河大桥,为主跨180m上承式RC箱形肋拱。拱肋施工采用科研成果推荐的新工法,将每条拱肋划分为28段预制吊装,吊重70t,分段数虽多,但吊装拱肋为成桥状态的封闭箱,吊装过程受力好,合龙后拱箱内不再浇筑二次混凝土,整体性好拱肋安装过程,除拱脚为铰接外,中间接头均为固结,其自由度大为减少,安全风险大大降低;用钢铰线斜拉扣挂、千斤顶调整,使拱肋定位迅速而准确,吊装时间短,一条拱肋合龙约30d。新工法使箱形拱天线缆索吊装施工工艺技术获得重大进展,使这类桥型的跨径得以大幅提升。目前已建成的有福建宁德天池大桥(主跨205m)、贵州六圭河大桥(主跨195m)、广西来宾磨东大桥(主跨180m),在建的贵州修文海马大桥(主跨180m,预计2014年完工)。采用新工法施工的几座大桥有关技术资料可参阅本书5.5节实例四、五、六及八。关于新工法的主要技术特色分析,见本书5.5节实例四。

2009年9月11日《中国交通报》专题报道指出:1994年首创钢铰线斜拉扣挂合龙后松索法,实现了更大跨径拱肋的悬拼施工。采用钢铰线作扣索,使扣索力增大极为容易,采用千斤顶收放,操作方便,可控制在毫米精度。同年首创连续浇注拱肋混凝土施工技术,利用千斤顶斜拉扣挂体系对拱肋调整,把拱肋混凝土浇注过程中出现的结构内力和变位控制在设定目标内。在杭州复兴大桥(钱江四桥)施工中,创造了两日合龙一孔拱肋的高速度。采用新工法,还节约了工程费用。如邕宁邕江大桥节约698.2万元,来宾磨东大桥节约290万元。

参考文献[9]指出:"从已完成的世界最大跨径的中承式SRC拱桥,国内最大跨径的CFST(钢管混凝土)拱桥,以及跨度180m的RC拱桥的悬拼合龙看,该文介绍的千斤顶钢铰线斜拉扣挂悬拼合龙技术,设备简单、轻巧、安全、可靠、操作方便,悬拼过程中稳定性好,合龙精度高、快捷,300m左右跨径拱桥,拱肋悬拼合龙时间不超过两个月。"

国内目前已建成的跨径≥180m上承式RC箱形拱桥,拱圈施工方法有5种:钢管混凝土劲性骨法(最大跨径420m),天线缆索吊装法(最大跨径205m),转体施工法(最大跨径205m),挂篮悬臂浇筑法(最大跨径182m),落地支架现浇法(最大跨径220m)。上述实例说明,特大跨径上承式RC箱形拱拱圈施工方法的选择原则,应是"安全可靠、技术经济合理、因地制宜"。跨径很大时,直接吊装RC拱圈(或一期混凝土),即使分段数较多,吊装重量仍很大,施工难度也大,安全风险相应增大。如跨径达到300m时,拱圈高度超过5m,用钢管混凝土劲性骨架法可能是更有利的施工方法。钢铰线斜拉扣挂、千斤顶调整高程的新工艺,在RC箱拱多段吊装、劲性骨架安装、挂篮悬臂浇筑等施工过程中均能发挥重要作用,显示其技术优势。

6.5.3 大跨径箱形拱桥拱圈缆索吊装施工重要经验

(1)吊装过程拱箱节段之间的接头

按钢绞线斜拉扣挂法(新工法)施工时,拱箱多节段拼接过程,除拱脚为铰接、前端为自由端外,中间接头均为固接,克服了中间接头为铰接的不利状况。以下几种中间接头构造可供参考。

①贵州六圭河大桥(主跨 195m)

拱肋中间接头除应具有可调性外,还应满足受力、方便施工的要求。在接头处拱箱底面设 7 个间距为 20cm 的螺栓,拱箱上端两侧各设 2 个相同规格的螺栓。还在接头的一侧留有 1m 宽人孔,以方便工人操作。中间接头示意如图 6-12 所示。接头处的 11 个螺栓可以满足施工时接头端面的抗剪要求。另外,在接头对接的角钢后面设加肋板,以满足承压的要求。施工时螺栓对位准确后便可焊接接头腹板内外侧的钢板,以达到拱箱临时固结的目的。该桥的施工程序等可参阅本书 5.5 节实例五。

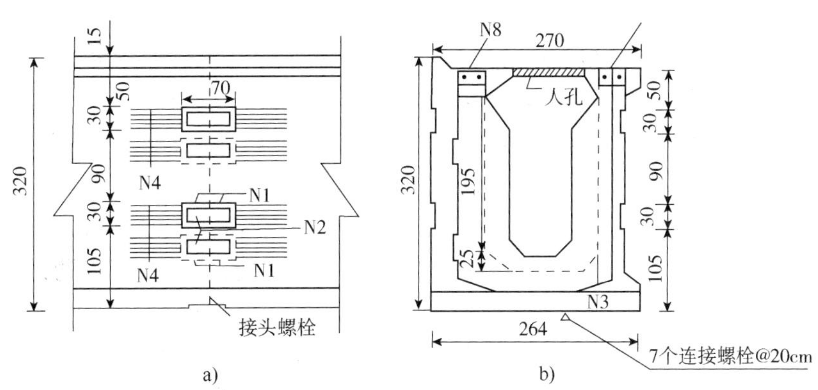

注：N1、N2、N3、N8表示对接钢板；N4表示锚固钢筋

图 6-12　拱圈中间接头构造图(尺寸单位:cm)

a)边箱侧面;b)边箱横断面

②福建宁德天池大桥

拱脚段为现浇段,在支架上浇筑。与第 1 吊装节段之间设有湿接缝,布置型钢劲性骨架,吊装节段就位后,焊接临时劲性骨架,安装扣索,调整线形,缆吊松索,同时安装接缝钢筋,浇筑接缝混凝土。

其他中间接头,在拱箱预制时在其侧面和底面设有梯形齿键,吊装就位时只需将拱箱对向施加一定的拉力,其接缝的高程与轴线基本吻合。再利用吊索进行适当调整,拱箱的空间位置就可准确就位。最后在张拉扣索时又进行一次调整,拱箱的就位基本上均能达到精度要求。拱箱安装时基本上不利用缆风索即可准确就位。实际施工时,仅在 5 号、8 号段设置了缆风索,其余部位均未设。为了增加安装过程拱箱的稳定,在节段接缝的两横隔板中心及时浇注混凝土。

该桥在节段拼接时,采用胶拼,系国内首次在大跨径缆索吊装箱拱施工中采用这项技术。胶接材料采用环氧树脂,初凝时间约 3h 左右。拱箱接头处双面涂胶,厚度约 1mm。全截面涂刷完毕,移动待拼节段对位,进行胶拼,拧紧底板临时定位螺栓,扣索张拉与缆吊松钩交替进行,使环氧树脂在不小于 0.1MPa 的压力下固化。同时用扣索调整线形,达到要求后焊接底板及腹板连接钢板完成拼接。这种接头方式构造较简单,拼接速度快,容易达到要求的安装精度。

③广西来宾磨东大桥

吊装节段共计 28 段,另在拱顶设 50cm 宽的现浇合龙段。吊装至拱顶合龙,拱脚设铰。节段之间的中间接头处,在腹板外侧端面预埋厚度 14mm 钢板,一个端面 4 块,即一侧腹板上、下各一块,高度 30cm,宽度 35cm;节段对接后,其预埋钢板焊接连接钢板,厚度 14mm,高度 16cm,长度 56cm。在节段顶、底板内外缘预埋角钢,横向均为 6 块,其上有螺栓孔,节段对接后,安装连接螺栓,并焊接连接钢板。所有中间接头分为两类,即 A 类与 B 类,按设计要求,半跨拱肋安装至第 5 段拱箱后,浇筑第 4、5 段拱箱之间的接头混凝土(称为 A 类接头,或大接头),安装至第 10 段拱箱后,浇筑第 9、10 段拱箱之间的接头混凝土(A 类接头)。根据施工中的具体情况及经验,从第 6 段拱箱安装开始,一直到第 11 段拱箱吊装期间,浇筑拱脚混凝土。一条拱肋合龙后,浇筑合龙段混凝土及余下的各节段之间的接头混凝土(B 类接头)。

(2)拱顶合龙段

采用钢绞线斜拉扣挂法安装拱箱节段时,拱肋的合龙方式与传统的方法不相同。拱箱分段时,在拱顶处预留 50cm 左右的合龙段,在合龙段内安装永存的型钢劲性骨架,在合适的气温条件下,焊死锁定骨架,并立即浇筑合龙段混凝土。必要时,还可根据受力需要,在拱顶施加水平顶力。由于合龙口预留了空隙,可以消除温度变化、制作误差、非弹性压缩以及大部分弹性压缩引起的拱肋长度的变化,从而有效地控制了拱肋的高程。因相邻两拱肋的高程差变化很小,悬拼过程中可以安装永久的横向联系,合龙时的拱肋不会拉动相邻拱肋,永久横联可以提高拱箱的面外稳定性。因为合龙前扣索不动,高程及平面位置比较容易控制。合龙段混凝土达到设计强度后即可先拆除吊索,再对称、缓慢地放松扣索,单片拱肋成拱。

关于封闭拱脚形成固结的时间,广西来宾磨东大桥系在拱肋合龙前封闭拱脚;贵州六圭河大桥系在合龙段及所有中间接头均浇筑混凝土之后,再封闭拱脚。这两种方式均可行,可视实际情况决定。

(3)拱脚设置一段现浇段

贵州六圭河大桥,缆索吊装两条边箱,每条边箱分成 20 段,其中第 1 段及第 20 段为拱脚段,长度均为 11.124m,根据地形情况,这两个拱脚段在落地支架上现浇,其余 18 段用天线吊装,拱顶预留 60cm 合龙段。

福建宁德天池大桥,缆索吊装两条边箱,每条边箱分成 19 段,其中第 1 段及第 19 段为拱脚段,采用支架上现浇,其余 17 段用天线吊装。第 9 号节段为拱顶段,不设扣索,安装时接缝处用劲性骨架连接。

特大跨径缆索吊装箱形拱桥,在地形条件允许的情况下,布置一定长的拱脚现浇段,有以下好处:

①缩短了预制吊装拱箱的总长度,减少预制安装的工作量。

②成桥状态拱圈的拱脚,拱圈施工一开始就成为符合设计要求的无铰状态,而吊装过程拱脚铰的位置离开成桥时拱脚一定距离,受施工过程的影响较小,而成桥时拱脚是拱圈受力最不利的截面。

③扣塔位置具有更多的选择范围。

(4)主缆索塔、扣索索塔的约束状态与吊、扣塔合一

主缆索塔底部应为铰接状态,在最不利荷载作用下的水平变位应不大于索塔高度的 1/400。

扣索索塔底部应为固结状态,在最不利荷载作用下的水平位移,应不大于 10mm。

一般情况下,吊、扣塔分离布置受力明确,互不影响,但施工设备及费用有所增加。如受条件限制,也可以采用吊、扣塔合一的方案。但要注意采取措施尽量减小缆索吊装过程对扣索的

影响,以免引起拱肋内力过大的变化。吊、扣塔合一时,在吊装过程中随着拱段的起吊与移动,扣塔会发生水平变位,导致已安装节段高程发生变化,使当前节段的定位高程也需相应进行修正。

贵州六圭河大桥的一岸因地势陡峭,采用吊、扣塔合一的方案。两者合为一体,且与地面固结。因此扣塔除了承受轴力外,还将承受较大的弯矩,为了限制扣塔过大的弯矩,就要控制扣塔的不平衡水平力。另外,扣、背索的水平倾角不等也会产生不平衡水平力,为了减小不平衡水平力给扣塔带来的不利影响,采用了后缆风对扣塔进行预偏,同时控制扣塔的位移不大于80mm。另一项措施是采用扣、背索为一根索通过索塔,在扣塔上设置索鞍,当塔顶发生水平位移时,因索鞍与扣、背索之间设四氟板,可以保证两者之间的正常滑动。该桥 6 号节段起吊、前移过程中,塔顶最大位移为 126mm,而已安装的 5 号节段前端高程变化量仅-5mm,说明这项措施有效。吊、扣塔合一时,上述经验可供参考。

6.5.4　几个与施工安全有关的问题

(1)大跨径拱肋安装过程,两条拱肋合龙并在横向联系完成后,拆除横向缆风绳虽有成功的经验,但此种状态下线弹性稳定系数可能小于 4,存在失稳的风险。在三条拱肋合龙并横向联系完成后拆除横向缆风绳较为稳妥。

(2)大跨径拱肋采用钢绞线斜拉扣挂的新工法安装时,最好在两个节段安装就位后,及时将已就位拱肋的接头混凝土浇筑。

(3)在拱肋合龙,且所有接头混凝土达到设计要求的强度后方可拆除扣索,并注意,此前拱脚已经封闭成为固结状态。

拱脚铰何时封闭有两种作法:一是一条拱肋合龙后,封拱脚与合龙段浇筑混凝土同时进行;二是一条拱肋安装至一定长度后即封闭拱脚,然后继续安装至拱顶并浇合龙段混凝土。

(4)拱肋安装就位应设置横向缆风绳。缆风绳应设在拱箱的下缘。相邻拱肋之间横向联系完成后,缆风绳应采用交叉布置的方式,即拱箱下缘下游点的缆风绳锚固于上游侧的地锚,下游点的缆风绳锚固于上游侧的地锚。

(5)扣索钢绞线的安全系数较高,一般为 2.5,张拉应力较小,不宜采用自锚式锚具,否则在低应力情况下,可能松动,造成扣索索力的较大波动。采用一般的夹片式锚具,索力张拉容易,下放很困难,贵州六圭河大桥实际操作时采取的是割断一束中的几根钢绞线而使索力减小的办法,施工困难,不易控制。现已有多座大桥采用具有张拉与放松功能的专用锚具,不宜再用一般的夹片锚具。

(6)缆索吊装施工各主要部位或构件的安全系数应符合规范的规定,见表 6-17。

缆索吊装施工安全系数　　表 6-17

项　目	安全系数	项　目	安全系数
主缆、抗风钢丝绳	≥3	扣索钢丝绳	≥5
起吊钢丝绳	≥6	钢绞线	>2
牵引钢丝绳	≥4	锚碇抗拔、抗滑	≥2

注:建议地锚抗倾覆稳定安全系数≥1.8,规范未列。

6.5.5 关于吊装过程拱脚是否设置正规铰的问题

大跨径箱形拱桥,为了在吊装过程中使已安装就位的拱肋方便调整高程,并避免拱脚产生较大的弯矩,都要求拱肋拱脚截面具有适当的转动性能。1974 年建成的云南红旗大桥,主跨 116m,5 段吊装,采用传统的钢丝绳扣索。在拱肋安装过程拱脚设置正规钢铰。采用直径 120mm 钢轴承,铰的承压曲面为厚 16mm 钢板,用 4 块厚 12mm 钢板固定,焊接在角钢组成的骨架上,施工中使用很方便,高程调整的精度很高。另如 1996 年建成的广西来宾磨东大桥,主跨 180m,缆索吊装施工,划分为 28 段,采用钢绞线扣索,拱脚施工过程也设计为正规钢铰。在建的贵州海马大桥,主跨 180m,缆索吊装施工,划分为 18 段,采用钢绞线扣索,参照广西来宾磨东大桥的经验,施工过程拱肋拱脚亦设计为正规钢铰。主要考虑了以下几个因素:

(1)按新工法吊装拱肋,划分段数较多,吊装过程拱脚设正规钢铰,计算图式明确,对于拱脚产生的微小转动基本上可视为刚体转动,拱肋不产生内力。

(2)由于拱脚转动灵活,施工操作方便,容易调整拱肋高程。

(3)吊装过程不增加拱脚截面的附加弯矩。

但有的专家认为,当采用钢绞线斜拉扣挂拱箱且已安装节段的接头形成固结后,拱肋就位只需微小调整高程,不必用正规钢铰,一般的简易平铰也能满足要求。如 2005 年建成的贵州六圭河大桥,主跨 195m,缆索吊装施工,划分为 20 段,采用钢绞线扣索,吊装过程拱脚设置简易平铰这两种作法,有待进一步累积实践经验。

6.6 悬臂施工法——挂篮悬臂浇筑法

至今,我国采用挂篮悬臂浇筑法建成的 RC 箱形拱桥仅有 3 座,即 2007 年建成的四川西攀高速公路攀枝花白沙沟 1 号大桥(主跨 150m)、2012 年建成的贵州思剑高速公路木蓬大桥(主跨 165m)和 2013 年建成的四川攀枝花新密地金沙江大桥(主跨 182m)。这 3 座大桥设计、施工简况见本书第 5.5 节。本节主要介绍 3 座大桥的技术创新与技术特点。

6.6.1 四川白沙沟大桥

该桥为我国首次采用挂篮悬臂浇筑法施工的 RC 箱形拱桥,填补了国内这方面的空白,在施工工艺、施工设备和施工技术等关键领域有若干创新,并取得了成功,为这种施工工艺用于 RC 箱形拱桥的建造累积了宝贵经验。

(1)适用于 RC 箱形拱桥拱圈悬臂浇筑施工的新型挂篮

这种新型挂篮的主要技术特点有以下几点:

①经过多种型式比较后,认为挂篮自重最大影响因素是承重主桁架,选择主桁架为三角形,其拓扑结构形式最优,且刚度较大,适合箱形拱悬浇施工。

②挂篮设计解决了适应拱箱悬臂浇筑长度达到 7.8m 的超常规长度以及纵向斜坡行走的技术难点。

③为了使挂篮从起步开始即进入正常运作状态,首先将挂篮安装在拱脚第一段用支架就地浇筑的拱箱上。

④为了减小挂篮自重,并相应降低锚碇质量,采用 Q345B 钢板焊接成 H 型钢,其质量由

36t 减为 27t。

⑤采用后支点侧三角桁架结构型式挂篮，其操作工艺简单方便。

⑥采用主桁布置在拱箱侧面的下承式结构，适应于挂篮在拱箱上行走与工作。

⑦挂篮采用自锚的型式进行平衡，即行走时通过反力轮维持挂篮前端的平衡，浇筑时通过可调高反力楔块实现挂篮前端的平衡。

⑧三角桁片构件选用 HW350×350mm×20mm×16mm 的宽翼缘 H 型钢，其优点是：适应主桁杆件承受双向弯矩的特点；隔板便于焊接；杆件与节点板用螺栓连接、拆卸方便；杆件与横隔板共同形成施工操作平台。

⑨挂篮结构验算有关数据如下：

a.安全系数。施工时，抗倾覆安全系数、自锚固系统安全系数、挂钩限位系统安全系数、后横梁水平限位安全系数均为 2。

b.荷载系数。拱箱混凝土浇筑时胀膜超载系数 1.05；浇筑混凝土时动力系数 1.2；挂篮空载行走时冲击系数（挂篮自重+模板重）×1.3；浇筑混凝土和挂篮行走时抗倾覆稳定系数 1.5。

（2）挂篮的行走轨道

在拱背上预留长方形小槽，其宽度刚好在拱圈纵向主筋之间，行走轨道底面设置 4 块长形钢板，承受剪力。挂篮行走轨道长度根据拱背的分弧长度进行划分，每侧轨道共设 3 段，每段长 1.54m。

（3）挂篮性能参数

挂篮性能参数，见表 6-18。

挂篮性能参数　　表 6-18

项　目	性能参数	项　目	性能参数
浇筑节段最大重量	122t	挂篮行走方式	滑动
浇筑节段最大长度	8m	挂篮前端最大变形	2cm
挂篮自重	34t	锚固方式	自锚式
模板系统自重	28t		

挂篮整体结构示意如图 6-13 所示，立面、侧面与平面如图 6-14 所示。

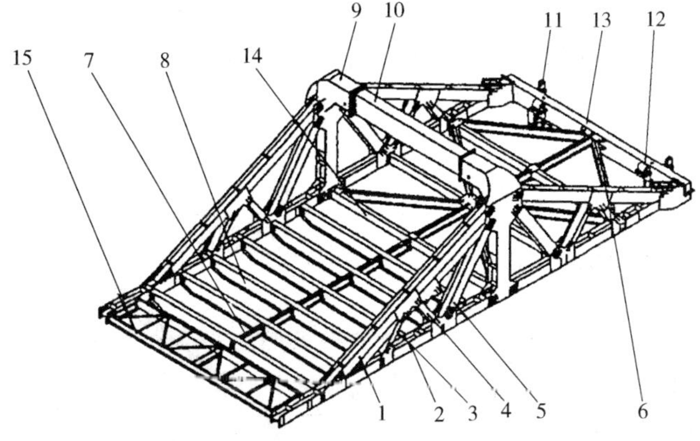

图 6-13　挂篮整体结构示意图

1-上弦杆；2-下弦杆；3-前小拉杆；4-前撑杆；5-后大拉杆；6-斜撑；7-小纵梁；8-前横梁；9-挂钩；10-挂钩横向联系；11-抗剪臂；12-行走反力轮；13-后横梁；14-中横梁；15-前平台横梁

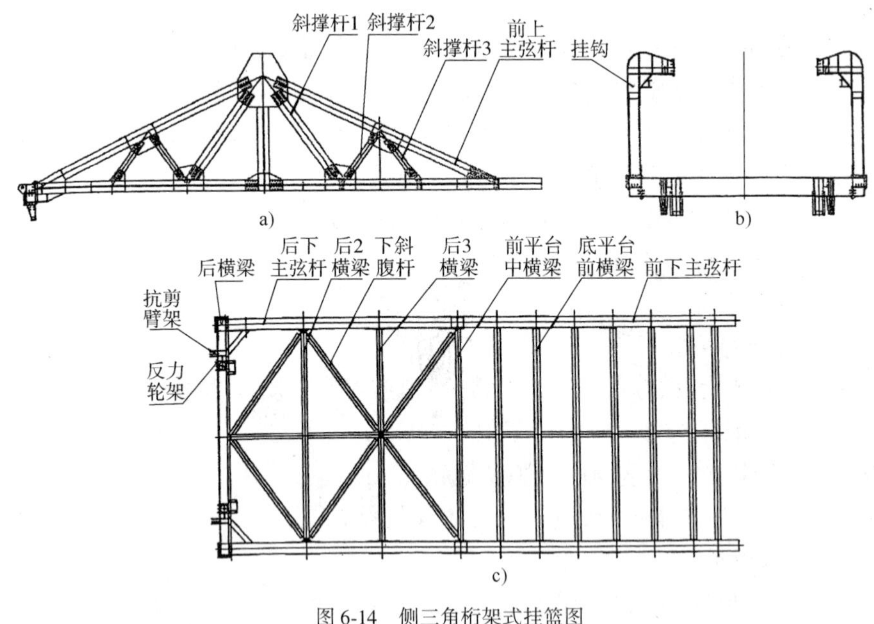

图 6-14　侧三角桁架式挂篮图

a）立面图；b）侧面图；c）平面图

（4）混凝土入模及振捣

由于拱圈倾斜，拱箱内模为全封闭，且拱箱顶须设置压模，混凝土浇筑困难，施工时沿纵向每间隔 1m 左右在三道腹板及两个箱中的内模底板及顶板压模对应位置开孔，以方便混凝土入模及振捣。

（5）可调索低应力锚固系统

拱圈悬臂浇筑过程，钢绞线扣（锚）索斜拉扣挂时，钢绞线受力 $0.15f_{pk} \sim 0.5f_{pk}$（$f_{pk}$ 为钢绞线抗拉强度标准值），处于低应力工作状态，如采用常规的斜拉索专用锚具，存在以下问题：

①斜拉索专用锚具较长，张拉反力架下空间有限，布设困难且不经济。

②每个锚固单元的钢绞线张拉锚固是逐一单根进行的，工期长。

③拱圈混凝土悬浇过程，用于扣挂的钢绞线扣（锚）索是临时索，用完后需拆除，钢绞线切割后拆除困难（调索是在切割多余钢绞线后通过拉杆进行张拉），且不能重复利用。

白沙沟大桥新研制的“可调索低应力锚固系统”，克服了上述缺点。该锚固系统是通过钢绞线自身回缩来带动锚具的夹片内移锚固，是一种新型的既可满足大变位粗调索，又可实现小变位精调索的低应力夹片锚固系统。此项设备与技术已获得国家专利。有关该新型锚固系统的较详细情况见参考文献[19]、[60]。

6.6.2　四川攀枝花新密地大桥

主跨 182m 的新密地大桥，为我国目前挂篮悬浇施工最大跨径 RC 箱形拱桥。施工设备及主要施工工艺与白沙沟大桥基本相同。参考文献[189]就该桥主拱圈施工风险进行了分析，并提出了对策措施。

（1）结构设计对主拱圈施工风险的控制措施

①要求悬臂浇筑阶段主拱圈截面边缘法向压应力不超过 $0.7f'_{ck}$，拉应力不超过 $0.7f'_{tk}$，主

拱圈混凝土强度等级为 C50，故施工期间法向压应力应≤22.68MPa，法向拉应力应≤1.855MPa（拱圈承力时混凝土应达到设计强度）。

②钢绞线扣、锚索施工阶段的安全系数不小于 2.5；扣索下端锚固在拱箱内横隔板与腹板、顶板交叉处，上端为张拉端，锚固在索塔上钢锚箱内，锚索下端锚固在引桥桥墩承台内或锚碇背面，上端为张拉端，锚固在索塔钢锚箱内。

③拱圈混凝土浇筑过程，要求拱圈各监测点位移不大于±10mm，索塔塔顶纵向最大位移应≤25mm，索塔扣索、锚索张拉处的偏位误差≤H/3000，锚碇最大水平位移≤6mm。

④挂篮试拼装完成后，采用最大施工荷载的 1.2 倍进行试压，以消除非弹性变形并测试弹性性能，检查加工和安装质量。

（2）温差效应对主拱圈施工安全性的影响及风险控制措施

根据当地气象条件，从偏安全考虑，晴天时，扣锚索与索塔的温差按 15℃计，扣锚索与拱圈的温差按 25℃计；阴雨天，扣锚索与索塔的温差按-10°计，扣锚索与拱圈的温差按-15℃计。

主拱圈悬浇阶段，当天气炎热时，结构体系整体升温较大，索、塔、拱产生正温差，会造成索塔往江心方向倾斜，拱圈悬臂端下挠，局部会产生拉应力，对施工安全有影响，采取下述控制措施：

①加强拱箱混凝土洒水养护和降温。

②扣锚索钢绞线采用 PE 防护和隔热，以避免直接裸露暴晒。

③钢结构索塔向阳侧挂帷幕，防止太阳直接照射。

（3）洪水对主拱圈施工安全影响及控制措施

洪水位淹没部分拱圈后，其浮力与流水压力对结构的不利影响主要是使拱脚段下缘产生较大拉应力，当超容许应力后可能发生裂缝，还可能腐蚀扣索钢绞钱。应采取措施消除不利影响：拱脚段下缘设置防裂钢筋网，并掺入聚丙烯腈纤维；拱圈迎水面设置导流板，减小流水压力；洪水位以下扣索进行防腐；防止漂流物撞击拱圈及扣索。

（4）悬臂浇筑过程采取措施降低风荷载的影响

结构分析计算表明：静风荷载不会对结构体系的安全造成影响；颤振稳定性满足规范要求；扭转涡激共振发生的可能性较小；而竖向涡激共振发生风速低，出现的几率较大，可能对主拱圈施工安全造成较大的影响。防控措施是在拱脚段设置临时支架，减短悬臂长度，提高刚度；增大索塔顶压重索规格，提高索塔稳定性。

（5）挂篮滑落时主拱圈安全影响及控制措施

挂篮滑落时，主拱圈下缘产生较大拉应力，远远超过容许值，主拱圈竖向上挠变形严重，最大悬臂时，上挠达 243.6mm。控制措施如下：

①挂篮行走时，必须有技术员、安全员在现场指导作业。

②使用千斤顶对挂篮进行顶推时，应在滑槽两侧均设置千斤顶，一个送油顶推，另一个回油后退。

③在滑槽末端设置钢棒进行限位，防止挂篮滑落。

（6）扣锚索断裂对主拱圈施工安全影响及控制措施

因某种原因当扣索断裂时，其他扣锚索索力增大，超过容许值；主拱圈上缘出现较大拉应力，超过容许值；拱圈出现较大下挠，达 231.3mm。控制措施如下：

①在扣锚索钢绞线挂索时，采用分索器，避免钢绞线间缠绕。

②张拉时严格控制索力及伸长量。

③每天认真检查锚具、锚块、钢锚箱,发生问题及时处理。

④对使用过的钢绞线要防止锈蚀。已发生锈蚀或损伤的钢绞线不得使用。

⑤施工中采取措施减小扣锚索因风雨或其原因引起的振动。

拱圈挂篮悬臂浇筑法施工大跨径箱形拱桥近年在我国取得了重大进展,填补了这一施工工艺在国内的空白。根据已经建成的三座大桥的实践经验看来,最大跨径突破200m、250m是可能的。但随着跨径的增大,拱圈高度增高,悬浇的分段数增多,施工难度增大,施工技术更复杂,工期也较长,其技术经济合理性受到影响。这种施工方法与钢管混凝土劲性骨架施工法的突出优点是拱圈的整体性好,其受力性能与耐久性也较好。但钢管混凝土劲性骨架施工法适应更大的跨径。

挂篮悬臂浇法,也称为塔架斜拉扣索法。表示需布置扣索塔架,用斜拉索拉住拱圈,在其前端布设挂篮作为现浇的支承构架。这是国外大跨径RC拱桥采用最多、最早的无支架施工的方法。除本书7.5节介绍的4个实例外,国外还有以下几座特大跨径混凝土拱桥采用这种施工方法。

1966年建成的南期拉夫·赛波尼克桥,主跨246.4m,矢高30.8m,拱圈为单箱三室,高度3.7m(拱顶)、2.7m(拱脚),立面为镰刀形变截面,拱宽7.5m。扣索塔架设在两岸桥台上,背索锚于台后,将长27m,重70t的桁架式钢活动支架用扣索悬挂,在其上安装钢筋及模板,浇筑拱圈混凝土,移动钢支架继续浇筑拱圈混凝土。可参阅参考文献[194]。

1968年建成的南斯拉夫·帕格桥,主跨193.2m,矢高27.6m,拱圈为单箱三室,高3m(拱顶)、2.3m(拱脚),拱宽7m,为镰刀形变截面无铰拱。亦采用塔架斜拉扣索现浇施工。拱圈混凝土用2×6t缆索吊机运送。施工中拱脚处的扣索塔架不接高,而是在已完成的拱圈上架设临时立柱,以保证扣索与拱圈节段的夹角不致太小。

1971年建成的南非范斯登科峡谷桥,主跨200m,拱圈为单箱三室,高2.75m,宽14.5m。拱脚附近用支架现浇,其余拱箱用塔架斜拉可移动桁架现浇。钢桁架重21t,每次浇6.5m。锚固杆及斜拉杆均采用Φ32粗钢筋。拱顶设6个600t千斤顶,以调整拱圈内力。可参阅文献[194]。

1977年建成的德国·勒克卡桥,主跨154.4m,矢高49.85m,为双箱肋拱,肋高3m,宽6.5m。靠拱脚7m在支架上现浇,其余用挂篮悬浇,每节段6m,一条肋共计29个节段。斜拉杆及锚固杆用Φ26.5mm粗钢筋。

塔架斜拉扣索法,悬臂施工过程中的结构刚度小于悬臂桁架法的桁架刚度。需进行精细的施工内力与挠度计算,在悬浇拱圈混凝土过程中进行严格控制。这种施工方法的优点是悬浇长度可根据实际情况灵活掌握,可长可短,不受拱上结构的影响;不需大型吊装设备,只需满足混凝土输送的要求,而拱圈节段间的接缝也容易处理。塔架斜拉扣索法是大跨径混凝土拱桥的重要的施工方法之一。

从上述国内外已建成的几座大桥的经验可以看出,虽然总施工方法都有塔架斜拉扣挂法,但施工设备、施工工艺与施工材料,不尽相同,应根据桥梁的具体情况选择最有利的施工方案,并与拱圈结构设计密切配合。

第7章 上承式混凝土拱桥结构设计有关问题的讨论

7.1 孔跨布置

影响跨径的主要因素有地形、地物、地质、河流、桥面设计高程、设计洪水位及最高通航水位等。在山岭区跨越深谷或河流时，主桥(或主跨)采用单跨上承式 RC 箱形拱的情况较多，也是较为有利的桥型方案之一。在某些地形情况下，孔跨的总体布置，适宜于采用主桥(或主跨)为大跨经的单跨，而引桥(或边跨)较小。特殊地形情况下，甚至只有主跨而无边跨。此时，上承式 RC 箱形拱优势明显。因为不论是连续刚构、矮塔斜拉桥和 PC 主梁斜拉桥，对于正常边中跨比例的三跨布置，其主桥长度往往大于单跨上承式 RC 箱形拱，而显得不够合理。尤其是为了布置合适的边跨而大量开挖山体时，单跨上承式 RC 箱形拱桥优势更明显。这种情况在西南山区较为普遍。如四川凉山木里县卧落大桥，为主跨 160m 箱形拱，两岸边跨为 20mPC 空心板。两岸边坡很陡，且地质较差，需进行喷锚支护。主拱圈采用天线缆索吊装，每个箱肋分为 7 段，最大吊装 95t。该桥立面与平面布置如图 7-1 所示。此桥如考虑梁式桥，显然是不合理的。再如重庆西宁河大桥，主跨 150m 箱形拱，两岸边孔均为 2×25m 装配式小箱梁。桥梁上部结构总长度为 256m，其中主桥长度 156m，为上部结构总长的 61%。如与三跨连续刚构进行比较，根据地形、地质情况，中孔不能小于 150m，边孔取 $0.55\times150=82.5$m，则上部结构总长度为 315m。与拱桥比较，梁桥存在两项不利因素：一是两岸为了布置边孔，要多开挖约 $315-256=59$m；二是主桥上部结构长度梁桥较拱桥长 $315-150=165$m，而这部分长度，拱桥方案引桥为小跨径小箱梁，造价更省。所以，本桥选用单跨 150m 箱形拱的方案是合理的。该桥立面布置如图 7-2 所示。采用天线缆索吊装拱箱，纵向划分为 7 段，预制拱箱为闭合箱。

当采用单跨上承式 RC 箱形拱跨越山区深谷或河流时，影响跨径的最重要因素：一是地形；二是地质。当岸坡较陡并存在不良地质情况时，地质条件与维护岸坡稳定的措施，是决定跨径的关键因素。有时考虑到地质的复杂性，从桥梁长期使用过程中的安全着眼，适当加大跨径是合适的。

当上承式箱形拱桥采用多跨布置并形成连拱时，由于各跨的水平推力对相邻桥墩与其他孔跨有影响，多采用等跨布置，并按规范规定，每隔 3~5 孔设置一个单向推力墩。根据施工方案与使用期对桥梁在偶然荷载作用下安全性的要求，制动墩的设置有两种考虑：一是制动墩仅承受施工阶段可能出现的最大水平力；二是除承受施工期单向推力外，还要确保在使用期某孔发生意外破坏时，不致于全桥多孔连续垮塌。在 20 世纪的 60~70 年代，根据国防提出的要求，应设置使用期的制动墩，当时称为防爆墩。使用期的制动墩按全拱恒载计算。

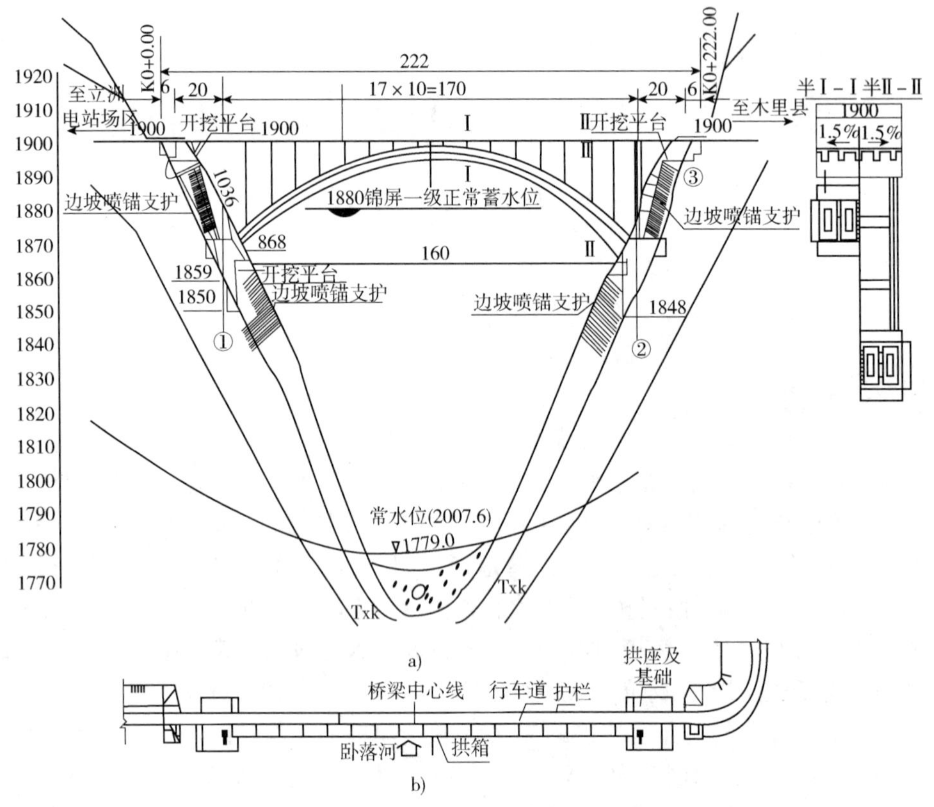

图 7-1　四川木里县卧落大桥示意(尺寸单位:m)

a)立面;b)平面

能够布置多跨连拱的桥位,通常也能布置多跨梁桥。从经济合理与施工简便考虑,多跨连拱的优势并不明显,甚至不及多跨梁桥。某些情况下,采用多跨连拱方案,往往主要从景观方面考虑。大多数人认为拱桥能体现民族风格,认为拱桥比一般梁桥更优美。如重庆木洞苏家浩大桥,在三峡蓄水后形成的苏家浩孤岛与南涪公路相连,该桥建成后,不仅要解决交通问题,而且还将对苏家浩岛(桃花岛)旅游区进行开发,成为重庆市麻柳沿江亮丽的风景线,选用多跨连拱方案,并将拱上腹孔装配式空心板在上、下游两侧安装弧形装饰板,形成拱上为腹拱的外观。如图 7-3 所示。

该桥桥面总宽 23m,分为左、右两幅。单幅拱圈宽 11m,由 7 片预制闭合箱组成,高度 1.4m,采用天线缆索吊装施工。单片拱箱分为 3 段预制,最大吊重 65t。拱圈矢跨比 1/5.68。

在某些特殊地形情况下,当采用多跨上承式 RC 箱形拱布置时,为了减小边孔范围的开挖工程量、减小边孔跨径,可以将边孔做成不对称拱,将边孔靠桥台处的拱脚提高,以适应地形的变化。如贵州毕节七星关大桥,中孔净跨 90m,边孔为不对称拱,水平净跨为 40m。图 7-4 所示为立面布置图,图 7-5 为边孔拱圈立面图。

桥位处于溶蚀、侵蚀切割河谷,地表为溶沟、溶槽,基岩裸露,岸坡上为块石堆积体,提高桥台处边孔拱脚高程,不仅可以减少大量石方开挖,还有利于边坡的稳定。中孔矢跨比 1/5,边孔矢跨比 1/3(对较低拱脚,拱矢度按对称拱 $L_0=50$m 计算)和 1/5.46(对较高拱脚,拱矢度按对称拱 $L_0=30$m 计算),拱圈高度 1.3m。桥面宽 11.5m,拱圈宽 9.6m。中孔拱圈采用钢拱架施工,边孔拱圈采用满布式钢管支架施工。中孔、边孔均为无铰拱,边孔两拱脚有水平力,仍为拱式结构。

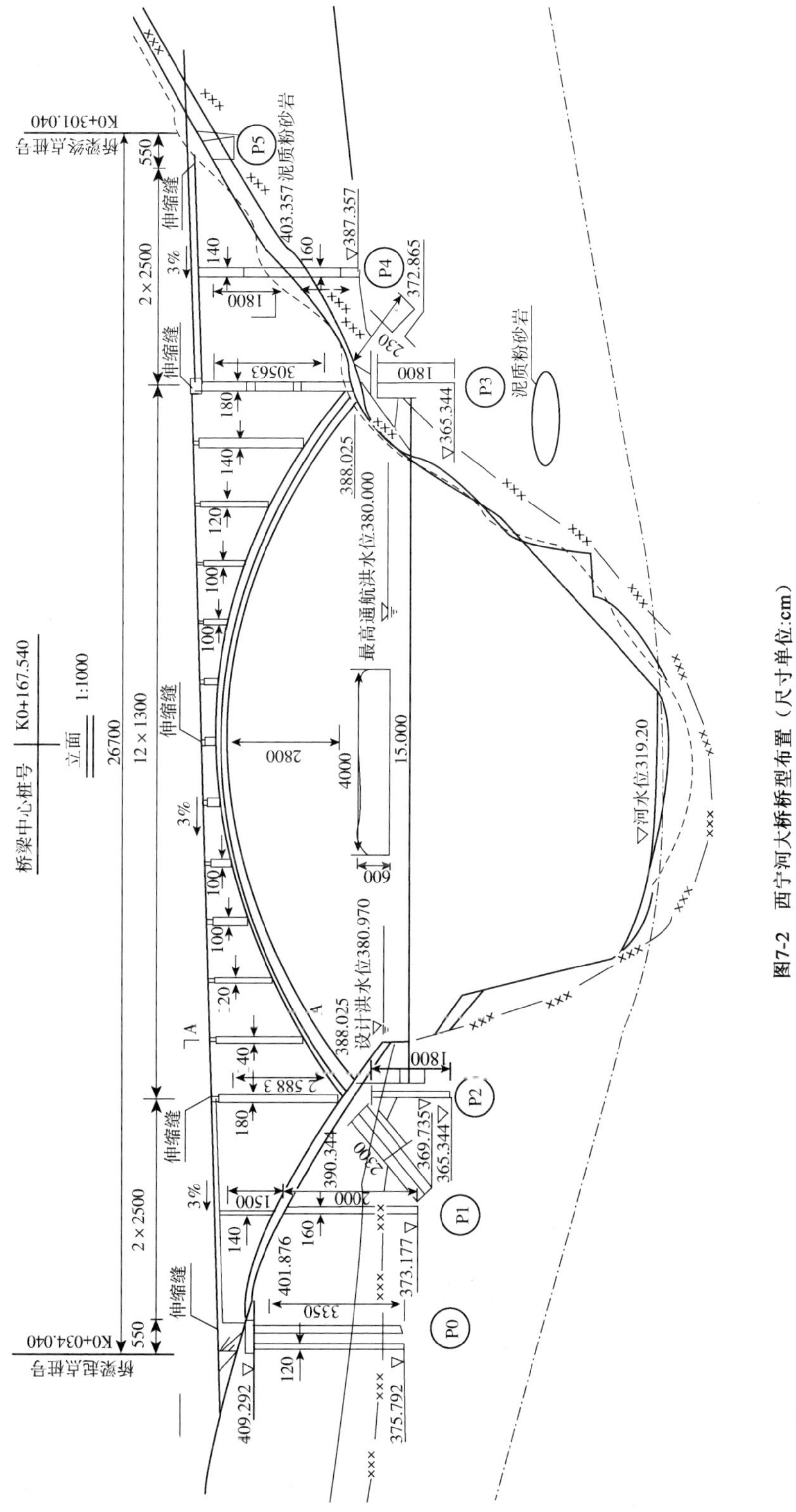

图7-2　西宁河大桥桥型布置（尺寸单位:cm）

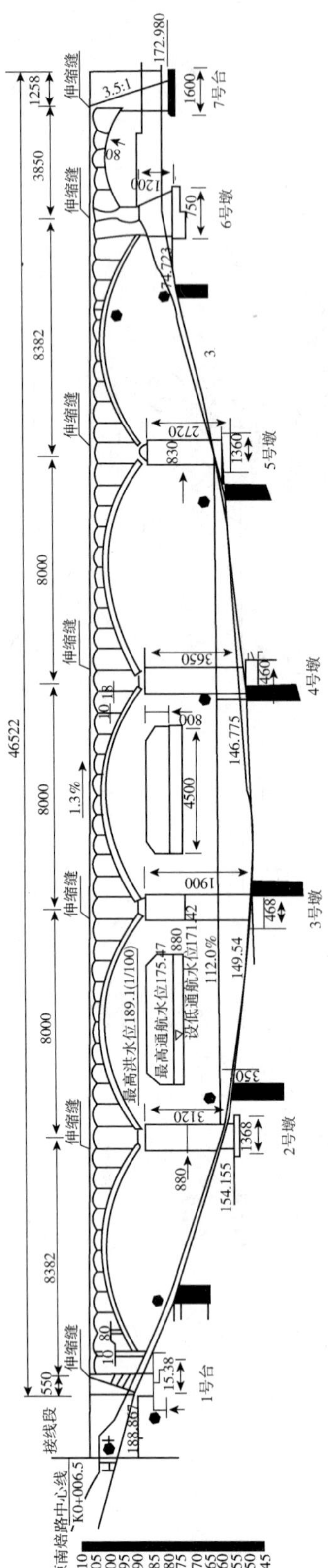

图7-3　多孔连拱桥型布置（尺寸单位:cm）

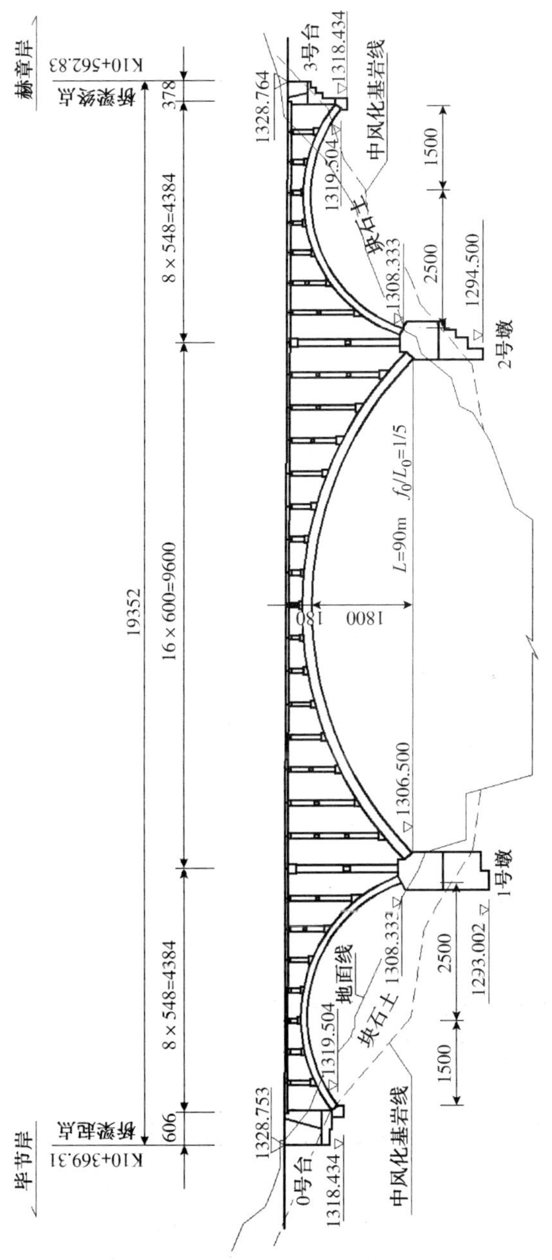

图7–4　七星关大桥立面示意图（尺寸单位:cm）

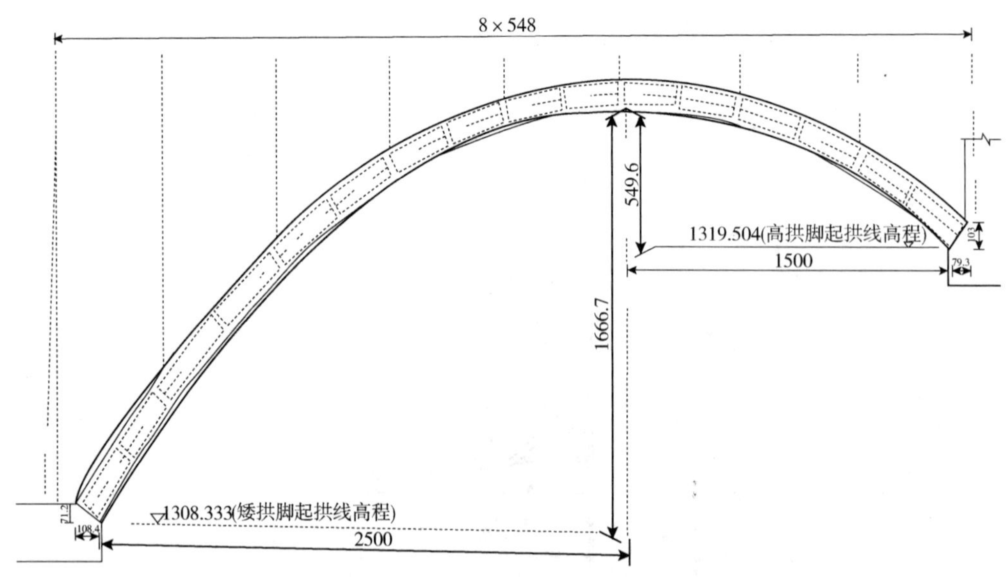

图 7-5　七星关大桥边孔拱圈立面(高程:m;尺寸单位:cm)

当河谷或深沟两岸的岸坡坡度相差较大时,如需考虑上承式单孔混凝土拱桥方案,可以采用两岸拱脚起拱点不等高的不对称拱型式。1982 年建成的日本宇佐川大桥,主跨 204m,为上承式 RC 箱形无铰拱。该桥立面布置如图 7-6 所示。两岸起拱线高程不相等,高差 18m。

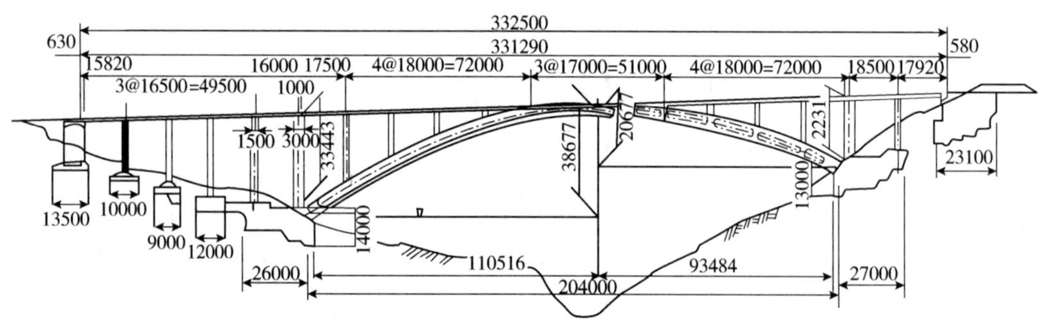

图 7-6　日本宇佐川大桥立面(尺寸单位:mm)

矢跨比左、右半拱不等,分别为 1/5.27 和 1/9.86,桥面宽度 21.9m,拱圈宽度 17.8m,单箱三室截面,拱顶处拱箱高度 3.6m,拱脚处拱箱高度 4.4m,为公路桥。该桥施工情况可参阅本书 7.6 节。

1989 年建成的日本别府明矾桥,亦为两拱脚不等高的不对称拱,主跨达到 235m。可参阅本书 5.3 节实例四。

日本的经验表明,上承式混凝土拱桥,为适应两岸地形、地质的具体情况,以获得经济、合理的孔跨布置,采用特大跨径是可行的桥型方案。特大跨径上承式混凝土拱还可以做成不对称拱,具有更强的适应性。

7.2　矢跨比

拱圈的矢跨比是拱桥立面布置的重要参数,对拱圈及拱座基础受力、拱上立柱高度、拱圈施工、岸坡开挖工程量和主桥立面景观均有较大影响。过大或过小的矢跨比，都存在某种缺点。《公路圬工桥涵设计规范》(JTG D61—2006)指出："拱桥的矢跨比宜采用 1/4～1/8；箱形板拱的矢跨比宜采用 1/5～1/8"。较大的矢跨比，优点是水平推力较小，对基础及墩台设计有利。同时，拱圈的弹性压缩、混凝土收缩徐变效应也较小，对拱圈受力较有利。缺点是因拱轴线较长，对拱圈稳定不利；地震时弯矩、水平力大；拱脚段很陡时，施工困难；拱上立柱较高，工程量较大，矢跨比陡于 1/5，立面景观也较差。较小的矢跨比，其优缺点与上述矢跨比较大的优缺点正好相反。

实桥设计时，为了适应某种特殊情况或因景观的考虑，箱形拱矢跨比超出 1/5～1/8 的情况也是存在的。如主跨 205m 的福建宁德天池大桥、主跨 205m 的福建行对岔大桥、主跨 200m 的重庆涪陵乌江大桥、主跨 146m 的四川攀枝花 3006 大桥、主跨 122m 的四川巫山龙门大桥等，矢跨比均为 1/4，拱圈较陡。矢跨比小于 1/8 后，由于拱圈水平推力大，对拱座基础水平承载力要求高、设计难度大，一般情况下宜尽量避免。但有时为了景观需要，或为了适应地形而又想做拱桥，或为了降低桥面高程等，小于 1/8 矢跨比的坦拱，国内已建成多座。表 7-1 列出部分坦拱桥。

国内部分上承式混凝土坦拱桥　　　　表 7-1

桥　　名	跨径(m)	矢跨比	桥型	备　　注
广西钦州大桥	100	1/9	箱形拱	
江西铁扇关大桥	80	1/12	箱形拱	通车一年后，拱脚水平位移 7.6mm
贵州榕江大桥	7×42	1/10	箱形拱	连拱
四川道浮大桥	92	1/10	箱形拱	
贵州黎平烧巴大桥	60	1/13	双曲拱	
贵州凯里龙头河桥	4×30	1/11	双曲拱	
江苏昆山黑龙江路桥	59	1/12.7	拱梁组合	为三跨无推力自平衡体系

表 7-2 为国外部分混凝土坦拱桥与陡拱桥实例。

国外部分坦拱桥与陡拱桥　　　　表 7-2

类别	桥　　名	跨径(m)	矢跨比	桥　　型	建成年份	备　　注
坦拱	意大利罗马复兴桥	100	1/10	RC 无铰拱	1911	实腹式
	葡萄牙亨里克桥	280	1/11.2	倒朗格尔混凝土拱	2002	PC 主梁高 4.5m，拱箱高 1.5m
	瑞士外斯桥	56	1/11.7	RC 三铰箱形拱	1932	公路桥，实腹式
	奥地利斯太尔桥	40.2	1/15.34	RC 拱	1898	另一资料矢跨比为 1/16.18，战争时炸毁
	法国勒夫德尔桥	64+72+64	1/15	RC 桁架拱	1910	
	法国布提龙桥	67.5+72.5+62.5	1/15	RC 三铰桁架拱	1912	

续上表

类别	桥　　名	跨径(m)	矢跨比	桥　　型	建成年份	备　　注
坦拱	葡萄牙 Fozdesousd 桥	115	1/12.8	RC 工形肋拱	1952	双肋,肋宽 4.38m,木拱架现浇
	法国 Vienne 桥	108	1/11.3	RC 肋拱	1947	
	德国莫塞尔桥	107	1/13.2	三铰 RC 肋拱	1934	双箱肋拱高 1.74~1.24m
	法国 Qise 桥	101	1/10.6	RC 箱形拱	1951	拱箱高 1.4~1m
	法国夏特罗桥	40+3×50+40	1/10.4	RC 实腹拱(公路桥)	1900	边跨矢跨比 1/12.5,支架现浇
陡拱	奥地利 Lindischgraben 桥	154	1/3.8	混凝土箱形拱	1978	
	意大利菲米拉河桥	231	1/3.5	RC 箱形拱	1962	拱上为斜立柱
	西班牙 Esla 桥(铁路桥)	210	1/3.4	RC 箱形拱	1942	单箱三室,拱圈高 4.5~5.0m
	克罗地西 Maslenica 桥	200	1/3.1	RC 箱形拱	1997	双室箱,拱箱高 4m
	美国胡佛水坝大桥	323	1/3.82	RC 箱形拱	2011	挂篮悬浇 C70 混凝土,工期 6 年
	德国基尔河谷高架桥	223	1/3.98	RC 肋拱		PC 桥面
	西班牙埃斯勒铁路桥	192.4	1/2.97	RC 箱形拱	1939	劲性骨架施工
	美国塞拉桥	167.5	1/3.1	RC 箱形拱	1971	钢拱架现浇,拱箱高 2.13~3.35m
	挪威瑞典 Suinesund 桥	155.18	1/3.9	混凝土拱桥	1942	
	德国勒克卡桥	154.4	1/3.12	RC 双铰箱肋拱	1977	肋高 3m,肋宽 6.5m
	捷克伏尔塔瓦河水库桥	150	1/3.59	RC 双铰叠拱	1942	拱圈高度 2m,木拱架现浇
	日本赤谷河铁路桥	126	1/3.6	RC 箱形拱	1979	挂篮悬浇,拱箱高 4m
	美国 George westing House 桥	125.43	1/2.6	RC 肋拱	1931	肋高 1.52~3.05m,肋宽 4.27m
	瑞士 HundwilerTobel 桥	105	1/2.9	RC 箱形拱	1925	
	瑞士篮格维斯桥	100	1/2.38	RC 肋拱(铁路桥)	1914	桥面参与受力,矩形肋变宽,木拱架现浇

注:①表中所列均为上承式混凝土拱桥。

②“桥型”栏未注明拱铰者,均为无铰拱。

③“倒朗格尔拱”即刚性梁柔性拱,也称为桥面加劲柔性拱。

④奥地利斯太尔桥,另一资料矢跨比为 1/16.18。

国外的上承式混凝土桥,矢跨比的选择范围比国内更放开一些,坦拱、陡拱在不少混凝土拱桥的设计中出现。表 7-2 分别列出了国外坦拱桥、陡拱桥的一些实例。1898 年建成的奥地利斯太尔桥,为上承式 RC 拱桥,跨径 40.2m,该桥矢跨比极小,为 1/15.34(另一份资料则为 1/16.18),为已经知道的最坦的拱桥,后来在战争中被炸毁。最著名的、跨径最大的上承式坦拱为 2002 年建成的葡萄牙亨里克桥,跨径 280m,矢跨比为 1/11.2,桥型为倒朗格尔拱(刚性梁柔性拱),拱圈高度仅 1.5m,为跨径的 1/186.7,而桥面主梁高度为 4.5m,为跨径的 1/62.2。1934 年建成的德国莫塞尔桥,跨径 107m,矢跨比为 1/13.2,为三铰 RC 肋拱,双箱肋拱高度 1.74~1.24m。这些实例表明,在基础处理与结构布局上采取稳妥措施的情况下,可以根据实际需要修建大跨径坦拱。

根据地形情况,国外采用陡拱的情况也较多。最为著名的美国新麦克·奥卡拉汉—帕特·提尔曼纪念大桥(简称为胡佛水坝大桥),主跨 323m,上承式 RC 箱形肋拱,矢跨比为 1/3.82,矢高达到 84.6m,这样的陡拱跨越 350m 以上的河谷,非常壮观,于 2011 年建成,主拱肋采用挂篮悬臂浇筑法施工,拱肋采用 C70 混凝土,施工期约 6 年,为世界著名的混凝土拱桥。目前已知道的最陡的大跨径上承式混凝土拱,为 1914 年建成的瑞士篮格维斯桥,跨径 100m,矢跨比 1/2.38。系 RC 铁路肋拱桥,拱肋为变宽的实体矩形,桥面板参加联合受力。1997 年建成的克罗地亚 Maslenica 桥,主跨 200m,矢跨比 1/3.1,为上承式 RC 箱形拱,双室拱箱高 4m。陡拱跨越较宽阔的深谷,与地形配合较为协调,景色壮丽,在条件允许的情况下,是可供选择的方案之一。在悬臂施工技术(悬臂斜拉扣挂法或悬臂桁架法)日趋成熟的条件下,大跨径陡拱的建造不会有太大的困难。

上承式混凝土拱桥,除表 7-2 所列的陡拱外,还有一座更陡的拱桥,为 1914 年建成的瑞士 Langwies-plessur 桥,为上承式 RC 铁路无铰拱桥,矢跨比为 1/2,桥宽 4m,拱圈高度拱顶处为 21m,拱脚处为 4.57m,跨径 96m。该桥的拱上建筑情况不清楚。

江西铁扇关大桥和江苏昆山黑龙江路桥是国内具有特色的两座混凝土坦拱桥。江西铁扇关大桥立面布置如图 7-7 所示,江苏昆山黑龙江路桥立面如图 7-8 所示。

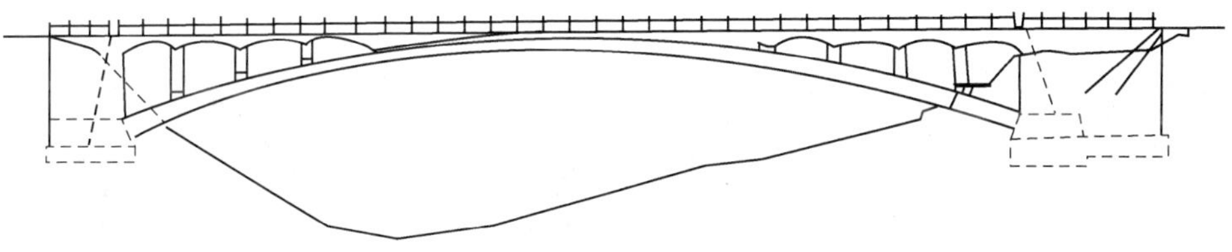

图 7-7　江西铁扇关大桥桥型立面图

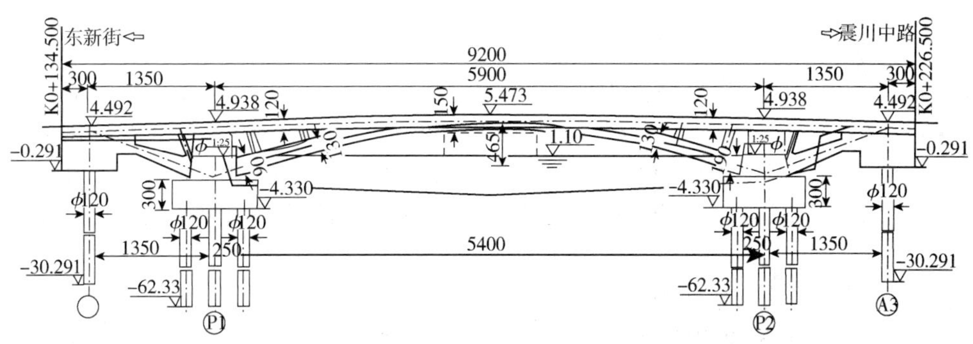

图 7-8　江苏昆山黑龙江路大桥桥型布置图(尺寸单位:cm)

江西铁扇关大桥,净跨 80m 拱圈为单箱 4 室,高度 1.4m,宽度 7.6m,桥面宽度 9m。由于受引道沿江公路及陡水镇街道高程的控制,并从景观考虑,要求采用一跨过江的拱桥方案,便出现矢跨比为1/12的坦拱。该桥东岸地质较好，U形桥台扩大基础嵌入岩层，但西岸基岩深度达16m，桥台两侧均有房屋，建设单位要求保存沿江房屋建筑，故两岸桥台基础设置在卵石土与强风化岩层交界的软弱土层上。采用换土加固地基，扩大地基面积，设置抗滑齿等措施。西岸桥台顺桥向长度13.9m，结构计算，计入了拱脚发生15mm强迫水平位移对内力的影响。通车一年多后观测，拱脚水平位移为7.6mm，在设计控制范围内。

江苏昆山黑龙江路桥，孔跨布置为13.5m+59m+13.5m，为拱梁组合体系。拱的矢跨比为1/12.7，为了尽可能获得桥下游船和行人良好的视野，采用宽梁窄拱设计。主梁采用单侧7m大悬臂的结构型式，33m宽的主梁与8m宽的窄拱之间通过立面宽0.8m的斜腿支撑。

斜腿支撑的纵向间距为5m。图7-9为横断面布置图，图7-10为无推力自平衡体系。

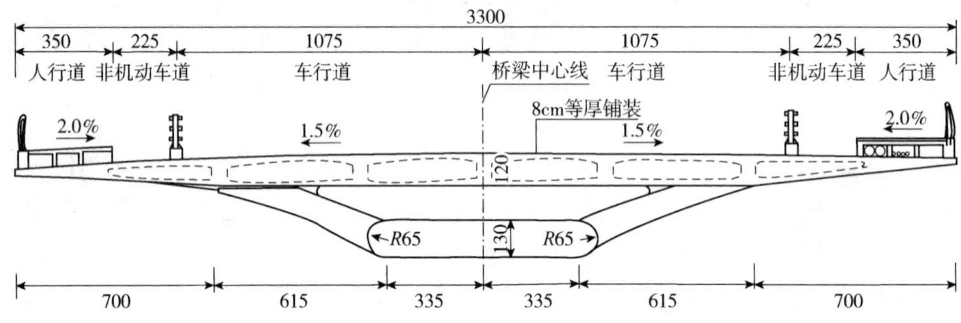

图7-9 横断面布置图(尺寸单位:cm)

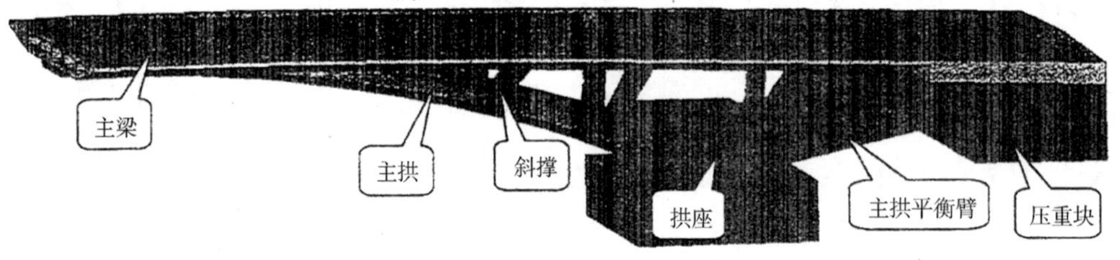

图7-10 无推力自平衡体系

桥位处为软土地基，若采用推力体系，将会产生较多的地基处理费。设计采用的方案通过拱圈和边跨主拱平衡臂与主梁形成稳定的三角支撑，将拱圈的水平推力转化为下部结构的竖向力，并在边跨设置压重块以平衡主、边跨的不均等荷载，使恒载时成为无推力体系。为了获得极坦拱的景观效果，在地质情况较差的情况下，采用无推力结构，是一种可行的方案。

该桥上部结构采用支架现浇施工。已于2010年8月建成通车。

在某种地形条件下，坦拱优美的造型，具有强烈的吸引力。1999年，日本土木学会组织的600m跨度混凝土拱的研究中，对主跨500m坦拱进行了试设计。矢高40m，矢跨比1/12.5，采用上承式有推力拱梁组合体系。优化拱轴线后，仅在恒载作用下，拱肋截面的压应力已达到40MPa，因此应采用设计强度为100~120MPa的高强混凝土。验算控制条件：混凝土最大压应力≤抗压强度的1/3；钢筋最大应力≤屈服强度的2/3。计算中考虑了几何非线性。施工方案为:从拱脚至 $L/4$ 处的拱肋用悬臂拼装的方法架设,然后用驳船运输已经拼装好的米兰拱(劲性骨架)到桥下,起吊进行合龙,最后浇筑外包混凝土。试设计得到以下结论:

①跨度 500m,矢跨比 1/12.5 的坦拱,拱圈混凝土的抗压强度至少应为 100~120MPa。

②在正常荷载和地震荷载下,坦拱满足稳定性要求。

③采用米兰拱(劲性骨架法)施工拱圈是可行的。

图 7-11 为坦拱立面与平面布置;图 7-12 为拱肋及主梁截面示意;图 7-13 为主要施工步骤。

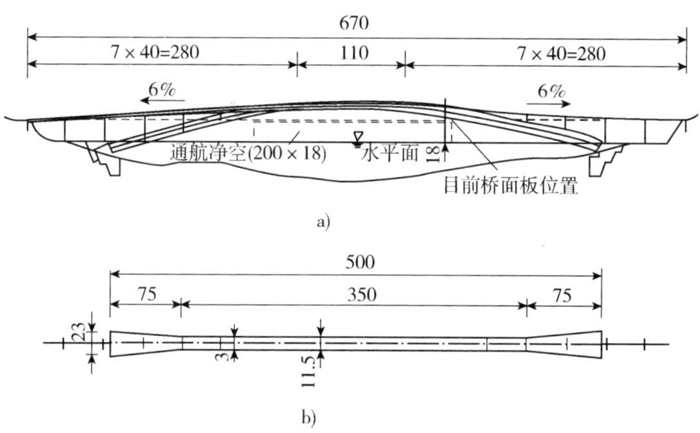

图 7-11　试设计大桥总体布置示意(尺寸单位:m)

a)立面;b)拱肋平面

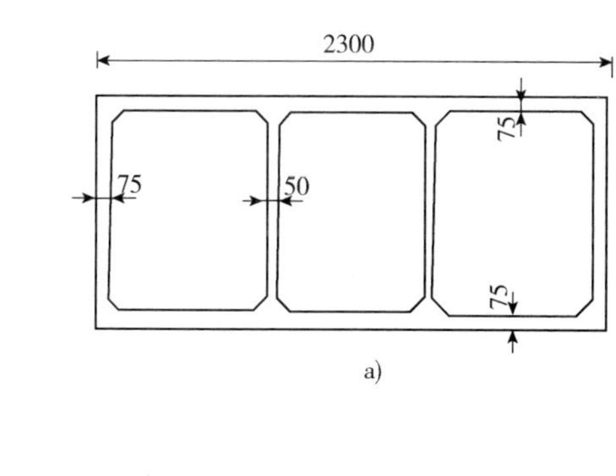

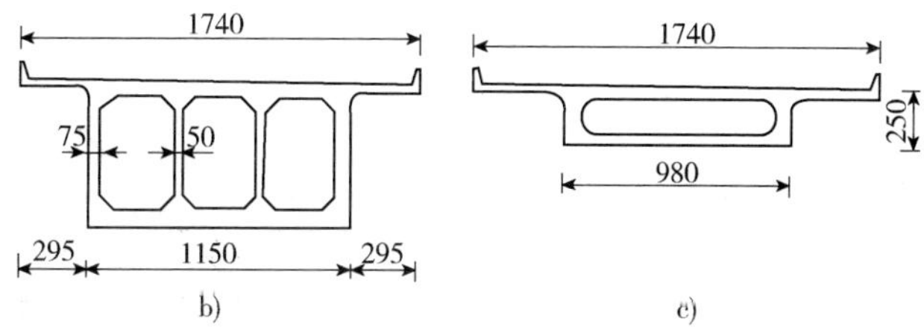

图 7-12　拱肋及主梁截面示意(尺寸单位:cm)

a)拱脚处拱肋截面;b)拱顶处加劲梁截面;c)跨中部分加劲梁截面

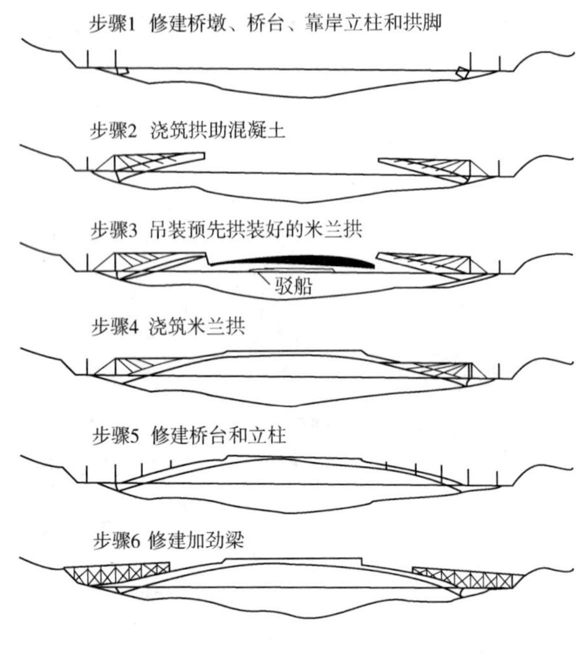

图 7-13 主要施工步骤

7.3 拱上建筑布置

拱上建筑的布置是上承式拱桥总体设计的一项重要内容。对拱圈受力、立面造型、施工难易以及工程造价均有较大影响。拱上建筑包括桥面行车道系、车道板支撑系统、桥面铺装、护栏、人行道、伸缩缝等。其中,最重要的是车道系及其支撑体系。国内已建成的上承式 RC 拱桥,主要有以下几种拱上建筑型式。

(1)实腹式

拱圈以上至桥面板以下由侧墙及其间的填料构成。由于拱上恒载大,对拱圈及基础受力不利,立面景观差。现在除少数小跨径石拱桥或混凝土拱桥采用实腹式外,较大跨径 RC 拱桥已基本上不采用。

(2)立墙腹拱式

拱上腹拱由立墙支承,为传统的空腹式拱桥,主拱圈之上配多跨小跨径腹拱,其立面造型具有中国特色,国内不少地方均有采用。为降低拱上立墙的高度,节约材料,以往多在拱顶附近设置实腹段,后来有的桥为了更好的景观效果,取消拱顶实腹段,将拱上腹拱沿全桥贯通布置。腹拱的跨径约为主拱跨径的 1/12~1/10。这种型式的拱上建筑由于拱上立墙与腹拱顶的填料自重较大,对拱圈墩台基础受力不利。为了减轻拱上恒载,可将拱上立墙改为立柱排架,腹拱改为板、梁,并在上、下游两侧设置弧形装饰板,外观上仍维持拱上腹拱的型式。

当为多跨连拱时,以往多在桥墩上设立柱,各主拱之间的腹拱在墩顶处是分开的。后来为了全桥更好的景观,拱上腹拱在全桥连续布置,在桥墩上用腹拱跨越。

(3)立柱板梁式

拱上车道系由板或梁构成。一般采用简支板梁桥面连续或分为几联的连续板梁。车道系由拱上立柱排架支承。这是目前国内采用最多的拱上建筑布置型式。又以全拱贯通布置腹孔居多,如图 7-14 所示。这种布置,拱上透空度较好,景观也不错,拱上的检查通道全拱连通。缺点是拱上立柱较高,恒载有所增大。尤其是大跨径拱桥,矢跨比较大时,拱脚附近立柱显得高而单薄。此时,拱顶设实腹段较为有利,如图 7-15 所示。

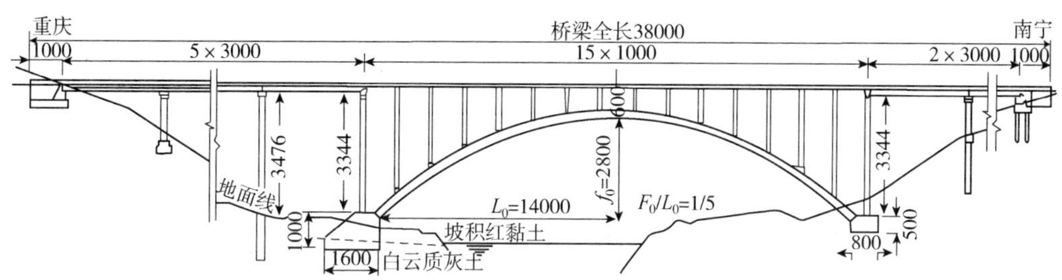

图 7-14　拱上腹孔为贯通布置的梁板式结构(尺寸单位:cm)

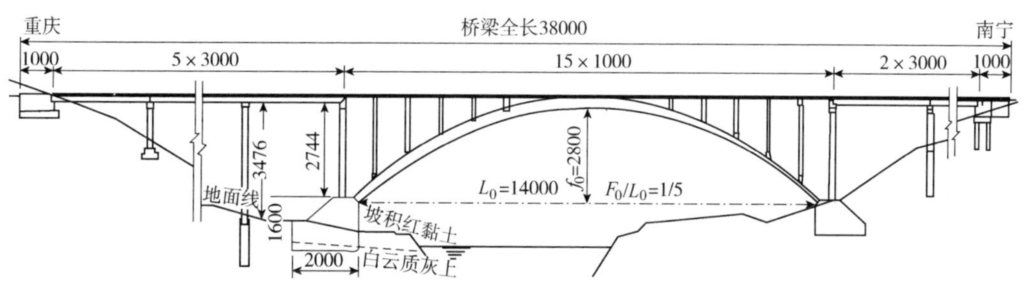

图 7-15　拱顶设实腹段的拱上梁板布置(尺寸单位:cm)

在桥位处两岸边坡不是很陡时,起拱线的高程对主拱跨径有较大影响。起拱线越高,跨径越大,反之则越小。当桥面设计高程一定时,降低起拱线高程,虽可以使主拱跨径减小,但拱上立柱相应增高。可见,优缺点并存,通过认真比较,可以获得较为有利的主拱跨径及相应的拱上立柱高度。图 7-16 为拱上采用高立柱贯通布置的实例。

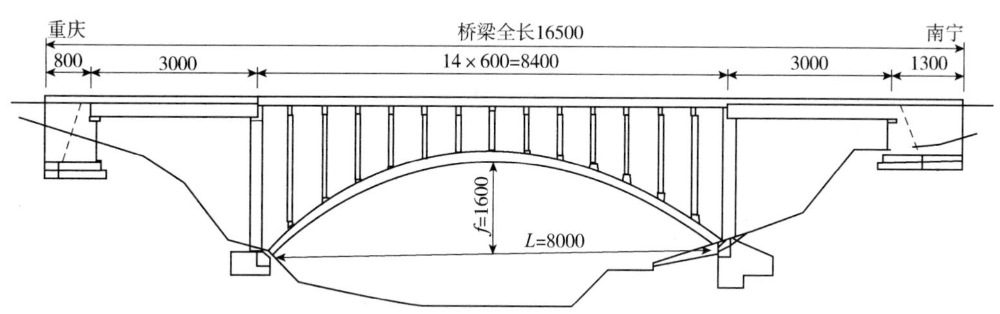

图 7-16　高立柱贯通布置(尺寸单位:cm)

比较图 7-14～图 7-16,景观效果前两图优于后图。而且拱上立柱增高过多后,对拱圈与基础受力也不利。实桥设计中,拱上过高立柱的方案采用很少。

从拱圈受力有利与拱上建筑景观考虑,拱上腹孔的跨径国内传统的作法一般在取主拱跨径的1/10～1/14。个别大跨径上承式RC箱拱，拱上腹孔跨径达到主跨的1/6.5。拱上排架立柱多采用矩形截面，少数大桥拱上立柱采用圆形截面。

(4)全透空式

有些上承式RC拱桥，主要从景观效果考虑，采用拱上全透空式，即拱上除拱顶实腹段支承车道板外，拱上全部透空，不设拱上立柱。车道纵梁从拱顶实腹段的两端直接跨越至桥台上。这种布置型式，多出现在国内、外高速公路上的跨线立交桥的设计中，最大跨径可以达到160m左右。图7-17为全透空式钢筋混凝土拱桥。

图7-17　全透空式RC拱桥立面

图7-18为台北市碧潭桥，主跨160m，为公路预应力混凝土拱桥，1995年建成，总长814m，跨越新社河，桥宽16.35m，矢跨比1/8，由著名桥梁专家、美国工程院院士林同炎主持设计。为目前全透空式最大跨径混凝土拱桥。

图7-18　台北市碧潭大桥

1998年建成的法国圣索维河高架桥，为9×30m拱上全透空三铰混凝土桥，位于高速公路上。与台北市碧潭桥造型类似。这种拱上布置型式，虽然拱圈受力不甚有利，车道纵梁跨径也较大，但因其独特的优美线形，在城市桥梁或高速公路跨线桥设计时，是可供考虑的方案之一。

(5)桁架式

上承式混凝土拱桥，拱上为桁架布置时，国内有两种结构型式，即一般的桁架拱和桁式组合拱。因拱上结构与拱肋组成桁架共同承力，其结构体系与本书所讨论的上承式混凝土拱的结构体系不同，且这两种桁架拱均有专著，此处不再赘述。

(6)肋拱桥

国内建成较早(1989年)的大跨径上承式RC箱肋拱桥为四川忠县钟溪大桥，主跨100m，矢跨比1/9，拱肋高度1.6m，桥宽9m，双肋均为单箱截面，采用天线吊装施工。

国内目前最大跨径 RC 肋拱,为 2011 年建成的四川广元昭化嘉陵江大桥,主跨 350m,主拱为分离的双肋,箱形截面,高度 3.5m,矢跨比 1/4.5,采用钢管混凝土劲性骨架法施工。

国外建成较早的有:1933 年建成的美国加利福尼亚州比克贝洞桥,为公路 RC 肋拱桥,主跨 109.7m,总长 218m,位于平曲线上。如图 7-19 所示。另一座跨径更大的上承式 RC 肋拱桥,为建成于 1940 年的美国加利福尼亚州俄谷桥,材料使用有效、施工经济、形式轻盈优雅,被评为"美国桥梁中之最佳"。如图 7-20 所示。

图 7-19　美国比克贝洞桥实景

图 7-20　美国俄谷桥实景

肋拱桥的主要优点是:桥梁整体显得轻盈美观,尤其是山谷很深或河面很宽时,采用大跨径肋拱跨越,更显得壮观。另一个优点是混凝土数量很省。但钢材用量较多。四川忠县钟溪大桥与同跨径的箱形板拱桥,工程数量对比如表 7-3 所列。

四川忠县钟溪桥肋拱与板拱工程量对比　　表 7-3

桥名	跨径(m)	混凝土总量		每平方米桥面材料用量		
		总量(m^3)	比值	混凝土(m^3)	钢材(kg)	钢材比值
肋拱	100	680	47.0	0.734	58.0	132.7
板拱	100	1448	100.0	1.580	43.7	100

(7)钢—混凝土组合桥面系

20 世纪 90 年代以后,欧美修建了一些主跨在 200~300m 左右的上承式 RC 拱桥。为了减小拱上建筑的恒载,改善主拱受力状态,桥面系大多采用钢—混凝土组合结构或钢结构。如美国胡佛水坝大桥,主跨 323m,上承式 RC 拱桥,桥面系为钢箱梁;又如西班牙洛斯蒂洛斯桥,主跨 255m,上承式 RC 拱桥,12m 宽的桥道系采用高度 1m 的钢箱梁和厚度 26cm 混凝土桥面板构成的组合结构。对于特大跨径上承式 RC 拱桥,采用钢—混凝土组合结构或钢结构桥面系,是减小拱上恒载的主要措施之一,已是业界的共识。

(8)葵花式(也称为叠拱)

当连拱为三跨或三跨以上时,在桥墩两侧相邻两跨主拱拱圈上布置拱上腹拱,腹拱脚直接支承于主拱上,形成大拱叠加小拱,呈葵花式。其立面拱形线重叠,整体视觉优美。我国古代拱桥中,已出现过类似的桥型。如河北沧州杜林桥(又名登瀛桥),初建于明万历二十二年(公元 1594 年),重建于明天啟五年(公元 1625 年),距今已 380 多年,仍坚固结实。该桥全长 66m,桥面宽 7m,大拱及小拱均为半圆拱。图 7-21 为实桥照片。

图 7-21　古代杜林桥实景

当代的葵花式拱桥,在大、小拱跨径配合、拱弧曲线协调上达到更和谐完善的程度。如 2006 年建成的浙江省江山市迎宾大桥,是一座造型优美的葵花式拱桥。图 7-22 为该桥总体效果图;图 7-23 为该桥立面图;图 7-24 为该桥横断面图。

图 7-22　迎宾大桥建筑总体效果

迎宾大桥孔跨布置为 55m+90m+55m。拱上纵梁分为两部分,腹拱以上为 2 跨 PC 连续箱梁。主拱圈顶部范围采用 RC 小纵梁。体外预应力束系杆布置在拱上建筑及边跨顶部,全桥贯通布置，系杆立面线形与桥面基本平行，两端锚固在边跨曲梁的端部。桥梁上部结构各组成部分如图 7-25 所示。

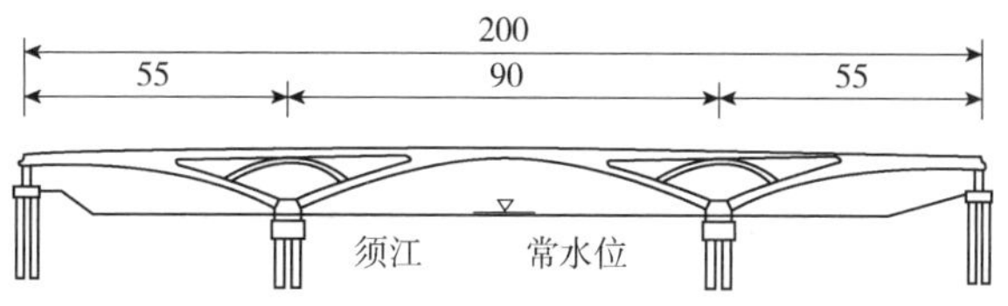

图 7-23　迎宾大桥主桥立面图(尺寸单位：m)

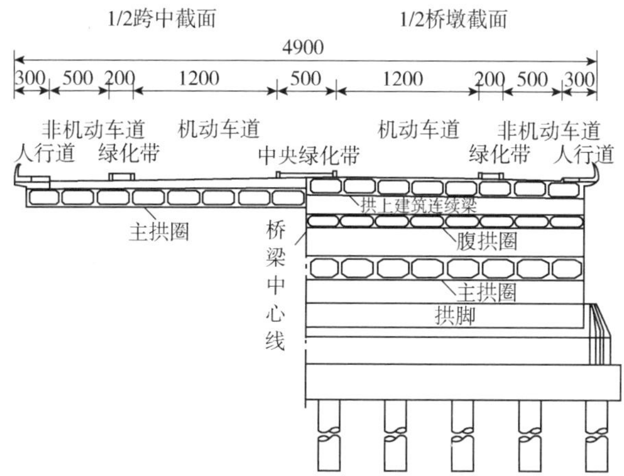

图 7-24　迎宾大桥主桥横截面示意(尺寸单位：cm)

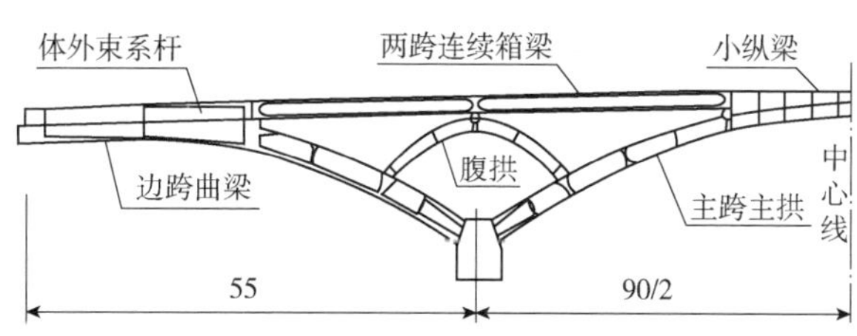

图 7-25　系杆葵拱桥上部结构剖面(尺寸单位：m)

边跨是一端固结，一端简支的曲梁。是为系杆提供锚固端以平衡主拱推力而设置的。中跨矢跨比 1/8.6，拱轴线为 4 次抛物线，拱圈为变截面，拱脚截面高度 2m，拱顶截面高度 1.4m，腹拱为等截面箱形无铰拱，计算跨径 22.3m，矢高 4.8m，拱轴线为圆曲线，拱圈高度 1.25m，施工时，腹拱脚设临时铰。全桥采用支架上现浇施工。参考文献[73]指出：边跨跨径一般可取主拱跨径的 0.6 倍左右。该桥与同跨径连续梁比较，造价高 10%。

葵花拱的主要优点是造型美观和桥台处无水平推力(当边跨为曲梁时)。缺点是主拱、腹拱及边跨曲梁的受力状况较差，拱与拱上建筑的钢材用量较大，与相同跨径的一般上承式 RC 箱形拱桥(立柱、板梁式拱上建筑)比较，造价较高，施工也较为复杂。

迎宾大桥的详细情况可参阅参考文献[71]、[73]、[75]。

当边孔取为拱结构时，葵花拱可以做成有外部水平力的多跨连拱。此时，仅中墩上面布置小拱，边孔靠桥台处可以不设小拱。因拱的水平推力由墩台承受，不需在拱顶之上布置预应力系杆,结构构造大为简化,造价较省,施工也较方便。如 1922 年建成的法国托南桥,大拱多跨为 46m,就是这种葵花拱桥。如图 7-26 所示。

图 7-26 法国托南桥

葵花拱设计时,可根据具体情况,分析比较有体系外水平力的结构和桥面设置预应力系杆的无体系外水平力的结构的优缺点,择优选用。

(9)斜立柱式

南宁市高新七路桥的设计,考虑到南宁市高新区有众多高科技企业。建筑风格以现代派风格为主,因此,该桥的结构与造型也应以现代风格为主。参考文献[191]这样论述:作为环相思湖水系的改造工程,应该反映当地的地域文化,也就是浪漫的相思文化,让"一寸相思千万绪"的精髓发展开去,让相思湖畔的桥梁成为南宁的一个名片与亮点。

高新七路桥采用上承式拱梁组合体系拱桥,主跨 48m,全长 72m,总宽 25m,主梁采用单箱五室截面,梁高 1m,顶板宽 25m,底板宽 17m,顶板厚 0.25m,底板厚 0.2m,腹板厚 0.5m。主拱为圆端形实心截面,高 1.2m,宽 8m。拱轴线为半径 43.33m 的圆曲线,矢跨比 1/7.5。该桥拱上建筑的主要特色,就是主拱与桥面之间设置斜向的拱上立柱。立柱间距 5m。桥型立面布置如图 7-27 所示,横断面如图 7-28 所示。

该桥的现代风格结构特点,主要有三个方面:宽梁窄拱、拱上斜立柱支撑以及无推力自平衡体系。拱座后设置斜向撑杆,采用 0.8m×1m 的矩形截面,在梁端配重,通过张拉主梁纵向预应力,对斜撑施加轴向力,以平衡由主拱传到拱座上的水平力。图 7-29 为无推力自平衡体系。

该桥桥位处为软土地基,因采用拱式结构,采用无推力自平衡体系是合理的。桥梁采用支架现浇施工,由边跨向中跨对称进行,先完成自平衡体系;张拉部分预应力束,后浇筑中间合龙段,张拉通长束形成整体,最后拆除支架。

国外较有特色的斜立柱式拱上建筑 RC 拱桥,有以下两个实例。

建成于 1955 年的南非暴雨河桥,主跨 100m,结构造型独特,采用负角度竖转法施拱圈。先在岸上竖直方向浇筑完成半跨拱圈,再向下竖转合龙。类似我国贵州务川珍珠大桥(主跨 120m)的竖转施工工艺。图 7-30 为暴雨河桥实桥照片,图 7-31 为该桥竖转施工示意图。

另一座为建成于 1962 年的意大利菲米拉河桥,主拱跨径 231m,矢跨比 1/3.5,全长 550m,主拱为分离式双箱,箱肋之间设横系梁,拱顶处拱箱宽×高 = 4m×2m,拱脚处拱箱宽×高 = 9.5m×6.5m,拱圈与引桥部分采用斜立柱,可以缩短引桥跨径和减少基础数量,拱肋在两拱脚处分叉呈倾斜状,增加了结构的横向稳定性。该桥在满堂支架上施工,工期 4 年。桥梁实景照片如图 7-32 所示。

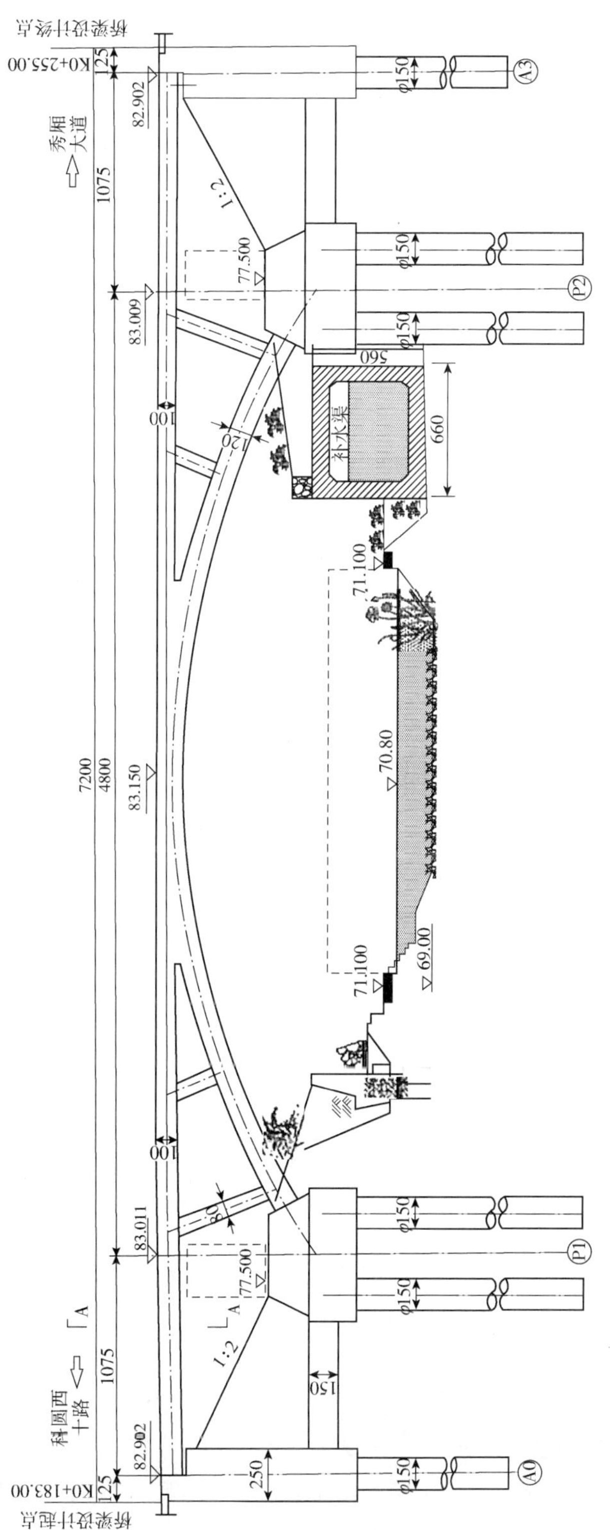

图7-27　桥型布置（尺寸单位：cm）

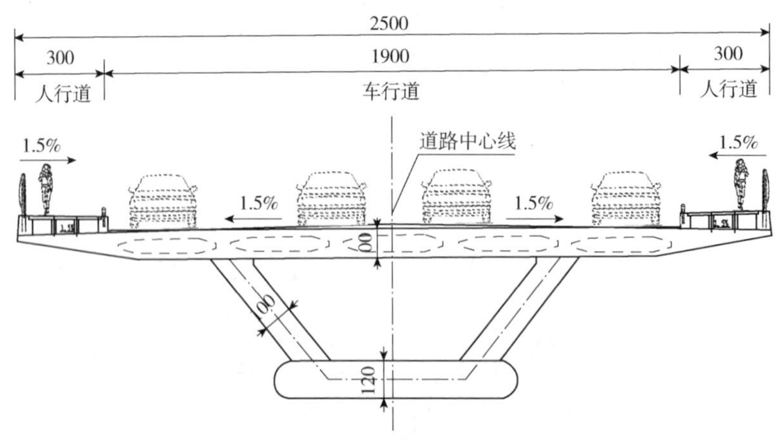

图 7-28 横断面布置(尺寸单位:cm)

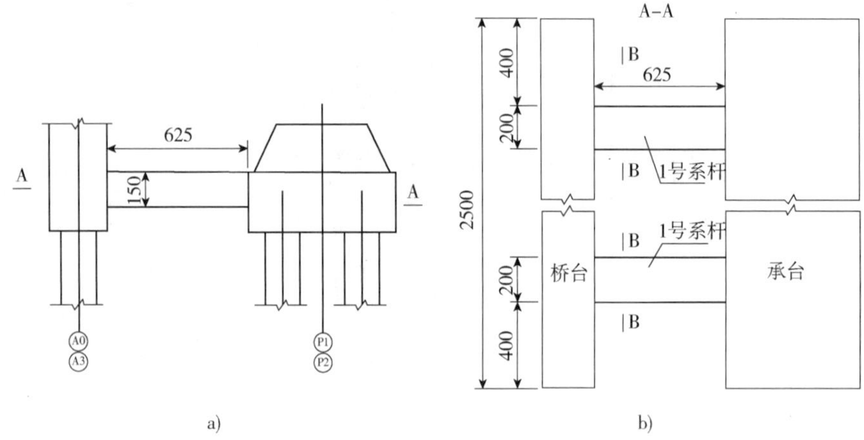

图 7-29 无推力自平衡体系(尺寸单位:cm)

图 7-30 南非暴雨河桥

图 7-31　暴雨河桥竖转示意

图 7-32　意大利菲米拉河桥

7.4　拱座基础

拱桥最主要的力学特点是在拱脚处拱圈有向外的水平推力。现代拱桥设计中,有时由于地基水平承载力很低或者考虑其他因素,将拱桥设计成无外部推力的结构,即拱梁组合体系。可以做成上承式、中承式和下承式拱。本书第 7.3 节介绍的浙江省江山市迎宾大桥、广西南宁市高新七路桥,均为上承式拱梁组合结构。为了消除拱对外部的水平推力,须采取措施在拱梁结构内部形成无水平外推力的自平衡体系。基本措施就是设置水平系杆。

所谓"有所得,必有所失"。获得了无水平外推力结构,失去的是"有推力拱的主要优点",反之亦然。可见,为了消除拱对外的水平力,是要付出代价的。根据有的无推力梁拱体系桥的设计,与同跨径有推力拱桥比较,钢材用量增加较多,造价较高,施工也较为复杂。另外,由于系杆多用体外预应力,使用期的维护必不可少,耐久性也难以达到主体结构设计使用年限 100 年。当然,有时为了符合某些特殊情况或为了达到某种特殊要求,无推力拱梁结构,也可以是合理的桥型方案。总之,应权衡在具体桥位情况下有推力拱与无推力拱的利弊,进行充分比较,择优选用。从已建成的特大跨径拱桥可以看到,几乎都是有水平推力的拱式结构。

在拱座承受较大水平推力的情况下,基础型式主要受拱座附近地质情况的影响。基础型式国内目前有以下几种:

(1)明挖扩大基础

基岩埋藏不深、承载力较高时,将基础嵌入基岩一定深度,利用嵌岩段后背与基底抵抗拱座传来的水平力与竖向力及弯矩。西南山区很多拱桥都是这种基础型式。当跨径较小、拱脚水平力不大时,如基岩太深,有的拱桥基础置于砂砾石层或土层内。但从地基长期不均匀沉降与变形考虑,对超静定拱圈有安全风险。结构计算表明,竖向不均匀沉降影响较小,而水平变位对拱的内力影响很大。对于非嵌岩扩大基础,应特别注意水平变位带来的风险。

(2)群桩基础

单纯依靠竖向群桩抵抗拱的水平力,不够经济合理。尤其是大跨径拱桥,水平力很大,竖向群桩方案往往难在奏效。国内实桥设计中,有两种基础方案较为经济合理。

组合式桥台方案,群桩基础全部为竖直桩,另在承台靠路堤一侧,沿承台纵向设置阻滑板,其上为路堤挡墙压重,形成由台身、承台、竖直群桩与阻滑板组成的组合式桥台。其纵向立面如图 7-33 所示。阻滑板的纵向长度,根据其分担的水平力确定。一般情况下,阻滑板分摊的水平力约为总水平力的 60%~70%,甚至达到 80%以上。竖向群桩与阻滑板按两者的抗推刚度分配水平力。台身与阻滑板(及路堤挡墙)的接触面为一竖向断缝,构造设计要求阻滑板的竖向沉降不影响台身受力。因此,阻滑板地基可按路基挡墙设计。

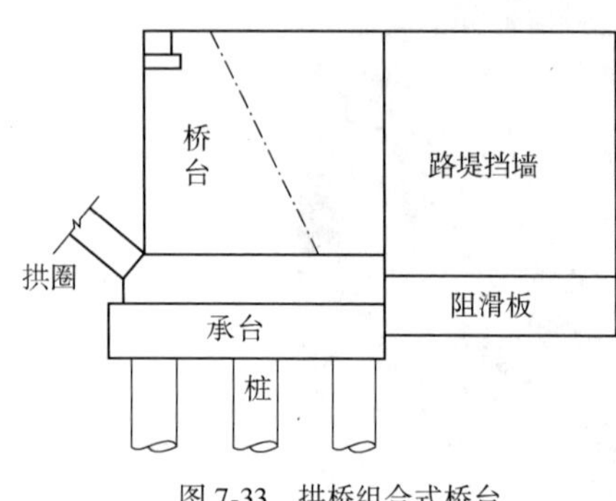

图 7-33　拱桥组合式桥台

当后台不是路堤挡墙,而是边孔或通道不能设置阻滑板时,可将阻滑板纵向移至合适位置,并另在承台与阻滑板之间设置纵向传力杆。阻滑板一般采用素混凝土或浆砌片块石。为了增大阻滑板抗推刚度,还可以在板底设置剪力槽。组合式桥台设计计算可参阅参考文献[254]。

由于组合式桥台构造简单,也较为经济,贵州山区已有多座拱桥采用,使用效果较好。

(3)包含斜桩的群桩基础

当主拱跨径较大、矢跨比较小时,水平推力很大,仅包含竖直桩的组合式桥台工程量很大,并不经济,或是后台无法布置纵向很长的阻滑板,组合式桥台方案不成立。此时,应考虑包含斜桩的群桩基础。结构分析表明,斜桩的水平角(桩轴线与水平面夹角)过大时(如 70°~80°),其抵抗水平力的效应效差,难以满足设计要求。一般情况下,斜桩水平角要达到 45°~60°之间时,才能承受较大的水平力。但难以采用机械成孔,多采用人工辅以机械开挖,施工难度较大。所以,国内采用包含斜桩的群桩基础的大跨径拱桥较少。表 7-4 为近年建成采用斜桩的几座大桥简况。

采用斜桩的几座混凝土拱桥简况　　表 7-4

桥　名	桥型	主跨(m)	矢跨比	斜 桩 简 况	建成年份
四川白沙沟大桥	上承式 RC 箱拱	150	1/6	水平角 45°	2007
四川新密地大桥	上承式 RC 箱拱	182	1/6	水平角 45°,隧洞式斜桩,长 18~28m	2013

续上表

桥　　名	桥型	主跨(m)	矢跨比	斜 桩 简 况	建成年份
四川屏山西宁河大桥	上承式 RC 箱拱	150	1/5.36	水平角 45°,桩长 18~23m	2012
陕西獐河沟大桥	上承式 RC 箱拱	70	1/7	水平角 45°	2013
福建××大桥	中承式拱	180	1/4	箱形肋拱,基础纵向三排桩斜度不同	2013

注:新密地大桥的斜桩截面见本书图 5-56。

7.5　主拱设计与施工方案

上承式 RC 箱形拱桥主拱跨径基本确定后,首先要考虑的问题是拱圈采用哪种施工方案较为合理。有时,可能因为难以采用某种施工方案而调整跨径,甚至改变结构型式。施工方案一旦确定后,也就基本上确定了主拱圈的主要构造型式和施工流程。所以,主拱跨径与施工方法具有较密切的关系。另外,施工方法的选择也与经验有关,当有几种施工方法都可行时,经验判断起较大作用。根据国内已建成的近 200 座上承式 RC 拱桥的设计施工情况,并参考少数国外同类桥型的施工方法,8 种施工方法适用跨径的大致范围,如表 7-5 所列,供参考。

8 种施工方法大致适用范围(单位:m)　　表 7-5

落地支架法	钢拱架法	转体施工法	钢管混凝土劲性骨架法	悬臂施工法			
				斜拉挂扣现浇	斜拉扣挂拼装	悬臂桁架现浇	悬臂桁架拼装
≤220	≤180	≤220	160~500	150~300	≤250	200~300	200~400

表 7-5 中"落地支架",是指采用满布式钢管支架或临时墩上搭设钢纵梁所组成的拱架。当跨径较大时,落地支架规模大,支架地基处理难度大,工期长,支架安全风险较高。国内采用落地支架施工的拱桥,最大跨径虽达到 220m,但建议跨径不宜过大,支架不宜过高。

采用钢拱架施工的箱形拱桥,国内最大跨径为 1983 年建成的四川攀枝花 3007 大桥,跨径 170m。从 1983 年至今,用钢拱架施工的箱形拱桥,跨径均不大于 140m。因为跨径较大时,钢拱架钢材用量大,按定型设计虽可降低钢材数量,但如不能多次周转使用或周转时间太长,并不经济。如用军用钢桁片(如贝雷或三角桁片)组拼,跨径难以超过 150m,且钢材用量更大,还要增加不少辅助构件。贵州公路行业,目前已有几套定型钢拱架,按设计要求,最大跨径不超过 120m。实际施工的最大跨径为 125m。采用军用梁组拼的钢拱架,拱圈跨径一般不大于 120m。根据湖南五强溪电站沅水大桥的经验,增设斜拉扣索参与拱架受力,估计使用跨径在 150m 以内。

国外使用钢拱架修建上承式 RC 箱形拱桥的时间较早。如 1934 年建成的瑞典谭德桥,主跨 181m,矢跨比 1/7,单箱双室截面,宽度 6m,截面高度为 3~5m,采用钢拱架施工。钢拱架先在岸上拼装好,浮运到桥下,提升就位。

在条件适合的情况下,钢拱架法是可行施工方法之一,由于其某些方面的局限性,跨径不宜过大。跨径超过 150m 后应与其他施工方法进行比较。

在两岸地形合适的情况下,转体施工法的主要优点是,拱圈施工在岸上进行,施工安全性最好。当跨径在160m以下时,拱圈转体构造不复杂,施工工艺较成熟,造价也较低,是值得考虑的施工方案。转体施工法,不仅在拱桥,也在梁桥、斜拉桥的施工中被采用。尤其是跨越铁路、公路、城市道路、重要建筑物、河流、湖泊的桥梁施工时,由于其从转体开始到桥跨合龙的时间很短(一般为12~48h),具有独特的优势,得到较广泛的应用。目前,转体施工的上承式RC箱形拱桥最大跨径为福建行对岔大桥,主跨205m。最大的平转施工桥梁,转体总质量已接近20000t。根据目前的技术条件与施工工艺情况,上承式RC箱形拱桥,转体施工的跨径达到220m是可行的。

在上承式RC箱拱桥的施工方法中,钢管混凝土劲性骨法是国内特大跨径最主要的施工方法之一,尤其是跨径超过300m,几乎是钢管混凝土骨架法的一统天下。最著名的万县长江大桥,主跨420m,从1997年建成后,至今仍保持同类桥型世界第一的位置。但这个记录将很快被打破,2014年1月13日报道的沪昆铁路客运专线贵州省境内的北盘江大桥,主跨445m,为上承式RC箱形拱,采用钢管混凝土劲性骨架法施工主拱圈,劲性骨架的弦杆由8根钢管混凝土构成,约500m长拱弧,划分为40个桁架节段,采用天线缆索吊装。桥面至江面的高度约300m,桥梁全长721.25m。劲性骨架用钢量约4600t。预计2015年2月建成。此桥建成后,将成为同类桥型的世界冠军。所以,当材料及结构进行改进后,用钢管混凝土劲性骨架法或组合法建造600m左右的公路箱形拱桥,技术上是可能的。但在跨径200m以下,几种施工方法技术都较为成熟,应进行比较,择优选用。目前,钢管混凝土中承式拱的跨径已达到530m,超过钢管混凝土劲性骨架法施工的RC上承式箱形拱桥,但后者相对于前者,有一个很重要的优势,其拱圈为混凝土结构,在正常情况下,设计使用年限可以达到100年,而前者虽然不能说一定达不到100年,但长期的维护费用高,维修麻烦,而且至今还没有交通行业的技术规范,有的技术问题还在进一步研究中。在相同跨径的条件下,钢管混凝土劲性骨架法混凝土拱桥的钢材用量少于钢管混凝土拱桥。

劲性骨架法也存在不利的一面,主要是施工技术更复杂,工序更多,工期也较长,特大跨径情况下,浇筑外包混凝土(主要是浇拱箱底板)过程中,结构稳定系数较小,存在安全风险。所以,跨径较大时,应与其他施工方法进行比较。根据目前已建成的这类大桥的经验,主拱跨径大约在160~500m时,劲性骨架法具有一定优势。

悬臂施工法中的斜拉扣挂现浇法,国内称为挂篮悬臂浇筑法。这种施工方法的实施我国起步较晚,2007年建成的四川白沙沟大桥(主跨150m)为国内第一座,目前已建成的仅有3座,最大跨径为182m,为2013年建成的四川新密地大桥。国外较早采用挂篮悬臂浇筑法施工的大跨径上承式RC箱形拱桥,为前南斯拉夫寨波泥克桥,主跨246.4m,矢跨比1/8,于1966年建成,拱圈高度2.9~3.7m。

目前,采用悬臂斜拉扣挂现浇法(挂篮悬臂浇筑法)施工的世界最大跨径上承式RC箱形肋拱桥,为2011年建成的美国胡佛水坝上的新麦克·奥卡拉汉—帕特·提尔曼纪念大桥(简称胡佛水坝大桥),主跨323m,矢跨比1/3.822。在同一桥位上,进行了6个桥型方案比较,包括桁架拱、箱梁桥、斜拉桥、悬索桥、上承式拱桥、中承式拱桥的全面比较。方案比较时,对9大因素(如结构冗余度、截面高度与自重、岩石开挖、工程造价、技术可行性、施工费用、风荷载对施工的影响、检测养护要求与建筑风格)分别确定权重并评分。最后,上承式RC箱形拱方案胜出。该桥主要技术特点有:两条拱肋为箱形截面,拱肋为等高度截面;C70混凝土;桥面宽20.8m,双肋中距为13.7m;单肋为单箱单室截面,高度4.25m,宽度6.1m,顶底板厚度0.45m,腹板厚度 0.355m，拱上立柱间距为 37m，桥面为钢箱梁；拱上腹孔全拱纵向贯通布置，其跨径与两岸的边孔跨径相同。采用斜拉悬臂现浇施工法，4 套挂篮滑模现浇混凝土向拱顶推进。该桥于 2005 年开工，2011 年建成，历时约 6 年，由林同炎国际工程咨询公司与 HDR 组成的设计小组，在林同炎国际奥林匹克工作室指导下，进行了桥型研究和最终桥梁设计。该桥较详细情况可参阅参考文献[55]。图 7-34 为该桥最终方案效果图，图 7-35 为施工中拱肋合龙时照片。

图 7-34　美国胡佛水坝大桥

图 7-35　美国胡佛水坝大桥拱肋合龙

克罗地亚的马斯利尼察桥和斯克拉丁河桥，为采用挂篮悬浇施工的两座特大跨径上承式 RC 箱形拱桥。

马斯利尼察桥，主跨 200m，于 1997 年建成，矢跨比 1/3.1，拱圈为单箱双室截面，高度 4m，主跨与箱高之比为 1/50，拱上腹孔为预应力混凝土 T 梁，采用斜拉扣挂悬臂浇筑法施工。

上承式混凝土拱桥，我国采用悬臂桁架法施工的大桥极少，除贵州江界河大桥（主跨 330m 桁式组合拱）外，未见实例。国外有多座特大跨径上承式混凝土拱桥采用悬臂桁架法施工，如主跨 390m 的前南斯拉夫克尔克桥（预制构件拼装），主跨 280m 的葡萄牙亨里克桥（挂篮现浇），主跨 255m 的西班牙洛斯蒂洛斯桥（挂篮现浇），主跨 170m 的日本外津桥（挂篮现浇）等。可见，悬臂桁架法可适用于很大的跨径。主要优点是：利用已形成的主拱圈（肋）与桥道纵梁、拱上立柱和临时斜拉杆（索）组成具有很大抗弯刚度的悬臂桁架，以支承前端的预制拼装或现浇的拱体，向跨中逐步推进，直至在拱顶合龙。悬臂桁架上弦拉杆，一般用钢缆直接嵌固在岸上的基岩内。与塔架斜拉悬臂法（预制吊装或挂篮悬浇）比较，省去了庞大的扣索塔架及其锚固系统。悬臂桁架法是主拱与拱上立柱、桥道纵梁同时推进，总工期也相应较短。所以，悬臂桁架法较塔架斜拉悬臂施工法，能适应更大的跨径。

根据国内外已建成的采用挂篮悬臂浇筑法施工的上承式 RC 拱桥的成功经验估计，跨径在 150~350m 之间时，具有可行性，但应与其他施工方案进行比较。

斜拉扣挂拼装法，国内习惯称为天线缆索吊装法。本书附录 A 共收集了国内已建成的上承式 RC 拱桥共计 194 座，包含 6 种施工方法，其中天线缆索吊装法共计 79 座，占 40.7%，说明在我国（主要是山区）从 20 世纪 60~70 年代至今，用天线缆索吊装法施工的上承式 RC 拱桥，是最常用的施工方法，也是使用最早的施工工艺之一，设计、施工技术成熟，经验丰富。尤其是钢绞线配合千斤顶进行斜拉扣挂工艺的革新获得成功后，使上承式 RC 拱桥用天线吊装的跨径大幅度提升，国内最大跨径达到 205m（福建宁德天池大桥）。国外最大跨径为南非布洛克兰斯桥，主跨 272m，矢跨比 1/4.39，单箱三室，宽度 12m，拱圈高度 3.6~5.6m，于 1983 年建成。其次是日本富士川桥，主跨 265m，矢跨比 1/6.5，桥宽 17.5m，拱圈高度 3~5m，于 2003 年建成。但国外采用这种施工方法修建的上承式 RC 拱桥并不多。国内几座特大跨径吊装箱拱，分段数最多的已达到 28 段，最大吊重接近 120t。跨径增大以后，分段数更多，吊装质量更大，缆索吊机系统跨度也更大，施工设备庞大，施工难度也增加。根据这些因素估计，这种施工方法较为可行的最大跨径不宜大于 250m。

悬臂桁架法施工上承式 RC 拱桥，主要优点是无需设置塔架与天线缆索重载吊机（可以有载重较小的运输天线），利用拱上立柱与增加的临时斜杆，或拱上本身就是永久性桁架，与主拱圈组成悬臂式桁架，作为浇筑或拼装拱圈的支承结构。悬臂桁架施工法，分为现浇法与预制拼装法两种。我国已建成的上承式 RC 拱桥中，贵州江界河大桥（主跨 330m），采用悬臂桁架拼装法施工，拱上桁架中的斜杆为永久性构件。该桥于 1995 年建成，桥型结构为桁式组合拱，不同于一般的上承式 RC 箱形拱。悬臂桁架现浇法，目前国内未见实例。

国外采用悬臂桁架法施工的上承式 RC 拱桥较多，以下是几座特大桥实例：

(1) 西班牙蒂洛斯桥，主跨 255m，矢跨比 1/5.5，该桥于 2004 年建成。采用悬臂桁架现浇法施工。可参阅参考文献[74]。

(2) 葡萄牙亨里克桥，主跨 280m，矢跨比 1/11.2，该桥于 2002 年建成。采用悬臂桁架现浇法施工。可参阅参考文献[84]、[137]。

(3) 前南斯拉夫克尔克桥，主跨 390m，矢跨比 1/5.82，该桥于 1980 年建成。采用悬臂桁架拼装法施工。可参阅参考文献[34]、[137]。

(4) 美国纳奇兹公园小道桥，主跨 177.4m，该桥于 1994 年建成。采用悬臂桁架拼装法施工。此外，日本采用此法建成多座混凝土拱桥，可参阅本书附录 B。

悬臂桁架法，国内应用很少，国外很多国家则是大跨径上承式 RC 拱桥常用的施工方法之一。桥梁上部结构为上承式 RC 拱，拱上为立柱及梁板式腹孔，施工中在拱上立柱之间设置临时斜拉索，与拱圈、拱上立柱组成悬臂桁架。在施工加载过程中，原以承压为主的拱圈在施工中承受较大的弯矩，其强度、刚度和稳定等结构性能变得较为复杂，致使国内对这种施工工艺的研究与实践落后于世界先进水平。如果根据国外悬臂桁架法施工的上承式 RC 拱桥已达到的最大跨径考虑，悬臂桁架现浇法最大跨径估计可以达到 300m；悬臂桁架拼装法最大跨径估计可以达到 400m。

日本从 20 世纪 70 年代以来，采用组合施工法建成多座上承式 RC 拱桥，可谓异军突起。在桥梁施工方法上做出不少创新。所谓组合施工法，是采用技术成熟的两种或两种以上的施工方法，在同一座桥上分别不同的部位采用不同的施工工艺。组合施工法的基本思路是：针对同一座桥的具体情况，对不同的区段，选择最经济合理的方法。以下是几个典型实例：

(1)悬臂桁架与劲性骨架组合法

日本天翔大桥，主跨260m上承式空腹无铰拱桥，矢跨比1/8，2000年建成。

日本别府明矾大桥，主跨235m上承式不对称无铰拱，1989年建成。

这种施工方法，主拱两侧一定长度采用悬臂桁架法，中部采用劲性骨架。

(2)塔架斜拉扣挂与劲性骨架组合法

日本宇佐川大桥，主跨204m，上承式不对称无铰拱，1982年建成。

日本头岛大桥，主跨218m，上承式混凝土无铰拱，2003年建成。

日本国见大桥，主跨181m，上承式混凝土无铰拱，2003年建成。

(3)转体与钢—混凝土骨架组合法

在桥跨内的地面利用支架安装拱形骨架，用竖向转体方法提升合龙后，在骨架上分段浇筑拱圈混凝土，钢—混凝土骨架埋入拱圈内，成为其组成部分。如日本知厚桥，主跨94.38m。该桥较详细情况可参阅参考文献[194]。

我国云南大岩洞大桥，为主跨160m上承式RC箱形无铰拱，在两岸先做半跨钢管混凝土劲性骨架拱，平转合龙后浇筑拱圈外包混凝土。应属于组合施工法。该桥2010年建成。

(4)其他组合施工法

组合施工法的具体组合情况较多，除上述3种主要方法外，还有一些其他形式的组合。例如：

法国夏托布里昂桥，主跨261m，上承式RC无铰拱，拱脚约28m采用支架现浇，其余区段采用斜拉钢骨架现浇拱圈混凝土，该桥于1990年建成。

南非范斯塔登斯峡谷桥，主跨200m，上承式RC无铰拱，拱脚区段支架现浇，其余区段采用塔架斜拉挂篮悬浇，该桥于1971年建成。

委内瑞拉卡拉卡斯1、2、3号桥，主跨152m、146m、138m，上承式三肋双铰拱，均采用边段拱肋斜拉悬臂支架现浇，中部用系杆拱架现浇的方法施工拱肋。该桥于1953年建成。

从上述实例可以看出，组合施工法的适用跨径范围较宽，在同一座桥上，有时组合施工法较单一的施工方法更经济合理。可以预期，悬臂桁架法与劲性骨架法相配合，将使上承式RC拱桥的跨径获得更大的进展，突破500m是可能的。

7.6　刚性梁柔性拱桥

国内已建成的绝大部分上承式RC拱桥均系主拱圈(肋)为主要承力结构的拱桥，一般情况下不考虑拱与拱上建筑的联合作用。《公路钢筋混凝土及预应力混凝土桥涵设计规范》(JTG D62—2004)规定："无铰拱和双铰拱的计算可不考虑拱上建筑与主拱圈的联合作用"；《公路圬工桥涵设计规范》(JTG D61—2005)规定："拱上建筑为梁(板)式结构的拱桥的计算，不应考虑拱上建筑与主拱圈的联合作用；拱上建筑为拱式结构的拱桥的计算，可考虑拱上建筑与主拱圈的联合作用"。现行规范系根据我国的上承式圬工拱桥，至今多按主拱圈裸拱受力进行设计的实际情况做出上述规定。本书的绝大部分内容也是按照这个思路进行编写的。对刚性梁柔性拱桥基本没有涉及。根据欧美、日本等国家修建刚性梁柔性拱桥的实践经验看来，这种桥型，在某些情况下，具有一定优势，应该学习这方面的先进经验，在我国的桥梁建设中，在合适的条件下应用。

刚性梁柔性拱桥，也称为“桥面加劲拱桥”或称为“倒朗格尔拱桥”。1925 ~1967 年首先在瑞士建成了多座，跨径在 30 ~ 112m 之间；1979 ~2002 年间，日本也建成了多座，跨径在 106 ~ 200m 之间。目前，最大跨径的倒朗格尔拱桥为 2002 年建成的葡萄牙亨里克大桥，主跨 280m。

刚性梁柔性拱结构的基本思路是拱上建筑与主拱圈联合承力，将桥面纵梁的刚度大幅度提高，同时较大幅度地降低主拱圈的刚度。前者成为刚性梁，后者成为柔性拱。这种桥型结构有以下一些特点：

(1) 除拱脚处弯矩较大外，拱圈弯矩均较小，轴向力沿拱轴线变化很小。

(2) 刚性梁可以在一定程度上减小温度、收缩、徐变效应对主拱圈的影响。

(3) 桥面结构刚性纵梁的受力相当于弹性支承连续梁体系。

(4) 由刚性纵梁参与总体受力，可以使活载作用下拱的压力线与拱轴线的偏离减小，从而改善了拱的受力。

由于上述结构受力的特点，拱截面的高度大为减小。

从葡萄牙亨里克桥设计、施工的一些情况，可以看到刚性梁、柔性拱桥的某些优势：

(1) 与以往的悬臂桁架施工不同，该桥由于是刚梁柔拱，施工时先施工主梁，然后再利用支承在主梁上的挂篮进行拱圈的悬臂施工。

(2) 跨中节段采用了拱圈与主梁组合的结构，形成一个长度为 70m、高度为 6m 的单室箱形截面构件，大大减轻了结构自重，对梁拱体系受力有利，其每延米的自重仅为其他节段的 1/2。而且外观上给人以主梁和拱圈成为连续一体的感觉，造型更为优美。

(3) 拱上立柱纵向间距为 35m（即纵梁跨度），为主跨 280m 的 1/8，而且与两岸引孔的跨径相同，拱上的透空度很大，景观较好，也简化了施工。

参考文献[104]通过对日本 RC 拱桥的调查分析，对倒朗格尔拱桥的结构设计归纳了以下几点：

(1) 在上承式固定拱中，倒朗格尔拱的拱肋厚度在拱脚约为跨径的 1/75 ~ 1/150；拱顶处约为跨径的 1/110 ~ 1/250（一般上承式固定拱，拱脚处约为跨径的 1/35 ~ 1/50；拱顶处约为跨径的 1/45 ~ 1/90）。

(2) 日本建成的 6 座倒朗格尔拱桥，均采用实体拱肋截面。

(3) 日本建成的 6 座到朗格尔拱桥，均采用 PC 箱梁或少主梁钢梁。

(4) 日本建成的 6 座倒朗格尔拱桥，5 座采用悬臂桁架法施工，1 座采用劲性骨架与桁架组合法施工。

大跨径刚性梁柔性拱桥，拱上立柱与桥面纵梁形成连续刚构或连续梁，不仅增大了腹孔跨径，减轻了结构自重，大量减少了支座设置，更方便施工、维修与养护。由于拱上高立柱的两端为固结，提高了稳定性，减小了立柱的截面尺寸。

在超特大跨径上承式 RC 拱桥的研究中，国外提出的桥梁结构型式中，有桥面加劲上承式 RC 拱桥的方案，以下是两个例子：

(1) 法国米约高架桥，1996 年在方案竞标中，国际著名的建筑公司提出了主跨 602mRC 拱桥方案，一跨跨越宽约 700m，深约 250m 的河谷，从而避免了大跨径梁式桥超高桥墩的设计和施工。该方案的主拱圈为等高度变宽度的混凝土箱形截面，高度 8m，为主跨 602m 的 1/75.25，拱箱宽度从拱顶的 8m 渐变至拱脚的 18m。拱上纵向 PC 主梁跨径布置为 87.5m+80.5m+2×133m+80.5m+

87.5m,主梁为带撑架的单箱单室箱梁,高度 4~10m,在拱顶处,拱圈与主梁联成整体,联结长度 105m。该桥施工方案拟采用拱脚段悬臂扣挂架设,拱顶段采用劲性骨架合龙的组合施工方法。桥梁的结构体系属于桥面加劲的上承式 RC 拱。但混凝土拱桥方案未中标,多塔斜拉桥方案中标。2004 年该桥已建成通车。主桥为 204m+6×342m+204m 单索面斜拉桥,桥面离地面 270m,塔顶至地面 343m,最高桥墩 245m。桥面宽 27m。可参阅参考文献[141]。

(2)1999 年日本进行跨径为 500m 的上承式 RC 坦拱试设计。结构体系为有推力的拱梁组合式。矢跨比 1/12.5,拱圈为单箱三室截面,桥面宽 17.4m,拱脚处拱箱宽度为 23m。桥面加劲纵梁为箱形截面。拱圈混凝土采用设计强度为 100~120MPa 的超高强混凝土。施工拟采用悬臂拼装与劲性骨架相结合的方法。可参阅参考文献[139]。

从上述刚性梁柔性拱桥的发展、实践与研究可以初步估计,用这种结构体系配合悬臂桁架法、劲性骨架法修建 500m 左右的特大跨径上承式 RC 拱桥,技术上是可能的。

表 7-6 为部分刚性梁柔性拱上承式 RC 拱桥实例。

部分刚性梁柔性拱上承式 RC 拱桥实例　　表 7-6

桥　　名	主跨(m)	矢跨比	拱厚度(cm)	桥面纵梁厚度(cm)	建成年份	备　　注
瑞士 Valtschielbach 桥	43.2	1/8.1	23	140	1925	
瑞士 Landguartriver 桥	30.0	1/3.8	26	140	1930	铁路桥
瑞士 Spital 桥	30.0	1/9.2	24	90	1931	
瑞士 Schwandbach 桥	37.4	1/6.23	20	90	1933	位于椭圆形平曲线上
瑞士西万德巴赫人行桥	38.0	1/10.84	14	54	1934	
瑞士阿奥索莱茵高架桥	66.0				1960	
瑞士塔姆尼斯莱茵河桥	100.0	1/4.78		100	1962	
瑞士拉宁桥	112.0	1/4.58			1967	
瑞士卡塞拉桥	96.0	1/4.8			1967	
日本中谷川桥	106.0				1996	悬臂架设法施工
日本赤谷川桥	116.0				1979	悬臂桁架法施工
日本天子大桥	116.0				1993	悬臂桁架法施工
日本误野川桥	119				1992	悬臂桁架法施工
日本东峰桥	132				2000	悬臂桁架法施工
日本神都高千穗大桥	143				2002	劲性骨架与桁架组合法施工
日本池田—其湖桥	200				2000	悬臂桁架法施工
葡萄牙亨里克大桥	280	1/11.2	150	450	2002	悬臂桁架法施工,板拱变宽 10~20m

注:“刚性梁柔性拱桥”也称“桥面加劲拱桥”或“倒朗格尔拱桥”。

考虑到特大跨径连续刚构桥在长期使用过程中,常发生跨中下挠和腹板开裂等病害,日本等国家最近十几年来一直在探索发展新的大跨径桥的结构形式。刚性梁柔性拱组合结构为解决此问题提供了一种有益的尝试。初步认为“刚性梁柔性拱”与连续刚构比较具有下述优点:主梁高度小,且为等截面;主梁纵向预应力配束较少;由于与拱共同受力,有效地防止了主跨的长期下挠；主梁施工较为简便；桥梁景观更优美。贵州赤水至仁怀高速公路的桐梓河特大桥，初步设计阶段曾推荐采用主跨为260m的刚性梁柔性拱方案。主梁为PC单箱单室箱梁，梁高5m，为主跨跨径的1/52。箱梁顶宽10.5，底宽6m，顶板厚0.28m，底板厚0.32m，腹板厚0.7m，根部顶板厚0.5m，底板厚0.8m。主拱圈为矩形实体截面，高度1.6m，为主跨260m的1/162.5，宽度6m，RC结构，矢跨比1/5，桥面至主墩承台顶面的高度约200m，主墩最大高度120.4m。采用悬臂法施工。可参阅参考文献[220]。该桥桥型布置如图7-36所示。

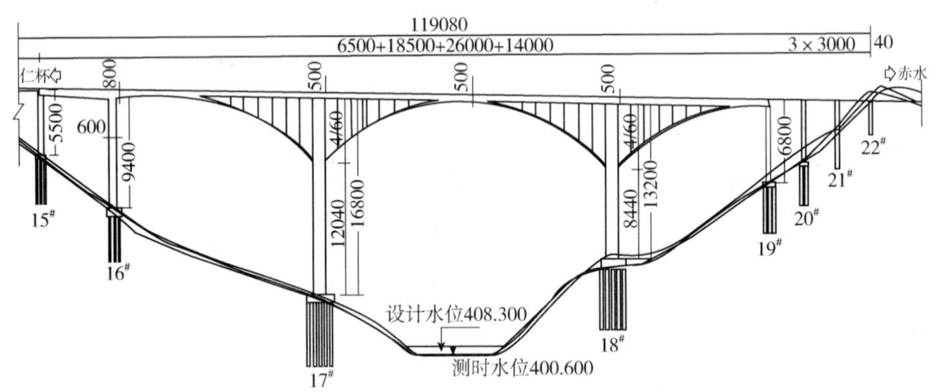

图7-36　主桥桥型方案布置图(尺寸单位:cm)

刚性梁柔性拱桥国内未见已建成的实例。参考文献[28]介绍了某大桥上承式预应力混凝土刚性梁柔性拱桥初步设计情况。孔跨布置为110m+205m+110m，桥梁立面如图7-37所示，刚性梁为等截面PC箱梁，梁高4.5m，为跨径的1/45.56，顶宽14.75m，底宽7.75m，腹板厚0.5m，顶板厚0.28m，底板厚0.35m。拱肋为矩形空心断面，高2m，为跨径的1/102.5，顶底板厚0.4m，腹板厚0.75m，拱轴为二次抛物线，主跨净矢高33m，净跨径198m，净矢跨比1/6。梁、拱在跨中形成整体断面。刚性主梁受弯为主，相当于用立柱支承在柔性拱肋上的连续梁。静力分析结果表明：矢跨比对结构内力影响较大；梁、拱在跨中形成整体断面，刚性梁可平衡拱的部分推力，同时由于拱的推力部分传递到刚性梁内，可减小纵向预应力筋的用量；与同跨径的连续刚构相比，活载挠度小，具有较大的竖向刚度。认为刚梁柔拱不宜采用较大刚度的拱肋，避免出现大偏心受压构件。拱脚处的轴力随矢跨比的减小而增加，负弯矩则减小。

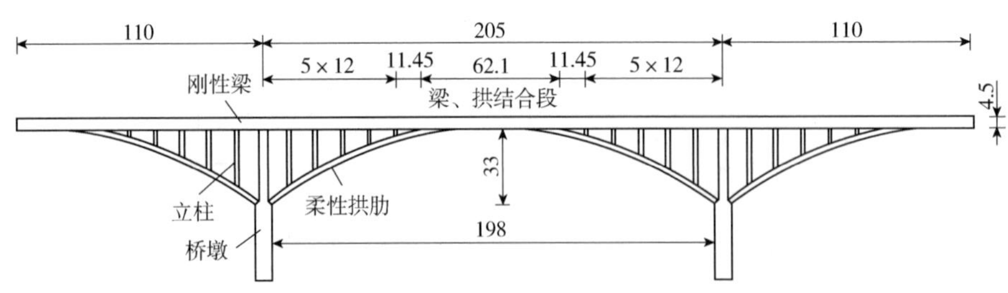

图7-37　上承式刚性梁柔性拱桥(尺寸单位:m)

国内已建成的自锚上承式系杆拱桥，与刚性梁柔性拱桥不同，系杆为锚固于桥面两端的拉杆。以下是两个实例：

实例一：沪杭高速铁路上跨沪杭高速公路特大桥

该桥孔跨布置为88m+160m+88m，为自锚上承式系杆拱桥。其立面布置如图7-38所示，采用支架现浇、水平转体就位的施工方法。转体合龙时,在拱顶施加顶推力和张拉系杆的预拉力,改善全桥的受力性能,达到拱脚不平衡推力最小的目标。

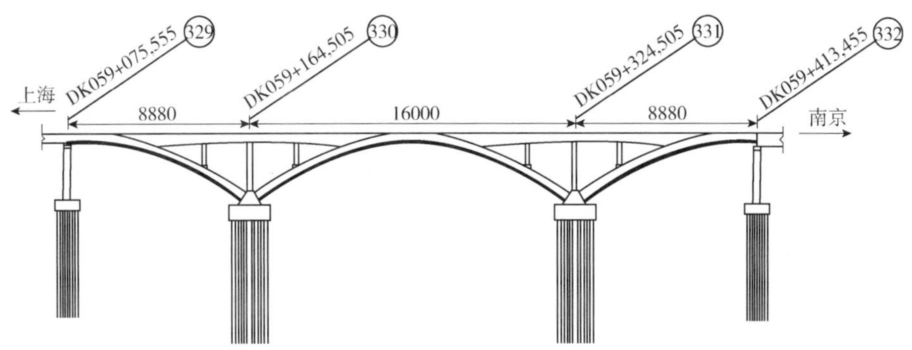

图 7-38　自锚式上承式系杆拱桥立面图

实例二:浙江江山市迎宾大桥

主桥为 55m+90m+55m 上承式系杆葵花拱桥,于 2006 年建成。中跨主拱圈矢跨比 1/8.6,拱轴为二次抛物线。主拱变高度,拱脚处 2m,拱顶处 1.4m,为单箱八室箱形截面。顶板底板厚度 18cm,拱脚附近加厚至 60cm,腹板厚度 25cm,腹拱以下加厚至 40cm,腹拱亦为单箱八室截面,高度 100cm,顶、底板厚度均为 18cm,至拱脚加厚至 30cm,腹板厚 60cm。腹拱以上采用两跨 PC 连续梁,单箱八室截面,等高度 1.5m,顶宽 24.5m(单幅),底宽 23.4m。主拱圈顶部区域 28m 范围内,在主拱圈上每隔一定距离设支墩,在其上现浇车道板,厚 20cm。在拱上连续梁及边跨梁内设置系杆,贯穿整个主桥,两端锚固在边跨梁的端部,以平衡主拱的水平推力。系杆立面为折线形,在拱上连续梁的边跨梁内设转向槽。系杆为体外束,采用环氧喷涂无黏结钢绞线成品索。图 7-22 为该桥效果图,图 7-23 为主桥立面图,图 7-24 为主桥横断面图。

上承式三跨拱桥,当两边跨为半拱布置时,拱脚是否有水平推力,与支承处施工过程与成桥状态的约束条件有关,将在第 8 章讨论。

7.7　无铰拱桥与有铰拱桥

国内已建成的上承式混凝土拱桥,几乎都是无铰拱。有铰拱仅在少数小跨径拱桥上采用。空腹式拱桥的拱上建筑为拱式结构时,边腹拱常用三铰拱或二铰拱。大跨径混凝土拱桥有时在施工过程中在拱脚设置临时铰,以方便调整拱圈的安装高程。国外情况也大致如此,但修建上承式混凝土有铰拱的时间很早,20 世纪 50 年代后,还出现了跨径超过 150m 的上承式混凝土二铰拱桥。跨径为 40m 的瑞士斯陶夫法赫桥于 1899 年建成,为最早的上承式混凝土三铰拱桥。从 1899 年至 1936 年,瑞士建成了多座上承式混凝土三铰拱桥。委内瑞拉 Gracas 桥,为主跨 152m 的上承式混凝土二铰拱桥,于 1953 年建成,矢跨比为 1/4.6,为肋拱,拱肋高度 2.9m,桥宽 24.5m,单室箱肋宽 3.2m,共计 3 条拱肋,在拱架上现浇施工。1974 年建成的日本外津桥,主跨 170m,矢跨比 1/6.4,为上承式混凝土二铰拱桥,拱圈高度 2.4~3m,桥宽 10.1m,采用悬臂桁架法施工。该桥为目前世界最大跨径的上承式混凝土二铰拱桥。德国 Mosel 桥,主跨 107m,为矢跨比 1/13.2 的三铰极坦拱,于 1934 年建成,桥宽 19.2m,拱圈为箱形截面。1936 年建成的瑞士外斯桥,主跨 56m,为 RC 三铰箱形拱。为矢跨比 1/11.7 的坦拱。表 7-7 为国外部分上承式混凝土二铰拱桥、三铰拱桥的简况。

国外部分上承式二铰混凝土拱桥、三铰拱混凝土拱桥简况 表 7-7

桥　名	跨径(m)	矢跨比	结构型式	建成年份	备　注
瑞士斯淘夫法赫桥	40		三铰拱	1899	
瑞士 Inn 桥	30		三铰拱	1902	
法国 VeurdrePont 桥	72		三铰拱	1910	
瑞士 Carton Thur 桥	2×35		三铰拱	1904	
瑞士塔瓦纳萨桥	51		三铰拱	1906	
瑞士萨尔基那山谷桥	90		三铰拱	1930	RC 箱形镰刀拱,木拱架施工
瑞士福来塞格桥	72		三铰拱	1932	RC 公路桥
瑞士罗斯格拉本桥	82		三铰拱	1932	RC 箱形拱
德国 Mosel 桥	107	1/13.2	三铰拱	1934	RC 箱拱,空腹式,桥宽 19.2m
瑞士外斯桥	56	1/11.7	三铰拱	1936	RC 箱拱,公路桥
委内瑞拉 Caracas 桥	152	1/4.6	二铰拱	1953	拱肋高 2.9m,桥宽 24.5m,拱架上施工,单室箱肋
日本外津桥	170	1/6.4	二铰拱	1974	RC 箱拱高 2.4~3m,桥宽 10.1m,悬臂桁架法施工

三铰拱属外部静定结构。因温度变化、混凝土收缩徐变、支座变位等原因引起的变形不会在拱内产生附加内力,计算不需考虑体系弹性变形对内力的影响。尤其是当地基承载力较差,可能发生基础变位,而又需要采用拱桥时,三铰拱是较有利的方案。但三铰拱的缺点也是明显的,首先是铰的构造复杂,施工难度大,在长期使用过程中,拱脚铰受外界影响(如水流、泥砂、腐蚀、碰击等)后,铰的工作性能不能正常发挥,直接导致拱圈内力重分布,出现较大的弯矩。另外,拱顶设铰,该处拱轴线发生转析,对行车不利,在车速较高时,不仅影响行车舒适性,还可能对拱顶铰造成损伤。由于铰的存在,还降低了桥梁的整体刚度,对抗震不利。

二铰拱属外部一次超静定,因拱顶无铰,不影响行车舒适,结构的整体刚度较三铰拱大。抗震性能也优于三铰拱在拱座基础可能发生位移的情况下,或在坦拱中采用二铰拱,与无铰拱相比较,可以减小基础位移、温度变化、混凝土收缩徐变等引起的附加内力。但拱脚铰存在的问题与三铰拱相同,尤其是对于特大跨径上承式二铰混凝土拱桥,由于拱脚轴向压力很大,铰的构造更复杂,施工难度更大,维护管养也麻烦。

二铰拱与三铰拱比较,后者没有冗余约束,其抵抗外部偶然荷载的能力较低,就设计方案安全风险评估而言,二铰拱优于三铰拱。在某些特殊情况下,如地基条件很差,而又需要采用拱桥方案时,二铰拱是可以考虑的方案,应解决的主要问题是拱脚铰的建造与使用期的维护。根据当前的工艺技术水平,跨径 150m 左右,矢跨比不是很小时,拱脚铰的设计制作不会有特别大的困难。

三铰拱或二铰拱还有一种优势,就是拱圈的立面可以做成镰刀形,并符合受力特点。这是无铰拱难以做到的。1930 年建成的瑞士萨尔基那山谷桥,主跨 90m,为世界著名的镰刀形拱桥。1999 年英国《桥梁设计与工程》编辑部邀请了国际知名的 30 位桥梁学者、工程师、建筑师对20世纪已建成的近万座桥梁进行评选，评出了20世纪世界最美的桥梁，瑞士萨尔基那山谷桥名列第一。前15名最美桥梁简况见表7-8所列。

20世纪世界最美桥梁评选前15名(1999年评出)　　表7-8

序号	桥　名	桥　型	主跨(m)	建成年份	备　注
1	瑞士萨尔基那山谷桥	上承式箱形混凝土三铰拱	90	1930	轻型汽车荷载，木拱架现浇施工
2	美国旧金山金门大桥	钢桁加劲梁悬索桥	1280	1937	
3	法国布鲁尔纳桥	单索面混凝土斜拉桥	320	1974	
4	德国克希汉姆跨线桥	预应力混凝土斜腿刚构	35	1993	立面为曲线型纵梁
5	法国奥利桥	变截面多跨PC连续梁	53	1958	
6	土耳其博思波罗海峡一桥	扁平钢箱加劲梁悬索桥	1074	1974	斜吊桥交叉布置
7	瑞士尼伯格桥	PC板矮塔斜拉桥	140	1997	59m+128m+140m+134m+65m，4塔
8	法国诺曼底桥	混合型主梁斜拉桥	856	1994	中跨中部为钢箱梁，其余主梁为混凝土
9	日本多多罗桥	钢斜拉桥	890	1998	
10	德国塞弗林桥	钢主梁独塔斜拉桥	310+154	1959	世界首座独塔斜拉桥
11	香港汀九桥	混合结构斜拉桥	475	1998	主梁为叠合梁
12	瑞士某特尔桥	PC箱梁矮塔板拉桥	174	1980	全桥8跨PC箱梁，体系创新
13	澳大利亚悉尼港弯桥	双铰中承式钢桁拱桥	503	1932	
14	德国费马恩海峡桥	下承式钢箱提篮拱桥	248.5	1963	2×102m+248.5m+5×102m，斜吊杆交错布置，边跨和为钢箱梁
15	丹麦大海带桥	连续钢箱加劲梁悬索桥	1624	1997	535m+1624m+535m

图7-39为瑞士萨尔基那山谷桥总体布置；图7-40为该桥的实景照片。

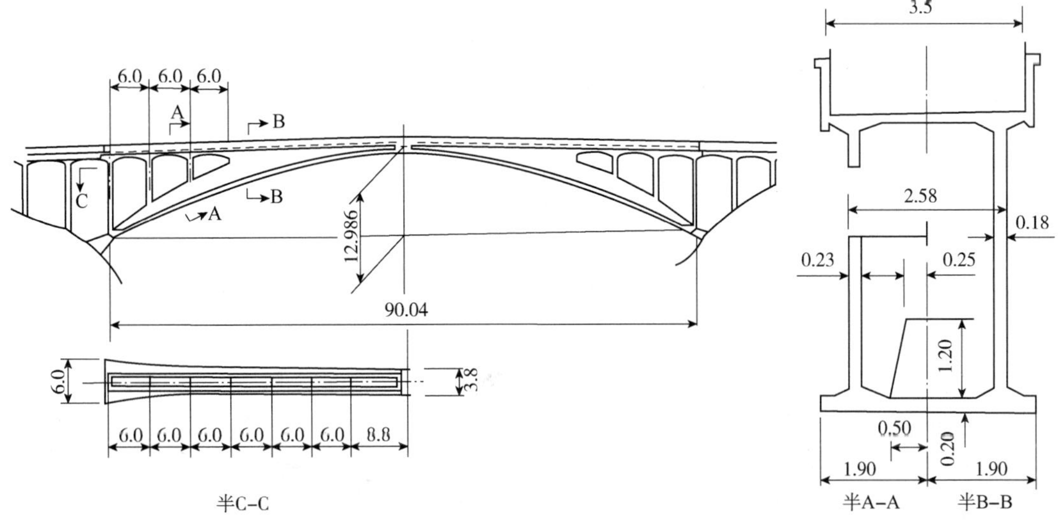

图7-39　瑞士萨尔基那山谷桥总体布置(尺寸单位：m)

图 7-40 萨尔基那山谷桥实景

参考文献[137]对该桥有以下论述："它配合大山风景，外形引人入胜，造价较廉，铰极纤小，和周围的环境很好地融合起来。""这座桥是许多旅游者常去的地方，站在这座桥的前面，人们认识到的不仅是一座桥梁，更是一座精神的殿堂。"大桥的设计者（瑞士的罗柏特·马拉尔）"通过这座桥把天、地、人联系在了一起，也把天才、勤奋和探索紧紧地联系在了一起。"这是很高的评价，也是符合实际的评价。从表 7-8 上的 15 座著名大桥，我们会发现，一些跨径较小的桥梁，由于结构创新与美学的巧妙结合，获得了很大的成就。中国的桥梁建设取得了很大成就，修建了一些规模很大、技术复杂的特大桥，进入 21 世纪以来，中国已成为世界上的桥梁大国，正向桥梁强国迈进。但正如项海帆院士所指出的：中国桥梁在过去 20 年中所取得的巨大进步和成就应予充分肯定，但在创新理念、工程质量和美学考虑等三方面存在不足。对比一下表 7-8 上的 15 座桥梁，上述评价是很中肯的，是符合实际情况的。

可以认为，不论是无铰拱、二铰拱或三铰拱，只要我们在创新理念、工程质量和美学三个方面勤奋工作，认真探索，不要过分热衷于"多少第一"、"多少之最"，克服浮躁情绪，一定能在结构创新和美学考虑方面获得新的突破。相信在 21 世纪世界最美桥梁的评选中，中国的桥梁能进入前 10 名。

7.8 桁式组合拱桥有关问题的探讨

混凝土桁式在组合拱桥由于存在下述优点，在我国西部山区曾经得到比较广泛的应用：

(1)上、下弦与腹杆"化整为零"，可以用较为简单的施工设备进行安装。

(2)由于下弦拱圈与拱上桁架形式整体联合受力，构件的尺寸较小及用钢量较省。

(3)在拱脚至拱顶之间上弦适当位置断开，消除了连续桁架工超静定次数过高产生的较大稳定次内力。

1995 年建成的贵州江界河大桥，为主跨 330m 混凝土桁式组合拱桥，由省桥梁公司安排较强的施工力量与设备进行施工，设计组常驻工地进行现场并参与施工。所以，该桥是这种桥型施工质量最好的，其出现的病害基本上可以排除施工质量因素。2008 年，该桥正常运营 13 年后，经贵州省交通规划设计研究院检测，拱顶的预拱值中还有 20.7cm 尚未完成。主要病害是裂缝，发生在主孔拱座及其上立柱，上、下弦桁片及其顶底板、拱上断点处双竖杆、新拱脚及斜杆的横向联系。最大裂缝宽度为 0.3mm，发生在拱脚立柱下端和拱上双竖杆下端。

产生裂缝的主要原因，可能上述第 1 个优点有关，即“化整为零”。桥梁的主要受力结构，如果由过多的预制构件组拼而成，且连接强度又较弱的情况下，在应力最大的局部就可能产生裂缝。如我国早期的双曲线桥的拱圈，就是以“化整为零，以零凑整”的方式进行结构设计和施工的。拱圈出现裂缝的情况较普通。1980 年建成的著名的前南斯拉夫克尔克大桥，主跨 390m 上承式 RC 拱桥，采用悬臂桁架拼装法施工，拱圈由大量的预制板进行组拼，预制 PC 块件最大质量仅 20t，拱圈及拱上结构施工引用 2 台 10t 缆索吊机。使用 26 年后，因预制板件湿接缝太多，混凝土耐久性不足，从 2006 年开始进行维修。

所以，混凝土桁组合拱桥的改进，首先要减少预制构件的数量，加强预制构件的连接强度，提高结构的整体性，尤其是主要受力部位（双竖杆与下弦结合部、上、下弦顶底板的连接等）。桥梁结构设计的经验表明，预制构件的连接、新老混凝土的结合面以及钢—混凝土结合部，其连接构造及连接强度达不到受力需要，会成整体结构中的局部结构缺陷，已为大量的实际情况所证实。

参考文献［161］在总结混凝土桁式组合拱桥设计、施工经验的基础上，指出特大跨径混凝土桁式组合拱桥面临以下技术难题：

（1）当吊装构件质量过大时，跨径大于 150m 时的单件吊装构件质量已超过 60t，跨径 330m 时，单件已达 120t，虽然可采用起重能力强的吊机，但构件的脱模、移运、翻身、吊运都有相当的技术难度。

（2）在锚碇设施上，由于悬拼施工阶段构件较重，由主孔传至边孔和基础的拉力较大，跨径 150～175m 时，拉力一般为 15000～18000kN；跨径 330m 时，总拉力达 70000kN，如采用靠自重平衡的自锚式，则要求边孔、桥台有较大的质量；如采用单点或多点锚啶，则要求地基有较强的抗剪能力，并设计牢固的锚固设施。

为了解决上述技术难题，提出了钢管混凝土桁式组合拱的构想，并针对某一些具体桥位进行方案设计，要点如下：

主跨 172m，桥面宽 12，矢跨比 1/6，为斜拉式桁构。上弦每桁片由 4Φ600×8mm 钢管组成，左、右各 2 根钢管竖向焊接，上、下用钢板连接，钢管中的钢板之间灌注 40 号混凝土。下弦每桁片由 2Φ1000×12mm 钢管组成，上、下用钢板连接，高 100cm、宽 240cm 闭合截面，钢管中钢板之间灌注 50 号混凝土。竖杆为钢管混凝土结构。斜杆采用 7Φ21 高强钢丝束，每束由 7Φ7mm 钢丝组成。横撑亦为钢管混凝土结构。桥面为 RC 空心板。仍采用吊机安装钢管与预制构件。

与相同跨径混凝土桁式组成拱比较，单件吊装质量可减小 70%～80%，上弦拉力可减少 30%～40%，效果显著。

按上述思路进行了一座实桥的设计和施工，即湖南永州天子山桥。要点如下：

主跨 125m，矢跨比 1/5，桥面宽 12m。下弦为双钢管混凝土，由两根 100mm 钢管竖向叠合而成；斜拉杆由 Φ7mm 高强钢丝束组成。竖杆与桥面系均为混凝土结构。该桥于 2003 年 6 月建成通车。

将桁式组合拱桥的主要受力结构（下弦或竖杆或上弦）改为钢管混凝土，将斜拉杆改为高强钢丝束或钢绞线，对于解决上述技术难题和大量减少混凝土结构的裂缝，效果是肯定的，是结构设计的一项重大改进。

但是,混凝土桁式组合拱桥用钢量很省、造价较低的优势,将不复存在。如果上、下弦、竖杆及斜杆均采用钢构件,则成为名符其实的钢结构桁式组合拱。至少下弦与斜杆要用钢构件,所以钢材用量不会很少。自然就会进一步思考其适用范围和与其他桥型方案比较的问题。有以下几点初步看法:

(1)根据已建成的湖南天子山桥的设计与施工情况考虑。在一定跨径范围内,可以解决混凝土桁式组合拱桥某些技术难题,并可大量减少主要的混凝土构件的裂缝。

(2)根据国内的经验,上述改进桁式组合拱桥方案,应与施工技术成熟的几种上承式混凝土拱桥方案进行比较。如跨径 150m 以下应与钢拱架方案比较;120~220m 应与转体施工方案比较,150~300m 应与钢管混凝土劲性骨架法、挂篮悬浇法进行比较。

估计跨径在 200m 以上,改进的桁式组合拱桥不具有优势。

(3)改进的桁式组合拱桥斜拉杆采用高强钢丝束或钢绞线,使用期必然存在更换的问题。与一般上承式混凝土拱桥所有构件混凝土结构比较,也是一个不容忽视的缺点。

第 8 章　上承式混凝土拱桥结构分析计算有关问题讨论

8.1　主要结构形式及其特点

上承混凝土拱桥采用较多的是单跨拱,绝大部分是无铰拱,也有少数二铰拱、三铰拱。特大跨径拱桥几乎都是单跨。多跨一般为等跨布置的连拱。另一种采用较多的是带双悬臂边孔的三跨拱桥,是上承式混凝土拱桥中较为特殊的结构形式。

拟定上承式混凝土拱桥结构形式时,应明确其两项重要的受力特性:一是是否应考虑拱与拱上建筑的联合作用;二是拱脚是否存在外部水平推力。这两项对拱桥的上、下部结构设计有重大影响。

《公路圬工桥涵设计规范》(JTG D61—2005)在第 5.1.1 条的条文说明中指出:"无铰拱和双铰拱,目前多按主拱圈裸拱受力计算,拱桥设计手册的所有方法、图表均以裸拱受力考虑。本条对无铰拱和双铰拱的有关规定,均以裸拱受力为准,不考虑它与拱上建筑的联合作用。拱上建筑为拱式结构的拱桥,可以考虑拱上建筑与拱圈的联合作用,此时可将主拱圈与拱上建筑作为整体结构计算;也可以按裸拱计算,不考虑纵向(弯曲平面内)长细比对构件承载力影响,如本规范第 5.1.4 条第 2 款第 1)、2)项所述。"

对于一般的上承式圬工拱桥,按上述规定不考虑拱与拱上建筑联合作用,对拱的受力是偏于安全的,结构计算也比较方便。但拱圈变形对拱上建筑的不利影响有时被忽略,致使有的拱上立柱、车道板发生病害。而且现在桥梁结构分析软件普遍运用的情况下,除一些中小跨径的圬工拱桥外,应按照桥梁的实际结构图式进行拱与拱上建筑的整体分析计算。对于一些采用桩基(含斜桩)的特大跨径拱桥以及多跨拱桥(有桥墩),必要时还应进行上、下部结构整体受力计算。

国内外已建成的上承式混凝土拱桥,拱与拱上建筑均不同程度地存在联合作用。应根据拱上建筑的结构形式、传力特点、施工过程中拱圈承力情况确定联合作用的范围与程度。

当拱圈与拱上桥面纵向结构完成后方卸落拱圈的临时支承时,则拱上全部恒载与活载应考虑联合作用;当拱圈形成后,其自重已由拱圈承力,则拱上立柱与桥面纵向板、梁的自重对拱圈为荷载,不应考虑联合作用。但对桥面系的二期恒载与活载应考虑联合作用。另外,使用期的其他外部作用,如温度、混凝土收缩、徐变以及风荷载、地震荷载等,应以拱与拱上建筑形成的结构图式计算其效应。

上承式混凝土拱桥,一般情况下存在外部水平推力。在某些情况下,也可以成为无推力的体系或外部推力减小的体系,与施工过程和成桥时支承约束状态有关。

下面就有关问题分别进行讨论。

(1)拱上腹孔为简支体系时拱与拱上建筑的联合作用

国内常用的上承式 RC 箱形拱桥,拱上腹孔多为简支体系。现对图 8-1 的 a)、b)、c)三种计算图式进行比较。均为无铰拱,拱上腹孔为简支体系,且沿全拱贯通布置。图式 a)为拱圈单独承力,拱上建筑仅为荷载;图式 b)为拱圈与拱上建筑共同承力,拱上立柱上下端均为铰接;图式 c)为拱与拱上建筑共同承力,拱上立柱上端为铰接,下端为固结。

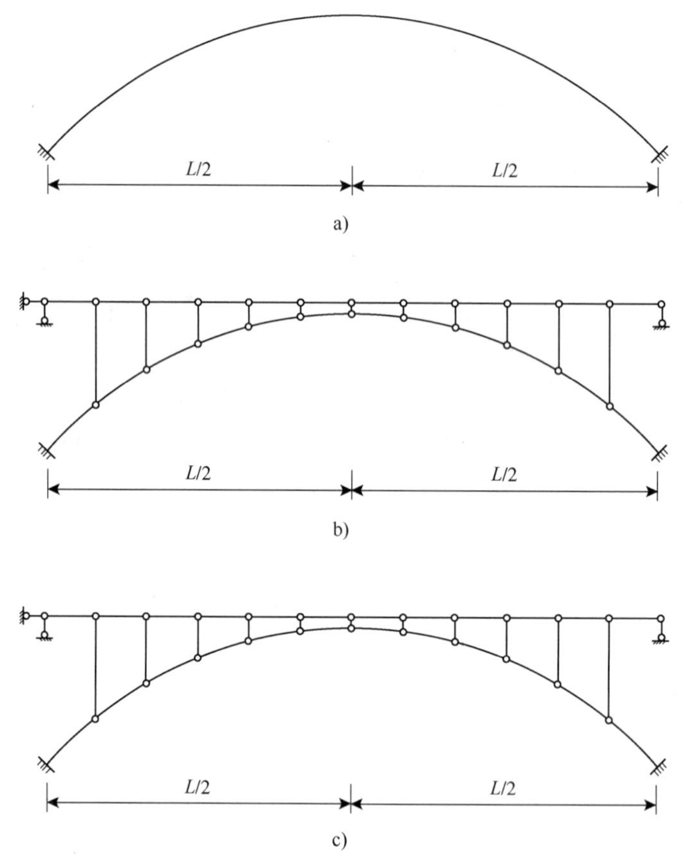

图 8-1 上承式 RC 拱三种计算图式

按同一座实桥;分别按图式 a)、b)、c)进行内力及变位计算后得到以下结论:

①用图式 a),以车道荷载直接在拱圈上布载与通过拱上立柱传力(利用影响线)加载;这两种方式计算的拱圈内力及变位所引起的差别很小,一般均小于 2.5%,所以,当不考虑拱与拱上建筑联合作用,且拱上腹孔跨径不是较大时,将车道荷载直接在拱圈上布载,就工程实用而言是可行的。

②分别用图式 a)、图式 b)计算拱圈车道荷载的内力和变位,两者的计算结果相差较小,一般在 5%以内。所以,当不考虑拱与拱上建筑联合作用,且拱上腹孔为简支体系时,采用图式 b)进行计算是可行的。a)、b)两种图式计算的温度内力及变位也基本相同,而且活载通过立柱传力更符合实际。

③按图式 c)计算车道荷载和温度效应时,拱与拱上建筑的联合作用较显著。尤其是拱脚截面,车道荷载弯矩较按图式 a)、图式 b)的计算值降低约 30%,但实际的拱上腹孔简支板、梁

的两端存在断缝，与图式 c）有一定差异，联合作用的程度较图式 c）小一些。另外，拱上立柱刚度较大时，其固端容易开裂，也会使联合作用有所下降。

当拱上腹孔为简支体系时，建议采用图式 b）进行拱的内力及变位计算，这也符合现行桥规不考虑拱与拱上建筑联合作用的规定。

（2）主要桥型及有关问题讨论

已建成的上承式混凝土拱桥，绝大部分是有外部推力的，也有少数是无推力或仅有部分推力。图 8-2～图 8-7 为有推力的上承式混凝土拱桥立面布置示意图。

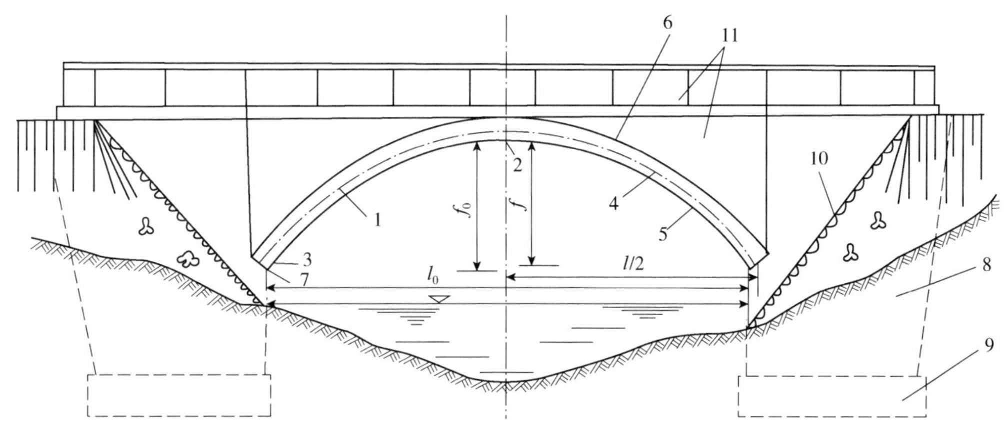

图 8-2　实腹拱桥

1-主拱圈；2-拱顶；3-拱脚；4-拱轴线；5-拱腹；6-拱背；7-起拱线；8-桥台；9-桥台基础；10-锥坡；11-拱上建筑

l_0-净跨径；l-计算跨径；f_0-净矢高；f-计算矢高；f/l-矢跨比

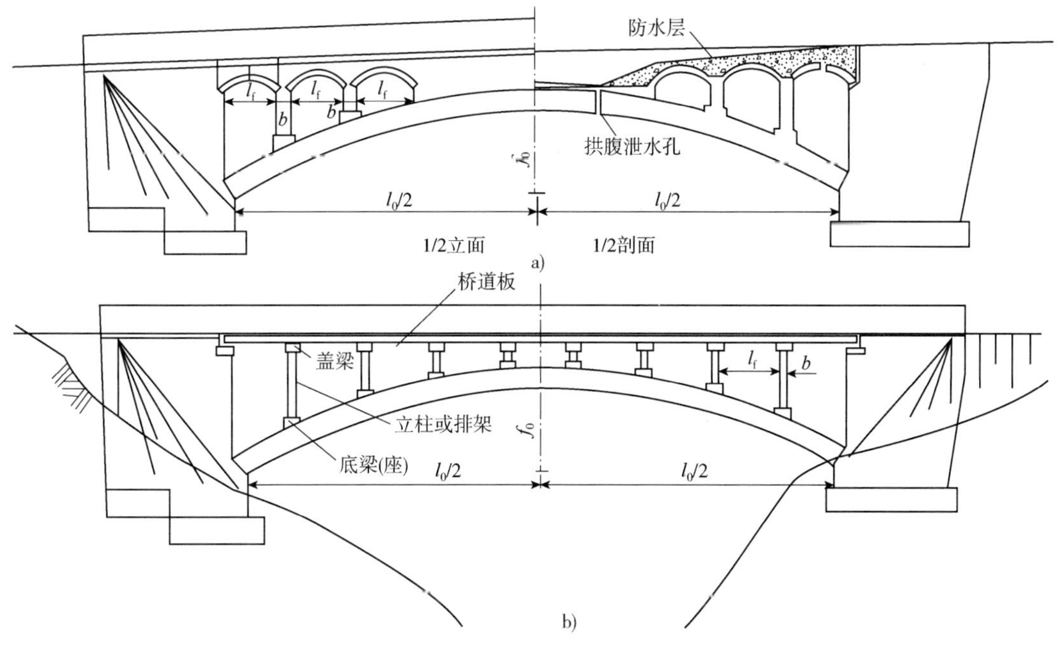

图 8-3　空腹式拱桥

a）拱式腹拱；b）梁式腹拱

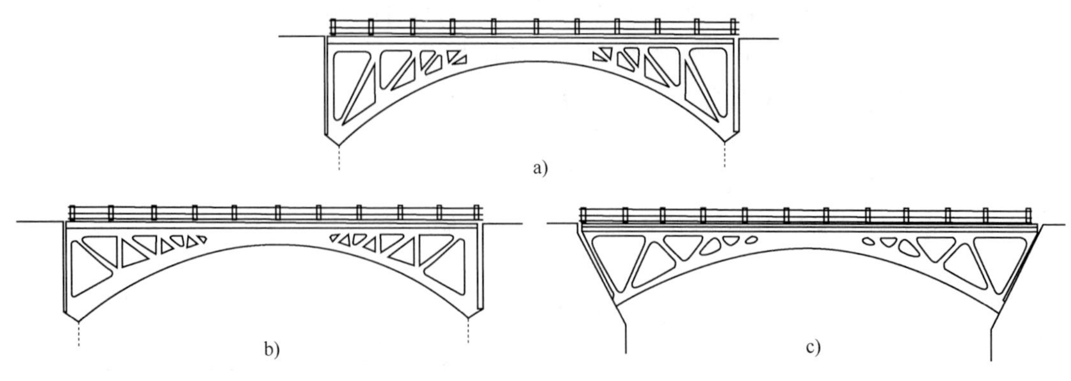

图 8-4　桁架拱桥
a)斜压杆式；b)斜拉杆式；c)三角形

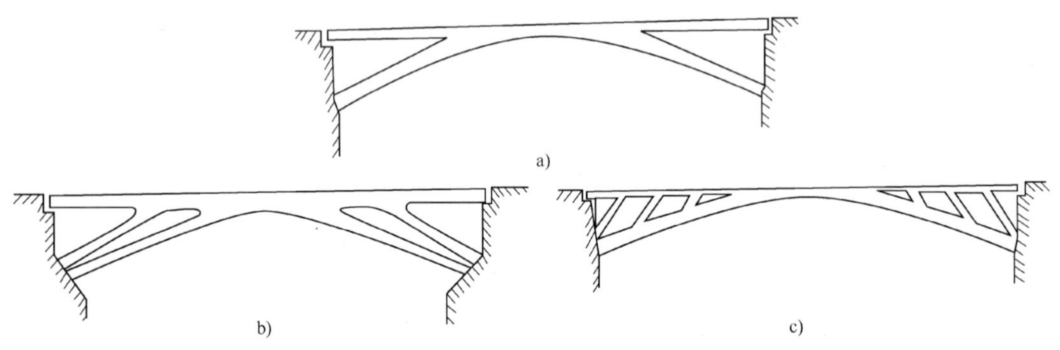

图 8-5　刚架拱

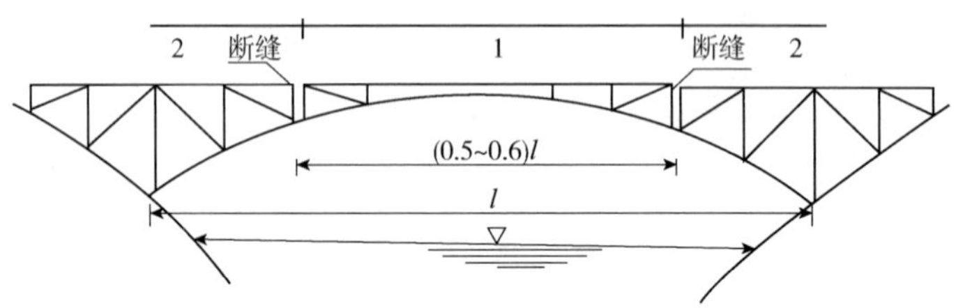

图 8-6　桁架组合拱桥的组成
1-桁架拱部分；2-悬臂桁梁部分

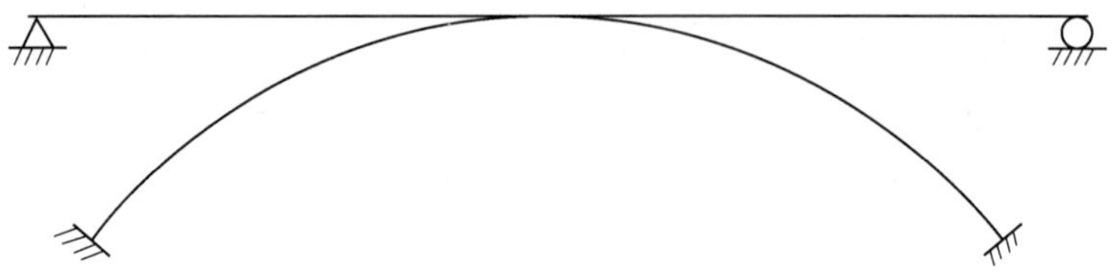

图 8-7　全透空拱桥

部分有推力的上承式混凝土拱桥如图 8-8、图 8-9 所示。

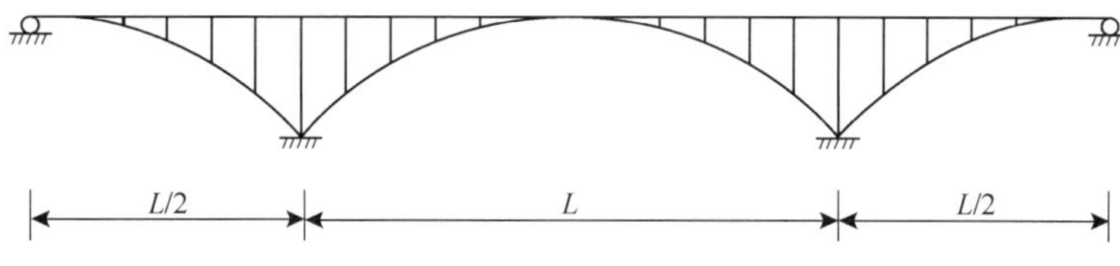

图 8-8 部分有推力上承式拱桥(成桥状态)

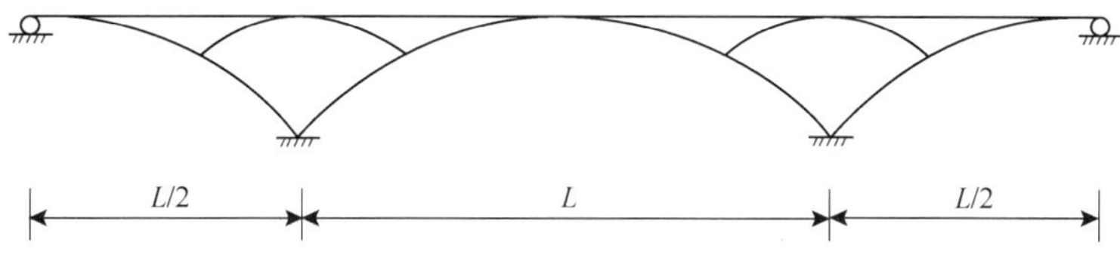

图 8-9 部分有推力葵花拱桥(成桥状态)

无推力的上承式混凝土拱桥,如图 8-10、图 8-11 所示。

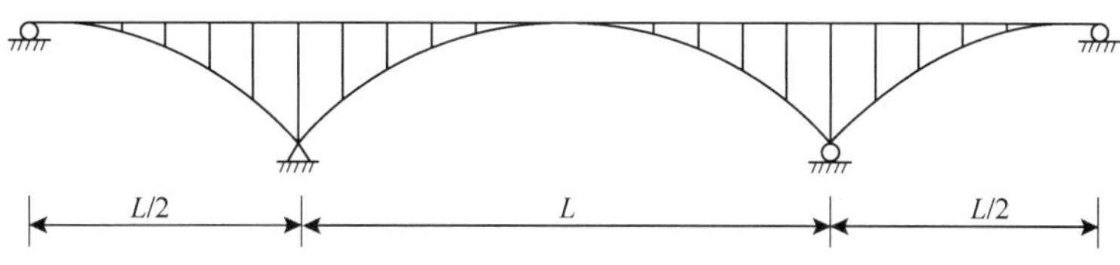

图 8-10 无推力上承式混凝土拱桥(成桥状态)

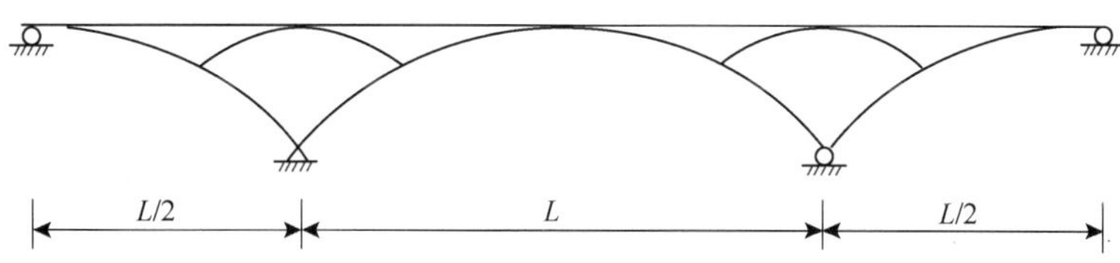

图 8-11 无推力葵花拱桥(成桥状态)

图 8-12 为部分有推力的不对称上承式拱桥。

图 8-12 部分有推力的不对称上承式拱桥(成桥状态)

现对有关问题进行讨论。

①实腹式圬工拱桥

实腹式圬工拱桥,国内外均具有悠久的历史,技术上很成熟,主要适用于中、小跨径。早在1964 年,我国的桥梁工程师在旧桥利用过程中发现拱圈单薄的旧拱桥,其安全通过能力大大超过当时设计规范所求得的吨位。当时公路部门进行了一系列的模型试验,包括混凝土预制块拱、混凝土拱、钢拱等,还进行了实桥试验。通过这些试验,明确了实腹拱的实际工作情况,证明了当时的设计方法不够合理、不够经济,肯定了拱上结构对拱圈起着显著的辅助作用。在此基础上,提出了实腹拱桥较为经济合理的计算方法。用此方法所求得的最大变位和最大弯矩均比不计拱上结构仅由裸拱圈单独承力所得以及裸拱圈直接加载的实测值小得多。按此方法所设计的跨径 10m、矢跨比 1/3 的石拱试验桥,活载计算弯矩减小 43.3%,拱圈仅厚 35cm,比当时的标准图减薄了 40%。静载与动载试验及一年多通车情况表明,这座桥不但能满足使用要求,而且具有足够的安全度。

通过模型与实桥试验,拱上结构对拱圈所起的辅助作用,主要有以下几项:

a.提高了拱的开裂与破坏荷载 2~4 倍。

b.降低了拱的最大变位。实腹拱的拱顶挠度为裸拱圈挠度的 70%(混凝土拱)。

c.减小了拱圈的截面内力。混凝土拱的拱顶最大应变仅为裸拱圈的 43%。

d.调整了拱圈的变位和截面内力。拱顶加载时,拱 $L/4$ 点开裂位置向拱顶移近了 10%。

试验拱与实桥的拱上均有护拱及填料。裸拱圈则为裸拱上直接加载,所以实腹拱桥施工时应在拱圈、护拱、侧墙及填料完成后卸落拱架,使拱圈与拱上结构的联合作用能包含全部拱上恒载及活载。

参考文献[213]中的“考虑拱上结构作用时实腹拱设计法”提出拱与拱上结构联合作用的实用计算方法。这种方法的基本假设,在于将实腹拱拱圈的一部分视为置于弹性地基上曲梁。拱上结构对拱圈的辅助作用近似以径向弹性抗力来体现。采用的经典弹性理论,按平面问题处理,并用容许应力法。

实腹拱另一个值得注意的问题是,当拱的矢跨比为 1/2 时,按圆弧拱用《拱桥手册》方法计算,过分保守,与实际情况有很大的出入。参考文献[217]提出了计算石拱桥极限承载力的正确方法。参考文献[215]对两座半圆石拱桥计算了极限荷载,与通过的超载车总荷载(201t)进行比较,两桥实际荷载与极限荷载之比分别为 0.257 与 0.215,可见半圆石拱桥的承载潜力很大,用参考文献[217]提出的方法计算矢跨比为 1/2 的圬工拱桥的内力,需用电算完成。参考文献[215]提出了可用于手算的近似方法。考虑到拱脚处护拱较厚,拱脚部位的拱圈实际上已成为墩台的一部分,因此,假定半圆拱圈拱脚处的压力线通过拱轴线竖直地延伸交于拱圈外缘,承受极限荷载或容许荷载时,该两处(左、右半拱)首先出现塑性铰或受拉,认为此点为新的拱脚,这样就将没有推力的半圆拱转化为以新拱脚为跨径的存在推力的新的拱桥,便可按参考文献[218]介绍的方法计算半圆拱桥较为合理的承载能力。可参阅参考文献[215]与[218]。

②组合体系拱桥

组合体系拱桥是将两种基本体系——拱与梁形成组合体系共同承力。上承式混凝土拱桥采用组合体系的结构形式较多。如图 8-4 的桁架拱桥、图 8-5 的刚架拱桥、图 8-6 的桁式组合拱桥、图 8-7 的全透空拱桥(桥面为连续结构并与拱肋连接)、图 8-8 至图 8-12 的三跨连续拱结构等。图 8-3 所示的一般空腹式拱(包括箱形拱、实体截面拱、双曲拱等),当桥面纵向板梁为简支体系时,为非组合体系;当桥面纵向板、梁为连续梁或连续刚构时则为组合体系。组合体系能充分发挥拱肋和行车道梁的共同作用达到节省材料的目的。组合体系还有一个重要优点,就是其设计冗余度大于裸拱单独承力的拱桥,在出现偶然的超载或灾害的情况下,具有更高的安全可靠性。

图 8-3b)所示为单跨上承式混凝土拱桥,当拱上的桥面纵梁为连续结构时,根据拱梁不同的抗弯刚度比可划分为 3 种体系,即刚性梁柔性拱(倒朗格尔拱)、刚性梁刚性拱(倒洛择拱)

和柔性梁刚性拱。这 3 种体系，一般情况下是有推力的。

刚性梁柔性拱在瑞士与日本修建较多(表 7-6)，其主要受力特点见本书 7.6 节。刚性梁为主要承重结构，故亦称为朗格尔梁。当拱、梁抗弯刚度之比小于 1/80 时，拱承受的弯矩远小于主梁，可以认为拱只承受轴向压力(拱脚仍有弯矩)。

刚性梁刚性拱中拱与主梁抗弯刚度之比在 1/80 ~ 80 之间，两者均达到一定的刚度，共同承受荷载，都能承受轴向力和弯矩。因为两者刚度都比较大，能承受的荷载也较大，梁、拱受力比较均匀，两者的截面尺寸可作适当调整，使外观较协调。桁架拱、刚架拱、桁式组合拱等属于刚性梁刚性拱体系。

对于柔性梁刚性拱，当拱、梁的抗弯刚度比大于 80 时，即可认为弯矩均由拱承受，而主梁仅承受轴向拉力。当按图 8-13 布置时，纵梁成为仅承受拉力的系杆分担拱的水平推力，可以减小墩台及基础承受的水平力。

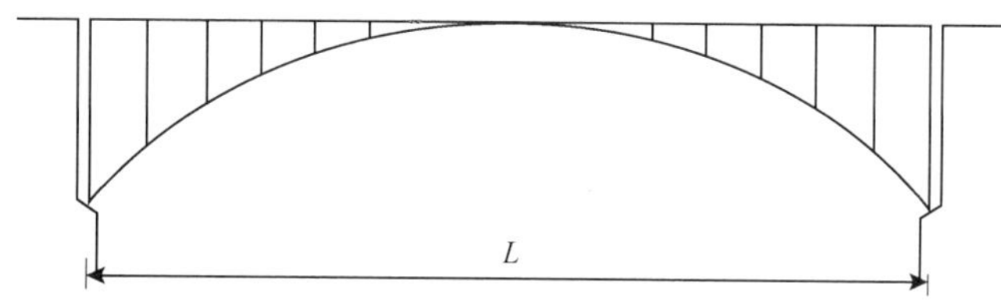

图 8-13　桥面为连续结构上承式拱

图 8-7 所示的全透空拱，一般采用刚性梁刚性拱体系。桥面纵梁为贯通全拱布置的连续结构。

图 8-13 为桥面纵梁结构连续的上承式拱桥，如采用刚性梁柔性拱体系，并将拱脚处立柱与纵梁端连接起来，让系梁承担部分水平力，则拱脚水平力减小。拱肋高度为(1/100 ~ 1/120)L，系梁高度(1/25 ~ 1/30)L。实用跨径为 30 ~ 100m。

③边跨为半拱的三跨上承式混凝土拱桥。

图 8-8 ~ 图 8-11 为三跨上承式混凝土拱桥的总体布置示意图。

图 8-8、图 8-9 为部分有推力体系。成桥前施工过程中，一侧拱脚为固定铰支承，另一侧拱脚为活动铰支承。成桥后两拱脚均固结，边支点两端始终为活动铰支承。

图 8-10、图 8-11 为无推力体系，施工过程及成桥时，一侧拱脚为固定铰支承，另一侧为活动铰支承，梁端边支点始终为活动铰支承。

上述三跨上承式混凝土拱桥的拱上桥面纵梁为贯通布置的连续结构。将图 8-3 的单跨上承式混凝土拱桥的跨径取为与上述三跨拱桥的中跨相等，并将纵梁采用连续结构，此单跨仍为有推力的上承式拱。参考文献[65]对有推力的单跨拱与部分有推力、无推力的三跨拱进行了计算分析比较，得到以下结论：

a.恒载作用下，有推力体系产生较大的拱脚弯矩和水平推力；部分有推力和无推力体系一致，恒载在体系中的效应基本为梁拱的拉压轴力。

b.温度荷载作用下，有推力和部分有推力体系主拱内力相差不大，均会产生较大的水平推力与中支点(拱脚)弯矩，无推力体系几乎不产生内力。有推力和部分有推力体系主拱水平推力与轴力均随矢跨比减小非线性增大，变化明显。

c.活载作用时，水平推力与中支点(拱脚)弯矩，有推力体系最大，部分有推力体系中支点弯矩略小,无推力体系几乎不产生响应。

d.部分有推力体系静力稳定性最好,有推力体系有所降低,无推力体系劣势明显。

成桥前,部分有推力体系与无推力体系的支承约束状态相同,即一侧拱脚为固定铰支承,另一侧拱脚为活动铰支承,主梁边支点均为活动铰支承。所以,成桥前,拱与拱上建筑的一期恒载在拱脚处不产生水平推力,结构体系中的水平力通过主拱与边拱、拱与系梁的水平力平衡由系梁承受。部分有推力体系在成桥并拱脚固结后施加的二期恒载与活载以及温度作用下,将产生水平推力,所以称为部分有推力体系。无推力体系则是从拱圈合龙进行拱上加载开始直至成桥后,均为同样的支承约束(一侧拱脚为固定铰,另一侧为活动铰,主梁边支点为活动铰),故恒载、活载与温度均不产生拱脚水平推力。

④边跨为不对称拱的三跨上承式混凝土拱桥。

边跨两拱脚起拱线存在高差,形成不对称拱。在恒载、活载与温度作用下,边跨两拱脚的水平力是相等的,但与最大小平力相应的竖向力与弯矩则不等,下拱脚处的数值大于上拱脚处。桥墩处边跨与主跨的恒载水平力一般不相等,其差值与边、主跨的跨径、矢跨比、拱与拱上建筑的构造尺寸有关。在可以调整的情况下,可使其差值较小,但活载水平推力总是有的,所以这种桥型应属于部分有推力体系。

当拱上腹孔为简支板梁时,不考虑拱与拱上建筑的联合作用。当拱上建筑为结构连续的板梁体系或是连续腹拱时,可以考虑拱与拱上建筑的联合作用。

采用这种结构体系的实例可参阅本书 5.2 节实例六。

8.2 拱桥计算理论的简要回顾与讨论

拱桥内力分析的弹性理论在我国的上承式混凝土拱桥和石拱桥设计中广泛运用,积累了丰富的经验,计算理论与计算方法已较为成熟。《公路设计手册——拱桥》集中反映了这方面的研究成果,大大方便了实桥的设计工作。多年来,我国的学者、专家、工程师在弹性理论分析拱桥的若干重要方面取得重要进展。如合理拱轴线的拟定、拱与拱上建筑的联合作用、连拱分析、附加效应对拱的影响、活载横向分布、拱上建筑考虑拱的变形影响的近似计算、主拱的内力调整、徐变对混凝土变形与稳定性的影响、施工过程拱的应力分析、拱与拱上建筑的横向计算以及若干分析软件等。

弹性理论没有考虑水平推力与拱的挠度相互作用产生附如内力的影响,也没有在变位微分方程式中计入轴向力的影响,而是将轴向力作用产生的拱圈弹性压缩变形对内力的影响分割出来另行计算,然后再叠加上未计弹性压缩的拱圈内力得到两者内力之和。弹性理论的基本方程为:

$$H_g \cdot W_g = 0 \text{ 与 } (H_g + H_q) \cdot W_q = 0$$

式中:H_g——拱的弹性中心恒载水平力;

W_g——拱轴线的挠度;

H_q——拱的弹性中心活载水平力;

W_q——拱轴线活载挠度。

从上述方程可以看出,拱的水平力不会因为拱的挠度而产生附加弯矩。其实质是将轴力从拱的平衡微分方程式中分离出来,单独考虑“弹性压缩”影响。目的是为了简化计算,是一种很近似的处理方法。理论分析与实践说明，拱的轴向力对变形的贡献在大跨径拱桥或刚度较小的拱桥中不容忽视，否则会产生较大的计算误差。参考文献[208]的一个算例充分说明了这一点。

上承式 RC 无铰拱桥，跨径 60m，矢跨比 1/5，拱上作用均布荷载 20t/m，拱圈为矩形实体截面，高度 0.8m，宽度 6m，截面抗弯惯性矩 0.256m^4，拱轴线为抛物线，均匀温降 -15℃。

按弹性理论计算得到：拱顶弯矩 $M_c = 375.3\text{kN}\cdot\text{m}$；拱脚弯矩 $M_a = -750.6\text{kN}\cdot\text{m}$。按挠度理论计算得到：拱顶弯矩 $M_c = 405.5\text{kN}\cdot\text{m}$；拱脚弯矩 $M_a = -883.9\text{kN}\cdot\text{m}$。两者比较，挠度理论的拱顶弯矩较弹性理论大约 8.5%；拱脚弯矩大约 17.8%，挠度理论计算的水平力略大于弹性理论计算值。

另外，拱圈的弹性变形对拱稳定安全系数也有影响。拱的弹性变形将在拱内产生附加弯矩。这个附加弯矩的大小影响拱的稳定安全系数。因此，除跨径较小且拱圈刚度较大的拱可以近似按弹性理论分析外，大跨径拱桥以及矢跨比较小的坦拱，均应考虑拱轴线弹性变形对拱的内力及纵向稳定的影响。

早在 1886 年，奥地利国际著名桥梁工程师和咨询工程师约瑟夫・米兰（J・Melan，1853～1941 年）已注意到挠度对悬索桥和拱桥内力的影响。于 1888 年正式提出荷载改变时对拱桥与悬索桥计算的挠度理论，并发表专著《拱桥与悬索桥挠度理论》。按照挠度理论，对悬索桥与拱桥的分析结果相反，考虑挠度影响后，悬索桥的内力减小，而拱的内力则增大，故用弹性理论所设计的拱桥内力偏小，当跨径较大，拱较坦时存在不安全隐患。

1988 年，西安公路学院何福照等发表论文“拱的挠度理论——按非线性理论设计大跨径拱桥”。经过 10 多年的研究完善，正逐步在我国的大跨径拱桥设计中应用。1996 年，贺栓海专著《拱桥挠度理论》较系统地介绍了这一理论主要内容。

挠度理论有以下 3 项基本假定：

①平截面假定：截面法线方向与切线方向的夹角在变形前后保持不变。

②弹性中心不动假定：拱轴变形引起的弹性中心位置的改变量忽略不计。

③恒、活载内力可叠加假定：可以将恒、活载内力分别计算，然后叠加求出总内力。但这一假定不符合非线性理论的一般规律。在计算中，如有必要，应将恒、活载作用一并考虑，并不影响这一理论的应用。

挠度理论求解赘余力方程组中的参数 β_g、β_q 为已知时，则该方程组成为线性方程组，内力与荷载呈线性关系，叠加原理适用，因而可以用影响线方法求内力，称为线性挠度理论。

$$\beta_g^2 = \frac{H_g}{EI_0},\ \beta_q^2 = \frac{H_g + H_q}{EI_0}$$

式中：I_0——拱顶截面惯矩；

E——弹性模量；

H_g、H_q——恒载、活载水平力。

在拱桥的恒载远大于活载的情况下，用线性挠度理论计算活载内力是可行的，不致发生较大误差。这时，可以用弹性理论所得的恒载水平力 H'_g 代替上式中的 H_g，使 β_g 成为已知值，并忽略活载水平力 H_q，使 β_q 亦为已知值，即可据此求得拱的内力影响线，然后在影响线上加载求内力。这样处理，可使计算大为简化，使用方便，也能直观反映水平力、挠度对内力的影响程度。当然具有近似性，应注意使用条件。

拱的非线性挠度理论虽已有解析方法,但计算工作量仍然很大。当前,以有限元为主的非线性分析软件已得到广泛的应用。大跨径混凝土拱桥除考虑几何非线性外,结构内力计算、混凝土徐变、收缩以及极限承载力分析还应考虑材料非线性。

拱桥恒载内力与施工方法密切相关,变形、内力具有逐步叠加、重分布等特点。同一座大跨径混凝土拱桥,施工方法不同,其内力差异较大。多数情况需根据施工进程直到成桥分析主拱的内力及变形;活载一般要通过影响线或影响面动态加载计算内力。除桥梁专用软件外,通用软件一般不具备这些功能。所以,一座大跨径拱桥,有时需要用几个软件解决不同内容的问题。拱的非线性挠度理论表明,拱的推力与挠度耦合在一起,只能通过迭代法逐步逼近求解,当先后两次迭代的结果相差小于指定精度要求时,便结束迭代。计算表明,一般情况下迭代4次后,其精度可达10^{-5}。现已编制有拱的挠度理论软件DTPHSH等。特大跨径混凝土拱或矢跨比很小的拱桥应采用挠度理论分析拱的内力及变位。

在拱的挠度理论解之中,若取$H_gW_g=0$及$(H_g+H_q)W_q=0$,并略去轴向力对竖向变位及转角的影响,则求得的弹性中心赘余力与按力法原理求得的完全相同。这表明了弹性理论只是挠度理论的一种特例,而挠度理论将更全面更精确地反映拱桥的实际内力情况。

拱与拱上建筑的联合作用是拱桥理论另一个重要问题。国内桥梁界对这个问题已有深入的研究,实桥设计时应参照这些成果,使设计与计算更趋合理。

理论分析与试验表明,计入拱与拱上建筑联合作用的影响后,上承式混凝土拱桥的弯矩可下降10%左右或更大些,并随桥面纵梁与主拱抗弯刚度的比值增大而增大,还随拱上建筑的结构形式与主拱的连接情况不同而不同。另一方面,联合作用显著影响拱上建筑(纵梁与立柱或立墙)的内力,拱上建筑刚度越大,影响也越大。按联合作用图式计算所得的桥面纵梁及拱上立柱的内力,与拱和拱上建筑分开计算的结果相差较大,有时甚至出现同一部位弯矩的正负号变化。如果忽略了这一点将导致设计失误,拱上建筑可能发生开裂甚至破坏。因此,可以说,主拱的计算不考虑联合作用影响一般是偏于安全的,而拱上建筑计算不考虑联合作用影响则是不安全的。

当拱圈合龙成拱后便开始承力,然后施工拱上建筑,则拱与拱上建筑的自重及混凝土收缩效应的大部分应由拱圈单独承力,仅二期恒载(主要是桥面系)、活载、温度变化以及混凝土徐变的长期效应才由拱与拱上建筑共同承力。

当拱圈在拱架上施工,并且在拱上建筑完成后才卸落拱架,则全部恒载、活载与其他附加效应均可按拱与拱上建筑共同承力进行分析计算。

当按拱与拱上建筑进行联合作用计算时,对某些环节,在偏于安全的情况下可以采用简化计算的方法。

(1)当拱上腹孔为拱式结构时

①活载内力的计算图式

拱式拱上建筑能显著降低主拱的活载弯矩,即使拱上建筑开裂后,主拱活载弯矩虽比不开裂时略有增加,但比裸拱仍有较显著的折减。计算图式为:将边腹拱取为具有一定抗推刚度的双铰拱,并按平铰处理,其余腹拱则取为拱顶设铰的单铰拱。

关于"平铰"简单说明如下:我国在大量修建双曲拱的过程中,通过多年的实践与观察,一些没有配置拱脚锚固钢筋的双曲拱桥,当拱脚产生一定程度的位移时,常常导致拱脚上缘出现一道平缝。经过多年通车考验,当桥台位移值在容许范围时,这种拱脚平缝一般并不影响桥梁的正常使用。江苏省交通厅和交通部交通科学研究所通过模型试验和理论分析研究，提出“平铰拱”这一新概念和半经验的设计计算方法。平铰的具体构造是：在台座与拱脚拱截面之间设置一道径向平缝，用水泥砂浆相互连接，其黏结力很小，其受力性能介于理想固接与理想铰接之间，有一定程度的铰的功能，但也能承受一定的弯矩，关于平铰的详细论述见参考文献[225]。

②恒载内力的计算图式

裸拱合龙成拱后即卸除拱架，拱上腹拱全部合龙后便形成了主拱与拱上腹拱联合受力的图式，二期恒载可以考虑联合作用。为了简化计算并偏于安全，假定拱上的全部恒载均由主拱裸拱圈承担。

③附加力的计算图式

当主拱拱座产生向外的水平位移时，设有平铰的边腹拱不传递拉力，主拱的弯矩与裸拱基本一致。当主拱拱座向内水平位移时，边腹拱能传递推力，主拱的弯矩与按裸拱计算的弯矩不相同。因此，在计算均为降温、混凝土收缩与拱座向外水平位移的附加内力时，可以不考虑拱与拱上建筑联合作用，仍采用主拱为裸拱的图式。当升温时，应考虑联合作用，按有拱上建筑的图式计算主拱内力。此时，主拱拱脚正弯矩小于裸拱相应弯矩，拱顶负弯矩大于裸拱相应弯矩。

④考虑拱与拱上建筑联合作用主拱活载内力简化计算法（弯矩折减系数法）

用主拱裸拱弯矩乘以一个活载弯矩折减系数 β，可得考虑联合作用的主拱活载弯矩。β 的计算见参考文献[226]。

（2）当拱上建筑为梁式体系时

①主拱活载弯矩的近似计算

试验与计算结果表明：拱上立柱上下端支承情况对联合作用影响不大，立柱上、下刚接与上、下铰接对主拱拱脚负弯矩与 $L/4$ 正弯矩的折减率相差约 6%；上端铰接下端刚接与两端铰接则相差约 1%（有的资料超过 1%较多），故可以采取上下端均为铰接计算。按这一图式，把拱上建筑看作一根弹性支承连续梁，对于等截面无铰拱，可以采用考虑联合作用时主拱的弯矩折减系数 β，即

拱脚截面：

$$\beta_{\mathrm{j}} = \frac{1}{1 + \dfrac{0.35}{m}C_n} \tag{8-1}$$

$L/4$ 截面：

$$\beta_{1/4} = \frac{1}{1 + \dfrac{0.68}{\dfrac{m}{(1+n)/2} - 0.29}} \tag{8-2}$$

式中：m——主拱与梁板抗弯刚度之比；

C_n——与系数 n 有关的参数。

等截面无铰拱时，$n = \dfrac{1}{\cos\varphi_{\mathrm{j}}} > 1$，$C_n$ 值见表 8-1。

等截面无铰拱 C_n 值　　表 8-1

矢跨比	1/6	1/8	1/10
n	1.24	1.15	1.10
C_n	1.08	1.05	1.03

②拱上建筑的近似计算

连续梁板式拱上建筑考虑联合作用产生的附加弯矩设为 ΔM，不考虑联合作用拱上建筑作为刚性支承梁的弯矩设为 M_0，则连续梁板的总弯矩为 $M=M_0+\Delta M$。ΔM 在拱上第二排立柱处出现最大负弯矩，在 $L/4$ 附近梁的跨中出现最大正弯矩。可采用以下近似方法计算 ΔM。

最大正弯矩

$$\Delta M=(1.05M_{1/4}^0-\beta_{1/4}\cdot M_{1/4}^0)=(1.05-\beta_{1/4})M_{1/4}^0 \tag{8-3}$$

最大负弯矩

$$\Delta M=(1-\beta_j)M_j^0 \tag{8-4}$$

式中：$M_{1/4}^0$——主拱裸拱 $L/4$ 截面弯矩；

M_j^0——主拱裸拱拱脚截面弯矩。

③考虑联合作用时主拱附加力计算

考虑联合作用的拱脚弯矩为：

$$M_j=\beta_j M_{jp}+r_j\cdot\Delta M_j \tag{8-5}$$

式中：M_{jp}——活载引起的裸拱拱脚弯矩；

ΔM_j——附加荷载引起的裸拱拱脚弯矩；

r_j——考虑联合作用的拱脚附加力弯矩增长系数，$r_j=K_0\cdot K_4$；

K_0——考虑联合作用的抗推刚度增长系数，见参考文献[226]；

K_4——考虑联合作用的弹性中心缩小系数，见参考文献[226]。

当拱上建筑刚度较小，其腹孔部分用横断缝与拱隔开，且腹孔柱墩顶部和底部均设铰或柱墩较柔，则可近似地认为主拱为主要承重结构，拱上建筑只承受局部荷载，拱与拱上建筑可分解为两部分各自单独计算。这只是一种为了简化的近似计算。

当腹孔为拱式结构时，可近似按刚性支承在主拱上的多跨连续拱计算，一般可取 2~3 跨连拱计算。

当腹孔为梁板式结构时，如拱上建筑在纵向是一个支承在拱上的多跨刚架，近似计算可忽略拱的变形影响，可视为刚性支承在主拱的连续梁，并进一步简化为三跨连续梁计算。所有中间跨均按三跨连续梁中跨弯矩配筋。

综合上述分析可以看出，联合作用可以使主拱的拱脚活载弯矩较裸拱有所折减，但同时由于联合作用使拱的抗推刚度增大，在温度、混凝土收缩、徐变和拱脚强迫位移等附加力作用下，则拱脚弯矩可能有所增加，使联合作用的效应减弱。在控制截面的总弯矩中，活载弯矩比例越大，附加力弯矩比例越小，联合作用对于主拱的活载弯矩折减效果更显著。对于拱上建筑，由于考虑联合作用，将产生附加弯矩，与不考虑联合作用比较，需增加配筋。因此，对于一般的上承式混凝土拱桥，当拱上采用连续板梁式腹孔时，考虑联合作用的效应并不明显，还不如采用简支板梁式腹孔，不考虑联合作用，拱与拱上建筑的受力更为明确，设计计算也简单一些。当然，对刚性梁柔性拱上承式混凝土拱桥，结构体系与一般上承式混凝土拱桥不同，拱与拱上建筑是一个整体,应按组合结构进行分析计算。

8.3　拱的压力线与拱轴线

拱的压力线、拱轴线及其相互关系是拱桥设计中最重要的课题之一。对拱的静动力性能、稳定性与地震反应均有较大影响。国内外许多学者与工程师做了大量研究,获得了若干重要成果。近年来,拱桥的跨径越来越大,其中上承式 RC 拱桥国内大于等于 200m 跨径的特大桥已有 11 座,最大跨径达 445m。传统的确定拱轴线的方法已不能适应大跨径拱桥设计的要求。拱轴线施工偏差产生的不利影响也更为突出,甚至可能埋下安全隐患。依靠现成《拱桥手册》的手算方法,难以解决需要进行大量数值运算的拱轴线优化的数学力学问题,已引起了桥梁工作者的高度重视,在拱轴线分析理论与计算方法上都有新的进展,并在一些大跨径拱桥设计中成功应用。

(1)拱的合理拱轴线

在理想的状态下,拱的轴线与荷载作用下拱的压力线相吻合,各截面只有轴向压力,而无弯矩和剪力,应力均匀,我们把这样的拱轴线称为合理拱轴线。

在均布竖向荷载作用下三铰拱合理轴线为二次抛物线。

实腹式三铰拱桥,其恒载集度(单位长度的恒载)是由拱顶向拱脚连续分布并逐渐增大,其合理拱轴线为悬链线。当不计拱的轴向弹性压缩影响时,实腹式无铰拱的合理拱轴线亦为悬链线。

在均布竖向荷载作用下(恒载集度为常数),当跨径较小且矢跨比较小时,三铰拱可以近似地取圆曲线作为合理拱轴线。跨径较大,矢跨比也较大时,恒载压力线将偏离拱轴线较远。

空腹式无铰悬链线拱桥,采用传统的“五点重合法”(拱顶、$L/4$ 和拱脚 5 个点)作为合理拱轴线,以使 5 点处截面弯矩为 0,是一种近似的方法。由于忽略了轴向弹性压缩在无铰拱中引起的弯矩,不仅 5 个截面的弯矩不为 0,其余截面的弯矩也随之改变。设计时应注意控制可能出现的最大弯矩。

空腹式拱桥,恒载压力线从拱顶至拱脚为非连续分布,它既承受拱圈自重的分布恒载,又承受拱上立柱(或横墙)传来的集中恒载,其恒载压力线是一条不平顺的折线,无法用连续函数方程式来表达。一些大跨径拱桥采用某种连续曲线来逼近恒载压力线,将符合设定的目标函数的连续曲线作为拱轴线(将在后面详细讨论)。有的桥甚至直接用折线形的恒载压力线作为拱轴线。

(2)恒载压力线与拱轴线的关系

公路桥梁活载所占的比例不大,用恒载压力线作为衡量合理拱轴线的依据。根据拱圈自重及拱上恒载就可以获得唯一的恒载压力线。因此,首先必须确定拱的轴线,也就是说在既定的拱轴线情况下,方可计算出相应的恒载压力线。所以,对大跨径空腹式拱桥,拟定合理拱轴线的程序是:先初定一条拱轴线(如根据经验采用某一拱轴系数为 m 的悬链线),确定拱圈坐标,计算出拱的压力线,如与拱轴线有较大偏差,则应调整拱轴线,重复以上步骤,直至满足允许的偏差目标为止。这些工作可以用逐次逼近法在电脑上完成。

这里有一个重要问题,就是我们应采用哪一条恒载压力线作为拱轴线逼近的依据。

当拱圈采用拱架上施工,并在拱上建筑完成后方卸落拱架,恒载压力线应采用全桥恒载进行计算。此时,恒载压力线是唯一的。

当拱圈采用无支架施工或拱架施工但早期脱架,即拱圈成拱后拱圈之下已无支承,裸拱圈即已存在恒载压力线,随着拱上建筑的加载,恒载压力线在不断变化,直至达到全桥恒载压力线。从理论上说,我们应该找出一条拱轴线,在压力线变化的情况下,拱圈的恒载最大弯矩达到最小。这样进行分析计算是很复杂的,因为拱轴线有变化,各阶段的恒载压力线也随之改变。简化的办法可以用压力线的包络线。一般情况下,应检验裸拱状态与成桥状态恒载压力线与拱轴线分别的最大偏差及相应的最大弯矩,作为确定采用拱轴线的依据。这两种工况都应考虑,使拱的承载力均满足规范要求。

如 8.2 所述,拱桥内力分析有弹性理论与挠度理论,后者还有非线性与线性之分。拱的恒载内力计算,应根据跨径的大小合理选用计算理论,并在无铰拱的弯矩计算时计入轴向力弹性压缩的影响,使恒载内力计算达到必要的精度。否则,如恒载弯矩计算误差过大,即使拱轴线逼近压力线的程度很好,在实际上也会存在较大弯矩,不能获得合理的拱轴线。

有的采用劲性骨架法施工的大跨径上承式 RC 拱桥,劲性骨架合龙成拱时,就已分析了压力线与拱轴线的偏差产生的影响。

当拱轴线采用圆曲线时,按传统方法以五点重合为条件,对于某一矢跨比 D 仅有唯一的一个悬链线拱轴系数 m 与之对应,即

$$m = \frac{2D}{\zeta - \sqrt{\zeta^2 - \frac{1}{4}}} \tag{8-6}$$

式中:D——拱圈的矢跨比;

ζ——参数,其值为:$\zeta = \frac{1}{4D} + D$。

表 8-2 列出了各种矢跨比 D 与 m 的对应关系。

圆弧拱矢跨比 D 与 m 对应关系 表 8-2

D	1/3	1/3.5	1/4	1/4.5	1/5	1/5.5	1/6	1/6.5	1/7	1/7.5	1/8
m	1.9565	3.6437	2.8951	2.4297	2.1197	1.9011	1.7424	1.6225	1.5308	1.4570	1.3990

从表 8-2 可以看出,当矢跨比 D 一定时,按 5 点重合,仅有唯一的拱轴线系数 m 与之对应,所以,用圆曲线作拱轴线其适应性较差。悬链线的优点之一是,跨径与矢跨比确定的情况下,可以通过调整拱轴系数 m 值,使拱轴线产生有规律的变化,更好地接近恒载压力线,所以,选用圆曲线作拱轴线时,应注意是否会出现较大的偏心弯矩。

悬链线拱轴线的拱轴系数 m 对恒载弯矩的影响很大,m 值具有较高的敏感度。如跨径 120m 上承式 RC 无铰拱桥,矢跨比 1/6。计算表明,当 m 从 1.756 变化到 2.24 时,拱脚恒载弯矩从负弯矩变为正弯矩,m 变化前后拱顶正弯矩比值达到 0.66 左右。但 m 值的变化对温度效应及汽车荷载效应的影响较小。

从下面的实例可以看出,拱轴系数变化对拱圈的承载力有较大的影响。贵州梵净山旅游公路上的坝溪大桥,为净跨径 90m 上承式 RC 箱形无铰拱,矢跨比 1/6,拱上 RC 柱式排架墩,腹孔为 16×6m RC 空心板,简支桥面连续,全拱贯通布置。拱圈高度 1.8m,顶底板厚度 0.25m。计算比较了 $m=1.756$ 与 $m=2.22$ 时拱圈的承载力。不考虑拱与拱上建筑的联合作用,按弹性

理论计算内力，并计入轴向力弹性压缩的影响。荷载组合包含恒载、活载、均匀温度（计入 0.7 折减系数）、混凝土收缩（计入折减系数 0.45）、箱内外温差，汽车荷载正弯矩未按规范乘以折减系数。因均匀温度与混凝土收缩已考虑折减，不计徐度影响。

计算结果见表 8-3。

不同拱轴系数对拱圈承载力的影响　　表 8-3

拱轴系数	截面位置	内　　力	强度系数	说　　明
$m=1.756$	拱脚	最小弯矩	0.76	强度系数 $=R/r_0N_d$，式中 R 为使用阶段截面轴向承载力设计值；N_d 为使用阶段轴向力组合设计值；r_0 为结构重要性系数。 强度系数 ≥1，即满足规范要求
	$L/4$	最大弯矩	2.05	
	拱顶	最大弯矩	1.16	
$m=2.220$	拱脚	最小弯矩	1.10	
	$L/4$	最大弯矩	2.43	
	拱顶	最大弯矩	0.95	

从表 8-3 可以看出，拱轴系数 m 的变化对拱脚影响最大，其次是拱顶。m 值从 2.220 降至 1.756，拱脚承载力从满足规范要求变化到不满足规范要求；拱顶截面则相反。m 值变化对 $L/4$ 截面的承载力影响较小。

拱轴系数 m 变化对拱圈弯矩的影响，一般规律是：m 增大，拱顶正弯矩增大，同时拱脚负弯矩减小；m 减小，拱顶正弯矩减小，同时拱脚负弯矩增大。

均匀温度变化对拱圈弯矩的影响，一般规律是：温度上升，使拱脚产生正弯矩，同时拱顶产生负弯矩；温度下降，使拱脚产生负弯矩，同时拱顶产生正弯矩。

无铰拱在轴向压力作用下发生弹性压缩，引起拱圈轴线缩短，受两端固结约束而在拱内产生内力，这一内力可以归结为作用于拱的弹性中心向外的水平力 H_s；而恒载水平力对拱本身而言永远向内，即压向拱跨，而 H_s 则离开拱跨。

某特大跨径上承式 R_C 箱形拱桥，主跨 176m，等截面悬链线，拱轴系数 $m=1.756$，矢跨比 1/6.8，拱上为梁式腹孔，15m×12m 钢筋混凝土空心板。按拱与拱上建筑联合受力，用空间三维有限元进行分析。拱轴系数的变化对拱圈弯矩有较大影响：m 值从 1 变化为 1.347 时，拱脚弯矩由 71344kN · m 变为 29497kN · m；拱顶弯矩由 753kN · m 增大到 35686kN · m。m 值的变化对拱的轴力影响很小。拱轴系数变化对拱的面内一阶对称振动频率影响较大，m 值从 1 增加到 5.321 时，降低了 25%；但 m 值的变化（从 1 增大到 5.321），面内二阶对称振动频率略有增加（9.8%）；对面内反对称振动、面外对称与反对称振动的影响均很小，见参考文献[221]。

（3）确定合理拱轴线的准则及优化方法

在不能直接采用线形不规则的恒载压力线作为拱轴线的情况下，需要另行选择一条线形平顺的凸形曲线作为拱轴线。如何使二者纵向坐标之差达到可以接受的状态，应该确定一个定量的判别准则，并以此作为优化的目标函数，经过分析计算，最后获得需要的合理拱轴线。下面的优化准则及分析方法，在实桥设计中均有采用。

方法一：

采用三次多项式样条曲线描述拱轴线的几何形状。用两种准则来确定拱轴线方程的待定系数：①残差的平方和达到最小，残差指同一截面位置拱的压力线与拱轴线的偏差；②残差最大值达到最小。

采用 N 次抛物线加上拱形曲线的要求逼近压力线，虽然也是一可行的方法，但要得到一个好的逼近，N 必然很大，并且这个 N 次抛物线连续地依赖压力线上所规定的那些点的坐标，出现不稳定性，即为了局部地调整某个点的逼近，在另外的地方可能产生我们不期望的偏离，而用分段解析函数法作为近似逼近函数，即三次多项式样条曲线，可以获得合理拱轴线。

上述两种准则的优化数学模型分析，属于线性规划、二次规划问题。采用 VC^{++} 与 Mat1ab 混合编程，用有限元程序进行迭代计算。

实桥具体运用的时候，可按“最大偏差达到最小”的准则建立优化数学模型。初始拱轴线的选择比较自由。设计时可初拟几个矢跨比较接近的拱轴线，分别进行优化计算，最后可以选择偏心弯矩小、弯矩分布更为均匀的拱轴线作为设计拱轴线。

方法二：

以一条初始拱轴线及某种特定的荷载工况为基础，建立有限元模型，分析拱轴线各节点、各单元间力学关系，通过有限元程序迭代计算，求得在特定荷载下拱圈上各个离散点接近于压力线的坐标，再利用曲线拟合的方法得到可用于实桥的各次抛物线形，通过比较最后确定采用的合理拱轴线。

合理拱轴线分析拟合步骤如下：

①初步拟定一条大致合理的拱轴线，如用“五点重合法”。初始坐标为 $X_{0.j}$、$Y_{0.j}$。

②计算出拱圈各节点初始内力 $M_{0.j}$、$N_{0.j}$、$V_{0.j}$，迭代计算各节点新的纵坐标：

$$Y_{i.j} = Y_{i-1.j} - n\frac{M_{i-1.j}}{H_{i-1.j}} \quad (i = 1,2,\cdots,N) \tag{8-7}$$

式中：$M_{i-1.j}$——迭代第 i-1 次时，拱圈上 j 点的弯矩值；

$H_{i-1.j}$——迭代第 i-1 次时，拱圈上 j 点的水平力值；

n——系数，$n \in (0,1)$。

当拱轴线线形发生改变时，压力线也会相应改变，故引入修正系数 n，n 值取较小值，逼近速度较慢，逼近程度较好，反之则逼近速度快，但逼近程度差。

$$H_{i-1.j} = \frac{N_{i-1.j}\cdot\Delta x_j}{\Delta l_j} - \frac{V_{i-1.j}\cdot\Delta y_i}{\Delta l_j} \tag{8-8}$$

$$\Delta x_j = |x_j - x_{j-1}| \tag{8-9}$$

$$\Delta y_j = |y_j - y_{i-1}| \tag{8-10}$$

$$\Delta l_j = \sqrt{\Delta x_j^2 + \Delta y_j^2} \tag{8-11}$$

由于拱顶、拱脚截面均有偏差弯矩，为了使拱脚截面不变，即总处于(0.0)点的位置，故令：

$$Y_{i.j} = Y_{i.j} - Y_{i.1} \quad (j = 1,2,\cdots,N) \tag{8-12}$$

将 $X_{i.j}$、$Y_{i.j}$ 代替 $X_{i-1.j}$、$Y_{i-1.j}$，重新计算各节点内力 $M_{i.j}$、$N_{i.j}$、$N_{i.j}(j = 1,2,\cdots,N)$，当满足以下任一条件时，停止迭代计算。

条件 1：
$$m_{ax}\,|(M_{i.j} - M_{i-1.j})/M_{i-1.j}| \leqslant 5\% \tag{8-13}$$

认为拱圈受力已基本稳定。$M_{i.j}$ 为迭代第 i 次时拱圈 j 点的弯矩。

条件 2：
$$|Y_{i.n} - Y_{i.1}| \geqslant [f_1] \tag{8-14}$$

其中，$[f_1]$ 为拱圈矢高变化的允许值。满足式(8-14)时，认为拱圈的矢高已超过了允许变化的范围。

条件 3：
$$m_{ax}\,|(M_{i.j}| - M_{ax}\,|M_{i-1.j} \quad >0 \tag{8-15}$$

满足式(8-15)时,认为拱圈线形的改变引起压力线的变化,导致两者产生更大的偏差,使受力趋于不利。

当因条件 2 或条件 3 导致迭代结束时,令 $X_{i-1,j}$ 、$Y_{i-1,j}$ 代替 $X_{i,j}$ 、$Y_{i,j}$,即将迭代第 $i-1$ 次的计算结果作为拟合拱轴线的数据。

③输出各节点的坐标 $X_{i-1,j}$、$Y_{i-1,j}(j=1,2,\cdots,N)$,通过曲线拟合的方法,拟合出 n 种高次抛物线方程,选出其中最优者作为合理拱轴线。

实例一:净跨 36m 下承式系杆拱桥,矢跨比为 1/4,拱肋为钢管混凝土结构。初拟拱轴线为拱轴系数 $m=1.6$ 悬链线。分别用 5 次与 6 次抛物线进行拟合。经比较,5 次抛物线更好,其计算最大弯矩值仅为初拟拱轴线最大弯矩的 43%。

实例二:三跨双飞燕式钢管混凝土系杆拱桥,中跨为中承式,跨径 120m,矢跨比 1/4.5,初拟拱轴线为悬链线,$m=1.4$。分别用 5 次与 6 次抛物线进行拟合。经比较,6 次抛物线更好,其计算最大弯矩值比优化前初始最大弯矩值减小了 27%。

方法三:

大跨径上承式拱桥,主拱圈承受拱上立柱传来的集中荷载,其压力线较为复杂,仅仅通过参数较少的圆曲线、二次抛物线、高次抛物线、悬链线来逼近恒载压力线,可能使某些截面拱轴线与压力线偏离较远,难以获得满意的结果。采用三次多项式样条曲线,能更好地逼近恒载压力线,因其有较多的几何控制变量。选择拱轴线各单元的加权势能,即弯曲和拉压应变能作为优化的目标函数。在优化主拱圈内力过程中,各单元对主拱圈总的应变能贡献不同,为了保证主拱圈各截面上内力均匀,对单元能量值做加权处理。可选用均值加权法与高斯加权法。

用上述方法对某桥进行分析计算。主桥为净跨 145m 上承式 RC 箱形拱,矢跨比 1/7,拱圈宽 22.4m,横向由 14 片拱箱组成。拱上设置 8 组立柱和 6 组横墙。拱圈等高 2.85m。为无铰拱。

先用“五点重合法”初定悬链线拱轴线,在此基础上用三次样条曲线来逼近压力线。当加权系数取常数时,常导致拱脚附近的弯矩减小,拱顶附近的弯矩增大。均值加权法和高斯加权法有几乎相同的优化效果,相比之下高斯加权法优化效率更高一些。

上述实例表明,加权能量法将每个单元的弯曲变形能总和作为优化目标,即当整个主拱圈弯曲变形能最小时,拱轴线即为合理拱轴线。用弯曲变形能比弯矩控制更能合理发挥拱圈材料的性能。均值加权法和高斯加权法能更有效地控制主拱圈弯曲应变能的分布,使之分布更加均匀。

在拱轴线优化的过程中,要计算拱的恒载压力线。对于超静定拱,拱的轴向压力引起的弹性压缩弯矩不能忽略,否则,即使拱轴线逼近恒载压力线的目标函数能完全满足,拱内仍可能存在较大弯矩。参考文献[203]对主跨 146m 的丹河大桥(石拱桥)比较了计入或不计入轴向力弹性压缩出现的差异:考虑轴向压缩时最大弯曲应力从 1.21MPa 降至 0.908MPa,降低了 25%,相应的最大弯矩从 5.628×10^4kN·m 降至 4.074×10^4kN·m,降低了 28%。不计轴向弹性压缩时,最大弯曲应力从 0.602MPa 反而升到了 0.795MPa,增大至 1.32 倍,最大弯矩从 2.566×10^4kN·m 升到了 2.574×10^4kN·m,增大至 1.003 倍。所以,不论用什么方法优化拱轴线,在计算恒载压力线时,都应计入轴向力弹性压缩引起的弯矩。不计入这项弯矩,不仅优化的精度低,还可能在某些截面发生较大的内力偏差。参考文献[203]用有限元方法优化拱轴线过程中,计入了轴向弹性压缩,获得的合理拱轴线精度较高。

参考文献[223]提出了一种拱轴线统一数学描述的方法——三次 NURBS 法。NURBS 为供绘图系统软件采用的非均匀有理 B 样条曲线。圆弧线、二次抛物线可用基于 NURBS 曲线的解析式描述;悬链线拱,三次 NURBS 曲线难以准确表达其拱轴线,则可采用逐次逼近的拟合方法,在一定精度要求下进行描述。与传统的计算方法比较,可以达到很高的精度。如四川金沙江大桥,为主跨 150m 上承式 RC 等截面悬链线无铰拱,矢跨比 1/7,悬链线拱轴系数 $m=1.45$,与传统的悬链线解析法所得的坐标比较,三次 NURBS 拟合的最大误差仅为 1.3mm。对于高次抛物线拱,根据恒载压力线,用 NURBS 方法可以直接拟合压力线作为拱轴线。

一些计算实例表明,采用悬链线或高次抛物线来逼近恒载压力线时,如果能适当微调拱的矢跨比,更容易获得合理的拱轴线。对于具体的实桥设计,在已拟定的矢跨比的情况下,如果为了优化拱轴线,矢跨比微小变动应是可行的。这样在拟合拱轴线时,又可以增加一个微调因子,适应性更好。

采用二次样条曲线作为拱轴线,并按逼近恒载压力线拟合以获得合理拱轴线也是一种可行的方法,其要点详见参考文献[227]。

首先采用二次抛物线来拟合拱顶、拱脚 3 个点,计算出各点纵坐标 $yi(i=0,1,2,\cdots,n)$,然后用二次样条曲线拟合各节点。在区间$[X_i,X_{i+1}]$,拱轴线的样条函数表达如下:

$$S(x)=Y_i+b_i(x-x_i)+C_i(x-x_i)(x-x_{i+1}) \tag{8-16}$$

式中:$b_i=\dfrac{y_{i+1}-y_i}{h_i},h_i=x_{i+1}-x_i$ (8-17)

$$C_o=\frac{y_1-y_0}{h_0^2}-\frac{y_0}{h_0},C_i=\frac{1}{h_i}(b_i-b_{i-1}-h_{i-1}\cdot C_{i-1}) \tag{8-18}$$

根据递推公式(8-18)从 C_0开始,可计算出样条函数 $S(x)$的系数 $C_0,C_1\cdots,C_n$,而不必解算 n 维矩阵。与三次样条或其他插值法相比,这是二次样条法的优点之一。$S(x)$函数值及一阶导数是连续的,在节点处也不例外。这就保证了拱轴线是一条连续、光滑的曲线,符合拱轴线线形的基本要求。根据拱轴线各节点的弯矩调整值 ΔM,确定拱轴坐标调整值 $\Delta y_i=\dfrac{\Delta M_i}{H_i}$,据此确定新的拱轴线,再计算各节点的弯矩调整值 $\Delta M_i\cdots$最后达到以弯矩作为控制的优化目标。一般经过 10 次左右的调整,ΔM_i 可减小到 0.7^{10},算例表明,为第 1 次调整值的 2.8%。在调整值 Δy_i 的算式中引入系数 K,以限制调整幅度,同时确保优化过程的收敛性。$K=0.5\sim0.7$。

内力调整有以下 3 种目标可供选择:

①对半调整:拱圈截面上下大致对称的拱桥,如箱形拱、板拱等。调整目标是:调整后拱圈各截面的正负弯矩值大致相等。任意截面的调整值为:

$$\Delta M=-\frac{M_{max}+M_{min}}{2} \tag{8-19}$$

②固定数值调整:为了调整截面某一侧的最大正或负弯矩。可以指定截面另一侧的最大负或正弯矩,设为 M',则有:

若 $M'<0$,

$$\Delta M=M'-M_{min}$$

若 $M'>0$,

$$\Delta M=M'-M_{max} \tag{8-20}$$

③按比例调整：对于拱圈截面上下不对称的拱桥，可根据截面的正负弯矩极限承载力 M^+、M^-确定其比值 $P_r = |M^+|/|M^-|$。若使调整后截面的最大正、负弯矩值也保持这一比值，则任意截面弯矩调整为：

$$\Delta M = -\frac{M_{max} + P_r M_{min}}{1 + P_r} \tag{8-21}$$

上述分析计算中，内力调整可以包括恒载、活载、混凝土收缩徐变。内力计算可用弹性理论，并按《拱桥手册》方法进行轴向力弹性压缩修正，通过影响线加载推求内力。可用现有程序，在电脑上完成拱轴线的优化。

(4)拱轴线偏差产生的影响

设计阶段所确定的合理拱轴线，与拱圈施工完成后实际的拱轴线必然会在竖向及横向出现不同程度的偏差，并会对拱的内力和稳定性产生影响。为了限制这种偏差在可以接受的范围内，《公路桥涵施工技术规范》(JTG/T F50—2011)规定了偏差的容许值。表 8-4 摘录了混凝土拱桥与石拱桥的有关规定值。

规范规定的拱桥主拱圈施工容许偏差　　表 8-4

施工类型		现浇施工	无支架或少支架施工	转体施工	劲性骨架法	悬臂浇筑	石拱桥
容许值(mm)	横向偏差	板拱、箱拱 10，肋拱 5	箱拱 1，0 肋拱 5	L/1000，且≤30	L≤60m 时 10，L>200m 时 L/4000 且≤40	L≤60m 时 10，L>60m 时 L/6000 且≤30	
	高程偏差	L≤30m 时，±20，L>30m 时，±L/1500	5	跨中±20	±L/3000 且≤50	L≤60m 时 ±20，L>60m 时 L/3000 且≤30	L≤30m 时，±20，L>30m 时，±L/1500

注：L 为拱圈的跨径；高程偏差具体指拱圈内弧偏离设计弧线的高差；劲性骨架法当 L=200m 时，横向偏差容许值为 30mm。

《公路工程质量检验评定标准》(JTG F80/1—2004)规定：混凝土拱桥成拱拱轴线拱顶处高程的偏差允许值为 20mm；拱圈对称点的高程偏差允许值为 50mm。

日本对于混凝土拱桥拱圈成拱后实际拱轴线与设计拱轴线产生的高程偏差，其容许值相对宽松一些，但要求按实际拱轴线计算的控制截面应力应符合设计要求，并被设计者认可。例如：

外津桥，为主跨 170m 上承式 RC 双铰箱形拱桥，采用悬臂桁架法现浇，1974 年建成。拱轴线高程允许最大偏差为±150mm，为主拱跨径的 1/1133。

赤谷川桥，为主跨 116m 上承式 RC 刚性梁柔性拱桥，拱圈为矩形，采用悬臂桁架法挂篮施工。1979 年建成。拱轴线高程允许最大偏差为±100mm，为主拱跨径 1/1160。

宇佐川桥，为主跨 204m 上承式 RC 箱形不对称无铰拱桥，采用悬臂斜拉挂篮现浇施工，1982 年建成。拱轴线高程允许最大偏差为±100mm，为主拱跨径 1/2040。

帝释桥，为主跨 145m 上承式 RC 箱形无铰拱桥，采用劲性骨架与塔架悬臂组合法施工，1978 年建成。拱轴线高程允许最大偏差为±100mm，为主拱跨径 1/1450。

国内某大桥，采用劲性骨架法施工，为了确保混凝土拱圈成拱后拱轴线的偏差在设计控制的范围内。要求劲性骨架合龙成拱时,拱轴线的高程容许偏差取$\pm Y_1/500$,Y_1为拱轴线纵坐标设计值。对于采用劲性骨架法施工的混凝土拱桥,提前对骨架高程进行控制是必要的。

设计阶段确定了合理拱轴线之后,还应考虑施工允许误差带来的不利影响,这样才能使拱圈的受力状态符合实际。实际上,"容错设计"的理念应该在工程设计中体现,因为在任何情况下施工误差是不可避免的,所以规范才会规定各种施工误差容许值。但是在现行各种工程设计规范中,多未考虑施工误差对设计的不利影响。《公路工程混凝土结构防腐蚀技术规范》(JTG/T B07-01—2006)第4.3.7条规定:"用于构件强度计算和标注于施工图上的钢筋(包括主筋、箍筋和分布筋)保护层厚度(钢筋外缘至混凝土表面的距离),一般不应小于表4.3.7的保护层最小厚度C_{min}与保护层的施工允许误差Δ之和,即$C \geq C_{min}+\Delta$。"现行施工技术规范规定Δ值在±3~±10mm之间。显然,当出现负误差-3~-10mm时,配筋混凝土的耐久性会受到较大影响。对于混凝土拱桥,日本的作法可资借鉴,即设计时可根据实桥的具体情况,在合理拱轴线的前提下,通过受力分析,提出施工容许误差值,作为施工过程进行控制的条件之一。

施工过程中拱轴线产生的偏差对拱圈内力的影响,可以分别按设计拱轴线与实测拱轴线计算相应的内力,两者相比较便可得到内力的改变量,即为拱轴线偏差引起的拱内附加弯矩。而按实测拱轴线计算的内力,应为拱内的实际内力。如果设计阶段需要考虑施工偏差产生的影响,则应根据桥梁的具体情况事先拟定拱轴线产生偏差后的拱轴线形作为分析计算的依据,并根据计算结果,对拱轴线偏差的施工控制提出具体要求。

计算分析表明,大跨径上承式RC拱桥,拱轴线偏差(此处指实测拱轴线与设计拱轴线纵向坐标之差,下同),对恒载水平力的影响较小,对恒载弯矩影响较大,并且拱轴线反对称变形引起的弯矩远大于拱轴线正对称变形引起的弯矩。

下面用两个实例进一步阐明拱轴线偏差产生的影响。详见参考文献[64]和[160]。

实例一:

广西邕宁邕江大桥,为主跨312m中承式RC无铰拱桥,两条拱肋,单箱单室断面,矢跨比1/6,拱肋高度5m,拱肋宽度3m,桥宽18.9m。采用钢管混凝土劲性骨架施工,肋内弦管为Φ400×12mm钢管混凝土。于1998年建成。在设计阶段,分别对劲性骨架成拱阶段、拱肋成拱阶段和全桥恒载阶段拟定了相应的拱轴线及其偏差值,按拱平面内两个半波的反对称线形和上凸或下沉的正对称线形分析计算应力与挠度。如图8-14所示。

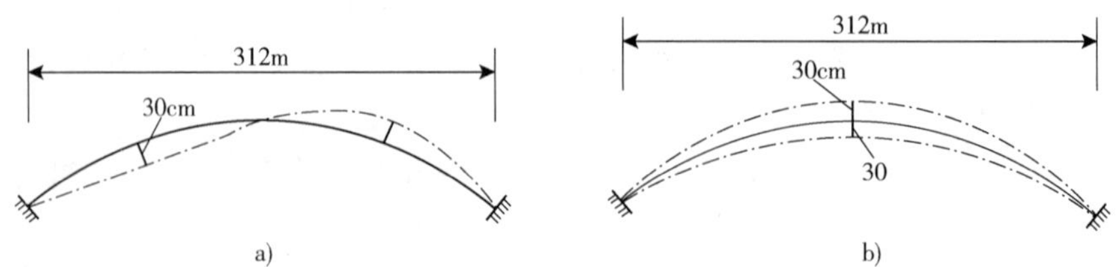

图8-14 拱轴线变形设定目标

a)两半波反对称;b)上凸、下沉正对称

①拱平面内拱轴线偏差呈两个半波的反对称线形

成拱轴线对设计拱轴线的偏差值Δy_1为:

$$\Delta y_1 = \pm a_1 \sin\left(\frac{2\pi x}{L}\right) \tag{8-22}$$

式中：a_1——$L/4$ 截面的最大偏差，劲性骨架成拱阶段取 $a_1 = \pm L/1040 = \pm 30\text{cm}$。

相应的拱轴线计算坐标 y_1 为：

$$y_1 = y_0 + \Delta y_e + \Delta y_1 \tag{8-23}$$

式中：y_0——设计拱轴线坐标。

Δy_e——劲性骨架自重作用阶段、拱肋自重作用阶段、全桥恒载作用阶段拱轴线发生的挠度值。

分别对 Δy_e 对应的三个阶段，按拟定的拱轴线变形设计目标计算拱肋的应力和挠度，可以看出：

a.拱轴线偏差对轴力影响很小，最大相对误差不到 1%。

b.拱轴线偏差对应力与挠度影响较大。

劲性骨架自重阶段：

左半拱：$L/4 \sim 3L/8$ 段，上缘应力增大 11%~12%，下缘应力减小 12%~13%；$L/8 \sim L/4$ 段，挠度增大 44%~54%。

右半拱：$L/4 \sim 3L/8$ 段，上缘应力减小 7%~13%，下缘应力增大 12%~14%；$L/8 \sim L/4$ 段，挠度减小 44%~57%。

拱顶：应力、挠度变化小，均在 3%以内。

最大应力出现在右半拱 $L/8$ 截面下缘，增大 8%，为 41.1MPa。

拱肋成拱阶段：

左半拱：$L/4 \sim 3L/8$ 段，上缘应力增大 4%~9%，下缘应力减小 10%，挠度增大 16%~19%。

右半拱：$L/4 \sim 3L/8$ 段，上缘应力减小 7%~11%，下缘应力增大 12%~13%，挠度减小 9.9%~15%。

拱顶：上缘应力增大 11%，下缘应力减小 11%，挠度增大 7%。

最大应力出现在左拱脚截面下缘，增大 6%，为 9.17MPa。

全桥恒载作用阶段：

左半拱：拱脚上缘应力减小 32%，下缘应力增大 8%；$L/4 \sim 3L/8$ 段上缘应力增大 4%~9%，下缘应力减小 10%；挠度增大 20%。

右半拱：拱脚上缘应力增大 67%，下缘应力减小 16%，$L/4 \sim 3L/8$ 上缘应力减小 8%~13%，下缘应力增大 13%~14%。

拱顶：上缘应力增大 15%，下缘压力减小 20%，挠度增大 9%。

最大应力出现拱顶截面下缘，增大 6%，为 15.1MPa。

②拱平面内拱轴线偏差呈上凸或下沉的正对称线形

成桥拱轴线对设计拱轴线的偏差值 Δy_2 为：

$$\Delta y_2 = a_2 \sin\left(\frac{2\pi x}{L}\right) \tag{8-24}$$

式中：a_2——拱顶最大偏差值，$a_2 = \pm \dfrac{L}{1040} = \pm 30\text{cm}$。

拱轴线计算坐标为：

$$y_2 = y_0 + \Delta y_2 \tag{8-25}$$

分别按上凸与下沉两种线形计算，得到以下结果：

劲性骨架成拱阶段：最大应力出现在拱脚下缘，增大 6%，为 38MPa。

拱肋成拱阶段：最大应力出现在拱顶下缘，增大 4%，为 12MPa。

全桥恒载阶段：最大应力出现在拱脚下缘，增大 7%，为 16MPa。

从上述计算结果可以看出，采用劲性骨架施工的 RC 拱桥，劲性骨架合龙成拱时拱轴线的实际线形对以后几个施工阶段拱的受力影响很大，且一旦形成便难以校正。因此，对劲性骨架成拱的施工精度应从严要求。

该桥设计提出的拱轴线施工精度要求如下：

劲性骨架合龙成拱时，在拱平面内，拱轴线容许偏差$[\Delta y_1]=\pm y_1/500$，y_1 为拱轴线设计纵坐标值。拱顶截面 $y_1=f=52$m，故$[\Delta y_1]=\pm10.4$cm；$L/4$ 截面$[\Delta y_1]=\pm7.7$cm。施工中劲性骨架合龙成拱时拱轴线实际偏差值为+3.8cm（拱顶偏高值）、-5.8cm（$L/4$ 偏低值），均在设计允许值范围内。在拱平面外，容许偏差$[\Delta z_1]=\pm L/6000=\pm5.2$cm，上下弦杆相对偏差容许值$[\Delta z_2]=\pm H_s/150=\pm3.3$cm，$H_s$ 为拱肋截面高度 5m。实际偏差值为 $\Delta z_1=3.3$cm，$\Delta z_2=2.8$cm，均在设计容许值范围内。

拱肋成拱时，拱平面内拱轴线容许偏差$[\Delta Y_1]=\pm y/500=\pm10.4$cm，拱平面外拱轴线容许偏差$[\Delta z_1]=\pm L/500=\pm6.24$cm。实际偏差 $\Delta y_1=5.8$cm，$\Delta Z_1=5.7$cm。均在设计容许值范围内。

该桥按实际拱轴线，采用有限元程序 LISA 对拱的弹性稳定安全系数 λ_k 进行了分析计算，得到以下结果：在拱平面内，拱轴线偏差±30cm 时，λ_k 仅减小 1%左右；拱平面外，拱轴线偏差 $L/2600=12$cm 时，λ_k 减小 1.5%，不会影响施工安全。但是当拱平面外偏差为 $L/624=50$cm 时，λ_k将由 6.19 降低至 3.01，减小了 51%，将对施工安全产生影响，应予以避免。

实例二：

两南山区某二级公路大桥，主桥跨径 140m.上承式 RC 无铰拱。矢跨比 1/6，等截面悬链线，拱轴系数 $m=2.24$，采用无支架缆索吊装施工。桥面宽 9m，拱圈宽 8.9m，由 6 片箱肋组成，拱圈高度 2.5m。单片拱箱宽 1.5m。施工中 6 片拱箱吊装合龙并浇筑完各箱横向接缝混凝土（箱间的纵向湿接缝未浇筑）时，发现主拱圈高程低于设计高程、拱轴线偏位、拱箱横向接头错位严重、拱箱间纵缝宽度不一致等问题。具体情况如下。

①拱圈合龙后拱顶高程与设计高程出现偏差，且各拱箱实际高程均低于设计高程，偏差值在 30.4~41.3cm 之间。

②拱轴线横向偏位。整体拱轴线横向偏移 13.5cm；拱箱横向接头错位 12.1cm。

③各拱箱间纵向湿接缝宽度不一致，最大、最小宽度分别为 30cm、5.5cm。

采用空间有限元软件进行仿真分析。分别建立设计状态模型、拱轴线发生偏位的实测状态模型，按全桥（含拱上建筑）进行内力计算，均采用空间梁单元。计算荷载包括结构自重、桥面系二期恒载、活载、设计水位线以下水浮力、拱座不均匀沉降以及温度作用等。计算结果说明了以下几点：

①实测状态与设计状态拱圈轴力相差较小，均在 10%以内。

②实测状态的主拱圈弯矩普遍大于设计状态的弯矩，最大达到设计状态的 2.8 倍，且在成桥阶段实测状态与设计状态的拱脚弯矩正负发生转变。

③施工阶段及成桥阶段，实测状态较设计状态拱圈挠度增大 10.6cm。

④在最不利荷载组合时，2 号拱箱拱脚轴向力组合设计值为 12549kN，截面轴心抗压承载力设计值为 9532kN，抗力效应与荷载效应的比值为 0.76，不满足规范要求。

⑤正常使用极限状态下，2 号拱箱拱脚截面最大裂缝宽度为 0.22mm，超过规范容许值。

⑥拱脚截面上缘压应力 20.2MPa，下缘拉应力 9.4MPa，不满足规范要求。

该实例施工中发生的拱轴线偏差，属于较严重的情况，需进行处治方可消除使用期存在的安全隐患。

从上述两例可以看出，施工中发生的拱轴线偏差所产生的影响，随拱的跨径、结构形式、施工方法与具体的部位不同而有所不同。设计阶段应按照实际情况通过分析计算提出拱轴线偏差（拱平面内与拱平面外）的容许值。

8.4　RC 箱形拱腹板与顶板结合面抗剪验算

整体浇筑的箱形拱拱圈，腹板与顶、底的结合面为混凝土连续结构，并有双肢箍筋联结，具有较强的抗剪强度，一般不需验算。但当由腹板与底板组成的开口箱先合龙成拱，然后安装预制顶板及后浇混凝土层时，拱圈在该处的水平抗剪面有相当一部分为砌体结构，抗剪强度大幅下降，成为抗剪最弱面，如设计不当可能发生剪切裂缝甚至更严重的后果。如贵州某大跨径上承式 RC 箱形拱桥，1990 年 10 月 27 日，大桥在进行桥面系施工时，主孔拱圈连同全部拱上建筑突然垮塌，造成 4 人死亡、8 人重伤的重大事故。除施工质量等方面原因外，忽略拱圈的抗剪验算也是重要原因之一。桥梁垮塌之后，对腹板与顶板结合部进行了抗剪验算。简况如下。

主桥为 2×115m 上承 RC 空腹无铰拱，矢跨比 1/8，拱圈为等截面悬链线，拱轴系数 $m=2.514$，拱圈高度 175cm，宽度 920cm，桥面宽度为净 9m+2×2m 人行道。设计荷载汽—20 级、挂车—100，人群荷载 350kg/m^2。拱上为净跨 6m 的腹拱，半跨共计 6 个腹拱。拱圈采用天线缆索吊装施工。拱圈预制部分为 C40 混凝土，现浇部分为 C30 混凝土。拱圈横断面如图 8-15 所示。预制吊装开口箱高度为 159cm，腹板预制部分厚度 10cm。预制顶板厚度 6cm，开口拱箱吊装合龙成拱后安装顶板盖板、现浇肋间混凝土 14cm、顶板混凝土 10cm。最后形成主拱圈截面全高 175cm。现验算拱圈开口箱顶面与顶板结合面的纵向水平抗剪强度，其抗力效应 R_Q 与荷载效应 Q_j 之比，即 R_q/Q_j 应≥1，否则为不安全。

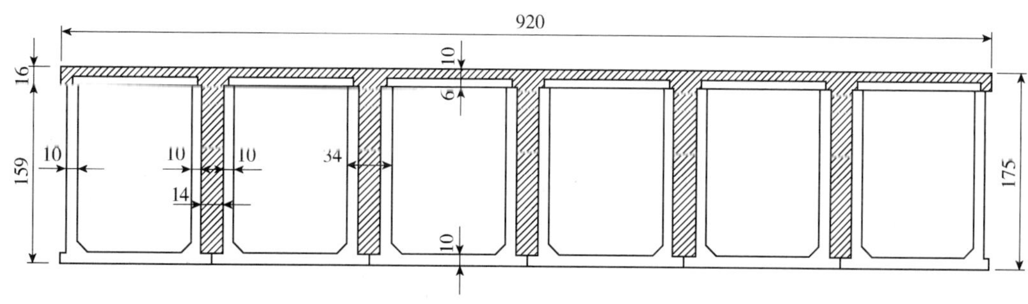

图 8-15　拱圈横断面（尺寸单位：cm）

$$Q_j = r_{so} \cdot \psi \cdot r_{s1} Q_{max} \tag{8-26}$$

式中：Q_{max}——按桥梁垮塌时全桥恒载计算的拱圈最大剪力，$Q_{max}=2570$kN；

r_{so}——结构重要性系数，主桥跨径大于 100m，取 $r_{so}=1.05$；

ψ——荷载组合系数，此处仅为恒载，$\psi=1$；

r_{s1}——荷载安全系数，对于恒载，$r_{s1}=1.2$。

可得：

$$Q_j = 1.05 \times 1 \times 1.2 \times 257 = 3238\text{kN}$$

$$R_{\mathrm{Q}}=\frac{A_{01}\cdot R_{\mathrm{j}}^{j}+A_{02}\cdot R_{\mathrm{j}}^{s}}{r_{\mathrm{m}}}+\frac{A_{03}\cdot R_{\mathrm{g}}}{r_{\mathrm{s}}} \tag{8-27}$$

式中：A_{01} ——纵向每延米长度混凝土抗剪面积，为肋间现浇 300 号混凝土的有效抗剪宽度，$A_{01}=5\times0.14=0.70\mathrm{m}^2$；

R_{j}^{j} ——300 号混凝土直接抗剪极限强度，$R_{\mathrm{j}}^{j}=4.7\mathrm{MPa}$；

A_{02} ——纵向每延米长度，预制盖板与腹板顶面间的灰缝抗剪面积，$A_{02}=6\times0.2=1.2\mathrm{m}^2$；

R_{j}^{s} ——100 号砂浆砌 300 号混凝土预制构件通缝抗剪极限强度，$R_{\mathrm{j}}^{s}=0.33\mathrm{MPa}$；

r_{m}——受剪构件材料安全系数，$r_{\mathrm{m}}=2.31$；

A_{03} ——纵向每延米由腹板伸入顶板现浇层的抗剪钢筋，在全拱宽范围，共计 24Φ8 钢筋，$A_{03}=24\times0.503=12.072\mathrm{cm}^2=12.072\times10^{-4}\mathrm{m}^2$；

R_{g}——抗剪钢筋抗剪强度设计值，$R_{\mathrm{g}}=125\mathrm{MPa}$；

r_{s}——钢筋安全系数（在强度设计值的基础上），$r_{\mathrm{s}}=1.25$。

可得：

$$R_{\mathrm{Q}}=(0.7\times470+1.2\times33)/2.31+12.072\times10^{-4}\times12500/1.25=1716\mathrm{kN}$$

$R_{\mathrm{Q}}/Q_{\mathrm{j}}=171.6/323.8=0.530<1$，拱圈顶板与腹板结合面抗剪强度很弱。另外，本桥拱上为腹拱式重型拱上建筑，恒载较大，与当时已建成的跨径基本相同的云南红旗大桥（主跨 116m 上承式 RC 箱形拱，天线吊装）比较，该桥拱圈高度、顶、底板与腹板厚度明显偏小。

上述实例说明，当拱圈为箱形截面时，在拱圈截面的一部分开始承力直到拱圈承受全部恒载、活载与其他荷载的全过程中，除按规范进行常规的受力计算外，还应根据具体情况对顶板与腹板结合部进行抗剪验算，并在构造上采取加强措施。

根据材料力学，沿拱轴线方向每延米长度的剪力流为：

$$Q_{\mathrm{f}}=\frac{Q\cdot S}{I} \tag{8-28}$$

式中：Q——拱圈截面在永久荷载和可变荷载标准值作用下的剪力；

I——拱圈截面的抗弯惯矩；

S——拱圈拟验算水平剪力流水平层以外的截面面积矩，按拱圈全截面的重心轴计算。

Q_{f}为荷载效应，应不大于拱圈材料（混凝土与钢筋）的抗力效应[Q]，即应满足 $Q_{\mathrm{f}}\leqslant[Q]$。由式（8-28）可以看出，增大截面惯矩有利于降低荷载效应；增大混凝土抗剪面积和增加抗剪钢筋也是有效的措施。

8.5 转体施工上承式 RC 箱形拱桥结构分析计算与讨论

8.5.1 有平衡重平转施工上承式 RC 箱形拱的结构分析计算与讨论

根据国内已建成的有平衡重平转施工的上承式 RC 箱形拱桥的经验，在采取可靠措施的情况下，净跨 150m 以内，可以采用薄壁拱箱进行转体施工。结构设计涉及若干分析计算问题。

1）转动体系重心计算

通过张拉扣索（亦称为拉杆）和背索，转体拱圈逐步离开拱架支承，并在上盘支墩反力消除后，转动体系形成。其立面基本组成如图 8-16 所示。

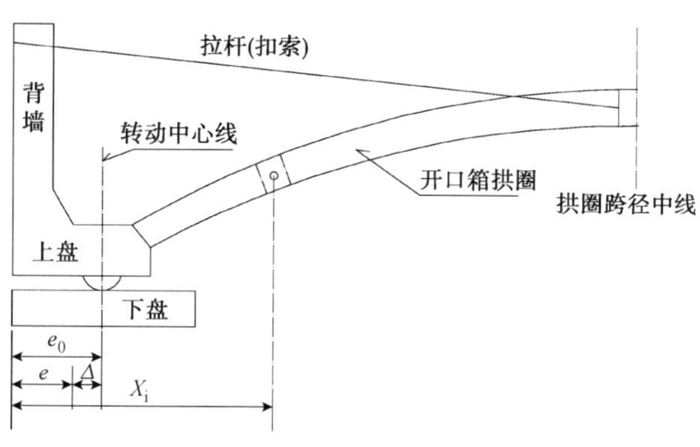

图 8-16 转动体系

图中未示背索。背索一般布置在背墙的后侧，脱架时根据计算确定的程序，分多次交替张拉背索与扣索。背索可以布置在背墙内或外。背索可以作为背墙的施工临时预应力索。由图 8-16 可知，转动体系一般包括转体拱圈、上盘与背墙、扣索(拉杆)、背索等。可将转动体系划分为 n 个单元，其中第 i 个单元的自重为 P_i，P_i 至背墙后缘的距离为 X_i，则转动体系的重心至背墙后缘的距离为：

$$e = \frac{\sum_{1}^{n} P_i \cdot x_i}{\sum_{1}^{n} P_i} \tag{8-29}$$

为了提高计算精度，拱圈、背墙、上盘为 RC 构件，应按设计图分别计算混凝土与钢筋的自重，再换算为钢筋混凝土的实体重度。拉杆自重的中心点可取拉杆长度之半。理论上应使转动体系的重心 e 与转动中心线 e_0 重合，即使 $e = e_0$。但实际上总是存在施工误差。按《公路桥涵施工技术规范》(JTG/T F50—2011)规定：现浇混凝土拱圈截面尺寸的允许误差为高度 ±5mm，顶、底板、腹板为+10mm；拱宽允许误差为±20mm(板拱和箱形拱)、±10mm(肋拱)。背墙(视为桥墩)断面尺寸允许误差为土 20mm，顶面高程允许误差为±10mm。一般情况下，转动体系混凝土结构部分的实有混凝土数量往往超过设计数量，由于拱圈的力臂较背墙大得多，所以经常是实际重心偏向拱圈一侧。当施工精度控制较好时，拱圈混凝土浇筑胀模系数可以控制在 1.03 以下。主跨 122m 的贵州小兴浪大桥，为上承式 RC 箱拱，有平衡重平转施工。按胀模系数为 1.05，计算重心偏向拱圈一侧 3.83cm。为消除这一影响，并适当预留安全值，设计时取计算重心 e 偏向背墙后侧，取 $\Delta = e_0 - e = 5\text{cm}$(图 8-16)。实桥设计时可根据具体情况确定 Δ 值。如云南大岩洞大桥，主跨 160m 上承式 RC 箱形拱，采用带部分混凝土底板钢管混凝土劲性骨架进行平转施工，转体总质量 5237t，转体的计算重心偏向岸一侧，取 $\Delta = 20\text{cm}$。

Δ 值基本确定以后，还可以采用平面杆系程序验算偏心距与不平衡力矩。在磨心顺桥向两侧上、下盘之间设置虚拟的竖向弹簧元。如转动体系的计算重心通过磨心，理论上弹簧元的反力应为 0，由于已预知 Δ 值，一般情况下，靠背墙一侧的弹簧元有反力 $R_{后}$，相应的偏心矩为 $e_{后}$，不平衡力矩则为 $R_{后} \cdot e_{后}$，靠拱圈一侧弹簧元反力则为 0。

施工中可以通过下述方法实测转动体系的实际不平衡力矩及相应的偏心矩。拱圈脱架形成转动体系后，处于磨心全部承重的状态，可以通过观测背墙沿纵向的垂线偏移情况或用千分表测量上盘角点的高程变化，判定转动体系重心的偏移方向，采用千斤顶进行试顶，使上盘达

到水平状态,可获得千斤顶的顶力 N 及其对于磨心的偏心矩 D,则转动体系的实际偏矩为:

$$X = \frac{ND}{G} \tag{8-30}$$

式中:G——转动体系的总质量。

根据不平衡力矩及偏心矩便可确定临时配重及其加载位置。

2)转动体系的背墙及上转盘计算

(1)顺桥向计算

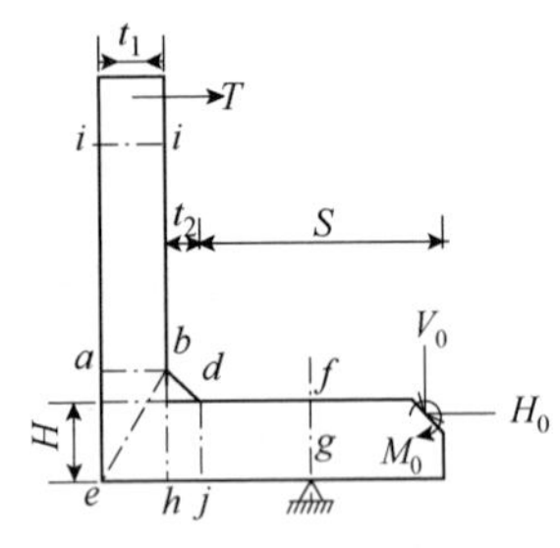

图 8-17　背墙、上盘计算图式

图 8-17 为背墙、上转盘顺桥向计算图示。$\overline{fg}$ 为磨心轴线;T 为扣索拉力;V_0、H_0、M_0 为转体拱圈拱脚反力。图 8-17 可视为支承在 g 点的双悬臂梁。由于转动体系重心计算时,$\overline{fg}$ 轴线左、右两侧的重量对 $\overline{fg}$ 线的力矩理论上是相等的,故计算背墙及上盘内力时,对 $\overline{fg}$ 以左的截面,可取左侧的荷载计算,$\overline{fg}$ 线自身截面用以右或以左的荷载计算均可。图 8-17 上 $\overline{ii}$、$\overline{ab}$、$\overline{cd}$、$\overline{be}$、$\overline{bh}$、$\overline{dj}$ 等为应予验算的截面,其中斜截面 $\overline{be}$ 计算时,应取各力对该斜截面形心的法向力、切向力和力矩。

(2)横桥向计算

上盘磨心轴线处横桥向计算,可简化为以磨心为支点的双悬臂梁,如图 8-18 所示。图中 $\overline{fg}$ 为磨心轴线,g 点为双悬臂梁支点。验算截面取 $\overline{fg}$,截面高度取上盘厚度 H,截面宽度取上盘顺桥向长度减去背墙厚度(t_1+t_2),即图 8-17 上的 S。图 8-18 中的 P 为拱脚竖向反力。设拱圈有 n 道腹板,则 $P=V_0/n$。计算截面如图 8-19 所示,根据图 8-18 中 $\overline{fg}$ 线以左或以右的荷载,按悬臂梁受力,即可算出任一截面的弯矩和剪力。拱脚水平反力 H_0 和弯矩 M_0 均不考虑。

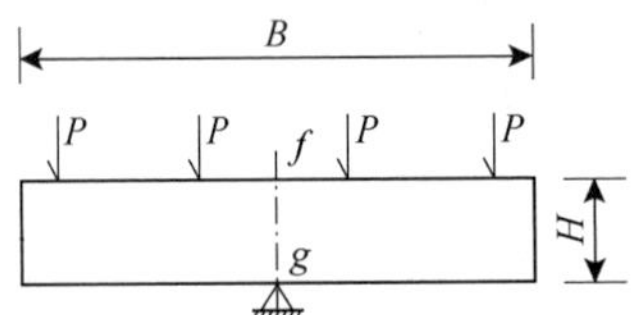

图 8-18　上盘磨心轴线横断计算图式

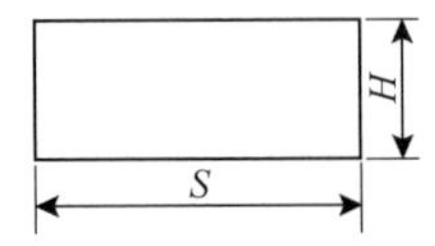

图 8-19　上盘纵断面计算截面

实际上上盘磨盖支承在磨心上,两者为弧形曲面接触承压,为面支承,并非点支承,上述按点支承计算弯矩是偏于安全的。

当背墙不是很厚时,在弯矩作用下,RC 结构难以满足承载力及抗裂要求,需在背墙靠岸一侧布置竖向预应力束,也称为背索。施工中背索与扣索分级交替张拉。

背墙与上盘也可以用有限元软件进行受力计算。如贵州花江大桥主跨 140m,上承式 RC 箱形拱,采用有平衡重平转施工。矢跨比 1/5,主拱圈为等截面悬链线无铰拱,为单箱三室截面,箱高 230cm,宽 755cm。转动体系总重 3800t。背墙高度 32m,厚度 3.54m,宽度 8.8m,上盘(含拱座)顺桥向宽 10.3m,厚度 3.5m,横向宽 10m。磨心轴线至起拱线的距离为 1.8m,磨心轴线至背墙尾端距离 6.24m,至上盘尾端为 8.5m。转动体系按平面模型,采用 MIDAS 软件计算内力与应力。上盘和背墙采用实体单元，扣、背索采用桁架单元，开口薄壁拱箱采用板单元模拟。拱圈上的钢筋笼、型钢骨架、混凝土横隔板作为荷载考虑。转动体系受力分析，还计入了降温 10℃的影响。背索与扣索分别进行 4 次张拉，共计 8 种工况。各工况计算结果表明，除扣索、背索锚固区域局部出现应力集中外，最大主拉应力为 0.57MPa（小于规范容许值 1.41MPa），最大主压应力为 8.05MPa（小于规范容许值 14.1MPa），均出现在扣、背索最后一次张拉完成时。扣索张拉控制应力取 0.38×1860 = 706.8MPa，安全系数 2.63；背索张拉控制应力取0.607×1860 = 1129MPa，安全系数 1.65，背索可视为背墙的竖向预应力。

不论用手算或电算，都可按计算内力对控制截面进行配筋或配预应力束，以满足承载力与抗裂的要求。在一些应力集中的局部区域难以按应力进行截面设计，但可根据应力的大小、方向与分布采取可靠的加强措施。如贵州普定小兴浪大桥，为主跨 122m 上承式 RC 箱型拱桥，矢跨比 1/5.9，拱圈为单箱三室截面，高度 2.1m，宽 8.4m，转动拱圈为开口箱，底板、腹板厚度均为 10cm，仅在拱脚附近加厚，顶板范围设钢筋笼，为永久性钢筋的一部分。转体总重 3800t。背墙厚度 4m，高度（含上转盘）26.17m，上盘厚度 3.18m，宽度 11.5m。转体拱圈合龙并浇注上、下盘之间的混凝土后，发现上盘左、右两侧有微裂缝。现场分析认为，上、下盘之间净空很小，混凝土灌注难以确保密实，造成局部应力集中，通过压入水泥浆进行了补强。采用 ANSYS 的实体单元 solid92 对上盘进行空间应力分析，得到表 8-5 所示结果。

上转盘（转体过程）**应力**（单位：MPa）　　表 8-5

内力	最大主应力	顺桥向 最大应力	横桥向 最大应力	竖向 最大应力	备　注
M_{max}	3.00	1.81	2.64	2.99	拉应力为正，压应力为负
M_{min}	−25.5	−7.8	−15.6	−14.5	

上盘及拱座均为 C40 混凝土，RC 结构。按 75 桥规，配箍筋及斜筋的主拉应力容许值为 2.55MPa，主拉应力超过容许值，压应力也较越大。所以上转盘在局部应力较大的区域可能发生微裂缝。在上、下盘空隙封闭及其后侧基坑混凝土灌注后，裂缝不会发展。但如在转动体系形成至转体完成的过程中，裂缝较多、宽度较大时，将降低其安全度并影响使用期的耐久性，必要时可对上转盘施加预应力。

3）转体过程下盘环道与磨心强度计算

转体过程中，转体总质量以磨心支承为主，下盘支承为辅。应分别对两者在最不利情况下进行受力分析计算。图 8-20 为环道与中心支承示意图。图中 D_1、D_2 为环道外缘及内缘的直径；d_1、d_2 为中心支承即磨心外缘及内缘的直径。d_2 即磨心中心钢转轴的直径，d_1 为磨心、磨盖可相对转动接触环的直径。环道宽度为 $c_1(D_1-D_2)/2$；环道中心带贴有聚四氟乙烯版，宽度为 c_2。

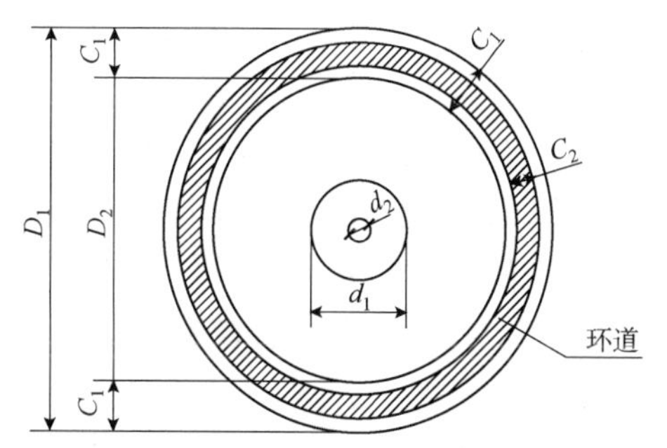

图 8-20　下盘环道及中心支承

作用于磨心及环道上的竖向力为全部转体质量，包括背墙、上转盘、转体拱圈、拉杆及配重等，令其为 $\sum G$，转动中心（即支承中心）至背墙尾端的水平距离为 X_0，由计算得到的转动体系重心至背墙尾端的水平距离为 X_e，即式（8-29）中的 e。为使环道受力达到实际上可能发生的最不利情况，在确定 x_e 值时，应注意图 8-16 中的 Δ 值的合理性，并有适当富余。环道水平截面上承受的偏心弯矩为：

$$M = \sum G \cdot (x_0 - x_e) \tag{8-31}$$

环道可以承压的总面积为$\frac{\Pi}{2}(D_1+D_2) \cdot C_2$，当出现 Δ 值的偏心时，环道系通过保险支腿（也称为保险支墩）将压力传给环道，所以环道并非全部承压。应根据实桥具体情况确定一个小于 1 的系数 β，以反映环道可能的承压面积 A_1，即：

$$A_1 = \frac{\pi}{2}(D_1 + D_2) \cdot C_2 \cdot \beta \tag{8-32}$$

中心承压面积为 A_2：

$$A_2 = \frac{\pi}{4}({d_1}^2 - {d_2}^2) \tag{8-33}$$

总承压面积为 A_1：

$$A = A_1 + A_2 \tag{8-34}$$

环道上聚四氟乙烯板圆环的截面模量为：

$$W = \frac{\pi}{32} \times \frac{D_3^4 - D_4^4}{D_3} \tag{8-35}$$

式中：$D_3 = \frac{D_1 + D_2}{2} + C_2$；$D_4 = \frac{D_1 + D_2}{2} - C_2$。

环道上聚四氟乙烯板承受的法向压应力为：

$$\sigma = \frac{\sum G}{A} + \frac{M}{W} \leqslant [\sigma] \tag{8-36}$$

式中：$[\sigma]$——聚四氟乙烯板的容许压应力，$[\sigma]$ = 8MPa。

中心承压面的截面模量忽略，偏于安全。

在转体过程中，有时是仅由磨心承担全部荷载，环道不承重，应按此种状态计算磨心的强度。磨心承压面的压应力 σ 可按下式近似计算：

$$\sigma = \frac{\sum G}{A_2} + \frac{\Delta M}{W} \tag{8-37}$$

式中：ΔM——转体过程竖向力合力对磨心中线偏心引起的力矩。应根据环道上保险支腿底面与环道面之间的空隙值确定可能出现的偏心弯矩 ΔM；

W——中心承压面的截面模量。

某大桥对转体过程中保险支腿与环道面紧密接触时的受力状态用 ANSYS 进行空间应力分析，保险支腿承担的最大竖向力可达转体总重的 34.69%，磨心相应承担 65.31%，磨心压应力最大值为 4.34MPa，实测值为 4.93MPa，计算时还考虑了水平力的影响。在这种情况下，聚四氟乙烯滑板变形较大，转体困难。所以应尽量控制 Δ 值与保险支腿和环道面之间的空隙，不宜过大。

实际上磨心与磨盖之间为相互平行并紧密接触的曲面承压受力。除竖向力外，还有水平力及摩阻力，应力状态复杂。属于材料力学中的第四强度理论（畸变能密度理论）问题。在磨心承压时将产生塑形变形。塑形流动主要取决于畸变能密度。理论上磨心强度应满足：

$$\sqrt{\frac{1}{2}[(\sigma_1-\sigma_2)^2+(\sigma_2-\sigma_3)^2+(\sigma_3-\sigma_1)^2]}\leqslant[\sigma] \tag{8-38}$$

式中，σ_1、σ_2、σ_3 为主应力，即主平面上的正应力。

由于材料塑形、徐变变形影响，磨心上的应力分布不均匀，但时间较长后趋于均匀。磨心磨盖不可能完全密合，有的论文指出，实际施工中，两者紧密接触面的面积，一般仅达到磨心表面积的 70%左右，故上述按磨心单独承压的近似计算所得的压应力可能偏小。设计时磨心磨盖承压范围内宜采用高强度混凝土，并采取提高抗压强度的措施，或适当增大两者的承压面积。

4）转体过程拱圈强度计算

由于背墙、上盘（含拱座）均为体积较大的结构，其刚度远大于转体拱圈及临时扣索，当按平面模型分析时，张拉扣索，拱圈脱离支架后，可取图 8-21 所示的计算简图。由于张拉时已把扣索的伸长量都消除到张拉端锚板后面去了，所以，扣索的伸长量在计算简图中的受力状态时应为 0，故应将拉杆的计算刚度取为很大，可取扣索实有弹性模量的 1000 倍。但在拱圈合龙以后，扣索未拆除之前，各工况的计算中，扣索则应取其实有刚度。图 8-21 中的刚性元 S 为扣索与拱桥轴圈之间的连接杆件。其长度 δ 为拱圈轴线至扣索中线的竖向距离。δ 值对拱圈内力影响较大，可以通过调整 δ 来优化拱圈内力。δ 取值应在构造设计容许的范围内。

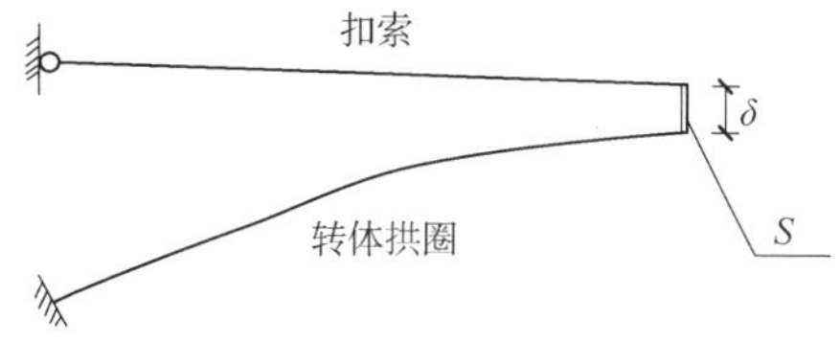

图 8-21　转体拱圈、扣索计算简图

强度验算的目标是：除扣索在拱圈的锚固点附近有拉应力外，拱圈各截面均为压应力，并使最小压应力接近 1MPa 左右。此时的扣索轴力即为其设计张拉力。按扣索的抗拉强度标准值计算，其安全系数宜在 2～2.5。

如主跨 140m 的贵州花江大桥，采用平面模型计算，张拉扣索使转体拱圈脱架后，整个拱箱几乎是全截面受压。转体过程中，仅拱顶处扣索锚固端局部应力集中，主拉应力为 1.23MPa，小于 RC 构件施工阶段混凝土主拉应力容许值 2.24MPa（C45 混凝土，按 80%设计强度计算的容许值）。主压应力远小于容许值。

又如主跨 122m 贵州小兴浪大桥，采用 ANSYS 按空间模型计算拱圈脱架后的应力，几乎全截面受压，最大压应力为 12.1MPa，小于 RC 构件施工阶段混凝土法向压应力容许值 21.44MPa（C50 混凝土，按 80%设计强度计算的容许值），仅拱顶下缘有 0.5MPa 拉应力。

从上述两例可以看出，只要对扣索张拉力与刚性元 S 的长度进行优化，就可以使拱圈在转体过程中几乎全截面受压，仅扣索锚固点附近需采取专门措施克服局部拉应力。

转体过程中还应注意动力效应对拱圈的影响。风荷载、转动机具运转不协调、克服摩阻力时的瞬时速度变化等因素，都可能对拱圈产生动力效应。按《公路桥涵设计通用规范》规定，可以采用结构自重乘以动力系数 1.2（或 0.85）的方法计入其影响。花江大桥拱圈计算计入动力系数 1.2 后，拉、压应力都有所增大，扣索锚固点主拉应力由 1.23MPa 增大为 1.48MPa。小兴浪大桥计入动力影响后，拱圈上缘出现 1.63MPa 拉应力。上述两桥因动力效应使转体拱圈的应力增大，但均小于容许值。

上承式 RC 箱形拱桥跨径在 150m 以内时，采用开口薄壁箱进行平转，结构分析计算表明，转体过程拱圈的强度与稳定可以满足规范要求，在局部应力较大部位采取加强措施后，施工过程是安全稳妥的，已为实践经验所证实。但在拱圈截面形成的过程中底板与腹板混凝土需进行两次浇筑，新旧混凝土的结合面范围大，且贯通大部分拱轴长度。新、旧混凝土结合面的抗剪、抗拉强度均低于原混凝土相应的强度，对耐久性有一定影响。结合面的构造设计与施工也较麻烦。在小兴浪大桥(主跨122m)施工中，曾提出将转体拱圈截面由原设计的开口箱截面改为仅有腹板(含横隔板)而无顶、底板的H形截面。为了详细了解这种截面转体过程的受力状况，用ANSYS块单元建模进行分析计算，得到以下结果：

(1)转体过程，拱圈基本上处于受压状态，压应力小于10MPa，变形较小，拱顶下挠14mm，$L/4$上挠5mm。

(2)转体过程，一阶稳定系数为5.813(侧弯失稳)，二阶稳定系数为8.68(竖弯失稳)。

(3)H形截面和龙后，浇底板过程，上缘出现最大主拉应力1.5MPa；浇顶板过程，上缘出现主拉应力1.5MPa。

转体过程与拱圈形成过程的受力情况满足规范要求。H截面与开口箱截面混凝土数量接近，转体总质量也相差不大。经过认真分析比较后，该桥仍采用原设计的开口箱截面，主要居于以下几点考虑：

(1)H截面拱圈合龙后，在高空安装或现浇底板施工难大、工期长。贵州六圭河大桥(主跨195m，天线缆索吊装施工)，拱圈为单箱三室截面，两个边箱先合龙成拱后，再在高空安装顶、底板，这一道工序的工期约6个月。

(2)底板与腹板的结合部仍存在新旧混凝土界面处理困难的问题。该处底板的双层钢筋需预埋在腹板下部，转体合龙后要在高空焊接，数量较大。

(3)由于底板被横隔板隔开，底板上存在很多横向施工缝；底板与腹板之间亦存在纵向施工缝，整体性受到影响，拱圈全截面的耐久性并不理想。

所以，不论开口箱截面或H形截面作为转体施工拱圈，都是可行的。两者相比较并无特别突出的优点。上承式特大跨径RC箱拱或肋拱，采用钢管混凝土劲性骨架平转合龙成拱后，再浇筑拱圈混凝土的组合法，是更为合理的施工方法。

5)转体拱圈稳定性计算

拱圈的稳定性应分别按纵向稳定(面内稳定)、横向稳定(面外稳定)和局部稳定进行计算。一般均采用第一类稳定理论(线弹性理论，分叉失稳)为计算依据。当采用稳定安全系数表达时，其值应大于或等于4~5(见《铁路桥涵设计基本规范》关于拱桥计算的规定)。特大跨径拱桥，当拱圈刚度相对较小时，非线性与挠度对稳定有明显影响，应按第二类稳定理论(极值点失稳)进行分析计算，稳定安全系数应大于2(参阅本书6.4节)。

《公路钢筋混凝土及预应力混凝土桥涵设计规范》(JTG D62—2004)第5.3.1条及第4.3.8条及其条文说明对拱圈的纵向稳定与横向稳定提出了计算公式；《铁路桥涵设计基本规范》(TB 10002.1—99)5.2.13条及其条文说明，也有拱圈整体稳定性分析计算的详细方法。一些实桥的算例说明，经与较精确的软件计算结果比较，对于一般大跨径RC拱桥，现行规范公式对拱圈纵向稳定性计算总体上是可靠的。拱的横向稳定分析则较为复杂，故规范指出：当板拱的宽度小于计算跨径的1/20时，应验算拱圈的横向稳定性。无铰板拱的横向稳定性宜用稳定计算程序验算，同时也可与简化方法作一比较。规范还指出：对于用横系梁连接的肋拱横向稳定，特大与大跨径拱桥宜用稳定程序计算。规范条文说明中介绍了上述两种简化计算方法。

当转体拱圈为开口薄壁箱形截面时,可以近似按双肋加横系梁的肋拱进行横向稳定验算,并与稳定程序计算结果进行比较。近似计算,首先要将开口箱截面等代转化为肋拱截面,如图 8-22 所示,具体代换以下两项。

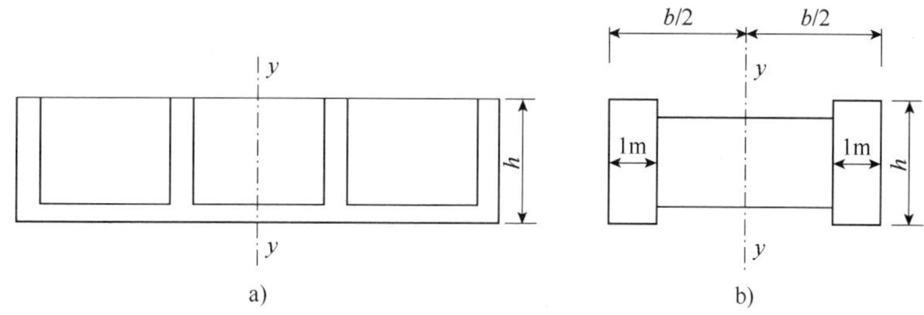

图 8-22　开口箱拱圈与双肋拱

a) 开口箱薄壁截面;b) 双肋实体截面

图 8-22 中 y-y 为拱圈截面的对称轴。设开口箱拱圈截面对 y-y 轴的横向惯性矩为 I_c,拱圈高度为 h,截面积为 A_C;双肋拱的高度为 h,两肋中距为 b,肋宽 e 设为 1m。

令 $2\left[\frac{1}{12}eh^3 + h \cdot e \cdot \frac{b}{2}\right] = I_c$,可得 $b = \frac{6I_c - eh^3}{6he}$,取 $e = 1\text{m}$,有:

$$b = \frac{6I_c - h^3}{6h} \tag{8-39}$$

对拱纵轴线的回转半径为:

$$r = \sqrt{\frac{I_c}{A_c}} \tag{8-40}$$

求得 b 及 r 后,便可按 JTG D62—2004 第 4.3.8 条条文说明介绍的公式,算出横向稳定计算长度 L_0,并查表得到纵向弯曲系数 Φ,按规范中式(5.3.1)验算开口箱的横向稳定性。

开口薄壁箱形截面腹板的局部稳定可以采用下述公式进行近似计算。

两道横隔板之间的腹板在轴向压力作用下,可近似按三边简支一边自由的矩形薄板在两端单向均匀荷载作用下计算临界荷载。计算简图如图 8-23 所示。腹板的临界荷载为:

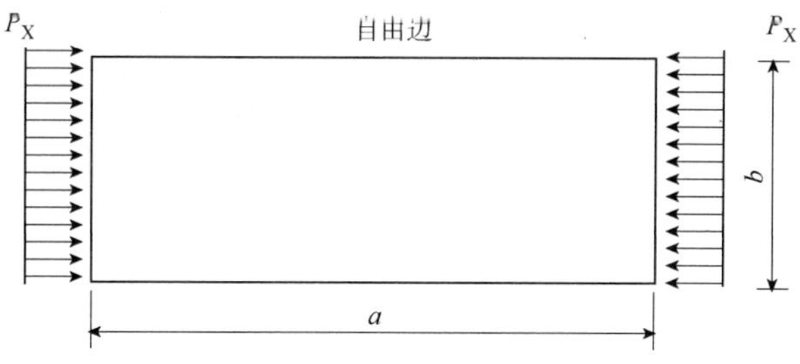

图 8-23　腹板局部稳定计算图

$$(P_x)_{cr} = K\frac{\pi^2 D}{b^2} \tag{8-41}$$

$$k = \left(0.425 + \frac{b^2}{a^2}\right) \tag{8-42}$$

式中：b——腹板的计算宽度，取底板上缘至自由边的高度；

a——腹板的计算长度，取两道横隔板之间的净距；

D——腹板的抗弯刚度，其值为：

$$D=\frac{E\cdot t^3}{12(1-r^2)} \tag{8-43}$$

式中：t——腹板的厚度；

r——混凝土的泊松比，$r=0.1\sim0.2$；

E——混凝土的弹性模量。

应满足

$$\frac{(P_x)_{\mathrm{cr}}}{P_{\mathrm{X}}}\geqslant 4 \tag{8-44}$$

P_{X}为腹板两端沿纵轴方向的均布荷载。根据转体过程中开口箱拱圈的最大轴向压力计算。

跨径150m以内的上承式RC箱形拱桥，当采用有平衡重平转法施工时，根据经验及规范确定的开口箱构造尺寸，转体过程的稳定安全系数一般情况下是满足规范要求的。下面两座大桥采用大型通用程序进行转体过程的稳定分析，其结果表明，按经验与规范拟定的构造尺寸，转体过程的稳定安全度是足够的。

实例一：湖北平地坝大桥，主跨132m上承式RC箱形拱桥，采用有平衡重平转法施工。该桥较详细情况见本书5.3节。

用大型通用程序nastran建立空间模型。拉杆、钢筋笼取为桁架单元；底板、腹板取为板单元。其中钢筋笼利用换算刚度及重量的杆元模拟。拉杆取实际刚度。按施工程序分阶段计算各工况的稳定安全系数。最不利情况发生在转体阶段，为整体面外扭曲失稳，稳定安全系数$k=5.86>4$。该桥转体开口箱拱圈底板、腹板厚度均为8cm，腹板局部失稳在二阶，均发生在整体失稳之前，最小的$k=9.87$。面内整体失稳的$k=9.09$，亦发生在二阶。

该桥还采用大型通用程序ANSYS建模，分析转体过程的受力状态。拱肋、拱顶隔板、背墙钢筋网片采用6698个壳单元（ANSYS中的SHELL13单元）；钢筋笼、保险墩采用39个杆单元（ANSYS中的Link8单元），64根拉索等效为24根只受拉的单向受力杆元（ANSYS中的Link10单元），背墙、上盘倒锥体采用7948个实体单元（ANSYS中的SoLID185单元）。计算考虑了腹板、底板因施工误差增厚1cm的影响。拉索的Link10单元施加的初张力通过输入单元的初应变来实现。初应变取0.0025～0.0032。最不利情况下拉索的强度最小安全系数为3.537，拱顶最大水平位移为6.71mm。一阶失稳均为整体面外弯扭失稳，最小$k=5.32$；腹板局部失稳最小$k=4.35$，均大于4，满足规范要求。

同一个计算项目，两种软件的计算结果有出入，所以，对程序计算结果，应根据实际情况以及按规范方法的计算成果进行对比分析，做出判断。

实例二：贵州普定小兴浪大桥，主跨122m，上承式RC箱形拱桥，跨比1/5.9，拱圈高度210cm，宽度840cm，单箱三室。采用有平衡重平转法施工。开口箱转体，底板、腹板厚度10cm，横隔板厚度一次做成，拱脚附近底板加厚至30cm，腹板加厚至25cm。顶板位置分段设置钢筋笼，为顶板永久性钢筋的一部分。转动体系总质量3850t。开口箱转体合龙后浇筑腹板、底板加厚混凝土，达到设计厚度。

采用大型通用程序的shell93单元进行弹性屈曲分析（未考虑开口箱顶面钢筋笼横撑的有

利作用),得到开口薄壁箱线弹性稳定系数为 8.492,第一阶失稳模态为扭转失稳。分析时假定扣索拉力均匀分布,否则稳定系数有所下降。

2001 年建成的贵州北盘江铁路大桥,为主跨 236m 上承式钢管混凝土拱桥,采用有平衡重平转法施工,转动体系质量 10400t。在转动体系的稳定性分析中,还计算了倾覆稳定系数。计算中考虑了转体重心可能发生的最大偏心距 0.2m 及风力 800Pa。得到倾覆稳定系数为 1.561(纵向)及 12.583(横向),设计要求应大于 1.5。

2010 年建成的云南大岩洞大桥,为主跨 160m 上承式 RC 箱形拱桥,采用有平衡重钢管混凝土劲性骨架平转法施工,转动体系质量为 5200t。在转动体系稳定性分析中,计算了倾覆稳定系数 k,沿纵向前倾时 $k=1.58$;沿纵向后倾时 $k=1.88$;沿横向倾覆时 $k=2.71$。

计算分析表明,拱轴线分别为悬链线、圆曲线和二次抛物线时,拱圈的线弹性稳定系数相差不大,约为 2.5%;拱上建筑为简支板梁桥面连续时,拱圈线弹性稳定系数相差也不大,约为 3.5%,系按跨径 150m 上承式 RC 箱形拱,用 ANSYS 建模进行分析所得结论,参见参考文献[238]。

6)转体施工的几项计算

(1)转动体系拉杆水平倾角计算

拉杆采用钢绞线时,空中线形为悬链线,为使拉杆两端锚具与锚垫板垂直,受力均匀,应计算出钢绞线自重作用下两端的水平倾角,以便正确安装锚垫板。

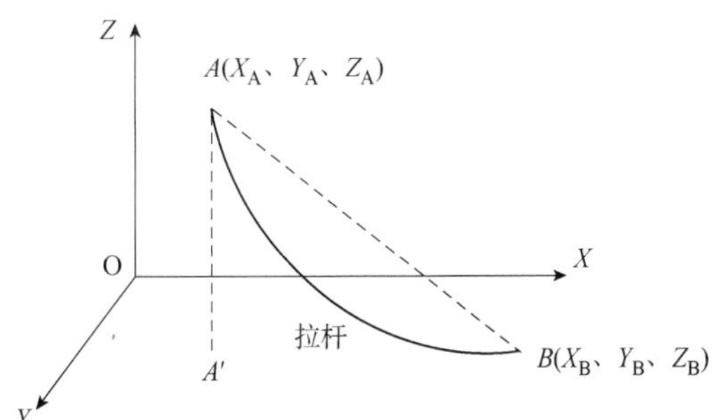

图 8-24　拉杆的空间位置

图 8-24 表示拉杆的空间位置,已知拉杆两端点 A、B 在空间坐标为 $A(x_A、y_A、z_A)$,$B(x_B、y_B、z_B)$。设拉杆的自重为 q_0(单位 kN/m),拉杆的截面为 F(单位 m^2),拉杆弹性模量为 E(单位 kN/m^2)。A、B 两点的高差为 $C=Z_A-Z_B$,则 A、B 两点在 YOX 平面上的投影长度为:

$$l=\sqrt{(x_A-x_B)^2+(y_A-y_B)^2} \tag{8-45}$$

A、B 两点连成直线,在空间的长度为:

$$l_0=\sqrt{C^2+l^2} \tag{8-46}$$

不计拉杆自重时,拉杆的设计张拉力为 H_p,其水平分力为 $H_0=H\cdot l/l_0$,计入 q_0 及 H_0 后拉杆的拉力 H 按式求解:

$$H^3-H_0H^2-\frac{E\cdot F\cdot q_0^2l^7}{24l_0^5}=0 \tag{8-47}$$

在 q_0 及 H_0 作用下,拉杆两端 A、B 点的水平倾角按下式计算:

$$\tan\alpha_A=\frac{c}{l}+\frac{q_0l}{2H} \tag{8-48}$$

$$\tan\alpha_B=\frac{c}{l}-\frac{q_0l}{2H} \tag{8-49}$$

算例:某平转法施工的上承式 RC 箱形拱桥,转动体系中的拉杆两端锚固点 A、B 的水平距离为 $l=66.925$m,两点的高差 $C=1.002$m,A、B 两点的直线长度为 $l_0=\sqrt{1.002^2+66.925^2}=$

66.933m。拉杆采用抗拉标准强度为1860MPa的低松弛钢绞线,按单根计算有关参数。有效截面积 $F=140\text{mm}^2$,弹性模量 $E=1.95\times10^5\text{MPa}$,延米自重 $q_0=0.01101\text{kN/m}$,不计拉索自重时,拉索的设计张拉力为:

$$H_P=1860\times140/2.5=104160\ \text{N}=104.16\ \text{kN}(2.5\ 为安全系数)$$

H_P 的水平分力为

$$H_0=104.16\times\frac{66.925}{66.933}=104.15\text{kN}$$

计入 q_0 及 H_0 后拉索的拉力 H 按下式求解:

$$H^3-H_0H^2-\frac{E\cdot Fq_0{}^2\cdot l^7}{24l_0^5}=0$$

式中常数$\dfrac{E\cdot F\cdot q_0^2l^7}{24l_0^5}=\dfrac{1.95\times10^8\times0.000140\times0.011012\times66.925^7}{24\times66.933^5}=617.23$

上述方程为 $H^3-104.15H^2-617.23=0$,解出 $H=104.25\text{kN}$

A、B 两点水平倾角 $\alpha_A\alpha_B$ 计算如下:

$$\tan\alpha_A=\frac{c}{l}+\frac{q_0\cdot l}{2H}=\frac{1.002}{66.925}+\frac{0.011\times66.925}{2\times104.25}=0.018506$$

$$\alpha_A=1.060196°$$

$$\tan\alpha_B=\frac{c}{l}-\frac{q_0\cdot l}{2H}=0.011438$$

$$\alpha_B=0.655149°$$

A、B 两点为直线连接时的水平倾角为 $\arctan\dfrac{1.002}{66.925}=0.85777°$。

(2)转动体系牵引力

转动体系一般采用千斤顶启动,其启动力应满足下式:

$$P_{顶}\geqslant\frac{M_{阻}}{2R_1}\tag{8-50}$$

式中:$P_{顶}$——转动体系从静止开始转动时的千斤顶最小顶力;

R_1——千斤顶顶推点至转动体系转动中心的半径;

$M_{阻}$——摩阻力产生的摩阻力偶,按下式计算:

$$M_{阻}=M_{阻1}+M_{阻2}\tag{8-51}$$

$M_{阻1}$——支腿在环道上产生的摩阻力偶;其值为:

$$M_{阻1}=Gf_2R_2\tag{8-52}$$

G——转动体系总重。

f_2——支腿与环道的摩擦系数,支腿与环道面之间设置聚四氟乙烯滑板时,摩擦系数可取0.05;

R_2——支腿中心对于转动中心的力臂,一般为环道中心的半径;

$M_{阻2}$——磨心部分摩阻力偶;其值为:

$$M_{阻2}=\frac{4}{3}G\cdot f_1\cdot R_3\times0.9=1.2G\cdot f_1\cdot R_3\tag{8-53}$$

式中：f_1——磨心顶部球面的摩擦系数。无实测资料时，可近似取静摩擦系数 0.1～0.12；动摩擦分数 0.06～0.09。计算 $P_{顶}$ 时 f_1 取静摩擦系数；

R_3——磨心顶部球面的半径。

转动体系启动后，转体过程的牵引力应满足下式：

$$P_{牵} \geqslant \frac{M_{阻}}{2R_1} \tag{8-54}$$

式中，$M_{阻}$仍按式(8-51)计算，但应采用动摩擦系数。

转运过程中，如转体总重仅由磨心单位承重，则 $M_{阻1}=0$。

算例：某大桥主跨 122m，上承式 RC 箱形拱桥，转体总重 3850t，由磨心承重，环道上设保险支腿，作为辅助支承。环道中线半径 $R_2=4.95\text{m}$，磨心顶部球面半径 $R_3=5.05\text{m}$，其静摩擦系数近似取 $f_2=0.12$。启动时，转体总重 G 由磨心单独支承，则千斤顶的顶力应满足：

$$P_{顶}=\frac{M_{阻2}}{2R_1}=\frac{1.2\times3850\times0.12\times5.05}{2\times4.95}=\frac{2800}{2\times4.95}=2828\text{kN}$$

千斤顶在环道中心上施顶，$R_1=4.95\text{m}$。

$M_{阻1}=Gf_2R_2=3850\times0.05\times4.95=95.3\text{kN}\cdot\text{m}$，摩擦系数 f_2 取 0.05。

可得 $M_{阻}=M_{阻1}+M_{阻2}=953+2800=37530\text{kN}\cdot\text{m}$

则 $P_{顶}\geqslant\frac{M_{阻}}{2R_1}=\frac{3753}{2\times4.95}=3791\text{kN}$，如启动时，除千斤顶顶推外，再辅以钢绳牵拉力 T，则千斤顶的顶力可降为 $P_{顶}-T$。

转动中，一般均由磨心单独承力，此时 $M_{阻}=M_{阻2}=1.2\times3850\times0.07\times5.05=16330\text{kN}\cdot\text{m}$，故转动过程中牵引力应满足：

$$P_{牵}\geqslant\frac{M_{阻}}{2R_1}=\frac{1633}{2\times4.95}=1650\text{kN}$$

计算 $M_{阻2}$时，取动摩擦系数 $f_1=0.07$。

(3)拉杆拉力现场实测计算

施工现场通常采用简易方法实测拉杆的振动频率或周期，可近似计算获得拉杆的实有拉力。

拉杆拉力：

$$P=\frac{4L^2W}{GT^2} \tag{8-55}$$

式中：P——拉杆拉力(kN)；

L——拉杆两端锚固点之间的距离(m)；

W——拉杆的单位长度重量(kN/m)；

G——重力加速度(m/s^2)；

T——拉杆钢绞线或钢筋的振动周期(s)。

算例：某桥用 Φ25 钢筋作拉杆，$W=0.385\text{kN/m}$，$L=27.4\text{m}$。在两端锚固点中部提起钢筋再放下使其产生有规律的上、下振动，用普通秒表记录振动次数 131 次，时间 50s，则 $T=\frac{50}{131}=0.382\text{s}$，可得拉杆拉力为：

$$P=\frac{4L^2W}{GT^2}=\frac{4\times 27.4^2\times 0.0385}{9.81\times 0.382^2}=80.766\text{kN}$$

多座实桥施工现场实测拉杆的拉力，一般误差在5%左右。

8.5.2 负角度竖转施工上承式混凝土拱桥受力分析

最早采用竖转法施工的拱桥为1954年建成的意大利鲁斯亚人行桥，跨径70m。随后，除在上承式混凝土拱桥较多采用竖转法施工外，也在多跨梁桥上采用，详见参考文献[244]。国内还推广用于特大跨径的中承式钢管混凝土拱桥以及钢箱拱桥(与连续梁协作)。国内外采用竖转施工法施工的部分拱桥列于表8-6。

从表8-6可以看出，国内在2007年以前，各类拱桥的竖转均采用从下往上的转体方式，有了较成熟的设计施工经验。1986年以后，德国和日本建成多座从上往下负角度竖转施工的上承式RC拱桥。当时国内这方面还无实例。日本神原溪谷大桥针对于竖向转体过程中拱肋的动态变化提出了两次落拱不同受力模式的基本概念：从拱肋起始位置往下转体到达某个中间位置(该桥竖转角从0°~20°时)，拱肋需要在后方扣索与前方牵引索共同协调作用下方可实现缓慢而均匀地向下转动，称为第一次落拱；过了这个中间位置(该桥为竖转角大于20°以后)，可以仅由后方扣索进行控制，依靠拱肋自重缓慢而均匀地继续向下转动，最终达到设计的合龙位置，称为第二次落拱。

国内外竖转施工的部分拱桥　　表8-6

序号	桥　名	跨径(m)	竖转方式	桥　型	建成年份	附　注
1	四川大田口渡槽桥	100	正角度	RC桁架拱	1985	矢跨比1/6，上承式拱
2	南昌体育馆大拱	88	正角度	RC大拱	1989	钢管混凝土拱形骨架竖转
3	四川广元三滩沟桥	60	正角度	RC刚架拱	1990	桥面宽8m，全长83m
4	四川广元杨家沟桥	60	正角度	上承式RC拱	1991	
5	广西梧州桂江三桥	40+175+40	正角度	中承式拱	1999	三跨连续自锚中承式钢管混凝土拱桥
6	徐州京杭运河桥	56.5+235+56.5	正角度	中承式拱	1989	三跨自锚式钢管混凝土中承式系杆拱桥
7	广东广州丫髻沙桥	76+360+76	正角度	中承式系杆拱	1999	竖转与平转相配合，钢管混凝土系杆拱
8	广东佛山东平桥	43.5+95.5+300+95.5+43.5	正角度	钢箱拱	2006	竖转与平转相配合，钢箱拱与连续梁协作
9	贵州务川珍珠桥	120	负角度	上承式RC拱	2007	双箱肋拱
10	意大利鲁斯亚桥	70		人行拱桥	1953	
11	南非斯托姆斯河桥	100		上承式混凝土拱	1954	
12	德国阿根托贝尔桥	145	负角度	上承式双铰RC拱	1986	桥宽14m，单箱双室，高度2~3.5m
13	日本内之浦桥	37	负角度	上承式RC拱	1988	桥宽6.2m，矩形拱肋宽4.6，高0.8m

续上表

序号	桥 名	跨径(m)	竖转方式	桥 型	建成年份	附 注
14	日本城址桥	82	负角度	上承式RC拱		桥宽12.8m,单箱双室拱肋,高度2m,劲性骨架竖转
15	日本千寻桥	60		混凝土拱桥	1992	
16	日本三贯目桥	90		混凝土拱桥	1999	
17	日本神原溪谷桥	135	负角度	上承式RC拱	2002	不对称双肋拱,两拱脚高差12m
18	西班牙里奥内维翁A桥	60		混凝土拱桥	2001	
19	西班牙里奥内维翁B桥	60		混凝土拱桥	2003	
20	西班牙米拉弗洛雷桥	132		混凝土拱桥	2005	
21	湖北宜昌莲沱桥	114	正角度	中承式拱	1998	三跨钢管混凝土系杆拱,矢跨比1/3,拱肋高3m,哑铃形

注:德国阿根托贝尔桥,另一份资料的跨径为150m。

贵州务川珍珠大桥(该桥基本情况可参阅本书5.3节实例三),为国内首座采用负角度竖转施工的上承式RC肋拱桥。竖转过程的拱肋受力分析及需要采取的工程措施,成为确保拱肋施工安全的关键。转体设计与监控单位,在这方面进行了探讨和创新,为负角度竖转拱肋受力分析提供了理论依据。要点如下:

(1)负角度竖转过程是一个动态过程,通过交替张拉牵引索和放松扣索来实现。随着拱肋旋转角度的不断改变,牵引索和扣索的无应力索长也不断改变,拱肋的弯矩也不断变化。负角度竖转从理论上可视为一个大变形过程。整个过程分为若干个荷载步,并求解每个荷载步的平衡状态。因此,负角度竖转体过程是一个大转动的几何非线性问题。在按几何非线性问题进行求解的过程中,应按牵引索、扣索无应力长度的变量对杆单元切线刚度矩阵进行修改,以消除不考虑无应力长度改变引起的较大误差,详见参考文献[245]。

索的无应力长度l_0,是指在气温20℃、索中应力为0时的索曲线长度。当索在自重及各种外荷载作用下发生伸长量ΔS时,则索的无应力长度为索的几何曲线长度S与伸长量ΔS之差值,即$l_0 S-\Delta S$,l_0为柔索计算中的重要参数之一。珍珠大桥竖转前扣索的无应力长度为69.9396m,当拱肋竖向转动角度为15.35°后,扣索无应力长度为81.6151m,变化值达11.6755m。所以,进行有限元分析时,应对杆单元的切线刚度矩阵进行修改。

(2)珍珠大桥竖转过程分为两个阶段,类似日本神原溪谷桥的两次落拱。第一阶段拱肋从初始位置(竖转角为0°)竖转至15.93°,这个阶段的转体是通过逐步放松扣索与同时逐步张拉牵引索来共同实现转动。并通过调整扣索与牵引索的索力以主动控制拱助的应力与裂缝宽度。第二阶段从竖转角15.93°继续向下转动,最后到达合龙前的设计位置。这一阶段在扣索的控制下,依靠拱肋的自重,能自行缓慢而均衡地向下转动,不再需要牵引索的拉力,故可以解除牵引索。在第二阶段采取的一个重要技术措施,就是在转体拱肋的两端设置并张拉临时系杆,主动地控制本阶段拱助的弯矩与裂缝宽度。

(3)转体过程采用大变位非线性有限元分析计算全过程的结构行为。扣索、牵引索、系杆采用索单元模拟，拱肋采用梁单元模拟，拱肋与后背的岩体接触依托，采用无间隙受压间隙元模拟。计算简图如图 8-25 所示。

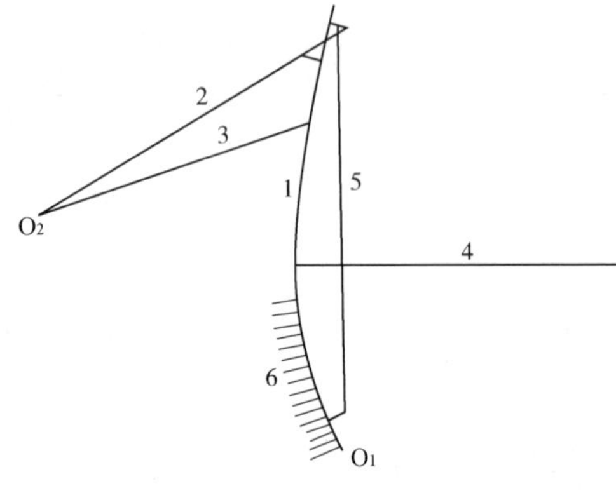

图 8-25　竖转过程计算模拟

图中各部名称：O_1 为转动铰；O_2 为扣索转向点；1 为拱肋；2 为转体扣索；3 为临时扣索，4 为牵引索；5 为系杆；6 为拱肋后背无间隙受压间隙元。图示为竖转角 0°时的拱肋位置。

计算结果：除扣索锚固点外，竖转过程拱肋最大拉应力不超过 0.8MPa；最大裂缝宽度不大于 0.14mm。扣索锚固点附近上缘最大拉应力 1.8MPa，该区域局部加强配筋后，最大裂缝宽度为 0.17mm。整个转体过程受力满足规范要求。详见参考文献[245]、[246]。

8.5.3　转体施工精度要求

当施工产生的误差在满足施工技术规范规定并符合设计要求的情况下，从“容错设计”的思路考虑，桥梁的结构设计与结构计算，应该计入容许误差的不利影响，并采取必要的措施，使设计或计算符合规范的要求。根据现行施工技术规范和实桥设计、施工的经验，将平面转体施工有关的精度要求汇总如表 8-7，供设计施工参考。

平面转体施工精度要求　　表 8-7

序号	项 目 名 称	精 度 要 求
1	各部分构件的重量误差	≤±2%
2	拉杆设计拉力与实测拉力之差	≤5%
3	转体部分桥轴线长度误差、立面误差	长度≤±L/5000、立面≤±10mm
4	环道道面应水平，3m 长度内平整度误差	≤1mm
5	环道道面径向对称点的高差	≤环道直径的 1/5000
6	磨心表面按同心圆半径间距 15cm，测点间距 20cm，同心圆弧上各测点的高层	≤1mm
7	磨心侧模板的半径、磨心顶面高程的误差	≤1mm
8	拱圈转体合龙后，拱顶高程与设计高程的误差	≤±20mm
9	拱圈转体合龙后，任一横断面两侧边缘的高差	≤10mm
10	磨心中线的钢转轴定位误差	≤±2mm
11	转动速度，以转体拱圈悬臂端的线速度控制	≤1.5~2m/min
12	预制构件尺寸误差、质量误差	尺寸≤±5mm、质量≤±2%
13	拱圈合龙温度与设计温度相关 3℃或影响高程±10mm 时	按实际温度修正合龙高程

8.6　上承式混凝土拱桥温度、混凝土收缩徐变效应分析

8.6.1　温度效应的一般性概念

引起混凝土桥梁内部温度变化的主要作用有年温度变化、日照温度变化、骤然降温以及混

凝土凝固过程中产生的水化热等 4 种。

年温度变化对结构物的作用是长期而缓慢的,总的效应是使结构物发生周期性的温度均匀上升和均匀下降。在无约束的方向引起构件的伸长或缩短,不会引起构件产生内力或应力。但当伸缩位移受到约束,将在结构中产生温度内力。年温度变化的幅度,结构分析时应取当地历年最高日平均温度与最低日平均温度的差值,并根据桥梁合龙施加约束时的设计温度,分别计算最高有效温度标准值和最低有效温度标准值。

日照温度变化,是指结构物在太阳直接辐射时,在短时间内结构物的表面迅速升温,并传导至内部,但温度很快下降,形成外高内低的梯度温度分布。日照温度变化很复杂,影响因素多,主要有太阳辐射、地面反射、气温变化、风速,结构物方位、厚度以及地理纬度等。但有关规范均根据实测资料进行统计分析后,直接规定梯度温度的数值及分布曲线,且均为非线性分布。对于静定结构,在非线性梯度温度作用下,如简支梁在挠曲变形时,因要服从平截面假定,导致截面上纵向纤维因温差的伸缩受到约束而产生纵向约束自应力。这种在截面上自相平衡的约束应力称为温度自应力 δ_s^0,也称为自约束应力,沿截面高度非均匀分布,但截面全高度的总和为 0,对截面重心轴的力矩总和也为 0,所以,在截面上无温度内力作用。对于超静定结构,非线性梯度温度除了产生自约束应力外,还产生因多余约束阻止结构挠曲而出现温度次内力,相应的截面纤维应力称为外约束应力 δ_s^1。此时截面某一高度处纤维的总应力为自约束应力与外约束应力之和。截面上有因梯度温度引起的内力,对连续刚构这类超静定结构,年温度变化会在截面上产生法向应力 δ_t。此时,截面某一高度处纤维的法向力应包括年温度变化应力 δ_t 与日照温度变化产生的约束应力 δ_s^0、δ_s^1。以上为箱梁的纵向计算情况。当进行横向计算时,箱形截面为超静定结构,在竖向非线性梯度温度作用下,在纵向断面上产生自约束法向应力和外约束法向应力。

骤然降温,可能由以下两种自然状态引起:

(1)白天日照强烈辐射,但日落以后,结构外表的温度迅速下降,但其内部温度变化较小,形成外低内高的梯度温度,故也可称为日照反温差。

(2)在冷空气侵袭下,引起结构内高外低的梯度温度。

一般情况下,寒流降温(即冷空气侵袭)不会使桥梁结构发生弯曲变形。因为在寒流降温时,沿桥长方向的温度分布是大致均匀的,且沿梁周围的温差分布也是近似均匀的。所以,梁的纵向计算应该用日照辐射在日落以后形成的反温差。但由于箱梁在横断面上沿板厚方向的温差分布是非线性的,则产生相应的框架约束应力。寒流降温引起的箱壁温差可达 10℃以上,由此产生的拉应力比日照反温差拉应力大,所以,箱梁横向计算应采用寒流降温引起的温度梯度。

混凝土与钢的线胀系数很接近,在均匀温度场下两种材料能够协同工作,不会发生相对滑移。但混凝土的比热容是钢的 2 倍,当环境温度升高时,吸收保有的热量是钢的 2 倍;钢的导热系数是混凝土的 20~30 倍,传热速度比混凝土快得多。所以,混凝土容易冷热不均,加之抗拉强度较低,温度变化较大时,易于发生裂缝。上述由于外部环境引起的温度变化,其热源属于外部。而在施工阶段混凝土浇筑和养护过程中因水泥的水化热反应,则会使混凝土内部温度升高,属内部热源。在内部热源的作用下,从内到外形成梯度温度,在结构尺寸较大的方向,会产生较大的温差应力,导致早期混凝土开裂。一般情况下,为了避免水化热产生的不利影响,多从设计、施工方面采取工程措施。对于特别重要的结构,可以采用三维有限元软件进行分析。如 ANsys 程序对现浇混凝土的水化热效应进行数值模拟,计算出混凝土的热效应应力分布。

8.6.2 混凝土徐变收缩的一般性概念

收缩是混凝土结构因自身原因并在一定的外界条件下长期持续变形的一种特性,是混凝土体积不稳定的表现。徐变是在持续应力作用下,水泥胶凝体因黏稠变形、水分的渗出或转移、局部破裂及重结晶等产生的缓慢变形。而收缩的产生则与应力无关,主要是由于干燥引起的吸附水蒸发转移以及二氧化碳导致的混凝土碳化收缩等。

在荷载作用下,混凝土结构除发生瞬时弹性变形外,还会发生随着时间持续增长的变形,称为徐变变形。徐变在加载初期发展特别快,而后逐渐减慢,其延续时间可达数年,甚至更长。混凝土收缩变形,不依赖于荷载,在这点上与徐变变形有明显的区别。在无约束情况下,收缩会产生随时间而变化的变形。收缩应变初期发展较快,以后逐渐减慢,其延续时间同样很长,可达数年,甚至更长,但在混凝土内不会产生应力,如变形受到约束,会在混凝土内部产生收缩应力。

影响混凝土徐变、收缩的因素众多,如表 8-8 所列。

影响混凝土徐变、收缩的因素 表 8-8

序　　号	内 部 因 素	外 部 因 素
1	集料种类	环境温度
2	水泥品种	环境湿度
3	配合比	环境介质
4	水灰比	加载(或干燥)龄期
5	外加剂	荷载持续时间
6	构件外形尺寸	环境循环次数
7	搅拌捣固	卸荷时间
8	养护时间	应力分布
9	养护温度	应力大小
10	养护湿度	加载速度

注:外部因素中序号 5~10 仅适用于徐变。其余两者均使用。

在混凝土原材料既定情况下,影响徐变、收缩的主要因素有:相对湿度、构件理论厚度、加载龄期和混凝土强度。混凝土强度是集料、水泥品种、配合比等参数的综合反映。混凝土强度越高,徐变与收缩的终极值越小,加载龄期仅对徐变有影响。加载龄期越早,徐变越大,且随着加载龄期的减小,早期徐变发展速度越快。对于配筋混凝土结构,钢筋对混凝土徐变、收缩有影响。钢筋对收缩应变抑制作用较大,RC 结构最大体内、体外收缩应变分别较素混凝土最大体内、体外收缩应变缩小 34.5%和 36.2%。RC 结构分析时如忽略配筋影响,势必带来较大误差。

8.6.3 混凝土徐变、收缩定量分析的表达式

根据目前的试验与理论研究水平,对混凝土徐变、收缩的定量描述,一般先假定数学模式,再通过大量试验进行拟合。采用徐变系数来表征徐变变形的大小,采用收缩应变来量度收缩变形。

徐变系数定义为徐变变形与弹性变形的比值。如当棱柱体试件的高度为 L,在受到轴向

荷载后的混凝土瞬时弹性变形为 Δ_e，其后产生的随时间变化的徐变变形为 Δ_c，则徐变系数为：

$$\varphi = \frac{\Delta_c}{\Delta_e} = \frac{\Delta_c / L}{\Delta_e / L} = \frac{\varepsilon_c}{\varepsilon_e} \tag{8-56}$$

式中：ε_c、ε_e——徐变应变、弹性应变。

徐变系数的表达式主要有以下 3 种：指数函数模式、各项求和模式与各项连乘积模式。目前大多数规范均采用连乘积模式，其中没有将徐变划分为初始徐变、滞后弹性徐变和滞后徐变。如欧洲混凝土协会（CEB）与国际预应力协会（FIP）的 90 模式和美国 AASHTO 桥梁设计规范（2007 年版）即采用连乘积模式。我国公路桥规（2004 年版），经过适当简化后亦采用这种模式。我国铁桥规（TB 10002.3—2005）和我国公路桥规（1985 年版）则采用 CEB-FIP78 模式（为各项求和模式）。

混凝土收缩变形是通过收缩应变来定量表达的。国际上流行的有 CEB-FIP78 模式、CEB-FIP90 模式和美国 ASSHTO 规范的计算模式。我国公路桥规（2004 版）亦采用 CEB-FIP90 模式。公路桥梁常用的软件“桥梁博士”（同济大学开发）、MIDAS（韩国开发）采用 CEB-FIP90 模式。混凝土徐变系数与收缩应变的具体定量数学表达式见上述有关规范。

8.6.4　混凝土徐变、收缩引起结构次内力的条件

受徐变变形影响，结构产生次内力有下列几种情况：

（1）结构必须发生体系转换（指结构约束条件改变）即由静定结构转换为超静定结构，或低次超静定结构转换为高次超静定结构。在这些情况下，从前期结构中继承下来的内力状态所产生的徐变变形增量会受到后期结构的约束，从而导致结构内力重分配。

（2）超静定结构各部分徐变系数不同，导致各部分的徐变变形不一致，但由于结构的变形连续性，即有相互约束，由此会产生结构次内力。

（3）结构外加约束程度的改变，如支座的不均匀沉降。外加约束程度会影响初始结构的时变增量，所以会产生徐变次内力。

混凝土收缩变形，对静定结构不产生次内力；对于超静定结构，将在收缩变形受到约束的情况下产生次内力。混凝土连续梁因梁长方向可以伸缩，不考虑混凝土收缩引起的次内力。对于连续刚构与无铰拱等超静定体系，则应按收缩应变计算次内力。

8.6.5　上承式混凝土拱桥温度效应分析

上承式混凝土拱桥绝大部分为无铰拱，就无铰拱的温度效应进行讨论。

对于上承式 RC 箱形拱桥，由于有拱上建筑的遮挡，且桥面一般多为横向悬臂板，拱圈宽度较桥面宽小得多，故日照温度变化及其反温差对拱箱的影响较小。《公路圬工桥涵设计规范》（JTG D61—2005）规定，箱室内外温度作用效应，当无可靠资料时，箱室内外温差可按不低于 5℃计算，并在条文说明中指出，对于气候温和地区是可行的，但是对于温度变化骤冷骤热地区，其值应予增加。按此项规定分析计算箱室内外温差引起的温差效应是基本符合实际的。

对于年温度变化引起的温度效应分析算，在新桥规实施后，在上承式 RC 箱形无铰拱桥设计中出现了两种分析方法：

第 1 种是按新桥规第 5.1.8 条规定，即“计算拱圈的温度变化和混凝土收缩影响时，作用效应可以乘以下列系数，温度作用效应：0.7；混凝土收缩作用效应：0.45”。计算中不计混凝土

徐变变形的影响。即认为上述折减系数,是因为考虑徐变而采用的。

第 2 种按新桥规,认为当 RC 拱圈截面配筋率满足最小含钢率时,应按钢筋混凝土拱圈进行计算。而新桥规,没有规定对温度作用效应进行折减,故不应乘以折减系数。但计算中应计入混凝土徐变与混凝土收缩的应变值。

两种分析方法得到的拱圈组合弯矩相差较大。在同样条件下,第 2 种方法拱圈的纵向主筋往往大于第 1 种方法的配筋。

工程界早就注意到温差应力的理论计算值往往大于实际的温差应力值甚多,两者相差可达 50%。如混凝土无铰拱,按理论计算的温差应力值,已能使结构达到开裂破坏的程度,但实际上仍可正常使用。国外有的学者早在 1978 年通过试验认为,实测的温差应力比计算的温差应力要低 34%~44%,这部分应力减小是由于混凝土徐变引起的。新桥规的条文说明,对于徐变作用下混凝土温度变化效应与混凝土收缩效应的折减系数,根据有关文献的论述做了说明,其结论与上述试验结果一致。

徐变变形的存在,导致实际的年温差应力的降低,这主要是混凝土的弹性模量的问题。铁道部科研院西南研究所对温差应力的弹性模量作了试验研究,结果表明:短时间的温度变化(如日照辐射温差)所产对应力、应变关系,其计算弹性模量与混凝土的实有抗压弹性模量相同,几乎没有变化。因此,在计算分析日照变化等短时温度荷载作用时,混凝土的弹性模量仍取一般应力计算时所采用的抗压弹性模量。而年温差为长时期作用的温度荷载、变化速度十分缓慢,仅相当于日温变化率的 1/200,因此,混凝土结构中的应力、应变变化也就十分缓慢,混凝土中各种应变能充分发生,致使在年温度变化荷载作用下,会产生更大的应变值,故混凝土的弹性模量也就比较小。参考文献[45]建议,暂可根据国内外有关规范及试验资料,对年温等长期温度荷载的温差应力计算,采用 0.5 倍抗压弹性模量。

国内外部分规范、资料温度应力计算弹性模量的取值列于表 8-9。

国内、外部分规范与资料弹性模量取值 表 8-9

<table>
<tr><th>国家</th><th>温 度 荷 载</th><th>计算弹性模量值</th><th>备 注</th></tr>
<tr><td rowspan="2">瑞士</td><td>日温度变化荷载</td><td>$E_b = 190000\sqrt{\beta w}$</td><td rowspan="2">$\beta_W$ 为立方体强度,SIA-162</td></tr>
<tr><td>季温度变化荷载</td><td>$E_i = \frac{2}{3}E_b$</td></tr>
<tr><td rowspan="2">法国</td><td>24h 内短时温度荷载</td><td>$E_1 = 21000\sqrt{\sigma}$</td><td rowspan="2">钢筋混凝土烟囱设计规范 AITBTP(1971)</td></tr>
<tr><td>长期作用的温度荷载</td><td>$E_V = 7000\sqrt{\sigma}$</td></tr>
<tr><td rowspan="3">德国</td><td>日温度变化荷载</td><td>$E_1 = E_b$</td><td rowspan="3">E_b 为混凝土抗压弹性模量</td></tr>
<tr><td>寒流降温荷载</td><td>$E_2 = 0.5E_b$</td></tr>
<tr><td>年温温度荷载</td><td>$E_3 = 0.2E_b$</td></tr>
<tr><td rowspan="2">中国</td><td>日温度变化荷载</td><td>$E_1 = E_b$</td><td>E_b 为混凝土抗压弹性模量</td></tr>
<tr><td>年温度变化荷载</td><td>$E_2 = 0.5E_b$</td><td>红水河铁路大桥实测资料</td></tr>
</table>

可以认为,在计算年温度作用产生的效应时,应较大幅度地降低混凝土的计算弹性模量已是国内外业界的共识。

在苏通大桥辅航道桥连续刚构收缩、徐变研究中,通过理论分析与试验值比较后发现,随着配筋率的增大,收缩应变、徐变系数的计算值与试验值均有一定程度的减小。配筋率在适当范围内变化,收缩应变有 25%的浮动,徐变系数的变化范围也达到 20%。上述有关混凝土徐变、收缩的理论分析与试验研究均是居于素混凝土结构。虽然不能准确地反映配筋混凝土的收缩、徐变规律，但上承式 RC 混凝土拱桥拱圈各截面的配筋率相差不大，采用素混凝土模式得到的内力分布与采用配筋混凝土的模式得到的内力分布相差不大。所以，对于 RC 拱圈，在计算其年温度变化产生的效应时，仍可采用折减混凝土弹性模量的方法，使之基本上符合实际情况。

参考文献[247]对国内、外几种混凝土收缩徐变模式，包括(JTG D62—2004)、(ACI 209—1992)、B3 和(JSCE 308—2002)等进行了定量分析比较，发现不同模式的计算结果差别很大。选择不同规范，得出混凝土梁桥拼宽的结论可能发生根本性改变。另外，参考文献[248]指出：现有的预测模型(包括 CEB78、CEB90、ACI82、BP-KX、B3 等)对混凝土徐变收缩的预测误差均在 20%以上。由于混凝土的收缩、徐变及其影响因素具有高度随机性和复杂性，影响因素多，按目前的规范进行计算所达到的水平以及设计时所能确定的原始资料较少，年温度变化效应和混凝土收缩效应通过直接计入徐变影响进行的计算，所获得的内力值，有时可能与实际情况有很大的出入。在现阶段，采用对年温度作用效应乘以 0.7，混凝土收缩作用效应乘以 0.45系数的做法是符合实际的，也是安全的。现行的《铁路桥涵钢筋混凝土和预应混凝土结构设计规范》也规定，计算超静定拱圈(或拱肋)的温差和混凝土收缩应力时，应根据实际资料考虑混凝土徐变的影响；当缺乏具体资料时，可按弹性体系计算，所用的弹性模量，可近似地分别采用受压弹性模量的 0.7 和 0.45 倍。

根据上述有关理论分析与试验资料，日照辐射温差及其反温差作用效应的计算，应采用混凝土受压弹性模量，不宜折减。

8.6.6　混凝土拱桥徐变、收缩效应分析

(1)拱圈在拱架上现浇，合龙成拱并达到设计强度后卸落支架，然后施工拱上建筑及桥面系，拱上如采用简支板梁，不考虑拱与拱上建筑的联合作用。拱圈从脱架后即单独承力，后加的拱上建筑及桥面系均为荷载。所以，在拱圈施工过程中，承力结构未发生体系转换、混凝土徐变仅使拱圈产生变位，而不会产生徐变次内力；混凝土收缩效应与均匀温降相同，对于无铰拱，不仅在拱圈内产生变位，也会产生收缩次内力。

算例一：

净跨 113m 上承式 RC 等截面箱形无铰拱，矢跨比 1/5，拱轴系数 $m=1.8$，拱圈高度 2m，拱圈采用 C45 混凝土，拱上立柱、盖梁采用 C30 混凝土，桥面宽 12m，拱上腹孔为跨径 9.2mPc 空心板，简支桥面连续。拱圈在拱架上现浇，达到设计强度后卸架，继续施工拱上建筑与桥面系。

采用 Midas-Civil 软件对拱圈进行有限元分析，徐变系数采用(JTG D62—2004)的计算公式，拱圈混凝土收缩、徐变持续时间 277d。假设混凝土收缩等效温度下降 15℃，分别按拱圈自重阶段、拱上立柱与简支板完成阶段、二期恒载完成阶段进行分析计算。表 8-10 为拱顶截面的挠度计算值。

施工过程拱圈在拱顶截面挠度值(mm)　　表 8-10

施工阶段	不考虑徐变、收缩	考虑徐变、收缩
拱圈自重	16	27
拱上建筑加载	23	50
二期恒载	32	65

由上表可以看出,3 个施工阶段中,拱顶截面因混凝土徐变,收缩产生的下挠值,分别达到 11mm、27mm 和 33mm,为弹性下挠的 68.8%、117.4%和 103.1%。

拱圈截面法向应力计算结果表明,混凝土收缩对截面上下的应力影响较小,与不考虑混凝土收缩相比较,两者相差最大幅度均小于 6%。

另外,还计算了上述 3 个施工阶段几何非线性 $P-\delta$ 效应,与不考虑 $P-\delta$ 效应比较,两者相差最大幅度均小于 2%。可见,对于一般上承式混凝土拱桥可以忽略非线性的影响。

(2)劲性骨架法施工的混凝土拱圈,在劲性骨架合龙成拱后,首先浇筑底板混凝土,达到指定强度后,浇筑腹板混凝土(分为一层或二层浇筑),达到指定强度后,浇筑顶板混凝土,形成拱圈全截面。在这个过程中,劲性骨架单独承受底板混凝土荷载,此后,劲性骨架与已达到指定强度的混凝土拱环共同承担后续荷载。如各拱环达到指定强度时与劲性骨架形成的组合结构为无铰拱,则各混凝土拱环的徐变系数不相同,将导致各混凝土拱环的徐变变形不一致,同时又由于结构变形的连续性,即有相互约束,因此混凝土拱环内会产生次内力。各拱环及最后形成的拱圈为超静定结构,混凝土收缩变形受到约束,将产生收缩次内力。

算例二:

跨径 150m,矢跨比 1/5,中承式 RC 拱,劲性骨架为工字钢,骨架总高度 4.3m,拱圈为 C40 混凝土,劲性骨架合龙后,拱圈混凝土分 4 环施工,即底板环、腹板下环、腹板上环和顶板环。采用混凝土徐变、收缩内力、应力及变形通用程序计算拱圈混凝土施工过程的徐变、收缩应力。计算结果如表 8-11 及表 8-12 所列。

拱圈截面及骨架混凝土徐变、收缩应力增量(单位:MPa)　　表 8-11

应力 / 时段(d) / 截面	混凝土截面下缘应力增量		混凝土截面上缘应力增量		骨架下缘应力增量		骨架上缘应力增量	
	(60,80)	(60,10000)	(60,80)	(60,10000)	(60,80)	(60,10000)	(60,80)	(60,10000)
拱脚	1.01	1.35	1.15	3.51	8.11	10.78	9.17	28.07
L/8	1.22	1.75	0.69	2.58	9.74	13.96	5.55	20.62
L/4	0.88	0.97	0.88	3.01	7.04	7.72	7.02	24.08
拱顶	0.32	-0.29	1.32	4.01	2.58	-2.34	10.6	32.03

注:时段以 d 为单位。表中时段指底板的时段,其余各环时段以底板为基准,按 20d/环递减。压应力为正,拉应力为负。

拱圈截面及骨架的最终应力(单位:MPa)　　表 8-12

应力 / 时段(d) / 截面	混凝土截面下缘最终应力		混凝土截面上缘最终应力		骨架下缘最终应力		骨架上缘最终应力	
	80	10000	80	10000	80	10000	80	10000
拱脚	9.86	10.19	1.15	3.51	208.80	208.27	-161.9	-160.02
L/8	12.33	12.89	0.69	2.58	112.60	113.05	-76.6	-75.09
L/4	10.01	10.01	0.87	3.01	31.36	31.43	32.81	49.86
拱顶	5.68	5.07	1.32	4.00	96.80	91.91	280.26	301.69

由上表可以看出,当拱圈各环混凝土均为 C40 时,混凝土截面因徐变收缩引起的应力增量,几乎都是压应力,仅在拱顶截面出现较小拉应力,应力增量的最大值出现在拱顶,其次出现在拱脚,$l/8$ 及 $l/4$ 截面应力增量相对较小。由于底板最早承力,故混凝土截面的最终应力较

最后承力的顶板应力大得多。混凝土徐变、收缩对劲性钢骨架的应力也产生明显的影响。

如果拱圈各环的混凝土等级不相同,其徐变系数也不相同,导致各环的徐变变形不一致,在无铰拱的约束情况下,会在拱圈截面和劲性骨架截面内产生徐变次内力。混凝土收缩变形也同样产生次内力。该算例进一步分析计算了拱圈顶板为 C30 混凝土,其余部分为 C40 混凝土以及顶板、腹板上段为 C30 混凝土、其余为 C40 混凝土两种工况,得到以下结论:后浇环(顶板或腹板上段)采用较低等级混凝土,与各环均采用同一较高等级混凝土相比较,徐变、收缩应力重分布短期内差别较大,但随着时间延长,差值逐渐变小;后浇环混凝土等级的改变,对混凝土最终应力影响相对较大,对劲性钢骨架应力影响相对较小;在承受全拱徐变、收缩内力方面,后浇环受力较小,可以采用较低等级混凝土,但应考虑徐变、收缩变形的影响,设置的预拱度应不同于全截面采用相同等级时的预拱度,因为两者计入徐变、收缩影响的拱圈挠度是不一致的。

(3)采用平转法施工的混凝土拱圈,转体合龙时的截面一般为拱圈的部分截面。如采用较多的开口箱截面或闭合箱肋截面,都是在转体合龙以后加厚底、腹板、现浇顶板或两箱肋之间再现浇(或安装)顶、底板,最后形成全截面拱圈。转体合龙时,一般为二铰拱,合龙工序完成后封闭拱脚成为无铰拱,再继续施工拱圈的其他部分。按上述施工工序,应该考虑混凝土徐变、收缩产生的影响。首先,拱圈从合龙时的二铰拱,转变为无铰拱时,系从低次超静定结构转换为高次超静定结构,则因前期结构中继承下来的内力状态所产生的徐变变形增量受到后期结构的约束,从而导致内力重分配。另一方面,拱圈合龙成为无铰拱后,其截面在继续增大,形成 2~3 环逐步承力,其各环徐变系数不相同,导致各环的徐变变形不一致,为了维持结构变形的连续形,在相互约束的情况下,拱圈内会产生徐变次内力。混凝土收缩在受到约束的情况下,也会产生次内力。

(4)天线缆索吊装的 RC 箱形拱,拱圈合龙时,拱脚一般为平铰或有铰状态。封闭拱脚后转换为无铰拱,然后现浇肋间混凝土。与上述第(3)项类似,也应计入混凝土徐变、收缩产生的二次内力。

(5)无铰拱或二铰拱桥,如因外部因素导致拱脚产生强迫变位时,由于外约束程度的降低,改变了初始结构的时变增量,会在拱圈内产生徐变次内力。

美国混凝土学会第 209 委员会 1982 年的报告指出:所有影响徐变的因素,连同它们所产生结果本身都是随机变量,它们的变异系数最好也仅达到 0.15~0.2。所以,混凝土的徐变规律及其对结构性能的影响是十分复杂而目前又难以获得精确答案的问题。对于重要结构或对安全性与耐久性影响较大的构件,设计时宜采用现有徐变计算方法中与试验结果较吻合方法和软件进行包络设计,经过分析后慎重选用,并注意加强构造措施和改进施工工艺。

第9章　上承式混凝土拱桥发展趋势

上承式混凝土拱桥是拱式体系桥梁系列的一种。在国内、外都具有悠久的历史。从20世纪60年代以来,逐渐取代了石拱桥,成为圬工拱桥的主流桥型。在我国中西部山岭地区的一般公路上,修建了大量上承式混凝土拱桥,其常用跨径多在150m以下,但是在公路桥梁的数量方面,混凝土拱桥占有较大比例,至今仍然是山岭地区最重要的桥型之一。21世纪以来,随着我国交通事业的高速发展,混凝土拱桥在若干重要方面都取得了巨大进步,有的还达到甚至领先于国际水平;积累了丰富的经验。这些成就主要反映在跨径的不断突破和施工工艺的不断革新,同时也反映在设计理念、结构理论和结构设计与分析的不断进展上。

目前,已建成的世界最大跨径上承式混凝土拱桥,为重庆万州长江大桥,主跨420m,于1998年建成,正在施工的贵州境内沪昆高速铁路大桥(主跨445m)和云南境内云桂铁路南盘江大桥(主跨416m),亦为上承混凝土拱桥,均采用钢管混凝土劲性骨架法施工。采用同样施工方法施工并已建成或在建的还有主跨350m四川广元嘉陵江大桥(2012年建成)、主跨330m陕西汉江大桥(2012年建成)、主跨310m重庆梅溪河大桥(在建)。在采用钢管混凝土劲性骨架法修建特大跨径混凝土拱桥的方面,我国已在世界上处于领先地位。上承式混凝土拱桥在跨径这一重要指标上的进展,有可能在近期突破500m,并可能采用进一步完善的钢管混凝土劲性骨架法或组合施工法。为了适应劲性骨架大节段制作、运输、安装的极为复杂的施工程序以及确保拱箱外包混凝土实施过程结构的安全,应进行更精细化的施工工艺设计以及更能反映实际施工情况的结构仿真分析和重大项目的试验研究。

于2012年建成的四川广元昭化嘉陵江大桥,与以往劲性骨架法施工的混凝土拱桥比较,在以下几个方面进行了技术创新:

(1)首先在钢管混凝土拱桥中采用自密实C80高强、高性能钢管混凝土,保证了管内混凝土的灌注质量,提高了钢管混凝土骨架的承载力和稳定性。C80混凝土的成功应用,为混凝土拱桥轻型化提供了经验。

(2)外包混凝土采用C55高性能自密实混凝土,降低了外包混凝土振捣作业的难度。成为自密混凝土在混凝土拱桥上成功应用的典型实例。

(3)劲性骨架的构造由传统的空间结构,改为用平面桁架构成,简化了施工程序,便于模板安装和移动。劲性骨架外包混凝土工期由原定的10~12个月减少为4~5个月,使劲性骨架构造设计更为合理。

(4)通过试验研究,对劲性骨架在使用阶段的受力机理进行了分析,结构计算时计入劲性骨架对拱肋承载能力的贡献。与不考虑此贡献的方法相比,拱肋载面纵向钢筋数量减少30%以上。

(5)采用以下措施使拱上结构轻型化:行车道板采用带翼板的小箱梁,与同跨径的T梁比较(以往多采用T梁)轻20%;盖梁施加预应力,减小其截面尺寸;优化拱上立柱尺寸;双立柱间不设系梁。拱上结构轻型化以后,主跨达350m的上承式箱形拱桥,其拱箱(单幅为单箱双室截面)的尺寸,除拱脚段局部加厚外,腹板厚度为 30cm,顶、底板厚度为 40cm。

正如参考文献[26]指出,该桥的多项技术创新,对发展劲性骨架法修建大跨径混凝土拱桥具有重要意义。也反映出了上承式混凝土拱桥进一步发展可能涉及的一部分重要课题。

在悬臂施工法中,国内应用得最早、技术经验最丰富、修建实桥最多的是天线缆索吊装法(即悬臂斜拉扣挂拼装法)。目前,采用这种施工方法已建成的上承式 RC 箱形拱桥,最大跨径在 200m 左右。如福建宁德天地大桥(主跨 205m,2007 年建成),贵州六圭河大桥(主跨 195m,2005 年建成)。采用"旧工法"(请参阅本书第 1 章)施工时,因受分段数的限制,最多为 7 段,吊装节段较重,跨径一般在 150m 以下,最大跨径达到 170m。20 世纪 90 年代后,创造了"新工法",拱圈分段数可达 20 多段,使天线缆索吊装的跨径突破了 200m,最大吊装质量达到 120t。但随着跨径的进一步增大,拱圈自重加大,分段数增多,缆索吊机系统更为庞大,不仅施工技术复杂、工期长,经济性也不好。要克服这些不利因素,主要应从革新拱圈截面设计考虑。即在使拱圈承载能力满足要求的前提下,减轻拱圈的自重。如采用 C60 以上高强度、高性能混凝土,或者是考虑钢混凝土组合结构或叠合结构。但从另一个角度考虑,大跨径混凝土拱桥的拱圈为非预应力构件,当采用预制节段拼装时,存在很多径向接缝以及横隔板与拱肋间的接缝,这些接缝数量多,对混凝土拱圈的整体性有一定影响。

如 1980 年建成的南斯拉夫克尔克大桥,为主跨 390m 上承式 RC 箱形拱桥,采用悬臂桁架拼装法施工,其特点是化整为零,将拱圈箱形截面分成若干预制板进行组拼,接头多、工期长。建成后,从 2006 年便开始进行维修。又如我国早期采用较多的双曲拱桥,也是采取"化整为零,以零凑整"的思路,同样存在耐久性不足的问题。对于天线吊装箱形拱,不宜采用进一步将箱形截面化整为零的办法。如仍按闭合箱 RC 拱圈进行节段划分,并结合设计施工现有的经验考虑,当跨径超过 200m 以后,天线缆索吊装法,其技术经济合理性值得进一步探讨。应该与其他施工方法进行比较。如劲性骨架法、悬臂桁架现浇法以及组合法等。

转体施工法,主要是平转法,是一种具有中国特色的上承式公路混凝土拱桥的施工方法。根据部分统计资料,山岭地区已建成的上承式混凝土拱桥,采用最多的施工方法是天线缆索吊装法和支架就地现浇法,转体施工法目前排在第三位。由于其施工设备简单、造价较低、施工安全风险较小的突出优点,在一般的公路上,在两岸地形合适的情况下,往往优于其他施工方法。如在湖北省一些县、乡地方公路上,在设计单位的指导下,县级施工队伍,已建成多座大跨径上承式混凝土拱桥。现在,转体施工法已逐步推广应用于高速公路、铁路和城市道路的桥梁。

竖转施工法与平、竖转相结合的施工法在实桥上使用,进一步扩大了转体施工法应用范围。采用负角度竖转法施工上承式混凝土拱桥的成功实践(2008 年建成的贵州务川珍珠大桥,主跨 120m),使在高山深谷地区两岸地形陡峭、难以采用平转法的情况下,负角度竖转法具有突出的优势。珍珠大桥的建成,为负角度竖转法的设计、施工积累了宝贵的经验,使上承式混凝土拱的施工方法又多一种选择。

转体法施工混凝土拱桥的跨径,受转体总质量的制约。转体质量随跨径增大以后,RC 球铰与上、下转盘的加工制作难度更大,对精度要求更高,转体过程的风险也较大;对于 RC 箱形拱,转体时截面一般为薄壁结构,转体悬臂太长后,其稳定性相应降低。所以,按传统的平转法施工上承式 RC 箱形拱桥,其较为合理的跨径大约在 150m 以下。对于更大混凝土的拱桥跨径,有以下几种考虑:

(1)将 RC 球铰改为钢铰。国内采用钢铰时的转体总质量已达 20000t。

(2)采用钢—混凝土结构转体拱箱,如将 RC 腹板改为钢腹板或钢桁腹板,可以大幅度降低转体总质量。

(3)采用钢管混凝土劲性骨架转体,合龙以后再浇筑拱箱外包混凝土。如 2010 年建成的云南大岩洞大桥,主跨 160m,采用钢管混凝土劲性骨架平转法,转体总质量 5237t,RC 拱圈高度 2.4m,宽 7.9m,为单箱三室断面。采用 RC 球铰 。仅用 9h 就转动达到设计拱轴线的位置。采用劲性骨架转体法,是转体法施工上承式 RC 箱形拱桥向更大跨径发展的一种趋势,大跨径混凝土拱桥转体法施工,往往采用箱形薄壁断面,需在拱箱合龙成拱以后,再二次浇筑加厚层混凝土(一般为底板为腹板),新、旧混凝土结合面占较大比例,成为成桥后拱圈的薄弱部件。劲性骨架转体合龙后,拱圈截面混凝土可以分环、分段浇筑,其整体性好得多。

上述几条措施的效果是明显的,但要付出代价,主要是施工设备规模较大,施工工艺较复杂,或者拱圈部分采用钢混凝土结构。最终反映在工程造价的提高上。目前国内传统平转法施工的上承式 RC 箱形拱桥,跨径已超过 200m。采用劲性骨架转体施工法,跨径可以更大一些,单从技术方面考虑应该是可行的。

在支架(包括钢拱架)上就地现浇混凝土拱圈的施工方法,今后较长时期仍将是中、小跨径混凝土拱桥的重要施工方法之一。这种方法具有施工设备简单、施工较方便、工程费用较低等优点,特别适用于边远地区的一般路上。已使用多年的扣件式满堂钢管支架,其结构构造存在一些弱点,已多次在一些施工事故中反映出来,并已引起业界的高度重视,如浙江省交通运输厅做了非常严格的要求:“凡高度超过 8m,或跨度超过 18m,或施工总荷载大于 10kN/m^2,或集中线荷载大于 15kN/m 的桥梁工程模板等支撑体系,严禁使用扣件式钢管支架。”(浙交〔2011〕120 号文)。相比较而言,碗扣式钢管支撑架,其整体安全度更高一些。目前这两种钢管支架均有住房与城乡建设部颁发的行业标准(安全技术规范),今后主要是严格执行。近年在钢管支架轻型化和提高承载力方面有较大进展。如采用较大直径钢管(直径 400mm 以上)配合贝雷桁片或型钢,形成跨径较大的排架立柱,其上再用直径 48mm 钢管做成拱盔;又如从荷兰 SCAFOM 国际支撑系列产品公司引进的高强、轻型钢管支撑架,近年已在昆明、成都、贵阳、太原等城市桥梁施工中成功应用,支架最大高度已达 45m。该支架经昆明理工大学实验中心的测试,其承载力与稳定性合格。常备式钢拱架和采用贝雷桁片等军用梁组拼的钢拱架,是中、小跨径混凝土拱桥常用的施工方法之一。在地形条件合适的情况下,跨径 120m 以内,已有较为成熟的经验。一些施工企业因有库存设备,多倾向于采用钢拱架施工。跨径120~150m之间实例较少,主要是因为钢拱架设备数量大、安装较复杂、工期也较长。目前已有的某套定型设计钢拱架,适用于跨径≤120m,采用 Q345B 钢制作,共用钢材 251t(双车道上承式 RC 箱形拱桥)。如按跨径 150m 进行定型设计,钢拱架的用钢量可能突破 400t,是否经济合理需进行分析研究。作为常备式拱架,如能多次周转使用,这种可能性是存在的。

在混凝土拱桥的 6 大类施工方法中,采用支架施工法(含钢拱架)、转体施工法、劲性骨架法以及悬臂施工法中的斜拉扣挂拼装法(即天线缆索吊装法)修建混凝土拱桥,在我国已有多年的历史,均有较多的实例,积累了丰富的设计施工经验。在国际上处于领先的地位。悬臂施工法中的斜拉扣挂现浇法(即挂篮悬臂浇筑法)在四川攀枝花白沙沟大桥(主跨 150m,2007 年通车)建成后,填补了我国这种施工工艺的空白,接着于 2012 建成的贵州木蓬大桥(主跨 165m)、2013 年建成的四川攀枝花新密地大桥(主跨 182m),为这种施工方法的设计、施工积累了经验。但与国际先进水平还存差距。2011年建成的美国胡佛水坝大桥，主跨323m，为上承式RC双肋箱形拱桥，为目前采用挂蓝悬臂浇筑法施工的世界最大跨径，其结构设计、施工工艺与美学体现，均达到很高的水平，成为世界上最著名的大跨径拱桥之一。另外，于1983年建成的南非布洛克兰斯大桥，主跨272m，也是采用挂篮悬浇施工的著名大桥，其设计、施工具有较为突出的特色。可见，采用挂篮悬浇施工法修建200~300m的混凝土拱桥，应该是一种发展趋势，值得我们继续深入开展这方面工作。

在混凝土拱桥悬臂法施工的实践方面，我们与国际先进水平的差距，主要反映在悬臂桁架法几乎是空白。国内仅有桁式组合拱桥采用悬臂桁架拼装法。但这种桥型结构，除因当时（20世纪80~90年代）对结构耐久性重视不够外，还因施工中结构化整为零，存在结构缺陷，导致不少桥出现大量开裂。根据国外已建成的悬臂桁架法施工的实例分析，悬臂桁架现浇法更有利于加强拱圈的整体性，提高其耐久性，减少使用期出现病害。2002年建成的葡萄牙亨里克桥（主跨280m）、2004年建成的西班牙蒂洛斯桥（主跨255m），均为采用悬臂桁架现浇法施工的上承式混凝土箱形拱桥，代表了这种施工工艺的国际先进水平，值得我们学习借鉴。悬臂桁架现浇法可以作为进一步发展特大跨径混凝土拱桥采用的施工方法深入探讨，并逐步实施。

采用组合法施工混凝土拱桥，是国际上修建大跨径混凝土拱桥的发展趋势。日本使用较早，建成的桥也较多。这种方法的基本思路，是将两种或多种单一的施工法进行合理搭配，形成更为有利的施工方法。比较著名的有：1989年建成的日本别府明矾桥（主跨235m，上承式RC箱形拱桥），采用悬臂桁架与劲性骨架组合法；1982年建成的日本宇佐川桥（主跨204m，上承式RC箱形拱桥），采用悬臂斜拉扣挂与劲性骨架组合法，即拱圈采用悬臂斜拉挂蓝现浇与劲性骨架现浇相组合。我国采用组合法施工的上承式混凝土拱桥很少。跨径最大者为2010年建成的云南大岩洞大桥，主跨160m，采用劲性骨架与平转相组合的施工方法。日本采用组合法施工的上承式混凝土拱桥最大跨径为260m。

20世纪末至21世纪初，国际桥梁界开始思考和研究跨径超过500m的上承式混凝土拱桥的可行性问题。如日本土木学会1999年开始组织进行跨度达600mRC拱桥的可行性研究。后来根据供研究的实际桥位具体情况，进行试设计时，选择了500m的跨径，矢跨比1/12.5。桥型结构为有推力的拱梁组合体系（即上承洛泽式），桥上为双向6%的纵坡，跨中110m为拱梁合一，其余部分为跨径40m连续结构桥面纵梁，拱圈为箱形截面，采用设计强度为100~120MPa的高强混凝土。施工方法：从拱脚至$L/4$左右，采用塔架斜拉扣挂法浇筑拱圈；左$L/4$~右$L/4$段用驳船运输拼装好的米兰拱（劲性骨架）到桥下，提升至设计位置进行合龙。即采用斜拉扣挂与劲性骨架组合法施工。在1996年法国米约大桥的国际方案竞标中，曾有著名工程公司提出主跨602m的上承式混凝土拱桥方案，拱圈为等高度变宽度箱形截面，高度8m，宽度从拱顶的8m逐渐加宽至拱脚的18m。桥宽24m。拱上建筑孔跨布置为87.5m+80.5m+2×130m+80.5m+87.5m，为PC连续结构。施工方法：两拱脚各168m拱圈采用塔架斜拉扣挂悬臂法施工，拱上立柱与纵向PC主梁参与共同承力；在谷底搭设支架组拼中间段拱圈的劲性骨架，并浇筑底板混凝土，然后向上提升至设计位置进行主拱合龙，浇拱圈剩余部分混凝土。日本于2003年出版《600m跨径级的混凝土长大拱桥的设计与施工》一书。其中试设计要点见参考文献[141]，计算跨径600m，矢跨比1/6，桥型为上承式倒洛泽无铰拱，即有推力的拱梁组合体系。桥面纵向主梁为PC刚构连续箱梁，除拱顶段90m长为梁拱合一外，其余拱上区段为 7×40m 孔跨。拱圈为单箱三室,高度 10m,宽 23m。施工方法:在拱座附近搭设支架现浇15~20m拱脚段拱圈;利用交界墩为索塔,用 120t 缆索吊机吊装预制拱箱节段(5m 长一段),斜拉扣挂逐步拼装至 $L/4$;在已成拱圈上设临时扣塔,悬臂拼装中部区段拱圈的劲性骨架,直至骨架在拱顶合龙;浇筑拱圈外包混凝土,形成最后的箱形截面;在拱圈上施工拱上立柱及纵向主梁。

根据上述对跨径≥500m 的混凝土拱桥的研究成果,对于超特大跨径上承式混凝土拱桥的发展趋势,有以下几点启示:

(1)宜采用有推力的拱梁组合体系。由于拱与拱上结构联合承力,可以使拱圈的尺寸有所减小,拱的刚度有所降低,拱上立柱与桥面纵梁应成为多跨连续结构,例如 PC 连续刚构,拱顶一定长度范围,拱、梁截面合成整体截面。以刚性拱、刚性梁体系较为有利。拱座处地质条件应满足拱脚强大水平推力对承载力的要求。

(2)宜采用组合施工法。塔架斜拉扣挂悬臂法与劲性骨架法组合;悬臂桁架法与劲性骨架法组合;拱脚部分区段支架现浇法与悬臂法、劲性骨架法组合等。

(3)宜采用高强度高性能混凝土,将混凝土设计强度提高到 80MPa 以上。从简化施工与提高混凝土密实度考虑。宜用自密实混凝土。一种超高强、高韧性、高耐久性、体积稳定性良好的水泥基复合材料——活性粉末混凝土(RPC),国内一些大学正进行试验研究。这种新材料具有很多优点。最主要的是其容许承载力很高,可以使拱圈尺寸及自重较大幅度地减小,可以克服特大跨径混凝土拱桥因自重过大带来的一系列不利因素。

(4)拱圈高度宜进行等高度与变高度的比较;拱圈宜采用变宽度,拱脚区段拱圈应予加宽,以提高拱的稳定性。

(5)在地形、地质、地物等外部条件限定的范围内,对拱的矢跨比进行优化。使拱轴线与恒载压力线达到最好的吻合程度,并使拱圈的稳定安全系数较大。结构分析应计入非线性影响。

为了减轻拱圈的自重,方便施工,将 RC 拱圈的腹板改为钢腹板,与混凝土顶、底板形成钢—混凝土叠合结构。这是我国近期在拱桥新结构方面正在探索的一个课题,已由有关大学和设计单位立项进行研究。另外,有的学者还提出用钢桁架杆件代替混凝土腹板。其优点是:钢桁腹板的稳定性优于钢腹板;可以和拱圈中的劲性骨架结合起来,加强了骨架的刚度,施工也较方便,有望在超特大跨径拱桥中得到应用,详见参考文献[53]。

20 世纪末期,在总结大量在役桥梁的病害,损伤与垮塌的经验教训过程中,研究了若干与桥梁结构安全性、耐久性有关的问题,逐步形成了一系列重要的设计理念,成为新时期桥梁工程理论与实践的新的指导思想。包含“桥梁工程指导方针”“耐久性与全寿命设计”“桥梁工程设计准则”“多种极限状态理念”等重要内容。

建设工程的指导方针,在我国社会主义建设的发展历史进程中有过多次演变。改革开放以前,提出“多、快、好、省”的总方针,在施工安全方面提出“安全为了生产,生产必须安全”的要求,改革开放以后,先提出“又好又快”的方针。随着工程质量与安全问题的不断出现,资源的大量浪费以及生态环境的持续恶化,逐步认识到以往提出的指导方针存在片面性,又改为“安全、实用、经济、美观”。进一步分析后,仍然不够全面。近年又有新的提法,即“安全、实用、经济、耐久、环保、美观”,这是当前的基本共识,已在有关标准、规范与工程实践中有所体现,但距离较为全面的贯彻执行存在较大差距,还有大量工作要做,这个十二字方针,应成为我国工程建设较长时期的指导方针。

在桥梁工程的发展史上,总是辉煌成就与病害事故并存。纵览国内外已建成的桥梁,受过去经济技术条件的限制以及设计理念在认识上的不足,不少桥梁相继出现了一些问题,主要是病害、损伤、垮塌事故和较短的使用寿命。其中前3项产生的主要原因有施工与设计因素、使用阶段人为造成的因素以及自然灾害等,而使用寿命不长,则主要是设计理念以及规范存在问题。传统的桥梁设计理念,注重结构物的承载能力和使用功能以及施工期的安全,对于运营期桥梁品质的变化,基本上未作考虑;对于桥梁的使用寿命,我国2004年以前的规范为空白;2004年后的规范虽然规定了设计基准期和混凝土桥梁耐久性指标,但过于简略,难以在设计、施工中具体落实。传统的桥梁设计理念已不能适应桥梁工程按上述"十二字"方针持续健康发展的要求,新的设计理念应是桥梁工程全寿命设计理论。基本思想详见参考文献[252],既要考虑当前发展的需要,又要考虑今后发展的需要;既要考虑成桥的性能,也要考虑使用期的性能;既要考虑当前的利益,也要考虑后期的风险;既要重视建设的初期造价又要考虑寿命期内所需的成本。桥梁全寿命设计,应贯穿桥梁生命从生到死的全过程,即从规范、可行性研究、设计、施工、使用管理,一直到桥梁达到寿命终点进行拆除和材料回收再利用为止。

影响桥梁使用寿命的因素,分为内在因素和外在因素。内在因素有结构体系、结构形式、构造措施、设计理论与方法、构件及其组成材料的品质、施工质量等;外在因素有物理的、化学的、生物的、人为的以及自然条件引发的因素等。涉及范围很宽,需要解决的问题很多,各种因素的定量分析较为复杂。已有一些专著进行论述,见参考文献[252]、[253]。桥梁全寿命设计,属于一个系统工程的设计。要在其整体生命周期内达到预期效果,需要从政策方针、标准规范、生产管理、设计理论、方法与手段等若干方面全程推进,并经过较长时期的艰苦努力才会看到成效。其中,耐久性问题是全寿命设计的核心问题之一,也是最应该优先考虑的问题之一。英国标准BS7543(1992)指出:"耐久性预测不可能是一个精确的科学,建筑物的寿命预测只能是个估计"。不能期望进行了全寿命设计,就一定可以到达预期的设计使用年限。这是一项需要长期进行艰苦努力的规模巨大的工作,是桥梁工程发展的主导方向。我们现在首先要在"安全、实用、耐久、经济、环保、美观"的总方针指导下,继续改革我们的管理体制,修订主要的标准和规范,完善安全、质量管理体系,强化桥梁使用期的管养维护工作,在全体桥梁建设者中进行全寿命工程理念的普及教育。经过数十年实践,全寿命设计的基本目标,便可逐步成为现实。

桥梁设计准则是体现设计理念的基本原则。《公路桥涵设计通用规范》(JTJ 021—89)规定:"公路桥涵应根据所在公路的使用任务、性质和将来的发展需要,按照适用、经济、安全和美观的原则的进行设计"。在桥梁结构设计规范中,其核心内容是进行结构物的强度、刚度和稳定性验算及相应的结构设计;是基本符合上述的设计原则的。《公路桥涵设计通用规范》(JTG D60—2004)规定:"为统一公路桥涵设计技术标准,贯彻国家有关法规和公路技术政策,使公路桥涵的设计符合技术先进、安全可靠、适用耐久、经济合理的要求,制定本规范"。与(JTJ 021—89)比较,增加了耐久性与技术先进性,没有提美观。但增加了一项重要条文,即"公路桥涵结构的设计基准期为100年",并在规范[45]中对桥梁耐久性设计提出了基本要求。与89规范比较,是一项重大进步。但是从后来的设计实践可以看出,关于耐久性设计的规定,一般难以在设计中具体落实。2006年交通部发布行业推荐性标准《公路工程混凝土结构防腐蚀技术规范》(JTG/T B07-01—2006),是一部针对混凝土结构耐久性要求的专门规范,与国家标准《混凝土结构耐久性设计规范》(GB/T 50476—2008)的基本精神和主要规定大致吻合。但在交通部的公告中指出:该规范“在公路行业内自愿采用”。对设计、施工均无约束力,可以不采用。实际上,很少看到桥梁工程的设计文件与施工组织设计采用这个规范。公路桥规中针对耐久性规定桥涵结构的设计基准期为100年是恰当的。但设计基准期与设计使用年限这两个术语虽有联系,但它们含义不相同。在规范仅提出设计基准期而未规定设计使用年限的情况下,实际执行时容易将两者混淆。设计基准期是为确定可变作用的取值而规定的标准时段,它不等同于设计使用年限。设计如需采用不同的设计基准期,则必须相应确定在不同的设计基准期内最大作用的概率分布及其统计参数。设计使用年限的概念很明确,为设计规定的结构或构件不进行大修即可按预定目的使用的年限。国家标准《工程结构可靠性设计统一标准》(GB 50153—2008)针对公路桥涵结构的专门规定是明确的,也是符合实际的。规定公路桥涵结构的设计基准期为100年,同时规定公路桥涵结构按规模的大小分为三类,其设计使用年限分别为30年、50年和100年,应该作为公路桥涵设计规范的基本依据。

美国AASHTO桥规(LRED,2007)将桥梁设计准则分为两个层次表述,将可施工性、安全性和使用性列为必须达到的第一层次目标;将可检修性、经济性和美观性列为需要认真对待的第二层次目标。将“可施工性”放在“安全性”和“使用性”之前,将“可检修性”放在“经济性”和“美观性”之前。是因为它们是桥梁建设和维护的前提保证。两个层次的6个因素,合理排列,实际执行起来是较为明确的,思路也是清晰的,可供我国公路桥梁设计参考。

结构耐久性要解决的主要问题是如何使桥梁结构经济、合理地达到预定的设计寿命的问题。从上述分析可以看出,影响桥梁设计寿命的内部外部因素很多,各种因素影响的程度和范围也各不相同,看起来千头万绪。经过深入研究和总结以往的经验教训。为了基本达到耐久性设计的主要要求,设计时桥梁结构必须具备6大特性:可检性、可修性、可换性、可健性、可控制性及可持续性。这几条做到了,桥梁在正常设计、正常施工、正常管养、正常维护和正常使用的情况下,有较大的保证率使桥梁实际寿命达到设计预期。对于一座完整的桥梁,设计使用年限是指永久性结构的主体部分,一些附属的或非永久性的结构,则应根据实践经验确定其合理的使用寿命。如橡胶支座的寿命不超过20年;斜拉索护套的寿命为10~20年;拉索钢丝的寿命约40年;钢结构油漆的寿命一般约20年等。

传统的桥梁设计理念,要求桥梁结构符合“承载能力极限状态”“正常使用极限状态”以及施工期安全的设计规定。一些桥梁病害与事故的实例表明,有的桥梁因耐久性不足而使抗力下降影响桥梁或其中部分构件使用寿命缩短的现象,难以纳入上述两种极限状态。美国桥规AASHTO提出了4种极限状态:使用极限状态、疲劳和断裂极限状态、强度极限状态和极端事件极限状态。桥梁结构的安全与寿命应该用多种极限状态进行检验。上述4种极限状态的思路较清晰,目标较明确,可供我国桥梁设计借鉴。

附录 A 国内部分上承式混凝土拱桥简况

国内部分支架施工上承式 RC 箱形拱桥　　附表 A-1

序号	桥　名	主跨（m）	拱圈高（m）	拱圈宽（m）	矢跨比	建成年份	备　注
1	河南许沟大桥	220	3.4	2×9	1/5.5	2001	军用梁、万能杆件支架，最高 42m
2	贵州凯里云泉大桥	160	2.4	9.5	1/4.5	2001	贝雷万能杆件支架，最高 60m，设临时墩
3	贵州从江二桥	120	2.1	12.5	1/5.286	2005	单箱四室，桥宽 15.5m，跨都榔江
4	贵州织金马鞍山桥	120	2.2	6.7	1/5	2006	汽—430，拱脚截面局部加高至 2.6m
5	赤望高速梨子榜桥	120	2.2			2012	
6	湖南××大桥	118	1.8				
7	贵州毕节归化大桥	113.4	2.1	10	1/6.48	2005	单箱三室，桥宽 12.5m
8	湖南宜巴高速张家湾桥	113	2.0		1/5		满布式支架
9	贵州兴义木浪河桥	110	2.0	6.9	1/5		单箱双室
10	贵州遵义××大桥	110	1.9	8	1/6	2010	水利灌区管道桥，恒载 130kN/m²；动载 170kN/m²
11	贵州铜仁鹭鸶岩桥	105	1.85	10.6	1/8	1997	
12	贵州岑巩兴岑大桥	105	1.85		1/8	1998	跨舞阳河
13	贵州铜仁清水圹桥	100	1.8	9.6	1/7	1994	满布式钢管支架
14	贵州铜仁东山大桥	100	1.9	11	1/6	2004	
15	贵州铜仁瓦窑河桥	100	1.8	18.4		2007	单箱 8 室
16	贵州开阳南贡河桥	100	1.9	6.55	1/6	2005	单箱双室，桥宽 8m
17	四川自贡釜溪河桥	100	2.0		1/8	1995	满布式钢管支架，箱肋拱，桥宽 30m
18	四川酉阳阳石柱门桥	100	1.6	7	1/6	1987	三铰木拱架，桥宽 8m，单箱 5 室
19	贵州台江施洞清江桥	2×90	1.8	8.4	1/6	2004	桥宽 10.5m，单箱三室
20	贵州铜仁浅滩桥	90	1.7	11.9	1/8	2002	
21	贵州郎岱麻窝桥	90	1.8	7	1/6	2004	桥宽 9m
22	湖南吉首喇叭冲桥	90	1.8		1/6	2000	临时墩上架贝雷，双箱肋拱，桥宽 10.5m
23	贵州松桃虎渡口大桥	80	1.4	7.52	1/7	2007	
24	贵州纳雍猴几关桥	80	1.6	7.6	1/6	2004	桥宽 9.75m，单箱三室
25	江西铁扇关桥	80	1.4	7.6	1/12	1997	江西上饶
26	贵州桐梓雪地坝桥	76	1.5	6.9	1/6	2008	单箱双室，桥宽 9m
27	四川青川凉水桥	75	1.4		1/7	1991	满堂木拱架，双箱肋拱，中距 5m
28	大纳公路江门桥	75	1.4		1/7	1992	箱肋拱，木拱架

续上表

序号	桥　　名	主跨（m）	拱圈高（m）	拱圈宽（m）	矢跨比	建成年份	备　　注
29	贵州锦屏清水江桥	3×72.1	1.35	10	1/7	1980	八字撑木拱架
30	贵州瓮安清水大桥	72	1.6	6.1	1/6	2005	桥宽 8m，单箱双室
31	贵州大纳路余家沟桥	70	1.6	7.2	1/5.5	2005	桥宽 9.5m，单箱双室
32	贵州福泉洒金桥	70	1.4	9	1/7	2002	桥宽 21m，单幅为单箱三室，分左右幅
33	贵州剑河中都桥	70	1.6	6.7	1/5	2003	桥宽 9.5m，单箱双室
34	三板溪水库江口溪桥	70	1.6	7.1	1/6	2006	
35	四川乐山王浩儿岷江桥	7×70	1.3	12.1	1/6	1990	桥宽 15.5m，5 室箱
36	贵州安织公路文家桥	60	1.5	7.5	1/6	2004	桥宽 9.5m，单箱三室
37	贵州苗冲 1 号桥	2×60	1.5	10.5	1/5	2008	
38	梵净山环线平所河桥	60	1.5	7.6	1/5	2012	桥宽 10.5m
39	贵州太堡顶桥	2×50	1.7		1/4	2012	水利渡槽桥，双肋拱，肋宽 1.1m
40	贵州务川下深溪桥	50	1.4	6.5	1/4	2009	单箱双室
41	展剑公路南脚桥	50	1.4	6.1	1/6	2003	桥宽 8m，单箱双室
42	贵州榕江大桥	7×42	1.1	7	1/10	1979	1/20 洪水慢水桥，木拱架
43	贵阳南明河中天桥	42	1.3	10.5	1/6	2004	
44	凯里供电局响水岩桥	42	1.4	8	1/6		桥宽 8m
45	贵州六枝龙场桥	3×40	0.8	7.5	1/6	2006	拱圈为矩形实体
46	浙江余桃双溪口桥	120			1/6	2008	
47	贵州磨乡大桥	100	1.9	10.5	1/6	2012	

国内部分钢拱架施工上承式 RC 箱形拱桥　　附表 A-2

序号	桥　　名	主跨（m）	拱圈高（m）	拱圈宽（m）	矢跨比	建成年份	备　　注
1	四川攀枝花 3007 大桥	170	2.8	10.6	1/5	1983	型钢制作钢拱架，桥宽 12.5m
2	四川攀枝花 3006 大桥	146	2.5	10.5	1/4	1972	型钢制作钢拱架，单箱三室，桥宽 13.5m
3	四川攀枝花三滩大桥	140	2.8	11	1/8	1989	挂—240，单箱三室，桥宽 15m
4	贵州贵毕路大干沟桥	135	2.2			2000	施工中钢拱架大变形，设两个临时墩支撑
5	湖南五强溪电站沅水桥	133	1.8	11.76	1/6	1989	贝雷拱架设斜拉索，七室箱
6	贵州务川米家山大桥	125	2.1	10	1/5	2011	贝雷拼装拱架，单箱三室
7	贵州务川通达大桥	120	2.1	7.4	1/5.5	2007	贝雷拼装拱架
8	贵州六枝凉风岩大桥	120	2.2	6.7	1/5	2006	单箱三室，桥宽 9m
9	贵州织金底那河桥	120	2.2	7.2	1/5	2004	军用三角桁片拼装，桁高 2m，桥宽 9.5m，单箱双室
10	贵州铜仁抚溪江大桥	120	2.2	10.5	1/5	2011	桥宽 12m
11	贵州毕节吊南河大桥	120	2.2	8.5	1/5.5	2012	位于飞雄机场高速公路

续上表

序号	桥　　名	主跨（m）	拱圈高（m）	拱圈宽（m）	矢跨比	建成年份	备　　注
12	贵州施秉江凯河大桥	120	2.1	8.5		2012	桥宽10.5m
13	崇遵高速公路××大桥	120				2005	贝雷拼装拱架
14	贵州正安桑坝大桥	115	2	7	1/5	2011	第1次施工时，钢拱架大变形后拆除，另行安装拱架
15	贵州三江口大桥	110			1/5.5	2010	水利灌溉区管道桥，钢拱架为仿H20专项设计
16	贵州务川岩门河大桥	105	1.9	6.5	1/5.5	2009	桥宽9m，单箱双室
17	贵州白果坨乌江大桥	100	1.9	7.05	1/7	2004	三角形军用桁片拼装，桥宽9m，桁片高2m
18	广东蔚林大桥	100	1.6		1/6	1998	1996年支架现浇时曾发生坍塌，双箱肋拱
19	贵黄公路白马水库大桥	94.5	1.85	7.8	1/7	2003	三角形军用桁片拼装，桥宽10.5m，桁片高2m
20	贵州金沙三丈水大桥	90	1.8	6.7	1/6	2003	贝雷拼装拱架，桥宽9.5m
21	贵州毕节七星关大桥	90	1.8	9.6	1/5	2004	贝雷拼装拱架，桥宽11.5m
22	玉凯高速公路肖家坪桥	90	1.8	10.5	1/6	2004	贝雷拼装拱架
23	四川小关子电站大桥	124	2.5	10	1/5		常备式钢拱桥，三角桁片拼装，高度2m
24	贵州铜仁坝溪大桥	99	1.8		1/6	2012	仿贝雷钢拱架专项设计
25	贵州马马岩电站库区桥	80	1.7	6.5	1/5	2011	挂车—300，跨北盘江
26	成渝公路濑溪河桥	80	1.5		1/7	1994	双箱肋拱，肋宽1.6m，中距6.6m
27	四川彭水学坝大桥	2×80	1.5				双箱肋拱，桥宽9m
28	贵州德印公路两河口桥	70	1.6	7.2	1/5.5	2006	
29	四川青神岷江大桥	4×70	1.55		1/6	1995	双箱肋拱，肋宽1.8m，间距6.4m
30	曾家沟桥	55	1.2		1/5		钢拱架砌筑混凝土预制块，桥宽9m
31	贵州石阡河闪渡桥	50	1.4	5.6		2012	贝雷拱架，设临时墩

国内部分转体施工上承式RC箱形拱桥　　附表A-3

序号	桥　　名	主跨（m）	拱圈高（m）	拱圈宽（m）	矢跨比	建成年份	备　　注
1	福建行对岔大桥	205	3		1/4	2008	闭口薄壁网板箱平转，重1122t
2	重庆涪陵乌江大桥	200	3	9	1/4	1988	无平衡重平转，重2480t，桥宽12.5m
3	云南大岩洞大桥	160			1/5	2010	平转钢管混凝土骨架，重5200t
4	湖北××大桥	160				2012	闭合箱平转5000t，桥宽8.5m
5	湖北××大桥	152	2.35	7.8		2005	开口箱平转3340t，设钢管骨架
6	贵州花江北盘江大桥	140	2.3	7.55	1/5	2010	平转重3850t
7	××大桥	140					开口箱平转重3800t
8	湖北思施平地坝大桥	132	2.2	7.4	1/7.5	2004	平转重2800t

续上表

序号	桥　　名	主跨(m)	拱圈高(m)	拱圈宽(m)	矢跨比	建成年份	备　　注
9	四川巫山龙门大桥	122	1.9	7	1/4	1987	首座无平衡重平转,闭合箱转体,桥宽11.5m
10	贵州安织公路小兴浪桥	122	2.1	8.4	1/5.9	2009	开口箱平转,重4000t
11	广西天峨红水河大桥	120	2	8.5	1/7	1993	双箱对称同步平转,桥宽10.5m
12	贵州务川珍珠大桥	120	2.1	10	1/7	2008	国内首座负角度竖转(从上往下转)
13	广西钦州大桥	100	1.85	9.3	1/9	1989	平转重3003t
14	四川遂宁建设桥	70				1977	国内首座平转施工箱肋拱桥
15	湖南洞口石背大桥	90				1986	平转1666t,桥宽8m,单箱单室
16	广西崇左渌江桥	65				1987	平转1800t
17	四川广元杨家沟桥	60				1991	竖转,箱肋拱
18	湖北景阳桥					1992	平转830t
19	陕西石泉白勉峡桥	105				1994	平转1643t,转体箱肋混凝土底为钢管混凝土骨架,桥宽11m
20	湖北秭归三岔沟桥	105				1998	平转1700t,开口箱转体,桥宽9m
21	湖北秭归杉木溪桥	100				1998	平转2000t,开口箱转体,桥宽10m
22	湖北秭归火炉子沟桥	100				1998	平转1520t,开口箱转体,桥宽9m
23	湖北三峡下牢溪桥	160				1998	平转3600t,肋拱,桥宽18.5m

国内部分钢管混凝土劲骨架法施工上承式 RC 箱形拱桥　　附表 A-4

序号	桥　　名	主跨(m)	拱圈高(m)	拱圈宽(m)	矢跨比	建成年份	备　　注
1	重庆万州长江大桥	420	7	16	1/5	1998	单箱三室
2	四川广元昭化嘉陵江大桥	350	5.8	80	1/4.5	2011	分离式双箱肋
3	陕西汉江大桥	330	6	17.6	1/5.5	2012	单箱三室,桥宽24.5m
4	重庆奉节梅溪河大桥	310	5.2	12.8	1/5.5		桥宽17.5
5	湖南猛洞河大桥	252.13	4.5	10.4	1/5.5	2012	骨架纵向分8段吊装
6	云南化皮冲大桥	180	3.5	10.6	1/5.5	2000	4个分离箱肋,肋宽3.5m,桥宽21.5m
7	湖北兴山平邑口大桥	180	3	9	1/8	2010	单箱三室,双肋四管骨架
8	盐源金河雅砻江大桥	170	3.5	3	1/5.5	1996	双工形肋,单肋宽3m,桥宽9.5m
9	巴东无源洞大桥	160	2.8	2	1/6		箱肋宽2m,桥宽12m
10	××大桥	180			1/8		钢管劲性骨架分三段吊装成拱
11	贵州北盘江大桥	445					沪昆高速铁路大桥,在建

国内部分挂篮悬臂浇筑法施工上承式 **RC** 箱形拱桥　　附表 A-5

序号	桥　　名	主跨（m）	拱圈高（m）	拱圈宽（m）	矢跨比	建成年份	备　　注
1	四川攀枝花新密地大桥	182	3.5	9.6	1/6	2013	2×15 段+合龙段，拱脚设支架现浇段，有斜桩基础
2	贵州思剑高速木蓬大桥	165	2.8	7.5	1/5.5	2012	2×12 段+合龙段，单箱双室
3	四川白沙沟大桥	150	2.7	6	1/6	2007	22 段，单段重 122t，单箱双室，国内首座悬浇施工箱拱

国内部分天线缆索吊装上承式 **RC** 箱形拱桥　　附表 A-6

序号	桥　　名	主跨（m）	拱圈高（m）	拱圈宽（m）	矢跨比	建成年份	备　　注
1	福建宁德天池大桥	205	3	8	1/4	2007	19 段吊装，吊重 120t
2	贵州六圭河大桥	195	3.2	8	1/5	2005	20 段吊装，吊重 100t
3	广西来宾磨东大桥	180	3.5		1/6	1996	28 段吊装，吊重 65t，双箱肋拱，肋宽 2.6m
4	贵州修文海马大桥	180	3	7.8	1/6		18 段吊装，吊重 75t，单箱三室，在建
5	云南松园金沙江大桥	170	2.6	8.86	1/8	1996	7 段吊开口箱，吊重 60t
6	重庆武隆乌江大桥	170	2.8	8	1/5.5	2010	7 段吊闭合箱，吊重 70t
7	四川宜宾岷江二桥	3×160	2.3	16	1/4.5	1999	桥宽 24.5m
8	浙江深门大桥	160	2.4	7.5	1/8	1998	7 段吊装闭合箱，吊重 61.3t
9	安徽金桃大桥	2×160	3.3		1/8	2012	8 段吊箱肋，双肋拱，肋宽 3m
10	浙江××大桥	160	2.4	8	1/6	2003	桥宽 9.5m，5 片闭合箱
11	重庆彭水两江大桥	2×150				2001	桥宽 13m
12	四川宜宾马鸣溪大桥	150	2	7.4	1/7	1979	5 段吊装闭合箱，桥宽 10.5m
13	贵州玉屏舞阳河桥	150	2.4	10.5	1/5	2007	7 段吊装，吊重 70t，桥宽 24.5m
14	四川屏山西宁河桥	150	2.3	7.46	1/5.36	2012	7 段吊装闭合箱，桥宽 9.5m，横向 5 箱
15	广西清水江大桥	150				2000	
16	绥江金沙江大桥	150				2001	
17	重庆武隆乌江二桥	140	2.3	13.6	1/6	2004	7 段吊装
18	贵州董箐电站花江大桥	140	2.3	7.54	1/5	2009	5 段吊装，吊重 80t，拱上排架吊重 160t，桥宽 9.5m
19	重庆武隆乌江大桥	135	1.8	7	1/6	1991	7 段吊，桥宽 11m，5 箱
20	广西巴龙大桥	134.22	1.8	6.2	1/6	1992	桥宽 8m，5 箱
21	福建水口闽江大桥	2×132	2.2	10.24	1/8	1988	桥宽 13.5m，6 箱
22	四川南部嘉陵江大桥	130	1.9	8.96	1/6	1993	7 段吊，桥宽 13.5m，6 箱
23	云南杨武大桥	130	2.3	10.56	1/8	2000	7 段吊，桥宽 10.78m，单箱宽 1.76m
24	福建宁德岭兜大桥	160	2.5	8	1/4		

续上表

序号	桥　　名	主跨（m）	拱圈高（m）	拱圈宽（m）	矢跨比	建成年份	备　　注
25	四川凉山卧落大桥	160		7.06	1/6	2012	7段吊，吊重95t，4箱
26	重庆丰都汤巴溪桥	130	2.1		1/6	1998	双箱肋，单箱宽2.6m
27	四川武胜嘉陵江大桥	2×130	2	7	1/6	1994	双箱肋，单箱宽1.4m，桥宽13m
28	云南碧福怒江大桥	130	2	8.46	1/8	1992	桥宽9m，5箱
29	云南长田水库大桥	130	2.3	10.8	1/8	1994	桥宽11m，6箱
30	云南旱桥	130	2.3	10.8	1/8	1994	
31	四川甘孜青杠坪桥	130	2.2	8	1/5	2009	5段吊，5箱
32	四川云阳双江大桥	3×126	1.9	9	1/6	1997	桥宽12.5m，6箱
33	湖南天峨山大桥	125		7.16	1/6	1985	桥宽10.5m
34	广西那洞大桥	125	1.85	9.6	1/8	1989	桥宽11.5m，7箱
35	四川广元宝珠市白龙江桥	3×120	1.9	9	1/6	1989	桥宽11.5m，5箱，挂车—238
36	四川铜街子大渡河桥	120	1.8	9	1/7	1983	桥宽12.5m，6箱，挂车—238，汽—36
37	广西平果铝厂右江桥	120	1.8	15.6	1/7	1987	桥宽19.5m，12箱，汽—40
38	贵州鸭池河大桥	120	1.9	7.6	1/8	1997	5段吊，吊重51t
39	重庆合川涪江二桥	3×120	2.2			1996	桥宽26m，双箱肋拱，肋宽2.8m
40	盐边鳡鱼大桥	120			1/5	1997	桥宽9.5m，5段吊，5箱
41	云南红旗大桥	116	1.9	8.54	1/8	1974	5段吊开口箱，吊重36t
42	贵州茅台赤水河大桥	115	1.75	9.2	1/8		1990年施工桥面时，全拱垮塌
43	贵州兴义马岭河桥	110	1.75	9.54	1/5	1991	使用15年后，病害严重限载通行
44	四川泸定大渡河桥	110	1.7				
45	贵州余庆大乌江桥	105	1.6	8.4	1/8	1976	5段吊，吊重27.3t
46	贵州土城赤水河桥	105	1.7	7.6	1/7	1988	吊重27.9t，5段吊
47	四川苍溪嘉陵江大桥	3×105	1.75	9.3	1/7	1994	桥宽13m，双箱肋拱，肋宽2.9m，间距3.5m
48	三板溪水库南寨溪桥	120	2.2		1/6	2009	5段吊，5箱
49	贵州铜仁大江坪桥	100	1.6	9	1/8	1987	5段吊，吊重26.7t
50	四川云阳铁炉沟桥	100	1.6	9.1	1/6	2002	5段吊
51	贵州兴义木浪河桥	100	1.6	7.46	1/8		
52	四川宜宾岷江大桥	2×100	1.6	8	1/6	1973	桥宽12.5m，汽—26，拖—100
53	四川内江沱江大桥	3×100	1.7		1/6	1995	5段吊，桥宽24m，4箱肋，双肋拱，肋宽5.6m
54	重庆忠县钟溪桥	100	1.6	6.6	1/9	1989	桥宽9.5m，单箱肋拱，双肋 肋宽1.6m
55	重庆巫奉高速双潭桥	100	1.7	8.96	1/5	2010	5段吊，吊重43.4t，6箱
56	四川富川沱江晨光桥	3×100	1.7	12.8	1/8	1994	桥宽21m，8箱 拱上盖梁大悬臂
57	四川彭水莲湖大桥	100	1.6		1/6	1989	桥宽8m，吊装肋板与横隔板

续上表

序号	桥　　名	主跨（m）	拱圈高（m）	拱圈宽（m）	矢跨比	建成年份	备　　注
58	重庆御临河桥	2×95	1.8	12.4	1/6		箱形双肋拱，肋宽2.8m，净距6.8m
59	贵州普定三岔河桥	90	1.6	7.34	1/8	1979	5段吊，吊重29.13t
60	贵州清镇花鱼洞桥	90	1.6				
61	重庆双龙堡大桥	2×90	1.5			2007	5段吊，桥宽31m，分两幅
62	广西柳州静兰大桥	90	1.7				桥宽16m，双箱肋拱，肋宽2.14m
63	四川福堂坝岷江大桥	90	1.5	7.5	1/6	1991	5段吊，桥宽8m
64	四川广元白塔嘉陵江桥	3×85	1.5		1/7	1991	双箱肋拱，肋宽2.8m，净距3.4m
65	重庆木洞苏家浩桥	5×80	1.6	11	1/5.68	2013	3段吊，吊重65t，连拱
66	四川道浮桥	92	1.6		1/10	1972	桥宽8m，汽—15，拖—60
67	四川基江北渡桥	80				1975	桥宽9.5m，汽—20，拖—100
68	四川达州市州河桥	3×78	1.5		1/6	1990	双箱肋拱，肋宽2.8m，净距3.6m
69	四川泸州沱江二桥	5×76	1.45	16	1/7	1994	三肋箱拱，肋宽2.8m，净距3.8m
70	四川蓬安清溪大桥	70	1.5	23.4	1/7	1996	桥宽28.5m，4肋箱拱，肋净距4.6m
71	陕西安康獐河沟桥	70	1.4		1/7	2012	桥宽9m，6箱，拱座斜桩基础
72	四川乐山岷江大桥	6×70			1/8	1973	桥宽12.5m，汽—26，拖—100
73	四川绵阳涪江二桥	8×65				1994	3段吊，桥宽20m
74	重庆文星湾桥	60	1.3	15.1	1/6	1988	
75	贵州玉屏北内桥	2×60	1.3	9	1/8	1987	3段吊，桥宽13.5m
76	四川广元821交通桥	3×66	1.4		1/8	1971	桥宽7m
77	四川宝轮桥	5×60	1.3		1/7	1972	桥宽9.5m，汽—13，拖—60
78	四川夹江青依江大桥	12×40	1.0		1/5	1973	桥宽9.5m，汽—18，拖—80
79	重庆××乌江大桥	2×100			1/7	1974	净7m+2×1m

附录B　国外部分上承式混凝土拱桥简况

序号	桥　名	类别	桥型结构	跨径(m)	矢跨比	拱圈高(m)		拱宽(m)	桥宽(m)	横截面形式	施工方法	建成年份	备　注
						拱顶	拱脚						
1	南斯拉夫克尔克Ⅰ号桥	公路	RC箱形无铰拱	390	1/6.1	6.5	6.5	13	11.4	单箱三室	悬臂桁架拼装每段5m,先合龙中箱。千斤顶调整拱内力	1980	箱形拱截面分解为若干预制板组拼,预制块重20t,原设计为钢斜拉桥,因风速太大,改为上承式RC拱桥,轴线为三次抛物线,工期4年,拱圈C50混凝土
2	美国胡佛水坝大桥	公路	RC双箱肋无铰拱	323	1/3.82	4.25	4.25	单肋宽6.1	26.8	拱肋单箱单室	斜拉悬臂挂篮现浇	2011	拱肋C70混凝土,桥道系为钢箱与RC桥面板组合结构,基于横向稳定和减小纵向地震拱脚弯矩,拱肋为等厚度、等宽度。从降低对风阻力考虑,拱肋与立柱均倒角,工期6年
3	澳大利亚悉尼格拉特斯维尔桥	公路	素混凝土箱肋无铰拱	304.8	1/7.8	4.27	7.01	6.1(单肋)	25.62	拱肋单箱单室,共4条拱肋	在可移动的钢管拱架上安装预制闭合箱,每段长3m	1964	在两个1/3点处,设两条加力缝,在缝中布置56组扁千斤顶,提供58MN总压力,可使压力线与拱轴线吻合,并使拱圈离开拱架,自行承重,全拱合龙后,进行总应力调整,拱轴悬索线

续上表

序号	桥　　名	类别	桥型结构	跨径(m)	矢跨比	拱圈高(m)		拱宽(m)	桥宽(m)	横截面形式	施工方法	建成年份	备　　注
						拱顶	拱脚						
4	巴西巴拉那桥	公路	RC 无铰拱	290	1/5.5	3.25	4.8	11~13	13.5	单箱三室	三铰钢拱架现浇	1965	靠拱脚 58~74m 范围架设落地支架支撑钢拱架，中间 170.15m 为悬空钢拱架
5	葡萄牙亨里克桥	公路	刚性梁柔性拱	280	1/11.2	1.5	1.5	10~20	20	箱形	悬臂桁架挂篮现浇，桥道主梁与拱圈同时推进	2002	桥面系主梁为 PC 箱梁，高 4.5m，在跨中 70m 长度拱圈与主梁合一，成为高 6m 的箱形结构，单箱单室，自重大幅下降
6	南非布罗克朗斯桥	公路	RC 无铰拱	272	1/4.12	3.66	5.5	12	16	单箱三室	塔架斜拉索法挂篮悬浇，全拱划分 60 段，每段长 5.2m	1983	扣索塔架位于拱脚最高的桥墩上，并在桥面以上加高 25m 临时索塔，背索锚固于岸坡岩石上，拱圈 C55 混凝土
7	葡萄牙阿拉比达桥	公路	RC 双箱肋拱	270	1/5.2	3	4.5	8.0	26.5	单箱双室	钢拱架现浇，拱架可横移，分别施工单条箱肋	1963	箱肋之间净距 7.6m，在两箱肋上、下翼缘处用剪刀撑连接，工期 6 年，钢拱架采用悬拼
8	日本富士川桥	公路	RC 无铰拱	265	1/6.5	5	3	15.5	18.5	单箱三室	塔架斜拉索现浇法塔架设在河中，以减少施工悬臂长度背索锚固于桥台	2005	桥道系为双钢梁 PC 桥面板。拱圈采用 C50 混凝土。该桥位于新东名高速公路上，分为 A 线与 B 线桥，结构形式相同
9	瑞典桑多桥	公路	RC 无铰拱	264	1/6.6	2.9	5	10.1	12	单箱三室	木桁拱架上现浇	1943	1939 年第一次施工用系杆式木拱架，因长期受湿而垮塌，第 2 次改用桁式木拱架获得成功

续上表

序号	桥　　名	类别	桥型结构	跨径(m)	矢跨比	拱圈高(m)		拱宽(m)	桥宽(m)	横截面形式	施工方法	建成年份	备　　注
						拱顶	拱脚						
10	法国夏托布里昂桥(亦名 Rance 河桥)	公路	RC 无铰拱	261	1/7.5	4.2	4.2	7.5-12	12	单箱单室	1 号立柱至拱脚支架现浇;2 号立柱处临时墩及索塔,斜拉钢骨架现浇混凝土	1990	拱脚至 1 号立柱间(28m),拱宽 7.5~12m,桥面位双 I 字钢型板梁支承 RC 桥面板。I 字钢梁顶推施工。拱顶设千斤顶调整内力及变形,扣索后锚在已完成拱圈上
11	日本天翔大桥		RC 无铰拱	260					8.75	单箱单室	悬臂桁架配合劲性骨法现浇	2000	又名高松大桥
12	西班牙洛斯蒂洛斯乔		RC 箱肋无铰拱	255	1/5.1	6	6	肋宽 3		箱形	悬臂桁架浇筑法	2004	拱肋 C75 混凝土,桥道系为高 1m 钢箱和厚 26cm 混凝土桥面板组合结构
13	德国维尔德格拉桥	公路	RC 箱肋无铰拱	252					25.5	单箱双室	悬臂斜拉扣挂法	2000	桥道系为钢—混凝土组合结构,由梯形钢箱梁与厚度 20~44cm 混凝土桥面板组成。顶推架设钢箱
14	南斯拉夫塞波尼克桥	公路	RC 箱肋无铰拱(镰刀型)	246.4	1/8	3.7	2.9	7.5	10.76	单箱三室	首次采用挂篮悬浇施工工艺	1966	拱上为单排双挂式,扁六边形截面,中距 4.9m,拱脚桥墩加高为扣索搭架
15	印尼 Barelang 桥		RC 无铰桥	245					18			1998	
16	克罗地亚克尔克 II 号桥	公路	RC 箱形无铰桥	244	1/5.14	4	4	8	11.4	单箱三室	同克尔克 I 号桥	1980	悬臂桁架由拱圈、立柱、临时钢斜拉索组成。参阅克尔克 I 号桥
17	日本别府明矾桥	公路	RC 箱形无铰桥(不对称)	235	1/6.35 1/6.91	2.5	4.5	18.7	21.4	单箱三室	悬臂桁架现浇与钢拱骨架现浇组合法	1989	距拱脚 80m 的每侧 18 个节段采用悬臂桁架支承挂篮现浇,中部 70m 采用临时钢桁架与已成拱圈合龙成拱后,浇实腹段混凝土(钢桁架埋在混凝土中)

续上表

序号	桥　名	类别	桥型结构	跨径(m)	矢跨比	拱圈高(m)		拱宽(m)	桥宽(m)	横截面形式	施工方法	建成年份	备　注
						拱顶	拱脚						
18	意大利 菲米拉河桥	公路	RC 双箱肋拱	231	1/3.5	2	6.5	4 至 9.5		单箱单室	桥跨中部设临时墩，其上为扇形满布式支架	1962	拱上为倾斜立柱。双肋在拱顶处合并为一个整箱，拱脚处每一箱肋又分为纵向和横向四叉形的分箱，支承在共同基础上
19	苏联乌克兰 Zapovozje 桥	公铁双层	RC 箱形无铰桥	228	1/6.7	6	7	11.4		单箱三室	钢拱架现浇	1952	该桥跨越第聂泊河
20	德国基尔河谷高架桥		RC 双肋拱	223	1/3.98	1.5	3.5	肋宽 7		实体矩形肋	临时支撑加斜拉悬臂现浇法	1999	桥道是纵梁为高 1.5mPC 板梁
21	日本头岛大桥		RC 无铰拱	218							劲性骨架与塔架组合法	2003	
22	西班牙埃斯拉桥	铁路	RC 箱形无铰拱	210(净跨 192.4m 按推力作用点为 210m)	1/3.4	4.5	5.08	7.92 至 9.06	8.74	单箱三室	轻型劲性钢骨架成拱后现浇外包混凝土。施工中为三铰拱	1939	轻型劲性骨架用钢量为每米桥长 500kg，但工序多，工期较长，先浇上弦混凝土，再浇下弦混凝土，并在拱顶、拱脚用千斤顶对下弦施压。拱轴为 4 次抛物线
23	奥地利林格脑桥	公路	RC 无铰桥	210	1/4.7				10.3		拱架现浇	1967	
24	日本宇佐川桥	公路	RC 箱形不对称无铰桥	204	1/5.27 1/9.86	3.6	4.4	17.8	21.9	单箱三室	悬臂斜拉挂篮现浇与劲性骨架组合法。悬浇每段 4～6m	1982	靠拱脚区段约 53m 为挂篮悬浇，中部 97.4m 采用双铰钢骨拱架外包混凝土。主拱两拱脚不等高，高差 18m，施工中拱圈施加预应力
25	克罗地亚斯克拉丁桥	公路	RC 箱形无铰桥	204	1/4	3	3	10	22.5	单箱双室	挂篮悬浇	2005	位于强地震带，桥道系采用钢—混凝土组合结构，钢纵梁高 1.7m，桥面板为 25cm 厚现浇混凝土，拱圈 C55 混凝土

续上表

序号	桥名	类别	桥型结构	跨径(m)	矢跨比	拱圈高(m)		拱宽(m)	桥宽(m)	横截面形式	施工方法	建成年份	备注
						拱顶	拱脚						
26	法国摩比汉桥	公路	RC 箱肋无铰拱	201		2	2		20	单箱单室		1995	钢性梁柔性拱,拱上为钢—混凝土结构,拱肋混凝土 $2863m^3$,钢筋 427t;主梁混凝土 $1900m^3$,钢材 1921t
27	奥地利 Pfaffenberg zwenberg	铁路	RC 箱形无铰拱	200		3.5	7		10	单箱三室	Crucian 拱架现浇	1971	
28	克罗地亚 Maslenica 桥		RC 箱形无铰拱	200	1 /3.1	4	4			单箱双室	挂篮悬浇	1997	
29	日本池田一其湖桥		钢性梁柔性拱	200	1/5				10.4		悬臂桁架法	2000	
30	南非范斯塔登斯峡谷桥	公路	RC 箱形无铰拱	200	1/4.5	2.75	4.27	14.63	26	单箱三室,拱上为 $d=1.22m$ 圆柱(空心)	拱脚区段支架现浇,其余拱段采用挂篮悬浇	1971	悬浇拱圈每段长 6.5m,用千斤顶调整拱的内力,拱脚至第二立柱段,拱圈高度从 4.27m 变为 2.75m
31	南斯拉夫帕格桥	公路	RC 箱形无铰拱(镰刀形)	193.2	1/7	3	2.3	7	9.2	单箱三室	塔架斜拉扣索法 挂篮悬浇	1968	桥面为 T 梁,跨径 23.3m 预制 T 梁简支转结构连续
32	日本立山大桥		RC 无铰拱	188							劲性骨架与塔架组合法	1999	
33	日本国见大桥		RC 无铰拱	181							劲性骨架与塔架斜拉扣索法	2003	
34	瑞典谭德桥	公铁两用	RC 箱形无铰肋拱	181	1/6.9	3	5	单肋宽 9	27.5	单肋为单箱三室	钢性架现浇,分两环浇筑	1934	两条拱肋 C45 混凝土,用千斤顶调整拱内力
35	日本青叶大桥		RC 无铰拱	180							钢管劲性骨架与桁架组合法	1997	

续上表

序号	桥　　名	类别	桥型结构	跨径（m）	矢跨比	拱圈高（m）		拱宽（m）	桥宽（m）	横截面形式	施工方法	建成年份	备　　注
						拱顶	拱脚						
36	澳大利亚 Nosslach 桥			180	1/4							1969	
37	法国普卢加斯特尔桥	公铁两用	R 箱形 C 无铰拱	3×180（连拱）	1/6.5	4.5		9.5（拱顶）	8	单箱三室	木拱架现浇，分环浇筑，下层混凝土硬化后与拱架共同承力	1930	拱圈为变截面箱形，为首座箱拱，配筋量仅 $23kg/m^3$，拱轴为抛物线，一套拱架重复使用三次，用 28 只液压千斤顶在拱顶处调整应力，为成功范例，拱圈 350 号混凝土
38	美国纳奇兹公园小道桥		RC 无铰拱	177.4							悬臂桁架拼装	1994	
39	日本胧大桥		RC 无铰拱	172							劲性骨架与塔架组合法	2001	
40	日本外津桥	公路	RC 双铰箱拱	170	1/6.4	2.4	3	8~16	10.1	单箱双室	悬臂桁架法现浇，拱脚 15m 用斜吊支架现浇	1974	挂篮悬浇每段 3.5m，拱轴线为 4 次抛物线，拱上立柱间拱圈用预应力筋，世界首次采用粗钢筋吊拉悬臂施工法
41	美国塞拉河桥	公路	RC 箱形无铰拱	167.5	1/3.1	2.13	3.35	9.75	12.04（单幅）	单箱三室	钢拱架现浇，分三环浇筑	1971	桥梁有左右幅，左幅完成后，整个拱架移动 32.6m，施工右幅桥
42	日本水之崎大桥		RC 无铰拱	160							劲性骨架法	2004	
43	美国 Colwitz Washing-ton 桥		RC 无铰拱	159	1/3.5							1968	
44	挪威瑞奥 Suinesund 桥	公路	RC 无铰拱	155.18	1/3.9				9.45		木拱架现浇	1942	

续上表

序号	桥名	类别	桥型结构	跨径(m)	矢跨比	拱圈高(m)		拱宽(m)	桥宽(m)	横截面形式	施工方法	建成年份	备注
						拱顶	拱脚						
45	德国勤兑卡桥	公路	RC 双箱肋二铰拱	154.4	1/3.12	3	3	单肋 6.5	31	单肋为单箱双室	塔架斜拉扣索法 挂篮悬浇，每段 6m	1977	桥面箱梁用顶推法施工，跨径 22.4m
46	奥地利 Lindischgraden 桥	铁路	RC 箱形无铰拱	154	1/3.8			7.5	10	单箱双室		1978	拱圈 450 号混凝土
47	捷克伏尔塔瓦河水库桥	公路	RC 双铰叠拱（引桥跨径同小拱）	150	1/3.59	2	2	7.5~9.5	8.5	矩形	木拱架现浇	1942	拱上小拱跨径 35.65m，拱厚 0.75m双铰拱，主拱拱轴线由两种抛物线连接，拱为 400 号混凝土
48	瑞士爱阿河桥	铁路	混凝土拱	150	1/4.5	3.2	5				木拱架现浇	1948	拱桥预压荷载 3000t，拱圈分环浇筑
49	奥地利 Falkenstein	铁路	RC 箱形无铰拱	150						箱形	Cruciani 体系拱架现浇	1974	边跨跨径 120m
50	美国 Wuppertal 桥		RC 箱形无铰拱	150	1/6	2.3	3.7		15	箱形		1959	
51	苏联 Krasnojarsk 桥		RC 无铰拱	150	1/8	3.2	3.2		24			1961	5 跨
52	日本新小仓桥		RC 无铰拱	150							塔架斜拉扣索架设法	2000	
53	日本水晶山桥		RC 无铰拱	150							满堂支架现浇	1999	两跨连拱
54	日本帝释桥		RC 箱形无铰拱	145	1/4.83	2.4	3.8	9.9	9.9	单箱双室	劲性骨架与塔架悬臂组合法	1978	日本首次采用劲性骨架法，施工中拱圈施加预应力，拱轴 $m=2.5$
55	委内瑞拉卡拉卡斯 1 号桥、2 号桥、3 号桥	公路	RC 箱肋双铰拱	152 146 138	1/4.6	2.9		肋宽 3.2	24.5	拱肋为单箱单室，共 3 条拱肋	边段斜拉悬臂支架，中部系杆支架	1953	拱架分 3 段，两边段用斜拉索扣在塔架上，先浇一部分混凝土；再将地面安装好的带水平拉杆的 81m 长 224t 重的中段拱架提升，合龙拱架，再浇其余混凝土

续上表

序号	桥名	类别	桥型结构	跨径(m)	矢跨比	拱圈高(m)		拱宽(m)	桥宽(m)	横截面形式	施工方法	建成年份	备注
						拱顶	拱脚						
56	日本神都高千惠桥		RC 刚梁柔拱	143							劲性骨架与桁架组合法	2002	
57	法国柯绕特高架桥	公路	RC 箱肋无铰拱	140		1.8	3.6	肋宽 1.2	13	箱形(2 条肋)		1999	高速公路桥,采用 PC 桥面板
58	日本接组大桥		RC 无铰拱	140							劲性骨架与塔架组合法	2000	
59	苏联新第聂泊河桥	公铁两用	RC 箱形无铰拱	140	1/4.8	5	6		11	箱形	钢拱架现浇	1952	
60	法国凯勒桥	公铁两用	RC 箱形无铰拱	139.8	1/5.18	2.8	4.6	7.4	8.28	三室箱		1930	拱轴为 5 次抛物线,施工中用千斤顶调整拱圈内力
61	德国 Teufelstal 桥		RC 双肋无铰拱	138	1/5.3	1.3	2.8	肋宽 7.05	22.4	矩形实体	拱架现浇	1938	一条拱肋完成后,横移拱架施工另一条肋
62	日本天苏大桥		RC 无铰拱	135							塔架斜拉扣索法	2003	
63	日本神源溪谷桥		RC 双肋无铰拱	135	1/6 与 1/3.91					箱形	竖向转体法	2002	为两拱脚不等高的不对称拱,高差 12m,负角度竖转
64	日本东峰桥		RC 刚梁柔拱	132							悬臂桁架架设法	2000	
65	法国卡斯特尔莫隆桥	公路	混凝土三铰拱	131.65								1933	
66	德国 Echelbach 桥	公路	RC 箱肋二铰拱	130	1/4.1	2	3.2	肋宽 1.5	8.3	两条单箱单室拱肋	劲性骨架法	1929	劲性钢骨架用悬臂桁架法架设,浇外色混凝土,立柱、桥面均用钢骨架
67	日本阿嘉大桥		RC 无铰拱	125							满堂支架现浇	1998	

续上表

序号	桥名	类别	桥型结构	跨径(m)	矢跨比	拱圈高(m)		拱宽(m)	桥宽(m)	横截面形式	施工方法	建成年份	备注
						拱顶	拱脚						
68	日本梦乃桥		RC 无铰拱	124							劲性骨架与塔架斜拉索架设法	1999	
69	日本丸山大桥		RC 无铰拱	118							同上	1991	
70	美国 George WestingHouse 桥	公路	RC 双肋无铰拱	125.43	1/2.6	1.52	3.05	单肋 4.27	17.08	矩形		1931	
71	法国塞利耶尔桥	公路	RC 箱形无铰拱	125	1/4.3	2.4	2.4		9	箱形	木拱架现浇	1961	拱跨中部与桥面合成箱形截面，圆弧拱轴
72	日本下田原大桥		RC 无铰拱	125							劲性骨架竖转法	2001	
73	瑞士卡伦巴什桥	公路	RC 双肋拱	124	1/4	1.5	2.36	单肋 1.1	10	矩形	塔架斜拉扣索挂篮悬浇	1977	悬浇拱肋每段长 6.25m，双肋净距变宽度：拱顶 4.4m，拱脚 6.6m，桥面为 I 形连续梁
74	美国卡朋纪念桥	公路	RC 双肋拱	122	1/4.6	1.52	3.05	单肋 4.27	17.08	矩形	劲性骨架法	1923	
75	奥地利尼森巴克桥		RC 双肋拱	120	1/3.2	2.5	2.5	单肋 5	17.6	单箱双室	塔架斜拉扣索挂篮悬浇	1973	桥面为 L = 20m，I 字形连续梁，桥梁位于 R=332.8m 的平曲线上
76	法国卡斯特尔莫龙桥	公路	RC 二铰拱	120	1/6.67							1933	
77	捷克 Senocraby 桥	公路	RC 刚梁柔拱	120	1/4.7	1.2	1.8	单肋 6.5	25	矩形双肋		1946	桥面主梁高 1.75m，承担总荷载 40%，拱承受 60%，320 号混凝土
78	意大利 Lifowrne 河桥	公路	RC 箱形拱	120	1/9.6						钢拱架现浇	1951	
79	日本误野川桥		RC 刚梁柔拱	119							悬臂桁架架设法	1992	

续上表

序号	桥名	类别	桥型结构	跨径(m)	矢跨比	拱圈高(m)		拱宽(m)	桥宽(m)	横截面形式	施工方法	建成年份	备注
						拱顶	拱脚						
80	日本天子大桥		RC刚梁柔拱	116							悬臂桁架架设法	1993	
81	日本赤谷川桥	铁路	RC刚梁柔拱	116	1/4	0.8	0.8	9	12.2	矩形	悬臂斜拉挂篮悬浇	1979	桥面主梁高4m(箱形),特殊挂篮可在主梁上移动,可浇拱圈、立柱及主梁,拱轴 $m=2$,400号混凝土
82	葡萄牙Fozde sousd桥	公路	RC双肋无铰拱	115	1/12.8	1.6		单肋4.38	9	工字形	木拱架现浇	1952	拱肋先为三铰拱,合龙后为无铰拱
83	瑞士黑水河桥	铁路	RC箱形无铰拱	114	1/4.6	1.6	2.2	3.5	5.7	带两圆孔的箱形截面	塔架斜拉扣索挂篮悬浇	1979	悬浇每段长5~5.4m,桥面为工字形连续梁
84	南非Stoms河桥	公路	RC箱形无铰拱	113	1/5.7	1.21	2.55	拱顶6.3 拱脚7	8.2	单箱双室		1955	
85	德国Heilbro-nor桥	公路	混凝土三铰拱	122.3	1/8.2				12.5		平转法	1932	
86	瑞典Vindelalven河桥	铁路	RC无铰拱	112								1952	
87	瑞士拉宁桥		RC刚梁柔拱	112	1/4.58					矩形实体		1967	拱肋为折线形,PC主梁
88	法国科德桥	公路	混凝土双铰拱	111.2								1940	
89	日本口央1号桥		RC无铰拱	110							劲性骨架与支架组合法	1998	

续上表

序号	桥　　名	类别	桥型结构	跨径(m)	矢跨比	拱圈高(m)		拱宽(m)	桥宽(m)	横截面形式	施工方法	建成年份	备　　注
						拱顶	拱脚						
90	日本玉川温泉大桥		RC 无铰拱	110							劲性骨架与塔架斜拉索架设法	1996	
91	英国 Tweed 桥	公路	RC 无铰肋拱	110	1/7.7	2.1	3.2		14.3	矩形		1928	4 条拱肋
92	巴西总统桥	铁路	混凝土三铰拱	110								1948	
93	法国 I′-artuby 桥	公路	混凝土单铰拱	110							拱架现浇	1947	半跨拱架在桥台处垂直架设，竖转合龙
94	美国加州比克贝涧桥	公路	RC 肋拱	109.7								1933	2 条拱肋，桥梁位于弯道与坡道上
95	日本茶间川桥（县道）		RC 无铰拱	108							拱架现浇	1995	
96	土耳其 Enphrat－es 桥	公路	RC 无铰拱	108	1/4.5	1.4	2.2		6	单箱三室		1932	
97	法国 Vienne 桥	城市	RC 双肋无铰拱	108	1/11.3	1.18				矩形		1947	
98	德国莫塞尔桥	公路	RC 三铰肋拱	107	1/13.2	1.74	1.24	单肋 6.6	18	箱形		1934	两条箱肋，空腹式，外观为实腹式
99	英国 Capilano 桥	公路	混凝土无铰拱	105.2					20			1960	
100	日本中谷川桥		RC 刚梁柔拱	106							悬臂架设法	1996	

续上表

序号	桥名	类别	桥型结构	跨径(m)	矢跨比	拱圈高(m)		拱宽(m)	桥宽(m)	横截面形式	施工方法	建成年份	备注
						拱顶	拱脚						
101	瑞士 Hundwil-ertobel 桥	公路	RC 无铰拱	105	1/2.9	1.3	2.4		7.8	矩形		1925	
102	日本龟山城桥		RC 无铰拱	105							竖转法施工	2003	
103	日本须津溪谷桥		RC 无铰拱	105							悬臂架设法	2002	
104	日本茶间川桥(本四)		RC 无铰拱	103							塔架斜拉扣索架设法	1996	
105	法国格朗托克托桥		RC 箱形三铰拱	101.3	1/9	1.15	5.46			箱形	支架现浇	1959	圆弧线拱轴
106	法国 Saint julien 桥	公路	RC 箱形无铰拱	101	1/8.3	1.5	2.4		6.3	箱形		1951	
107	法国 Oise 桥	公路	RC 箱形无铰拱	101	1/10.6	1.4	1	9.7		下开口箱	木拱架现浇	1951	拱立面为镰刀形,拱脚处有调整应力的设施
108	日本日莲桥		RC 无铰拱	100							劲性骨架与塔架斜拉索架设法	1999	
109	日本大泷桥		RC 无铰拱	100							满堂支架现浇	1985	
110	意大利罗马复兴桥	公路	RC 实腹无铰拱	100	1/10	0.85			19.2	箱形		1911	
111	意大利弗洛无璆索里宁桥	公路	RC 实腹无铰拱	100	1/9.5	0.65			28.2	箱形		1937	

续上表

序号	桥　　名	类别	桥型结构	跨径(m)	矢跨比	拱圈高(m)		拱宽(m)	桥宽(m)	横截面形式	施工方法	建成年份	备　　注
						拱顶	拱脚						
112	瑞士蓝格维斯桥	铁路	RC 双肋无铰拱	100	1/2.34					矩形	木拱架现浇	1914	拱肋变宽度,桥面参与受力
113	瑞士特里思特峡谷桥		混凝土无铰拱	100								1932	
114	南非暴雨河桥		RC 无铰拱	100							负角度竖转	1955	在两岸竖直方向施工半跨拱圈,向下竖转合龙,拱上为斜立柱
115	瑞士培姆尼斯莱茵河桥		RC 刚梁柔拱	100	1/4.78					实体		1962	拱肋为折线形实体,桥面主梁高 1m
116	日本新山清路桥	公路	RC 拱桥	100							悬臂架设法,配合临时支柱	1966	PC 扁平拱
117	法国 Pontdel-a corde 桥		RC 无铰拱	105	1/6	1.8	2.8		5.7	箱形		1925	
118	法国莱福尔桥	公路	混凝土三铰拱	97	1/10.78							1934	
119	法国纳夫桥		素混凝土无铰肋拱	96.25	1/6.66	1.45	1.45	单肋 3	10.9	实体矩形	拱架现浇	1919	RC 桥面,双肋拱,至今已使用 90 年,仍完好
120	法国 Villeneuve-lot 桥		素混凝土无铰拱	96.9	1/6	1.45	3		11			1921	拱内无钢筋
121	瑞士 Langwies-plessur 桥	铁路	RC 无铰拱	96	1/2	2.1	4.57		4			1914	
122	瑞士卡塞拉桥		RC 刚梁柔拱	96	1/4.8							1967	拱肋为折线形实体,桥面 PC 主梁

续上表

序号	桥名	类别	桥型结构	跨径(m)	矢跨比	拱圈高(m)		拱宽(m)	桥宽(m)	横截面形式	施工方法	建成年份	备注
						拱顶	拱脚						
123	美国 Jacks-Run 桥		RC 无铰拱	95	1/4							1925	
124	法国 Balme-R hone 桥		RC 无铰拱	95	1/11	0.91	0.75		8.3			1916	
125	美国 Fortsn-elling 桥		RC 无铰拱	93	1/4				18.5			1926	
126	美国匹兹堡拉姆大街桥	公路	RC 无铰拱	91.6	1/5	1.98	3.55		14.6		劲性骨架法	1912	
127	捷克 Bechyne 桥		RC 无铰拱	90	1/2	2.1	4.2		8.9			1928	
128	瑞典 ore-alv 桥	铁路	RC 三铰拱	90	1/3	1.3	1.5		5			1919	拱圈 1/4 处高度为 2.4m
129	瑞士萨尔基那山谷桥	公路	RC 镰刀形三铰拱	90	1/6.93			3.8~6.0	3.5	箱形	木拱架现浇	1930	最著名的镰刀形三铰拱，半跨有三孔跨径为 6m 的腹拱，拱箱宽 3.8m，仅在靠拱脚的 6m 长度宽度从 3.8m 变化至 6m
130	瑞士 Bern 桥		RC 无铰拱	87.2	1/3	1.15	2.1		8.5			1912	
131	美国 Cleveland 桥		素混凝土拱桥	85.3	1/3	1.83	3.35		18			1910	
132	瑞士罗斯格拉本桥	公路	RC 镰刀形三铰拱	82						箱形		1932	实腹式拱桥

续上表

序号	桥名	类别	桥型结构	跨径(m)	矢跨比	拱圈高(m)		拱宽(m)	桥宽(m)	横截面形式	施工方法	建成年份	备注
						拱顶	拱脚						
133	法国布提龙桥		RC三铰桁架拱	67.5+72.5+62.5	1/15						拱架现浇	1912	拱肋钢筋用量 $30kg/m^3$；拱顶设千斤顶以拆除拱架
134	法国勒夫尔德尔桥		RC桁架拱	64+72+64	1/15							1910	拱肋钢筋用量 $30kg/m^3$；混凝土容许压应力10MPa
135	美国Philadephina桥		素混凝土无铰拱	70.7	1/3	1.67	2.89		18.2			1908	拱内无配筋
136	瑞士阿奥索莱茵高架桥		RC刚梁柔拱	66								1960	拱轴线为折线形
137	瑞士外斯桥	公路	RC三铰拱	56	1/11.7							1932	
138	法国乌尔特河桥		RC无铰拱	54.9								1905	实腹式拱桥
139	英国高富诺桥		混凝土拱桥	19.81+4×53.34+21.34					54			1967	空腹式拱，桥长283.46m
140	法国奥依德梅伦列桥	公路	混凝土双铰拱	90	1/6							1927	
141	法国卡姻帕列桥	公路	混凝土三铰拱	97.5	1/6.5							1924	
142	新西兰格拉符顿桥	公路	混凝土三铰拱	96	1/3.56							1910	
143	瑞典欧瑞桥	公路	混凝土三铰拱	90.7	1/3.12							1919	

续上表

序号	桥名	类别	桥型结构	跨径(m)	矢跨比	拱圈高(m)		拱宽(m)	桥宽(m)	横截面形式	施工方法	建成年份	备注
						拱顶	拱脚						
144	瑞士新塔瓦纳萨桥		混凝土三铰拱	51								1928	刚性梁柔性拱
145	德国 Neckarh-ausen 桥		素混凝土无铰拱	51	1/11	0.85	0.9		5.5			1900	拱圈 1/4 处拱厚为 1.2m
146	法国夏特罗桥	公路	RC 无铰拱	40+3×50+40	1/10.4(中跨)						支架现浇	1900	边跨矢跨比 1/12.5,空腹式拱
147	法国托南桥		RC 拱上叠拱	多跨 46								1922	亦称为葵花拱桥
148	奥地利斯太尔桥		RC 无铰拱	42.4	1/16.18	0.6	0.7		6			1898	该桥在后来的战争中被炸毁
149	瑞士斯陶夫法赫尔桥		混凝土三铰拱	40								1899	
150	瑞士陶斯桥	人行	刚性梁柔性拱	38								1933	空腹式拱桥
151	瑞士西万德巴赫桥		刚性梁柔性拱	37.4	1/6.23	0.2	0.2					1933	桥面主梁高度 0.9m,该桥位于平曲线上
152	瑞士 Carton Thur 桥		混凝土三铰拱	2×35								1904	
153	斯洛文尼亚龙桥		RC 三铰拱	33.34							劲性骨架法	1901	骨架为铸铁桁架
154	法国圣索维河高架桥		RC 三铰拱	9×30								1998	墩上、拱上全透空,无拱上立柱

续上表

序号	桥　　名	类别	桥型结构	跨径(m)	矢跨比	拱圈高(m)		拱宽(m)	桥宽(m)	横截面形式	施工方法	建成年份	备　　注
						拱顶	拱脚						
155	瑞士 ZuozInn 桥		混凝土三铰拱	30								1902	
156	法国普拉雷阿尔桥		RC 桁架拱	26								1907	坦拱
157	美国加州俄谷桥		RC 肋拱									1940	
158	瑞士波尔巴赫桥	公路	刚性梁柔性拱									1932	桥梁位于平曲线上
159	日本知厚桥	公路	RC 无铰拱	94.37	1/4.46	2.2	2.2	7.75	10.25	单箱双室	钢箱劲性骨架与竖转组合法		正角度竖转钢箱骨架，合龙后钢箱内灌注混凝土，再浇筑拱圈外包混凝土

附录 B 说明：

（1）国外部分上承式混凝土拱桥简况，根据国内已正式发表的论文、专著及资料摘编。

（2）因有关论文、资料来源较多，有时同一座桥有的数据有出入，例如跨径、矢跨比、拱的有关尺寸等，在尾数上可能有差异。表中所列跨径多数是净跨径，但有的桥是否净跨不清楚，有可能是计算跨径。建成年，有的桥可能有 1~2 年的差误。

（3）“桥型”栏及“附注”中未注明拱铰者，基本上是无铰拱，也可能个别桥有差异。

（4）未注明“实腹式”者，基本上为空腹式，也可能个别桥有差异。

（5）刚性梁柔性拱、倒郎格尔拱、桥面加劲混凝土拱，为同一类桥型。

（6）施工方法按引用资料的写法。有的桥的施工方法表达不够清楚，例如“悬臂桁架法”有可能是现浇，也可能是预制构件拼装；一些桥采用组合施工方法，但有的桥表达不够准确，具体施工方法不确切。

（7）桥名原资料已翻译为汉语同音者，一律用汉语，原资料用原文者则用原文。

（8）本附录引用的资料来源主要有以下参考文献[18]、[37]、[55]、[84]、[104]、[105]、[108]、[120]、[121]、[122]、[124]、[126]、[137]、[142]、[145]、[148]、[193]、[194]等。

附录 C　交通部标准图《缆索吊装箱形拱桥》(JT/GQB 047—83)要点

该标准图由四川省交通厅公路规划勘察设计院主持编制。总结了我国此前缆索吊装上承式 RC 箱形拱桥的设计施工经验,对我国箱形拱桥的技术进步起到了重要的推动作用。至今仍具有较好的参考价值。现将其主要内容简介如下。

技术标准:

荷载:汽车—20 级、挂车—100。后于 1985 年 2 月,主办单位补充出版《缆索吊装箱拱提高荷载标准使用说明》,荷载提高至汽车—超 20 级、挂车—120,部分拱圈需提高混凝土的强度等级。

桥面宽度:有 5 种,净-7m+2×0.25m 安全带,净-7m+2×1m 人行道,净-7m+2×2m,净-9m+2×1m 和净-9m+2×2m。

技术指标:

净跨径:60m、70m、80m、90m、100m;

矢跨比:1/6、1/7、1/8、1/10。

拱圈构造尺寸:如附表 C-1。

拱圈构造尺寸　　附表 C-1

净跨径(m)	矢跨比	拱圈全高 D(cm)	顶板厚度 D_1(cm)	底板厚度 D_2(cm)	预制中腹板厚(cm)	边腹板厚度(cm)	现浇纵缝厚度(cm)	拱圈顶全宽(cm)		混凝土强度等级	最大吊装重量(t)	吊装纵向分数
								净-7(5 箱)	净-9(6 箱)			
60	1/6~1/10	130	10	10	5	10	24	760	910	300	27.10	3
70	1/6~1/10	130	10	10	5	10	24	760	910	300	31.65	3
80	1/6~1/8	140	10	10	5	10	24	760	910	300	23.80	5
80	1/10	140	12	12	5	10	24	760	910	300	23.80	5
90	1/6~1/8	150	10	10	5	10	24	760	910	300	27.65	5
90	1/10	150	12	12	5	10	24	760	910	300	27.65	5
100	1/6~1/7	160	12	12	5	10	24	760	910	300	32.8	5
100	1/8~1/10	160	10	10	5	10	24	760	910	400	32.8	5

注:①拱上为腹拱、横墙式重力式拱上建筑,200 号混凝土。

②采用的技术规范为《公路桥涵设计规范(试行)》(1975 年)。

③拱座基础地基容许承载力,要求不小于 100t/m^2。

④拱圈受力钢筋采用Ⅱ级钢筋。

⑤拱轴系数 m,见附表 C-2。

⑥拱圈预拱度,见附表 C-3。

⑦顶、底板纵向主筋。

拱 轴 系 数 *m* 附表 C-2

<table>
<tr><th>净跨(m)
m
矢跨比</th><th>60</th><th>70</th><th>80</th><th>90</th><th>100</th></tr>
<tr><td>1/6、1/7</td><td colspan="5">2.514</td></tr>
<tr><td>1/8</td><td>2.814</td><td colspan="4">2.514</td></tr>
<tr><td>1/10</td><td colspan="4">2.814</td><td>2.514</td></tr>
</table>

拱顶截面预拱度值 附表 C-3

矢跨比	1/6	1/7	1/8	1/10
预拱度值	L_0/800	L_0/750	L_0/700	L_0/600

注:L_0-拱圈净跨径,各截面预拱度按推力影响线进行分配。

L_0 = 60m、70m、80m 时,顶、底板纵向钢筋为 ϕ12,L_0 = 90m,矢跨比为 1/10 时,顶、底板纵向钢筋为 ϕ18,其余情况为 ϕ12;L_0 = 100m,矢跨比为 1/7 时,顶、底纵向钢筋为 ϕ18,其余情况顶、底板纵向钢筋为 ϕ14(边箱)和 ϕ12(中箱)。当荷载为汽车—超 20、挂—120 时,应按主办单位提出的要求,对部分拱圈的混凝土标号提高,最高为 500 号。

拱圈截面的一般构造可参阅附图 C-1。

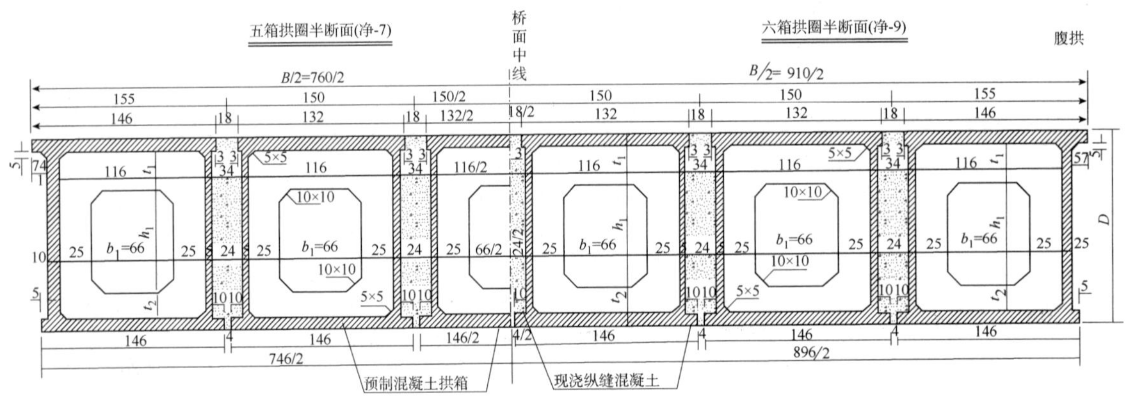

附图 C-1 缆索吊装箱形拱桥拱圈截面一般构造图(尺寸单位:cm)(图中拱圈高度 D、顶板厚度 D_1、底板厚度 D_2,参阅附表 C-1)

参考文献

[1] 吴江鸿,等.行对岔特大桥主拱圈施工方案构思.世界桥梁,2006(1).

[2] 庄小将,等.外海区域 RC 箱形拱桥缆索吊装施工介绍.世界桥梁,2002(3).

[3] 唐双林.武隆乌江特大桥缆索吊的优化设计与施工.铁道标准设计,2009(3).

[4] 柏松年.松园金沙江大桥设计.公路,1998(12).

[5] 黄永东.来宾磨东大桥拱箱吊装钢绞线斜拉扣挂施工简介//1998 年全国桥梁学术会议论文集.北京:人民交通出版社,1998.

[6] 颜东煌,等.贵州六圭河大桥设计施工中关键技术研究.中外公路,2005(2).

[7] 林福全.特大跨径钢筋混凝土拱桥悬拼施工.公路交通科技(应用技术版),2008(4).

[8] 唐柏石,等.来宾磨东大桥拱箱吊装施工简介//1998 年全国桥梁学术会论文集.北京:人民交通出版社,1998.

[9] 郑皆连.大跨径 RC 拱桥悬拼合龙技术的探讨//1998 年全国桥梁术会议论文集.北京:人民交通出版社,1998.

[10] 毛伟奇.大跨径钢筋混凝土拱桥吊装施工设计.公路,2007(9).

[11] 雷运华.宁德天池大桥主拱施工技术.桥梁建设,2008(3).

[12] 裴炳志,等.贵州洪家渡水电站六圭河公路特大桥创新设计.桥梁建设,2005(4).

[13] 易圣涛.首次采用无平衡重转体施工的龙门大桥胜利合龙.公路,1986(9).

[14] 张联燕.涪陵乌江大桥同步转体施工工艺简介.公路,1989(5).

[15] 黄建生,等.平地坝大桥主桥转体施工.桥梁建设,2005(4).

[16] 张席屏,等.从钦江大桥看平衡重转体施工的潜力. 公路,1990(12).

[17] 李盛.开口薄壁转体拱桥施工阶段整体稳定性分析.公路交通科技(应用技术版),2006(2).

[18] 刘剑萍,等.神原溪谷大桥竖向转体施工.世界桥梁,2003(3).

[19] 张佐安,等.攀枝花白沙沟大桥扣索钢铰线锚固系统的研制//2006 年全国桥梁学术会议论文集.北京:人民交通出版社,2006.

[20] 卢道勇.桥梁钢筋混凝土箱拱主拱圈施工技术实施探讨.公路交通科技(应用技术版),2013(3).

[21] 刘万忠,等.悬臂拼装钢筋混凝土拱桥的施工控制.公路交通科技,2003(6).

[22] 黄平,等.大跨径钢管混凝土劲性骨架拱桥施工技术.2012 年全国桥梁学术会议论文集,2012.

[23] 刘心洪,等.曾家沟大桥主拱圈施工阶段挠度计算和分析.公路交通技术,2009(5).

[24] 林力成,等.湖北兴山平邑口特大拱桥施工稳定性分析.中外公路,2009(5).

[25] 沈云翠,等.钢管混凝土劲性骨架拱桥施工稳定性分析.公路,2010(2).

[26] 牟延敏,等.广元昭化嘉陵江大桥新技术.桥梁,2011(4).

[27] 尹超.大跨度上承式钢筋混凝土箱肋拱桥设计与施工.公路交通科技(应用技术版),2011

(11).
[28] 冯云成.上承式预应力混凝土刚性梁柔性拱桥静力分析.世界桥梁,2012(1).
[29] 刘迎春,等.上承式拱桥结构形式变化综述.公路,2012(3).
[30] 姚波,等.西宁河大桥拱肋安装施工方案分析.公路交通技术,2012(2).
[31] 董剑文,等.猛洞河大桥斜拉扣挂方案的确定与优化.公路交通科技,2012(5).
[32] 李琦,等.重庆木洞苏家浩大桥设计简介.公路交通技术,2012(3).
[33] 晏彪,等.广元嘉陵江特大桥施工及监控技术.西部交通科技,2012(5).
[34] 李文刚,等.大跨度拱桥类型及设计施工要点.公路交通科技(应用技术版),2012(6).
[35] 张铎,等.攀枝花新密地大桥拱圈悬臂浇注施工监控.桥梁建设,2012(4).
[36] 张兴其.空腹式无铰拱桥内力分析方法探讨.中国市政工程,2012(4).
[37] 程翔云.世界混凝土拱桥概况.国外公路,1990(4).
[38] 刘兴法.混凝土结构的温度应力分析.北京:人民交通出版社,1991.
[39] 邵旭东,程翔云,李立峰.桥梁设计与计算.北京:人民交通出版社,2007.
[40] 桥梁设计常用数据手册编委会.桥梁设计常用数据手册.北京:人民交通出版社,2005.
[41] 卢云贵,等.大跨钢筋混凝土箱拱悬浇扣挂施工控制研究.中外公路,2013(2).
[42] 笠洁蓉,等.基于悬臂桁架施工浇注的上承式拱桥结构性能.公路,2013(3).
[43] 中华人民共和国行业标准. JTG D60—2004 公路桥涵设计通用规范.北京:人民交通出版社,2004.
[44] 中华人民共和国行业标准. JTG D61—2005 公路圬工桥涵设计规范. 北京:人民交通出版社,2005.
[45] 中华人民共和国行业标准. JTG D62—2004 公路钢筋混凝土及预应力混凝土桥涵设计规范. 北京:人民交通出版社,2004.
[46] 中华人民共和国行业标准. JTG/T F50—2011 公路桥涵施工技术规范. 北京:人民交通出版社,2011.
[47] 张俊义,等.桥梁施工百问.北京:人民交通出版社,2011.
[48] 陈宝春.我国拱桥建设的现状与技术发展趋势//2012 年全国桥梁学术会议论文集.北京:人民交通出版社,2012.
[49] 楼庄鸿.我国钢筋混凝土拱桥的桥型与施工.桥梁,2011(6).
[50] 刘钊.汶川大地震中桥梁震害案例分析及启示.桥梁,2011(6).
[51] 陈宝春.拱桥技术发展的回顾与展望.桥梁,2010(5).
[52] 樊灿.拱桥:承载历史 面向未来.桥梁,2010(5).
[53] 王倩.拱桥结构的创新与探索.桥梁,2010(5).
[54] 王少杰.风云际会,聚焦拱桥施工.桥梁,2010(5).
[55] 胡佛水坝上的新麦克·奥卡拉汉—帕特·提尔曼纪念大桥.桥梁,2010(5).
[56] 李磊.特大跨自锚上承式拱桥顶推力与系杆内力的优化设计研究//2012 年全国桥梁学术会议论文集.北京:人民交通出版社,2012.
[57] 朱清亮.大跨拱桥施工过程非线性受力分析.中外公路,2013(1).
[58] 赵晓彬.大跨度箱拱单基肋吊装合龙强度和稳定分析.公路交通技术,2009(1).
[59] 胡江顺,等.双潭大桥——一座钢筋混凝土拱桥设计.中外公路,2008(4).

[60] 牟廷敏,等.拱圈悬臂节段浇筑技术的开发应用.桥梁,2008(5).
[61] 刘鹏,等.分环现浇混凝土拱圈与拱架联合作用机理.公路,2011(3).
[62] 拱桥失效的原因、教训与预防.桥梁,2011(5).
[63] 李冬生.160m 钢筋混凝土箱形拱分环分段与支架现浇施工.贵州交通科技,2002(1).
[64] 徐风云,等.拱轴线偏差对拱桥承载能力和稳定安全度的影响//2010 年全国桥梁学术会议论文集.北京:人民交通出版社,2010.
[65] 谢亚洲,等.三种拱式体系的性能比较.公路工程,2011(5).
[66] 元路宽,等.拱桥悬浇扣挂施工中最大悬臂状态下的索力调整.公路交通科技,2007(7).
[67] 廖旭,等.白沙沟大桥拱圈悬浇施工.公路,2007(9).
[68] 黄键跃.蔚林大桥贝雷钢桁拱架的设计与施工.公路,2003(7).
[69] 覃为刚.许沟大桥的有支架施工.公路,2004(4).
[70] 徐晓天.上犹铁扇关大桥设计简介.华东公路,1998(1).
[71] 吴巨军,等.江山市迎宾大桥设计.世界桥梁,2006(1).
[72] 谢幼藩,等.用劲性骨架法建造特大跨钢筋混凝土拱桥的施工安全度分析.西南公路,1996(1).
[73] 吴巨军,等.系杆葵花拱桥设计研究.公路,2007(9).
[74] 高玉峰,等.悬臂浇筑法在国外大跨度混凝土拱桥施工中的应用发展.世界桥梁,2008(1).
[75] 郑江敏,等.钢筋混凝土葵花拱受力性能分析.福建建筑,2007(1).
[76] 刘九生,等.大跨径拱桥拱轴线允许偏差的探讨.华东公路,2000(6).
[77] 邵雨虹,等.獐河沟拱桥有限元分析与试验研究.公路,2012(3).
[78] 项贻强,等.钢筋混凝土箱形截面拱桥静动力性能的分析与试验研究//2010 年全国桥梁学术会议论文集.北京:人民交通出版社,2010.
[79] 孙虎平,等.钢管混凝土劲性骨架箱形拱几何非线性与稳定性分析//2007 年全国桥梁学术会议论文集.北京:人民交通出版社,2007.
[80] 裴宾嘉,等.大跨径钢筋混凝土拱桥悬臂浇筑挂篮的设计和创新//2007 年全国桥梁学术论会议文集.北京:人民交通出版社,2007.
[81] 张佐安,等.悬臂浇筑大跨径钢筋混凝土箱形拱圈//2007 年全国桥梁学术会议论文集.北京:人民交通出版社,2007.
[82] 当代四川公路桥梁(续集 1987~1995).成都:四川科学技术出版社,1996.
[83] 张胜林.负角度竖转工艺施工技术综述.公路交通科技(应用技术版),2008(2).
[84] 李亚东,等.浅论拱桥的技术进步与挑战.桥梁建设,2012(2).
[85] 张联燕,等.桥梁转体施工.北京:人民交通出版社,2003.
[86] 宜宾马鸣溪金沙江大桥技术总结专辑.西南公路科技,1980(1).
[87] 上海市政设计院.桥梁设计工程师手册.北京:人民交通出版社,2007.
[88] 中铁十七局项目部.六圭河大桥钢筋混凝土箱形拱无支架吊装施工技术,2004(7).
[89] 米曦亮,等.劲性骨架在混凝土拱桥中的应用和模拟方式研究.城市道桥与防洪,2013(6).
[90] 匡韶华,等.海螺猛洞河大桥施工优化技术措施.湖南交通科技,2013(2).

[91] 严允中,杨虎根,等.桥梁事故实例评析.北京:人民交通出版社,2013.
[92] 郑皆连.拱桥——不该忽视的国粹.桥梁,2013(3).
[93] 广西境内部分重要桥梁.桥梁,2013(3).
[94] 孙虎平.跨汉江330m钢管混凝土劲性骨架箱形拱桥非线性分析.城市道桥与防洪,2011(3).
[95] 李建华.钢筋混凝土箱形拱桥施工控制.世界桥梁,2013(4).
[96] 王新敏.220m箱形拱桥现浇支架设计及计算分析.桥梁建设,2001(4).
[97] 易泽宽.渡口宝鼎大桥(3007)设计与施工.西南公路,1986(3).
[98] 楼庄鸿.我国主跨跨径400m及以上的桥梁//2012年全国桥梁学术会议论文集.北京:人民交通出版社,2012.
[99] 3006大桥(钢筋混凝土箱形薄壁拱桥)的设计和施工.公路设计资料,1975(1).
[100] 3006大桥的设计和施工(续).公路设计资料,1975(2).
[101] 当代四川公路桥梁.成都:四川科技出版社,1988.
[102] 王伯惠.斜拉桥结构发展和中国经验.北京:人民交通出版社,2003.
[103] 邹定保,等.蔚林桥贝雷拱架简介.中南公路工程,2000(2).
[104] 陈宝健,等.日本钢筋混凝土拱桥调查与分析.中外公路,2005(4).
[105] 许有胜,陈宝春,等.南非布洛克兰斯拱桥.中外公路,2005(4).
[106] 薄新钢,等.六圭河大桥稳定性分析.科技博览,2004(4).
[107] 中国公路学会桥梁和结构工程分会.面向创新的中国现代桥梁.北京:人民交通出版社,2009.
[108] 陈宝春.超大跨径混凝土拱桥的研究进展//第十七届全国桥梁学术会议论文集.北京:人民交通出版社,2006.
[109] 涂光亚,等.大跨度混凝土箱形拱桥采用斜拉扣挂法多段悬臂拼装施工的施工控制//第十七届全国桥梁学术会议论文集.北京:人民交通出版社,2006.
[110] 沅水大桥工程处.五强溪水电站沅水大桥工程总结.1989(8).
[111] 应海峰.大吨位平面转体施工桥梁转动系统设计及施工探讨.公路交通科技(应用技术版),2012(6).
[112] 林梦果,等.库区环境下拱圈淹没深度对拱圈内力影响的研究.公路交通科技(应用技术版),2012(6).
[113] 黄志福,等.拱肋面外稳定的实用计算方法.公路交通科技(应用技术版),2001(1).
[114] 李井辉,等.拱桥拱轴线两种优化方案比较.中外公路,2008(5).
[115] 张杰.福建宁德岭兜特大桥设计.中外公路,2008(5).
[116] 马祖桥,等.梅山水库金桃大桥无支架缆索吊装系统设计.桥梁建设,2008(6).
[117] 张征,等.珍珠大桥负角度竖转施工工艺.公路,2007(5).
[118] 中交公路规划设计院有限公司.120m钢拱架设计图,2008(3).
[119] 赵树范,等.丹东沙河口桥的设计、施工概况.中南公路工程,1984(1).
[120] 周义武.大跨径混凝土拱桥.中南公路工程,1984(1).
[121] 程翔云.世界大跨径钢筋混凝土拱桥.中南公路工程,1991(1).
[122] 程翔云.世界大跨径钢筋混凝土拱桥(续).中南公路工程,1991(2).

[123] 四川省交通局勘察设计院.四川省修建箱形拱桥的一些情况.公路设计资料,1974(2).
[124] 葛玉龙,译.拱桥的悬臂浇筑法.公路设计资料,1974(2).
[125] 曹瑞.宝珠寺大桥缆索吊装介绍.西南公路,1988(3).
[126] 宋硕君,译.悬臂施工的混凝土拱桥.西南公路,1985(3).
[127] 李禄梓.宜宾金沙江大桥240m跨拱肋劲性钢骨架吊装技术.西南公路,1989.
[128] 李文琪,等.万县长江大桥的施工.西南公路,1997(1).
[129] 贺立新,等.万县长江大桥劲性骨架安装设计及其控制.西南公路,1997(1).
[130] 滕宏伟.合川涪江二桥设计简介.西南公路,1997(1).
[131] 谢劲藩,等.万县长江大桥420m钢筋混凝土箱形拱施工稳定性分析研究.西南公路,1994(4).
[132] 甘洪.宜宾金沙江大桥240m拱肋浇注混凝土施工技术.西南公路,1990(3).
[133] 谢邦珠.万县长江大桥的科研试验.西南公路,1996(1).
[134] 谢邦珠.从万县长江大桥设计方案看劲性骨架RC拱桥的发展趋势.西南公路,1994(1).
[135] 楼庄鸿.我国大跨径拱桥的特色和发展趋势.西南公路,1994(1).
[136] 罗凤林.跨径100m大悬臂箱板拱桥设计简介.西南公路,1994(1).
[137] 王应良,等.欧美桥梁设计思想.北京:中国铁道出版社,2008.
[138] 林阳子,等.拱桥拱轴线的优化与选型.公路交通科技,2007(3).
[139] 袁保星,译.日本上承式500m混凝土坦拱试设计.世界桥梁,2005(4).
[140] 胡崇武,范立础.丹河大桥拱圈与拱架共同作用研究.公路,2005(4).
[141] 陈宝春,等.600m跨径混凝土拱桥的试设计研究.中外公路,2006(1).
[142] 林广元,译.悬臂施工大跨度混凝土拱桥的发展.国外桥梁,1981(3).
[143] 元路宽,等.拱桥悬浇扣挂施工中最大悬臂状态下的索力调整.公路交通科技,2007(8).
[144] 邹中权,等.大跨拱桥吊装施工线形控制计算方法研究.公路交通科技,2009(12).
[145] 李晓辉,等.大跨径拱桥的发展.世界桥梁,2007(1).
[146] 刘鹏,等.钢筋混凝土拱桥拱箱现浇施工力学行为分析.公路交通科技,2009(4).
[147] 李泽荣.大岩洞大桥平转施工工艺设计.城市道桥与防洪,2008(11).
[148] 韦建刚,等.国外大跨度混凝土拱桥的应用与研究进展.世界桥梁,2009(2).
[149] 王怀远.大跨径钢筋混凝土箱形拱桥的设计与施工工艺.公路交通科技(应用技术版),2009(5).
[150] 陈宝春,等.我国混凝土拱桥现状调查与发展方向分析.中外公路,2008(2).
[151] 涂光亚,颜东煌,等.大跨度混凝土箱形拱桥采用斜拉扣挂法多段悬臂拼装施工的施工控制//第十七届全国桥梁学术会议论文集(下册).北京:人民交通出版社,2006.
[152] 中交公路规划设计院.贵州修文金沙海马大桥施工图设计.2009.
[153] 渡口交通指挥部.渡口三〇〇六大桥总结.1975.
[154] 四川省交通厅公路勘察设计院.钢筋混凝土双肋式拱桥设计图.
[155] 贵州省桥梁工程总公司.贵州七星关大桥钢拱架图及荷载试验报告.2003.
[156] 广东澜石大桥钢拱架图.中国桥梁大观.
[157] 广西区交通规划设计院.广西来宾磨东大桥扣索布置及拱箱接头图.1997.

[158] 余勇继.七星关大桥不对称拱桥的设计.桥梁,2007(4).
[159] 李文琪,等.特大跨拱桥无支架悬拼成拱技术.桥梁,2006(6).
[160] 陈常明,等.箱形拱桥拱轴线偏位对内力影响分析.公路,2013(8).
[161] 陈天本.桁式组合拱桥.北京:人民交通出版社,2001.
[162] 杨继明,等.大跨度拱桥多节段劲性骨架施工受力分析.桥梁,2013(6).
[163] 严允中,杨虎根.大跨径上承式 RC 箱形拱桥施工方案评述.桥梁工程与技术,2009(4).
[164] 贵州省交通规划勘察设计研究院.桁式组合拱桥调查报告,2008(6).
[165] 中华人民共和国行业标准. JGJ 130—2011 建筑施工扣件式钢管脚手架安全技术规范.北京:中国建筑工业出版社,2011.
[166] 中华人民共和国行业标准. JGJ 166—2008 建筑施工碗扣式钢管脚手架安全技术规范.北京:中国建筑工业出版社,2008.
[167] 中华人民共和国行业标准. JGJ 162—2008 建筑施工模板安全技术规范.北京:中国建筑工业出版社,2008.
[168] 中华人民共和国行业标准. JGJ/T 194—2009 钢管满堂支架预压技术规程.北京:中国建筑工业出版社,2009.
[169] 余宗明.脚手架结构计算及安全技术.北京:中国建筑工业出版社,2007.
[170] 高秋利.碗扣式钢管脚手架施工现场实用手册.北京:中国建筑工业出版社,2012.
[171] 浙江省交通运输厅.桥梁支架安全施工手册.北京:人民交通出版社,2011.
[172] 段永灿,等.碗扣式脚手架安全稳定性因素分析.公路交通科技(应用技术版),2011(11).
[173] 何飞兰.用于箱拱拱肋现浇施工的复合式系统支架关键技术研究.公路交通技术,2013(8).
[174] 住房和城乡建设部工程质量安全监管司.建筑业 10 项新技术.北京:中国建筑工业出版社,2010.
[175] 吴明东.净跨 124m 管桥常备式钢拱架的施工//四川省 2000~2001 年桥梁学术讨论会论文集.北京:人民交通出版社,2001.
[176] 湖南省交通科学研究所.五强溪电站沅水大桥荷载试验及评定报告.1990.
[177] 程飞,等.我国桥梁转体施工技术的发展现状与前景.铁道标准设计,2011(6).
[178] 赵志方,等.新老混凝土黏结机理研究与工程应用.北京:中国水利水电出版社,2003.
[179] 赵顺波,等.混凝土叠合结构设计原理与应用.北京:中国水利水电出版社,2001.
[180] 谢慧才,等.碳纤维混凝土对新老混凝土黏结性能的改善.土木工程学报,2003(10).
[181] 刘金伟.新旧混凝土界面抗拔性能研究.土木工程学报,2001(1).
[182] 王荣,等.大跨径钢管混凝土劲性骨架肋拱桥的稳定性分析.公路,2001(8).
[183] 赵雷,等.大跨度钢筋混凝土拱桥钢管混凝土劲性骨架施工阶段稳定性分析.西南交通大学学报,1994(4).
[184] 郑皆连.在劲性骨架上实现混凝土连续浇注的探讨//2001 年全国桥梁学术会议论文集.北京:人民交通出版社,2001.
[185] 课题组.万县长江大桥钢筋混凝土拱模型试验研究.西南交通大学学报,1994(4).
[186] 徐岳,等.特大跨径劲性骨架混凝土拱桥徐变收缩应力重分布再分析.华东公路,1992

(5).
[187] 邵春生.钢管混凝土拱桥缆索吊装施工安全控制.公路,2013(10).
[188] 贺开伟,等.位于V型深沟的混凝土箱形拱桥施工技术.公路交通技术,2011(5).
[189] 蒋建军,等.攀枝花新密地大桥主拱圈施工风险分析与对策措施//2013年全国桥梁学术会议论文集.北京:人民交通出版社,2013.
[190] 刘小飞,等.江苏昆山黑龙江路桥设计与施工//2011年全国桥梁学术会议论文集.北京:人民交通出版社,2011.
[191] 孟丹丹.高新七路桥设计与施工.公路,2013(9).
[192] 沪昆铁路北盘江特大桥劲性骨架合龙.贵阳晚报,2014.1.13.
[193] 陈宝春,等,编译.葡萄牙·亨里克拱桥的设计与施工.世界桥梁,2006(3).
[194] 楼庄鸿.楼庄鸿桥梁论文集.北京:人民交通出版社,2004.
[195] 姜友生.公路桥涵设计手册——桥梁总体设计.北京:人民交通出版社,2012.
[196] 项海帆,等.中国桥梁史纲.上海:同济大学出版社,2009.
[197] 罗哲文,等.中国名桥.天津:百花文艺出版社,2006.
[198] 许诗霞,等.拱桥结构稳定分析的研究现状与发展//2013年全国桥梁学术会议论文集.北京:人民交通出版社,2013.
[199] 雷俊卿.大跨度桥梁结构理论与应用.北京:清华大学出版社,北京交通大学出版社,2007.
[200] 贺拴海.桥梁结构理论与计算方法.北京:人民交通出版社,2011.
[201] 项海帆,等.桥梁概念设计.北京:人民交通出版社,2011.
[202] 刘钊.桥梁概念设计与分析理论(上册).北京:人民交通出版社,2010.
[203] 刘士林,向中富.特大跨径石拱桥研究与实践.北京:人民交通出版社,2006.
[204] 吴恒立.拱式体系的稳定计算.北京:人民交通出版社,1979.
[205] 郭临义,张金彦.坡拱与不对称拱桥.北京:人民交通出版社,1999.
[206] 刘古岷,等.应用结构稳定计算.北京:科学出版社,2004.
[207] 顾安邦,向中富.桥梁工程(下册).北京:人民交通出版社,2000.
[208] 范立础.桥梁工程.2版.北京:人民交通出版社,1987.
[209] 王全凤.工程结构弹性稳定计算.福州:福建科技出版社,2005.
[210] 公路设计手册——拱桥.北京:人民交通出版社,1978.
[211] 何福照,等.拱的挠度理论——按非线性理论设计大跨径拱桥//中国土木工程学会桥梁及结构工程学第八届年会论文集,1988.
[212] 尹德兰,等.桥梁设计的冗余度.桥梁建设,2013(5).
[213] 杨高中.桥梁学术论文集.北京:人民交通出版社,2001.
[214] 周立臣,严允中.上承式RC箱形拱桥几个计算问题的讨论.公路,2008(8).
[215] 周一勤.半圆石拱桥承载能力的讨论.中南公路工程,1991(3).
[216] 张万敌,等.半圆石拱桥的承载潜力.中南公路工程,1989(3).
[217] 钱令希.赵州桥的承载能力分析.土木工程学报,1987(4).
[218] 刘开生,编译.决定旧砖石拱容许载重的方法.国外公路,1985(4).
[219] 大跨度刚架拱桥在黄土高原无基岩处的成功架设.桥梁,2008(1).

[220] 张汉卿,等.刚性梁柔性拱组合桥型在山区高速公路设计中的应用.中外公路,2011(3).

[221] 包桂钰.拱轴系数对拱桥静动力性能及地震反应的影响.公路,2010(7).

[222] 周旻昊.常用拱轴线的研究.公路工程,2010(3).

[223] 何祎,等.拱轴线的统一数学描述探讨——三次 NURBS 表示法.中外公路,2006(6).

[224] 周尚猛,等.求解合理拱轴线的加权能量方法.公路交通科技,2010(4).

[225] 江苏省交通局,交通部交通科学研究院.平铰双曲拱桥的特性及设计计算方法简介.

[226] 交通部公路科学研究所,等.公路双曲拱桥上部构造设计计算.2 版.北京:人民交通出版社,1983.

[227] 罗辉.一种新型的拱轴线及拱圈优化设计.桥梁建设,1997(2).

[228] 栾建平,等.钢筋混凝土肋拱二阶弯矩计算新方法研究.公路交通科技(应用技术版),2009(6).

[229] 赵传亮,等.上承式两铰桁架拱桥的拱轴线计算长度研究.城市道桥与防洪,2012(9).

[230] 代攀,等.大跨度石拱桥极限承载力分析.城市道桥与防洪,2009(5).

[231] 刘钢波,等.吴越路尚贤河九跨连拱结构与景观设计.城市道桥与防洪,2011(12).

[232] 娄俊杰,等.上承式单肋拱桥稳定性研究.城市道桥与防洪,2009(2).

[233] 韩西,等.拱桥结构动力分析及振动控制研究.中外公路,2007(6).

[234] 徐德明.大跨径钢筋混凝土拱桥裂缝产生原因探析.中外公路,2008(2).

[235] 张罗生.70m 跨二铰型上承式桁架混凝土拱桥的施工技术.世界桥梁,2007(2).

[236] 于品德,等.空腹式拱桥影响线实测方法研究.世界桥梁,2012(3).

[237] 宁晓骏,等.弯拱桥的设想和应用研究.公路,2007(3).

[238] 李征,等.钢筋混凝土拱桥参数化建模及特征值屈曲分析.公路交通科技,2007(4).

[239] 刘毓湘,等.基于 4 次样条函数拱轴线优化设计的 T-V 求解法.公路交通科技,2007(6).

[240] 周斌,等.大跨度钢筋混凝土拱桥的几何非线性特征.公路交通科技(应用技术版),2007(11).

[241] 尹双庆,编译.克罗地亚德里亚公路上的 2 座大型混凝土拱桥.世界桥梁,2010(2).

[242] 钟至斌.桥梁计算示例集——拱桥(二).北京:人民交通出版社,1990.

[243] [美]S·铁摩辛柯,J·孟尔.材料力学.北京:科学出版社,1978.

[244] 辛斌,等,编译.桥梁施工平衡提升法.世界桥梁,2009(3).

[245] 李文武,黄才良.拱圈浇注及转体过程受力分析.公路交通科技(应用技术版),2008(2).

[246] 大连理工大学桥梁工程研究所.珍珠大桥转体工艺设计及监控方案, 2007(6).

[247] 刘均利,等.混凝土收缩徐变模式对连续梁桥拼装影响的分析.公路,2013(5).

[248] 丁文胜,等.混凝土收缩徐变预制模型的分析比较.桥梁建设,2004(6).

[249] 韩重庆,等.混凝土结构季节温差应力分析方法研究.建筑结构,2006(3).

[250] 王文涛.刚构—连续组合梁桥.北京:人民交通出版社,1997.

[251] 肖汝诚,等.桥梁结构体系.北京:人民交通出版社,2013.

[252] 孟凡超,等.桥梁工程全寿命设计方法及工程实践.北京:人民交通出版社,2012.

[253] 陈艾荣.基于给定结构寿命的桥梁设计过程.北京:人民交通出版社,2009.

[254] 章世祥,等.组合抗推体系的实例分析及研究.华东公路,2000(3).
[255] 张锴,等.配筋对混凝土长期收缩应变影响的试验研究.公路交通科技,2014(4).
[256] 鞠玉财,等.大跨度悬浇钢筋混凝土拱桥合龙施工技术研究.西部交通科技,2014(5).
[257] 杨宝山,等.新型钢管混凝土拉索组合拱桥//2006 年全国桥梁学术会议论文集.北京:人民交通出版社,2006.
[258] 张立永.钢拱架裸拱线形及预抬高值迭代算法研究.公路交通技术,2014(3).